지은이 옥한흠

제자훈련에 인생을 건 광인(狂人) 옥한흠. 그는 선교 단체의 전유물이던 제자훈련을 개혁주의 교회론에 입각하여 창의적으로 재해석하고 지역 교회에 적용한 교회 중심 제자훈련의 선구자다.

1978년 사랑의교회를 개척한 후, 줄곧 '한 사람' 목회철학으로 예수 그리스도를 닮은 평신도 지도자를 양성하는 데 사력을 다했다. 사랑의교회는 지역 교회에 제자훈련을 접목해 풍성한 열매를 거둔 첫 사례가 되었으며, 국내외 수많은 교회가 본받는 모델 교회로 자리매김했다. 1986년에 시작한 《평신도를 깨운다 제자훈련 지도자 세미나》(Called to Awaken the Laity, CAL세미나)는 제자훈련을 목회의 본질로 끌어안고 씨름하는 수많은 목회자에게 이론과 현장을 동시에 제공하는 탁월한 세미나로 인정받고 있다.

철저한 자기 절제가 빚어낸 그의 설교는 듣는 이의 영혼에 강한 울림을 주는 육화된 하나님의 말씀으로 나타났다. 50대 초반에 발병하여 72세의 일기로 생을 마감할 때까지 그를 괴롭힌 육체의 질병은 그로 하여금 더욱더 하나님 말씀에 천착하도록 이끌었다. 삶의 현장을 파고드는 다양한 이슈의 주제 설교와 더불어 성경 말씀을 심도 있게 다룬 강해 설교 시리즈를 통해 성도들에게 하나님 말씀을 이해하는 지평을 넓혀준 그는, 실로 우리 시대의 탁월한 성경 해석자요 강해 설교가였다.

설교 강단에서뿐만 아니라 삶의 자리에서도 신실하고자 애썼던 그는 한목협(한국기독교목회자협의회)과 교갱협(교회갱신을위한목회자협의회)을 통해 한국교회의 일치와 갱신에도 앞장섰다. 그리하여 보수 복음주의 진영은 물론 진보 진영으로부터도 존경받는, 보기 드문 목회자였다.

1938년 경남 거제에서 태어났으며 성균관대학교와 총신대학원을 졸업했다. 미국의 캘빈신학교(Th. M.)와 웨스트민스터신학교에서 공부했으며, 동(同) 신학교에서 평신도 지도자 훈련에 관한 논문으로 학위(D. Min.)를 취득했다. 제자훈련 사역으로 한국교회에 끼친 공로를 인정받아 웨스트민스터신학교에서 수여하는 명예신학박사 학위(D. D.)를 받았다. 2010년 9월 2일, 주님과 동행한 72년간의 은혜의 발걸음을 뒤로하고 하나님의 너른 품에 안겼다.

교회 중심의 제자훈련 교과서인 《평신도를 깨운다》를 비롯해 《길》, 《안아주심》, 《고통에는 뜻이 있다》, 성경 강해 시리즈인 《로마서 1, 2, 3》, 《요한이 전한 복음 1, 2, 3》 등 수많은 스테디셀러를 남겼으며, 그의 인생을 다룬 책으로는 《열정 40년》, 《광인》 등이 있다.

옥한흠 전집 주제 05
고통에는 뜻이 있다
고통을 다루시는 하나님의 손길

| **일러두기** |

본문의 성경은 《성경전서 개역개정판》을 주로 사용하였습니다.
이 책은 고(故) 옥한흠 목사의 설교를 바탕으로 구성한 것입니다.
설교 영상/오디오 자료는 QR코드를 참고하십시오.

위로와 회복 01

고통에는 뜻이 있다

옥한흠 지음

국제제자훈련원

들어가며

저는 사실 고통에 대해 무슨 말을 할 자격이 없는 사람입니다. 제가 겪으며 맛본 고통이란 고통이 아닐 수도 있으니까요. 사람들이 빠져 있는 고통의 심연은 죄악의 심연만큼 어둡고 깊어서 그 밑바닥을 들여다본다는 것은 누구에게나 불가능합니다. 욥이 겪었던 고통을 맛보지 못한 자가 어찌 그를 두고 한마디인들 할 수 있겠습니까? 예레미야가 마셨던 쑥과 담즙이 어떤 것인지 모르면서 그의 고통을 논할 수 있을까요?

그럼에도 이 책을 과감하게 내놓게 된 이유는 하나님께서 고통을 당하는 자들에게 말씀하고 싶어 하시는 메시지를 담고 있다는 확신 때문입니다. 비록 인간 설교자는 고통에 대해 아는 것이 많지 않다고 할지라도 이 말씀을 전하게 하신 하나님은 그렇지 않으십니다. 하나님은 고통을 아시는 분이고 고통을 당하는 자를 위로하는 분이시며 고통을 통해서 자기 자녀를 유익하게 하는 분이십니다.

하나님은 종종 매우 초라한 도구를 가지고 아름다운 일을 하십니다.

보잘것없는 이 작은 책 한 권을 가지고 천하보다 귀한 생명들을 치유하시는 것을 보면 더욱 그런 생각이 듭니다. 우주 만물을 창조하신 그 큰 손으로 어떻게 이 조그마한 책을 들고 상처 입은 자들을 찾으시는지 저는 잘 모릅니다. 그러나 이 책이 하나님의 손에 들려 있는 것만은 틀림없는 것 같습니다. 지난 5년 동안 고통 속에서 몸부림치던 수많은 사람들이 하나님의 손에 들린 이 책을 보았다고 간증하는 것을 자주 들을 수 있었기 때문입니다.

작년에 워싱턴 D.C.에서 집회를 인도하고 떠나던 날 아침에 중년 부인 한 분이 선물 박스를 하나 전해 주었습니다. 집에 돌아와 열어 보니 예쁜 카드가 들어 있었습니다. 카드의 내용을 지금은 다 기억하지 못하지만 대충 이런 글이 적혀 있었습니다.

"목사님이 쓰신 《고통에는 뜻이 있다》를 읽고 받은 은혜를 무엇으로 다 표현할 수 있겠습니까? 너무 많이 읽어서 책장에 손때가 까맣게 묻을 정도가 되었습니다. 매우 견디기 어려운 곤경에 처해 허우적거리고 있을 때 하나님께서는 목사님의 책을 통해 저에게 말씀하고 위로하시며 힘을 얻게 하셨습니다."

앞으로 이런 간증이 더 많은 사람들의 입을 통해 나왔으면 좋겠습니다. 주님께서 영광을 받으시는 일이면 많을수록 좋고, 그런 일들이 자주 일어날수록 바람직하기 때문입니다.

1988. 4
옥한흠

차례

	들어가며	5
1	변장된 축복	9
2	바다 가운데서	25
3	광야에서	41
4	밤의 노래	55
5	당신의 반응은 무엇인가?	67
6	발은 차꼬에 마음은 하늘에	81
7	가시와 함께 온 기쁨	97
8	곤고한 날의 지혜	113
9	풍랑 속의 평안	125
10	현대인의 병	139
11	인생의 상담자 하나님	153
12	고난 속에서 핀 신념	169
13	생각이 많을 때	185
14	당신은 자족할 줄 아는가	199
15	위대한 인간 승리	217

고통을 다루시는 하나님의 손길　　　　　　　　　　233

I

변장된
축복

다가오는 고난을 두려워하지 마십시오.
고난은 문제가 아니라 기회이고 훈련이며 축복입니다.

시편 119:65-75

65 여호와여 주의 말씀대로 주의 종을 선대하셨나이다 66 내가 주의 계명들을 믿었사오니 좋은 명철과 지식을 내게 가르치소서 67 고난 당하기 전에는 내가 그릇 행하였더니 이제는 주의 말씀을 지키나이다 68 주는 선하사 선을 행하시오니 주의 율례들로 나를 가르치소서 69 교만한 자들이 거짓을 지어 나를 치려 하였사오나 나는 전심으로 주의 법도들을 지키리이다 70 그들의 마음은 살져서 기름 덩이 같으나 나는 주의 법을 즐거워하나이다 71 고난 당한 것이 내게 유익이라 이로 말미암아 내가 주의 율례들을 배우게 되었나이다 72 주의 입의 법이 내게는 천천 금은보다 좋으니이다 73 주의 손이 나를 만들고 세우셨사오니 내가 깨달아 주의 계명들을 배우게 하소서 74 주를 경외하는 자들이 나를 보고 기뻐하는 것은 내가 주의 말씀을 바라는 까닭이니이다 75 여호와여 내가 알거니와 주의 심판은 의로우시고 주께서 나를 괴롭게 하심은 성실하심 때문이니이다

변장된 축복

이 말씀을 선택한 것은 말씀에 대한 어떤 해석을 하기 위해서가 아니라 본문에 나타나는 몇 구절의 성경 말씀이 그리스도인과 고난의 문제를 다루는 데 대단히 의의가 있다고 생각했기 때문입니다.

그리스도인과 고난

저는 '고난'을 일컬어서 '변장하고 찾아오는 하나님의 축복'이라고 정의하고 싶습니다. 다시 말하면 겉으로는 고난같이 보이지만, 사실은 축복을 안고 오는 변장된 축복이라는 말씀입니다. 돛을 바로 올리면 배는 바람을 타고 안전하게 빨리 항해할 수 있습니다. 그러나 돛의 방향을 잘못 잡으면 바람이 배를 엉뚱한 방향으로 몰고 갑니다. 고난을 당할 때에 믿음으로 그것을 잘 이용하면 더 전진하고 더 큰 축복을 받을 수 있지만, 고난을 대하는 자세가 잘못되면 고난이 우리를 원하지 않는 방향으로 몰고 갑니다.

고난에 있어 중요한 것은 고난의 경중이 아닙니다. 고난을 대하는 우리의 태도에 따라 그 결과가 달라집니다. 고난을 믿음의 태도로 대하느냐, 불신앙적 태도로 대하느냐에 따라 결과가 달라진다는 말입니다. 그런데 이처럼 중요한 고난에 대처하는 자세는 고난을 당할 때 형성되는 것이 아닙니다. 평안할 때에 무의식적으로 형성되는 것이 일반적인 경향입니다. 그러므로 고난이 별로 없다고 생각되는 지금, 고난의 문제를 깊이 생각하고 거기에 대비하는 것이 지혜입니다. 아무도 자신의 앞날에 어떤 일이 일어날지, 무엇이 닥쳐올지 전혀 예측할 수가 없기 때문입니다. 그러므로 평안할 때 고난에 대한 자세를 어떻게 잘 다듬었느냐에 따라서 고난과 역경이 올 때 대처하는 자세가 달라집니다.

고난에 대한 자세가 바로 정립되어 있지 않은 상황 속에서 고난을 당하면 구약성경에 나오는 나오미처럼 "전능자가 나를 심히 괴롭게 하셨음이니라"(룻 1:20)는 식으로 모든 고난의 책임을 하나님께 전가시키는 태도를 갖기 쉽습니다. 실은 이것이 일반적인 우리의 태도입니다. 그렇지 않으면 다음과 같이 고백하는 다윗처럼 도피주의적인 태도를 취할 때도 있습니다. "두려움과 떨림이 내게 이르고 공포가 나를 덮었도다 나는 말하기를 만일 내게 비둘기같이 날개가 있다면 날아가서 편히 쉬리로다"(시 55:5-6).

홉킨스(Gerard Manley Hopkins, 1844-1889)의 〈수녀원〉이란 시 가운데 이런 구절이 있습니다.

    나는 가고 싶어요
    봄이 사라지지 않는 곳으로
    무서운 우박이 날지 않으며

> 몇 송이의 백합화가 피어나는
> 들판으로 가고 싶어요

누구나 이런 유혹을 받습니다. 고통이 우리 앞에 왔을 때 영원히 상춘(常春)이 깃드는 백합화 핀 들판으로 가고 싶어하는 심리가 인간에게는 있습니다. 성경적으로 보면 이와 같은 태도는 준비되지 않은 사람들의 태도입니다. 하나님께 전가시키는 것이나 도피하려는 것은 신앙의 자세가 아닙니다.

고통의 불가사의

사실, 인생의 문제 가운데 고난의 문제만큼 신비스럽고 심오한 것은 없습니다. 많은 학자들이 고통의 문제에 대해 크고 작은 책들을 수없이 썼지만 아무도 그 고난의 깊이를 파헤치지는 못하였습니다.

의인들이 고통을 당하는 것을 보거나, 바르게 살고자 하는 사람들이 실패하고, 남에게 천대를 받으며, 인생을 어둡게 지내는 것을 볼 때, 고통에 대한 신비는 도무지 풀 수 없는 수수께끼라는 생각이 듭니다. 예레미야의 항의를 들어 보세요.

> 여호와여 내가 주와 변론할 때에는 주께서 의로우시니이다 그러나 내가 주께 질문하옵나니 악한 자의 길이 형통하며 반역한 자가 다 평안함은 무슨 까닭이니이까_렘 12:1

우리가 성경을 처음부터 끝까지 다 읽어 보지만 하나님은 이 고통의 신비에 대하여 명확한 대답을 보류하십니다. 인간에게 일일이 가르쳐 주시지 않습니다. 그래서 성경 이곳에서는 고난에 대하여 이렇게 말씀하고, 또 다른 곳에서는 저렇게 말씀하고 있는 것 같습니다.

예를 들면 욥기 4장 7-8절에서 욥의 친구 엘리바스의 말을 보면 "생각하여 보라 죄 없이 망한 자가 누구인가 정직한 자의 끊어짐이 어디 있는가 내가 보건대 악을 밭 갈고 독을 뿌리는 자는 그대로 거두나니"라고 하였습니다. 이것은 인과응보적인 견해입니다. 이 세상에서 당하는 고통은 모두 죗값이라는 의미입니다. 그러나 성경의 다른 곳을 보면, 고통은 죄와 관계가 없는 것처럼 말씀합니다. 나면서부터 소경 된 자를 보고 측은하게 생각한 제자들이 예수님께 묻습니다.

"주님, 저기 보세요. 날 때부터 소경이 되어 한 번도 빛을 보지 못한 저 불쌍한 사람은 누구의 죗값 때문입니까?"

주님께서는 "부모의 죗값도 아니요, 자기의 죗값도 아니다. 오직 하나님의 영광을 위함이니라"고 대답하시며 소경이 된 것과 죄는 상관이 없다고 하셨습니다. 욥의 고난도 하나님께서는 죄와 상관이 없다고 말씀하십니다.

또 다른 곳에서는 우리에게 찾아오는 고통은 사탄이 주는 것이라고 말합니다. 사탄은 우리에게 재난을 불러일으키고 병을 가져다주며 근심과 걱정거리를 잔뜩 안겨 주는 일들을 하고 있습니다. 우리는 성경에서 조상의 죄로 인하여 뿌려진 죄악의 씨앗을 후손들이 거두는 예도 봅니다. 이렇게 놓고 볼 때, 고난의 신비는 도무지 풀리지 않습니다. 하나님께서 보류시켜 놓으신 것입니다. 그래서 인간이 마음대로 고난에 대하여 말하거나 판단하지 못하도록 만드신 것이 하나님의 섭리인 것 같습니다. 그러므로 '왜 의인이 고통을 당하느냐?', '왜 이 땅에 고난이 있느냐?' 하는 문제에 대답하기에는 우리 지성이 너무 보잘것없고, 우리의 좁은 이해력으로는 그 문제를 다 포용할 수도 없습니다.

핵심을 파악하라

고난의 문제를 해결하고자 종교마다 갖가지 해결책을 추구했습니다. 힌두교에서는 '갈마리'라고 하는 교리를 사용하여 '전생의 죗값대로 이 세상에서 고난을 받는다'는 인과응보의 교리로 사람들을 비참하게 구속합니다. 불교에서는 '열반'의 교리를 가르칩니다. 열반은 '촛불을 끄듯이 꺼진다'라는 뜻으로 욕망을 완전히 종식시키면 인간의 모든 고통이 사라진다고 합니다. 마치 스탠리 존스(E. Stanley Jones, 1884-1972)가 표현한 것처럼 두통을 없애기 위하여 머리를 자르는 것과 같은 형식입니다. 이것은 불교를 믿는 사람들로 하여금 현실을 도피하도록 만듭니다. 이슬람교는 고난을 알라신이 정해 준 철저한 '운명론'으로 가르칩니다. '한 번 네가 고난을 당하면 빠져나오지 못하므로 굴복하는 것만이 너의 의무이다. 신이 너를 그렇게 만들어 주셨으니 불평하지 말고 그대로 받으라'는 식의 숙명론을 가르칩니다.

현대의 에피쿠로스학파에서는 '향락주의'로 고난을 처리합니다. '현재의 고통을 잊을 수만 있다면 무슨 방법을 써서라도 망각해 버리자. 술을 마시든지, 쾌락에 빠지든지, 무엇을 하든지 잊어버리고 넘기면 그것이 가장 지혜로운 삶이다'라는 식으로 생각하게 합니다.

이와 같은 것을 새삼스럽게 소개하는 이유는, 사람들이 고난의 문제를 풀려고 아무리 아우성치고 머리를 싸매고 연구해도 풀 수 없다는 것을 말씀드리고자 함입니다. 고난의 수수께끼에 관한 하나님의 말씀은 고난의 정체를 규명하는 데 의미를 두지 않습니다. 고난을 통해 섭리하시는 하나님을 바라보는 데 의미가 있다고 말씀하십니다.

이것이 고난의 문제를 다루는 가장 중요한 핵심입니다. 즉, 고난 자체의 문제를 보지 말고 고난을 주신 하나님을 바라보는 것입니다. 본문 말씀은 다음과 같이 증언합니다. "주께서 나를 괴롭게 하심은 성실하심 때문이니이다"(75절).

우리가 생각해야 할 것은 우리를 괴롭히는 고난 그 자체가 아니라, 그 고난을 가지고 우리를 다루시는 하나님의 뜻이 무엇인가를 보아야 한다는 것입니다. 그러므로 우리가 어떤 고난을 당할 때 고난 자체에 눈을 돌리지 말고 그 배후에서 일하시는 하나님과 만나야 합니다.

참된 위로

고난을 당해 보신 적이 있습니까? 우리 중에는 마음에 근심과 괴로움을 안고 잠을 이루지 못하는 분들이 있습니다. 사업에 실패해서 말할 수 없는 진통을 겪는 분들도 있습니다. 우리에게는 푸른 꿈이 산산이 깨어지고 허리가 잘리듯이 괴로운 날들이 얼마든지 있습니다. 사랑하는 사람을 잃어버리는 고통으로 상처투성이가 된 자도 있습니다. 이들에게 잘못하면 우리도 욥을 찾아와서 괴롭히던 친구들처럼 되기 쉽습니다. 종종 마음대로 주석을 달고 판단하는 버릇이 있습니다. 사실 고난을 당하는 당사자만큼 괴로운 사람은 아무도 없습니다. 그 마음을 알아줄 사람이란 이 세상에 아무도 없습니다.

고난이란 당하는 자 외에는 아무도 참여할 수 없는 별개의 영역입니다. 잠언 14장 10절에는 "마음의 고통은 자기가 알고 마음의 즐거움은 타인이 참여하지 못하느니라"고 기록되어 있습니다. 욥은 자신의 고통에 대해서 판단하는 자들을 향하여 "너희는 다 재난을 주는 위로자"(욥 16:2)라고 말했습니다. 그렇습니다. 위로한다고 찾아와서는 더 가슴을 아프게 하는 경우가 많습니다.

우리는 고통을 당하는 자 앞에서 겸손해야 합니다. 고통은 거룩한 것입니다. 고통은 대단히 신비스러운 것입니다. 당하는 자만이 알기 때문에 함부로 말을 해서도 안 됩니다. 그래서 성경은 이런 고통당하는 자를 위로할 수 있는 좋은 방법을 제시해 줍니다.

"즐거워하는 자들과 함께 즐거워하고 우는 자들과 함께 울라"(롬 12:15). 우리가 고통 중에서 괴로워할 때, 웃으며 위로하는 말보다는 함께 울어 주면서 침묵을 지키는 사람에게 더 감사함을 느끼게 됩니다. 고통을 통하여 그 형제가 하나님을 만나고 그의 문제를 하나님께 맡기도록 도와주는 것이 중요합니다.

고난을 선용하시는 하나님

우리 마음에 '하나님이 그의 자녀들을 고난의 풀무 속으로 통과하게 하시는 이유가 무엇인가?' 하는 의문이 생깁니다. 하나님은 고난을 완전히 제거해 주실 수 있는 능력을 가지고 계시면서도 그 능력을 왜 사용하시지 않는 것일까요?

《로빈슨 크루소》(*Robinson Crusoe*)라는 책에 보면 로빈슨과 프라이데이라는 철부지 아이가 다음과 같은 대화를 나눕니다.

프라이데이 : 하나님은 굉장히 전능하시고 능력이 많으시다고 하셨죠?
로빈슨 : 암, 그렇고 말고.
프라이데이 : 그렇다면 어째서 그렇게 능력이 많고 힘이 많은 하나님께서 마귀를 없애 버리고, 고통과 죄를 없애 버리지 않으셨을까요?

변장된 축복

17

로빈슨 : (한참 생각하다가) 너, 참 지혜로운 말을 하는구나. 그렇지만 내가 하나 묻겠는데 왜 하나님은 날마다 악을 행하면서 하나님을 불쾌하게 하는 인간을 전부 없애 버리지 않고 기다리실까?

깊은 의미를 발견할 수 있는 대화입니다. 하나님이 이 땅 위에 고통을 남겨 놓으시고 질병과 무수한 비극들을 남겨 놓으신 그 신비를 철부지 아이들 같은 우리가 다 알 수 없습니다. 다만 그것을 허락하신 하나님을 믿음으로 신뢰하는 길밖에는 다른 도리가 없습니다. 하나님을 신뢰하는 믿음만 있으면 고난은 예방될 수 있고 개선될 수도 있으며 극복할 수도 있다는 것을 알아야 합니다.

여기서 우리가 자세히 다루어야 할 문제가 하나 있습니다. 자비로우신 아버지 하나님께서는 모든 고난을 성도의 유익을 위해서 선용하신다는 사실입니다. 그러면 어떻게 선용하실까요?

첫째, 우리를 깨닫게 하시는 데 선용합니다. 본문 말씀 67절에 보면 "고난 당하기 전에는 내가 그릇 행하였더니 이제는 주의 말씀을 지키나이다"라고 했으며, 71절에도 "고난 당한 것이 내게 유익이라 이로 말미암아 내가 주의 율례들을 배우게 되었나이다"라고 했습니다. 한 마디로 '깨달았다'는 말입니다. 하나님께서는 돌아오지 않는 자를 돌아오게 하시고 죄를 범하는 자녀를 회개하게 하시며 영적으로 잠자는 자를 깨워 일어나게 하시는 방법으로 고난을 사용하십니다.

파스칼(Blaise Pascal, 1623-1662)은 "당신을 섬기라고 내게 건강을 주셨건만 나는 세상을 위해서 전부 다 써 버렸습니다. 이제 나를 일깨워 주시려고 나에게 병을 주셨습니다"라고 말했습니다. 우리에게 갑자기 질병이 오는 이유는 무엇인가를 깨우쳐 주시기 위함입니다.

C. S. 루이스(Clive Staples Lewis, 1898-1963)는 《고통의 문제》라는 책에서 "사람에 따라서 무서운 일이 일어나기 전에는 하나님께 귀를 기울이지 않는 습성들이 남아 있다. 그러므로 고통이란 것은 귀머거리에게 알아듣도록 하는 하나님의 확성기이다"라고 했습니다.

하나님을 떠나서 마음대로 사는 사람에게 잔잔하고 부드러운 음성으로 부르면 도무지 돌아오지 않습니다. 그래서 고통을 통하여 정신 차리게 하며, 잠자는 자를 일깨워 주고, 죄악에 묻혀 있는 자를 돌이켜 회개하게 합니다.

어느 성도의 가정에 어느 날, 외동딸이 아파트 4층에서 떨어졌습니다. 그런데 이런 끔찍한 사건을 통해서 예수님을 믿지 않던 남편이 회개하고 주님께 돌아왔습니다. 우리의 좁은 생각에는 "그 부인이 예수님을 열심히 믿는데 그런 끔찍한 일이 일어날 수 있는가?"라고 말하기 쉽지만 비상수단인 고통을 통해서 하나님과 만나는 사람들을 많이 봅니다.

이런 고통스러운 방법을 통해서 하나님께서는 "멀리 떠난 자녀여, 돌아오라!", "잠자는 자여, 일어나라!", "깨닫지 못하는 자여, 일어나라!"는 음성을 우리에게 들려주십니다. 그러므로 고난이란 우리에게 문제가 아니라 기회가 됩니다. 이것이 고난의 공식입니다. 그러므로 우리에게 찾아온 고통을 비판적이거나 부정적으로 생각하지 말고 밝은 눈으로 바라보아야 합니다. 이럴 때에 비로소 우리는 고통을 안고 찬송할 수 있습니다. 이것이 믿음의 자세입니다.

둘째, 고난은 하나님의 자녀다운 인격을 형성하는 데 절대적인 요소가 됩니다. 행복의 요소를 흔히 '쾌락과 기쁨'이라고 합니다. 그러나 쾌락은 좋은 환경의 결과이지, 반드시 하나님의 축복의 결과는 아닙니다. 우리의 행복보다 하나님이 더 중요하게 다루시는 것은 우리의 인격 형성입니다. 다시 말하면, 이 세상에서 우리가 돼지처럼 살이 쪄 카펫 위에서 뒹구는 동물이 되는 것보다 하나님의 일에 동참할 수 있고, 하나님의 거룩하심에 동참할 수 있는 인격이 되기를 원하십니다. 그러므로 때로는 우리가 원하는 것을 주지 않으시고, 우리가 원하는 아름다운 꽃이 만발하고 향기가 가득한 오솔길을 택하지 못하게 하십니다. 그 반대로 우리를 가시밭길로 끌어들여 인격을 형성시키십니다. 구하는 것은 주지 않으시고 엉뚱한 것을 통하여 연단시키시는 때가 있습니다. 이것은 하나님께서 보실 때 중요하다고 생각되는 것을 주시기 위해서 그 방법을 사용하시는 것입니다. 그리스도인에게는 하나님의 자녀로서 하나님을 닮는 인격 형성이 무엇보다도 중요합니다.

존 밀턴(John Milton, 1608-1674)은 40세에 시각 장애인이 되었고 아내를 잃었습니다. 이때 그가 쓴 글이 있습니다.

"오, 주님! 이런 고통을 통하여 내 영혼이 수그러짐은 나의 창조자를 섬기기 위함이니이다. 고난은 하나님을 섬길 수 있는 인격을 위해서 필요한 것입니다."

참된 행복은 하나님의 인격을 바로 닮을 때 찾아온다고 예수님께서 말씀하셨습니다.

수고하고 무거운 짐 진 자들아 다 내게로 오라 내가 너희를 쉬게 하리라 나는 마음이 온유하고 겸손하니 나의 멍에를 메고 내게 배우라 그리하면 너희 마음이 쉼을 얻으리니 이는 내 멍에는 쉽고 내 짐은 가벼움이라_마 11:28-30

주님은 우리에게 쉼을 주길 원하십니다. 진정한 행복과 평화를 주길 원하십니다. 그러나 그런 선물을 우리에게 주시기 전에 한 가지 요구하시는 것이 있습니다. "내 멍에를 메라"는 것입니다.

'멍에'란 어떻게 보면 고통일 수도 있습니다. 또는 십자가일지도 모릅니다. 그 멍에를 맨 후에야 비로소 그 아래에서 인격이 형성됩니다. 예수님이 그 고삐를 잡고 조종할 때 우리는 하나님의 품에서 편히 쉴 수 있는 존재로 만들어집니다. 그 멍에를 지기 싫어하는 자에게 좋은 것을 주면 줄수록 하나님의 품에 있는 자녀가 아니라 훨훨 날아가는 들새같이 되어 버립니다. 하나님은 우리의 이런 근성을 너무 잘 아십니다. 그래서 멍에를 메는 고통을 통해서 편히 쉴 수 있는 아름다운 하나님의 자녀라는 인격을 형성시켜 주십니다.

본문 말씀 67절에도 "고난 당하기 전에는 내가 그릇 행하였더니 이제는 주의 말씀을 지키나이다"라고 하셨습니다. 고난 당하기 전, 실패하기 전에는 하나님의 말씀에 귀를 기울이지 않았고, 하나님의 뜻대로 살려고 하는 생각조차도 없었습니다. 그러나 고통을 통하여 멍에를 메고 주님을 따르는 길을 배우게 됩니다. 고통을 통하여 그 인격이 하나님께 순종하고 하나님의 법도대로 사는 인격이 됩니다.

○ ○ ○ ○ ○ ○
고난의 훈련 과정

> 내가 가는 길을 그가 아시나니 그가 나를 단련하신 후에는 내가 순금같이 되어 나오리라_욥 23:10

에이미 카마이클이 의미 깊은 예화를 이야기했습니다. 그가 한번은 인도의 대장장이에게 "당신이 금을 연단할 때, 이것이 순금이 되었다는 것을 어떻게 아십니까?"라고 물었습니다. 지혜로운 그 대장장이는 "예, 금 속에서 내 얼굴을 볼 수 있을 때까지 연단합니다. 불순물이 섞여 있는지 알아보기 위한 방법은 그 속에 비치는 내 얼굴이 얼마나 정확하게 잘 보이느냐를 가지고 결정합니다"라고 대답했습니다.

하나님께서 우리의 인격에 자기 자신의 형상을 비추어 보십니다. 하나님께서는 고난이라는 연단을 통하여 찌꺼기는 없애고, 깎을 것은 깎고, 버릴 것은 버리도록 하신 후에 자신의 형상을 그 인격에서 찾으십니다. 이 일을 위하여 하나님께서는 우리에게 고통을 주실 때가 많이 있습니다. 병을 주시고, 마음에 진통을 겪게 하시며 어려운 일들을 통하여 괴로움을 당하게 하십니다. 하나님의 말씀을 들어 보세요.

> 보라 내가 너를 연단하였으나 은처럼 하지 아니하고 너를 고난의 풀무 불에서 택하였노라_ 사 48:10

테니슨(Alfred Tennyson, 1809-1892)의 시 중에, 사람의 인격을 쇠붙이에 비유하여 쓴 것이 있습니다. 우리의 인격을 쇠붙이에 비유하여 시를 쓴 것을 볼 수 있습니다.

쇠붙이를 벌겋게 용광로 속에 달구어서 원하는 형태로 두들겨 찬물에 담급니다. 원하는 형태로 만들어지지 않았을 때는 다시 달구고, 두들겨서 원하는 형태로 만들어 냅니다. 이것을 우리의 인격을 만드는 것과 연관시켜 보십시다. 타오르는 공포를 뜨겁게 달구어 숙명이라는 매로 두들겨 때립니다. 그다음에는 눈물에 담궜다가 하나님께서 사용하실 수 있을 때까지 고난을 통해 연단하십니다. 이렇게 고난을 통하여 하나님의 자녀로서 인격을 형성한다는 것은 그리스도인의 삶에 있어서 가장 중요한 핵심입니다.

> 그가 시험을 받아 고난을 당하셨은즉 시험받는 자들을 능히 도우실 수 있느니라_히 2:18

하나님께서 신자에게 주신 사명 가운데 하나는 고통당하는 자를 위로하는 것입니다. 이 사명을 감당할 자격자는 이미 고통을 경험한 자가 아니면 안 된다고 성경은 가르칩니다.

예수님은 완벽한 하나님의 아들입니다. 그러나 고통당하는 인간을 위로하고 도우시기 위해서 친히 고통을 체험하셨습니다. 그러므로 오늘 우리 주변에 있는 수많은 사람들을 위로하기 위해서 우리 자신이 먼저 고난을 통해 위로할 수 있는 자격자로 인격이 형성되지 않으면 안 됩니다. 오늘날 그리스도인들에게 가장 큰 문제는 할 수만 있다면 고난을 회피하고 안일한 길을 통해서 그리스도의 사랑을 전하겠다고 하는 것입니다. 그러나 우리가 그리스도인답게 이 세상을 살며, 사랑이 부족한 자에게 사랑을 나누어 주고, 우는 자와 함께 울며 실패한 자의 손을 붙들고 일으켜 줄 수 있는 자격자가 되기 위해서는 고통을 통해서 인격이 형성되어야 합니다. 지혜로운 부모는 자녀를 키울 때 그냥 안일하게만 키우지 않습니다. 고통을 주면서 인격을 바로 형성시켜 줍니다. 그래서 큰 재목이 되어 쓸모 있는 인간이 되도록 양육합니다.

우리는 카루소(Enrico Caruso, 1873-1921)라는 세계적인 성악가를 잘 압니다. 그는 갑자기 졸도해서 죽었습니다. 그러자 그의 아내도 얼마 안 되어 자살을 했습니다. 남아 있는 철부지 자녀들은 얼마나 호강스럽게 자랐는지 자기 손으로는 신발도 신을 줄 몰랐다는 이야기가 있습니다. 자녀를 호강스럽게만 보살피는 것이 부모의 책임이 아닙니다. 하나님도 마찬가지이십니다.

　고난은 문제가 아니라 훈련입니다. 당신에게 오는 고난을 겁내지 마십시오. 불안하게 생각하지 마십시오. 고난을 자기 팔자소관이라고 여기는 것은 불신앙입니다. 당신이 설령 실수하여 죄를 범해 고통이 왔다고 할지라도 하나님께서는 그것을 통하여 큰 유익을 주고자 하는 계획을 가지고 계십니다. 그러므로 고난은 문제가 아니라 기회이며 훈련과 축복입니다.

　이제 고난을 보는 눈을 올바로 갖고 우리의 고난을 보다 긍정적이고 적극적으로 보아야 합니다. 하나님의 비밀한 계획을 바라보며 밝게 눈을 뜨십시오. 어떤 고통 속에서도 이 하나님을 찬양하며, 범사에 감사하는 하나님의 자녀가 되어야 합니다.

2
바다
가운데서

믿음을 가진 사람에게 인생은 수수께끼가 아닙니다.

마태복음 8:23-27

23 배에 오르시매 제자들이 따랐더니 24 바다에 큰 놀이 일어나 배가 물결에 덮이게 되었으되 예수께서는 주무시는지라 25 그 제자들이 나아와 깨우며 이르되 주여 구원하소서 우리가 죽겠나이다 26 예수께서 이르시되 어찌하여 무서워하느냐 믿음이 작은 자들아 하시고 곧 일어나사 바람과 바다를 꾸짖으시니 아주 잔잔하게 되거늘 27 그 사람들이 놀랍게 여겨 이르되 이이가 어떠한 사람이기에 바람과 바다도 순종하는가 하더라

바다 가운데서

우리는 나이가 들면 들수록 인생을 일컬어 수수께끼라는 말을 하게 됩니다. 우리는 어렸을 때, 어른들로부터 "너희들은 아직 어려서 잘 몰라. 크면 다 알게 돼"라는 말을 자주 들었습니다. 그러나 막상 나이를 먹고 인생을 살다 보니까 더욱 모르는 것이 인생이요, 안다고 하는 그 자체가 사실은 모른다는 것을 다른 면에서 표현하는 것에 지나지 않는다는 사실을 깨닫게 됩니다.

우리가 탐구하면 할수록, 더 많은 지식과 설명을 얻으면 얻을수록, 더 알 수 없는 것이 '인간이 산다'는 것입니다. 솔로몬 왕이 현대인에게 정곡을 찌르는 말을 했습니다.

"지혜가 많으면 번뇌도 많으니 지식을 더하는 자는 근심을 더 하느니라"(전 1:18). 과연 맞는 말입니다. 왜 알면 알수록 번뇌가 많아집니까? 인생이라는 것 자체가 알면 알수록 모르게 되고, 살면 살수록 더 신비스럽고 해답이 없는 것이기 때문입니다. 그러므로 지혜가 많으면 번뇌도 많아지고 지식이 많으면 생각이 많아지기 마련입니다.

인생의 바다

흔히들 인생을 바다로 많이 비유합니다. 예수 그리스도는 제자들을 데리고 갈릴리 바다를 건너가셨습니다. 이 갈릴리 바다에서 일어난 사건은 막연히 그들이 풍랑 속에서도 주님의 도우심으로 잘 건너갔다는 이야기를 우리에게 알려 주기 위해서만 기록한 것이 아닙니다. 그리스도인들이 인생 항로를 건너갈 때에 경험할 수 있는 한 단면을 보여 주기 위하여 기록한 것입니다.

갈릴리 바다는 일종의 신비스러운 바다입니다. 언제 어디서 폭풍이 불어닥쳐 올지 전혀 예측할 수 없는 이상한 바다입니다. 갈릴리 바다에는 일기예보가 없습니다. 왜냐하면 그 지형 자체가 폭풍이 몰려올 어떤 조짐도 없이 갑자기 불어닥치기 때문입니다. 마치 인생을 사는 것과 같습니다. 우리는 언제 무슨 일이 일어날지 전혀 알지 못하고 살아갑니다. 어린이들이 물을 두려워하는 것처럼 우리 모두가 인생의 바다를 은근히 두려워하고 있습니다.

이 인생의 바다는 불안과 공포를 안고 있습니다. 유리같이 맑은 바닷길을 순풍에 돛을 달고 힘차게 달려가면서도 선원들은 마음속에 '폭풍이 불어닥치지 않을까?' 하는 걱정과 불안을 안고 있습니다. 이처럼 현재 우리의 생활이 편하고 걱정이 별로 없어도 마음 한구석에는 형통한 것이 오히려 불안의 요소가 됩니다. 우리 중에 어떤 분은 이미 갈릴리 바다의 제자들처럼 폭풍을 만나 허우적거리고 있습니다. 우리가 어떤 상황에 있든지 한 가지 분명한 사실은 우리 모두가 인생의 바다 한가운데에 있다는 것입니다. 그리고 이 바다의 풍랑에 시달리며 멀미를 앓고 있다는 것입니다.

'인간이 살아간다는 것이 무엇인가?'에 관해 성경을 통해 잠시 생각해 봅시다. 그러나 생각하면 할수록 잘 모르겠다는 대답밖에 할 말이 없는 것 같습니다. "하나님이 세상을 이처럼 사랑하사 독생자를 주셨다"(요 3:16)라고 말씀하셨는데 왜 고해(苦海)와 같은 인생 바다에 그의 자녀들을 던져 놓으시고 건너가라고 하시는 것일까요?

제자들은 예수님을 모시고 갈릴리 바다를 건너갔습니다. 그런데 예수님과 함께 가는 바닷길에 폭풍이 일어났습니다. 예수님을 모시고 건너가면 오히려 일어나던 풍랑도 잔잔해져야 되는데 예수님을 모시고 가는 길에 왜 폭풍이 일어나 죽을 고비를 넘겨야 했는지 얼른 이해가 안 됩니다. 예수님을 믿으면 누구나 다 불행했던 삶이 행복해지고 인생의 고통이 평안으로 바뀐다고 생각합니다. 그러나 예수님을 모시고 가는 인생길에 어려운 일들이 생기는 경우를 우리 주변에서 많이 봅니다.

교회에 나온 지 3년 정도 된 부인이 인생의 바다 한가운데서 풍랑을 만났습니다. 그 부인은 남부럽지 않은 유복한 환경 속에서 예수님을 믿어 그 믿음이 잘 성장하고 있었습니다. 소그룹 모임에도, 제자훈련에도 열심히 나와서 배우고 있었습니다. 그런데 사업 때문에 나간 남편이 거래하는 사람들과 약간의 술을 마시고 저녁 늦게 집에 돌아왔는데, 돌아오자마자 세상을 떠났습니다. 40세도 안 된 젊은 나이에 말입니다. 이런 상황에 대하여 우리는 뭐라고 설명해야 합니까? 누가 만족할 만한 대답을 제시하며 설명할 수 있겠습니까? 저는 장례식을 치르면서 미망인에게 겨우 한마디밖에 하지 못했습니다.

"부인! 남편은 떠나도 예수님은 곁에 계십니다." 부인이 고개를 끄덕였지만 정말 알아듣고 끄덕였는지는 잘 모르겠습니다.

예수님을 믿으면 만사가 형통하리라고 생각했는데 이런 어려운 일을 당하는 걸 보면 알다가도 모를 것이 인생이라는 생각이 듭니다. 더욱이 본문에서 이상한 것은 제자들이 풍랑을 만나 물을 퍼내며 비명을 지르고 있는데 예수님은 모르는 듯 주무시고 있었다는 점입니다. 이것도 우리는 이해 못할 이야기입니다.

생을 살다 보면 어려운 일을 많이 당하게 됩니다. 파산을 당할 때도 있고 사업이 실패할 때도 있으며 사랑하는 이가 먼저 세상을 떠날 때도 있습니다. 아침에 멀쩡하던 아이가 불행을 당할 때도 있습니다. 정말 우리는 한 치의 앞을 예측할 수가 없습니다. 그런데 우리가 이런 비극을 당하여 몸부림칠 때 하나님께서 무관심하신 것처럼 느껴질 때가 많이 있습니다. 아무리 부르짖어도 하나님은 어려운 상황을 바꾸어 주시기는커녕 오히려 어두운 절망의 골짜기로 빠져들어 가도록 내버려 두시는 것같이 보일 때가 더 많습니다. 그럴 때 누구나 "야! 정말 모르겠구나" 하고 말합니다. 솔직하게 우리는 잘 모릅니다.

사실 인생의 사사건건에 대하여 '왜?'라는 질문을 던지고 해답을 요구한다면 약간의 대답은 얻을 수 있을지 모르지만 그것이 온전한 진리는 될 수 없습니다.

욥이라는 사람이 불행을 당하여 고통하고 있을 때 그의 친구 세 사람이 찾아와서 위로하려고 했습니다. 그러나 그들은 욥의 어려운 형편에 대하여 각자 자기 나름대로 판단하고 설명했습니다. 그렇지만 전부 다 잘못된 견해일 뿐이었습니다. 하나님께서 나중에 그들을 향해 진노하셨습니다. 완전히 아는 것처럼 떠든 그들을 좋게 보셨을 리가 없었던 것입니다.

우리는 어떤 일을 당할 때마다 인간적인 설명을 구하려고 합니다. 그러나 그럴 때마다 더 미궁으로 빠지고 맙니다. 불행과 행복이 함께 공존하고, 의와 불의가 함께 병행하는 이 땅의 상황을 우리는 완전히 설명할 수 없습니다. 지구 한 모퉁이에서는 양식이 남아서 버리는데 다른 한 모퉁이에서는 하루에 한 끼도 먹지 못하여 사람들이 기아 상태에서 죽어 가는 현실의 모순을 우리는 다 설명할 수 없습니다. 아름다운 맨션이 있는 곳이 있는가 하면 한숨과 탄식이 끊이지 않는 양로원이 초라하게 서 있는 곳이 있습니다. 이러한 세상을 어떻게 설명할 수 있겠습니까?

그리스도인들은 인생을 지나치게 단순화시켜 버리는 경향이 있습니다. 이것은 경솔한 것이라고 생각합니다. 우리가 사는 인생은 절대로 그렇게 단순한 것이 아닙니다.

세상의 빛이 되신 예수

본문은 제자들이 풍랑을 만나서 고생했다는 이야기를 하려는 것이 아닙니다. 폭풍을 만난 그들에게 예수라는 존재가 어떤 의미를 가진 분이었는가를 보여 주기 위한 것입니다. 예수님만이 인생의 신비를 밝혀 주실 수 있는 세상의 유일한 빛이십니다. 그분은 제자들에게 풍랑이 왜 일어났는가를 설명하지 않으셨습니다. 제자들이 갈릴리에서 왜 그와 같은 고생을 했는가에 대해서도 주님은 침묵하셨습니다. 그러나 중요한 것은 예수님이라는 분이 거기에 계셨다는 것입니다. 그분 안에 모든 해답이 감추어져 있습니다. 예수님에 관한 중요한 몇 가지를 같이 생각해 보도록 합시다.

첫째, 예수님은 제자들과 함께 갈릴리 바다를 동행하셨습니다. 주님은 이처럼 우리를 혼자 두지 않고 늘 동행하십니다. 우리의 인생 항로에 동행하십니다.

둘째, 주님은 풍랑 속에서 조용히 주무시는 모습을 보여 주셨습니다. 하나님의 자녀가 인생의 풍랑을 만나면 어떤 태도를 취해야 될 것인가를 그는 모범으로 보여 주셨습니다. 풍랑이 주님의 평안을 깨뜨리지 못했습니다. 이것은 바로 예수님을 모시고 인생의 바다를 건너가는 사람은 누구나 어떤 일을 만나든지 그렇게 해야 한다는 것을 모범으로 보여 주신 것입니다.

R. L. 스티븐슨(Robert Louis Stevenson, 1850-1894)이라는 소설가가 배를 타고 남태평양을 여행할 때 겪은 경험을 기록한 것을 보았습니다. 스티븐슨이 여객선을 타고 가는데 갑자기 폭풍이 일어났습니다. 처음에는 그저 잠깐 지나가는 것이겠지 생각했는데 갈수록 배는 무섭게 흔들리고 많은 사람들이 걱정에 빠졌습니다. 스티븐슨은 참다 못해서 자기도 모르게 뛰어나와 갑판에 올라가서 선장을 찾아갔습니다. 선장에게 상황을 물어보려고 했습니다. 그런데 그가 선장의 얼굴을 보는 순간 공포의 고통이 한순간에 사라지는 것을 느꼈습니다. 왜냐하면 선장의 얼굴이 얼마나 평안한 얼굴이었는지 태평스럽게 미소까지 띄고 있었기 때문입니다. 그는 객실로 돌아가서 사람들에게 "제가 선장의 얼굴을 보았는데 염려할 것이 전혀 없습니다. 그가 염려하지 않고 있습니다"라고 말했습니다. 이 말을 들은 객실에 있던 모든 사람들이 안심했습니다.

인생의 바다 가운데서 풍랑은 자주 일어납니다. 그때마다 우리는 뱃전에서 평안한 모습으로 주무시는 주님을 바라보아야 합니다.

셋째, 예수님은 일어나셔서 풍랑을 잔잔하게 해 주셨습니다. 문제를 해결해 주셨다는 말씀입니다. 꼭 기억해야 할 것은 우리의 생을 가랑잎처럼 흔들어 놓는 인생의 풍랑 가운데서 우리가 필요로 하는 것은 한 분의 인격자라는 사실입니다. 모든 것을 알고 계시고 모든 것을 주관하시며 모든 것을 처리하시는 한 인격자가 필요한 것이지 어떤 설명을 필요로 하는 것이 아닙니다. 우리에게 중요한 것은 설명이 아니기 때문입니다. 그러나 불행하게도 많은 사람들이 이 진리를 잘 모릅니다. 그들은 설명과 해명을 요구합니다. 그래서 많은 사람들은 이 물음에 답하려고 많은 책을 썼고, 많은 말을 했으며, 많은 종교를 만들어 냈습니다. 그러나 여기에 대해서 이렇다 할 답변은 아무도 하지 못했습니다.

인간이 요구하고 필요로 하는 것은 한 인격자입니다. 그 인격자를 바로 아느냐, 모르느냐에 따라서 모든 것이 결정됩니다. 다시 말하면 세상의 빛이 되신 예수라는 인격자를 바로 알고, 바로 모시느냐 모시지 못하느냐에 따라서 인생의 항로가 결정되는 것입니다. 태평양을 건널 때에 선장이 어떤 사람인가를 바로 알면 다른 것은 걱정할 필요가 없습니다. 폭풍이 언제 일어날지, 지금 어디까지 와 있는지 몰라도 됩니다.

우주 과학계에서 오늘의 주요 관심은 "우주 생성에 관한 어떤 이론이나 설명보다 한 인격자에게 있다"는 글을 본 일이 있습니다. '이 우주는 어떤 인격자가 창조한 것이 분명하다' '이 인격자는 성경이 말하는 그 하나님을 의미하는가?'라는 데 그들의 관심이 기울어지고 있다는 말입니다. 왜 그렇습니까? 우주의 신비를 푸는 열쇠는 어떤 구차한 설명이 아니고 한 인격자에게 달려 있기 때문입니다. 마찬가지로 인생의 신비도 오직 예수 그리스도 한 분에게 그 모든 해답이 달려 있습니다. 우리에게 중요한 것은 우리가 던진 '왜?'라는 질문에 대한 설명이 아니라는 사실을 분명히 깨달아야 합니다. 이것을 깨닫지 못하면 점점 더 암담한 처지에 빠지게 되고, 나중에는 '되는대로 살아 보자'는 식으로 사는 사람이 되고 맙니다.

하나님이 주신 선물, '믿음'

제자들이 폭풍을 만났을 때 처음에는 자기들의 지혜와 노력으로 문제를 해결해 보려고 했습니다. 그러나 그들은 한계점에 봉착한 것을 깨달았습니다. 할 수 없이 주무시는 예수님을 깨웠습니다. 일어난 예수님께서는 제자들에게 "어찌하여 무서워하느냐? 믿음이 작은 자들아!"라고 말씀하셨습니다(26절). 이것은 책망으로 끝나는 말씀이 아닙니다.

마가복음에도 똑같은 말씀이 있는데 책망 이상의 의미를 담고 있습니다. '작은 믿음'이라는 말은 제자들의 믿음이 작다는 것을 지적하는 데 그치지 않습니다. 더 나아가서 그들이 작은 믿음이나마 그것을 가지고 있었다는 점을 상기시켜 주는 데 더 큰 의미가 있었다고 봅니다.

예수님은 삼 년 동안 복음 사역을 하셨는데 그때 큰 믿음을 가진 사람을 두 번밖에 보신 적이 없습니다. 먼저 수로보니게 여자가 찾아와서 자신의 딸을 고쳐 달라고 했을 때 주님은 "자녀의 떡을 취하여 개들에게 던짐이 마땅하지 아니하다"(마 15:26)라고 하면서 거절하셨습니다. 그때 그 여자는 "주님, 사실입니다. 그러나 상 아래 있는 개들도 자녀의 손에서 떨어지는 부스러기를 먹고 삽니다"(마 15:27 참조)라고 하며 자기를 개와 같이 낮추었을 때 주님은 이렇게 칭찬하셨습니다. "여자여 네 믿음이 크도다. 네 소원대로 되리라"(마 15:28).

또 한 명의 큰 믿음의 사람은 백부장입니다. 백부장이 찾아와서 자신의 하인을 고쳐 달라고 할 때 주님은 "내가 가서 고쳐 주마"라고 하셨습니다(마 8:7 참조). 이때 백부장이 "주님! 우리 집에 오실 것 없습니다. 그 자리에서 말씀 한마디만 하시면 저 멀리 있는 내 하인이 당장에 낫습니다"라고 하였습니다(마 8:8 참조). 주님이 그의 믿음에 놀랐셨습니다. 그래서 뒤를 돌아보시고 무리에게 이렇게 말씀하셨습니다.

> 내가 진실로 너희에게 이르노니 이스라엘 중 아무에게서도 이만한 믿음을 보지 못하였노라_마 8:10

이 백부장이나 수로보니게 여인은 이방인이었습니다. 예수님께서 이 땅에 계실 동안 좋은 믿음, 큰 믿음은 이렇게 두 번밖에 보신 적이 없었고 나머지는 다 작은 믿음들이었습니다.

믿음은 금과 같습니다. 양이 적든 많든 금은 금인 것처럼, 믿음은 하나님이 주신 선물로서 크고 작음에 상관없이 믿음입니다. 다시 말하면 하나님께 받은 믿음이라면 작은 믿음이라도 그것은 믿음이라는 말입니다. 노련한 금광석 채굴업자는 금을 찾아 산을 헤매고 다니다가 조그만한 금덩이 하나를 발견하면 그 지역 어느 곳에 큰 금광이 숨어 있다는 것을 당장에 알아냅니다. 그러므로 그 금 조각 하나는 대단한 출발입니다.

작은 믿음이 우리의 눈에는 아무것도 아닌 것처럼 느껴지고 어떤 면에서는 불순한 믿음처럼 보여질 수 있습니다. 그러나 그러한 믿음이라도 주님은 결코 과소평가하지 않으십니다. 그 믿음에 기대를 거십니다. 비록 작은 믿음이지만 주님은 그 믿음 뒤에 감추어져 있는 큰 믿음의 광맥을 보고 계십니다. 예수님은 찾아온 많은 사람들에게 "네 믿음이 너를 구원하였다"라고 하셨습니다. 그때 그 믿음이 우리가 보기에는 지극히 작은 믿음이요 대수롭지 않는 믿음이라고 할지라도 주님은 크게 평가해 주셨습니다.

우리의 믿음은 크지 못합니다. 사실 이 작은 믿음에는 불순물도 끼어 있습니다. 예수님께서 잠에서 깨셨을 때 제자들에게 "어찌하여 무서워하느냐? 믿음이 작은 자들아!"(26절)라고 하신 것을 보면 분명히 제자들이 가진 믿음에는 공포라는 불순물이 섞여 있었습니다.

바다 가운데서

마가복음에 보면 의심이라고 하는 분순물이 있었습니다. 대부분의 믿음을 보면 공포와 의심이라는 불순물이 들어 있습니다. 그러나 공포와 의심이 있는 작은 믿음이라고 할지라도 바르게 사용하여 하나님께 순종하면 놀라운 기적을 일으킵니다.

오럴 로버츠(Oral Roberts, 1918-2009) 목사의 기록을 읽으면서 공감이 가는 부분이 있었습니다. 그분은 과거 삼사십 년 동안 많은 환자를 치료하는 데 큰 역할을 담당했던 사람입니다. 그분이 설교 도중에 눈이 마주치고 마음과 마음이 통하는 환자가 있으면 '아, 주님께서 오늘 저 사람을 고치겠구나' 하고 마음에 확신이 생긴다고 합니다. 그때 그는 환자를 향해 "예수님이 당신을 고쳐 주십니다"라고 선언합니다. 그러나 마음속으로 '낫지 않으면 어떻게 하나' 하는 걱정이 생긴다는 솔직한 고백을 한 것을 보았습니다.

사람이 완전한 믿음을 가질 수 있습니까? 누구에게나 의심이 있을 수 있고, 공포도 있을 수 있습니다. 그런 의미에서 볼 때 주님의 눈에 비친 우리의 모든 믿음은 작은 믿음이지 큰 믿음일 수가 없습니다. 그러나 제자들이 그 믿음이라도 가졌기에 위기를 만났을 때 그들은 주님을 깨울 수 있었습니다. 작은 믿음은 인생 항로에서 우리를 기도하게 만듭니다.

당신은 믿음이 있습니까?

믿음이 있으면 당신은 주님을 깨울 것입니다. 주님을 향해 부르짖을 때, 주님께서 반드시 일어나셔서 우리의 문제를 해결해 주실 것입니다. 문제는 이 작은 믿음을 어떻게 사용하느냐에 달려 있습니다.

드디어 예수님이 일어나셔서 바다를 잔잔하게 하셨습니다. 놀라운 일입니다. 본문은 제자들이 놀랍게 여겼다고 했는데 이 말은 '경탄했다'는 의미입니다. 대단히 강한 의미를 가진 용어입니다. 작은 믿음을 바로 사용하여 주님께 나아가는 자에게 주님은 놀라운 기적을 일으켜 주십니다. 제자들은 예수님께서 하신 일을 보고 놀랐습니다.

우리가 인생 항로를 걸어오면서 오늘날까지 어려운 고비고비마다 작은 믿음을 가지고 눈물 흘리며 기도할 때에 주님께서 어떻게 인도해 주셨는가를 한번 돌이켜 보십시오. 놀라운 일이 한두 가지가 아닐 것입니다.

적극적인 사고방식으로 많은 사람들에게 정신적인 격려를 하고 있는 로버트 슐러(Robert Schuller, 1926-2015) 목사 부부가 한국에 왔었습니다. 집회를 인도하는 중에 급한 전보를 받았습니다. 당시 열세 살이던 캐롤이라고 하는 그의 딸이 교통사고를 일으켰다는 전보였습니다. 미국에 돌아가서 보니까 딸이 오토바이를 타고 가다가 자동차와 부딪쳐 사고를 일으켰는데 벌써 다리 하나가 없어져 버렸습니다.

그는 적극적인 사고, 적극적인 생활을 강조한 사람이기에 항상 웃어야 되고 조금도 어두운 그림자를 보이면 안 되는 입장에 있는 목사였습니다. 그런데 갑자기 어두운 그림자가 집안에 드리우고 풍랑이 일기 시작한 것입니다. 딸이 퇴원을 했으나 불구자입니다. 그 사건이 있은 지 1년도 못 되어서 그의 부인인 아벨라가 유방암에 걸렸습니다. 기도의 응답인지 그 후 증세가 음성으로 바뀌어 더 이상 퍼지지 않아서 수술하여 일단 위기는 모면했습니다. 이와 같은 어려운 풍랑에 직면했을 때 인간은 어떻게 해야 합니까? 왜 하나님이 나에게 이와 같은 고난을 당하게 하시느냐며 이유를 찾고자 돌아다닌다면 그 사람은 미쳐 버리고 말 것입니다. 그런데 이 부부는 역시 신앙인이었습니다. 그들은 그 어려운 역경의 기간 동안 성경을 통하여 중요한 세 가지 진리를 깨달았다고 고백했습니다.

첫째, 모든 것을 인정해야 한다는 진리였습니다. 불구가 된 딸도 암에 걸린 사실도 그대로 받아들이는 것이었습니다. 신앙인은 모든 것을 그대로 받아들여야 합니다. 가산이 기울거나, 사업에 실패하거나, 사랑하는 이가 먼저 세상을 떠났어도 현재의 환경을 그대로 받아들이고 거기에 대하여 이유를 달지 않아야 합니다. 우리는 주님과 함께 배를 타고 가는 사람입니다. 그것이 모든 것을 긍정적으로 받아들일 수 있게 만들어 줍니다.

둘째, 하나님은 내 인생의 계획자요, 인도자라는 진리였습니다. 아벨라의 인생길을 미리 작정하고 계시고, 캐롤의 인생길도 하나님이 설계하고 계시므로 어떻게 하든지 선하신 길로 인도하신다는 것을 믿었던 것입니다. 하나님이 살아 계신 이상 하나님의 섭리하심을 믿어야 한다는 것을 그가 느꼈다고 합니다. 만일 하나님이 안 계시다면 역경을 당하는 사람은 재수 없는 인간이 될 것입니다. 그러나 하나님이 살아 계시다면 그분의 모든 계획과 섭리 아래서 현실의 사건들은 그분의 거룩한 조명 아래서 의미를 갖게 되고, 우리는 그 의미를 깨달을 수 있게 됩니다.

셋째, 전적으로 위탁하라는 진리였습니다. 불구자가 된 딸도, 암에 걸린 아벨라도 하나님께 맡기는 것이었습니다. 우리가 아벨라 여사와 같이 현실을 인정하는 것이나 하나님의 섭리를 믿는 것, 자신의 모든 것을 하나님께 위탁하는 것은 인격자인 예수님을 우리 인생의 항로에 모시고 있을 때에 가능한 것입니다.

우리는 지금 예수님을 모시고 갈릴리 바다를 건너갑니다. 풍랑이 일어납니까? 예수님을 보십시오. 그의 평안한 얼굴을 한 번 보십시오. 우리도 그렇게 할 수 있습니다. 너무나 힘들 때 그분을 깨워 그분의 도우심을 기다립시다. 주님께서 우리의 모든 문제를 해결해 주시든지, 아니면 우리로 하여금 풍랑 속에서도 찬송할 수 있는 능력을 주십니다.

어디에서나 주님의 존재를 믿을 수 있고, 모든 것을 그분에게 위탁하고 항상 소망 가운데 즐거워하며 살 수 있는, 작은 믿음을 가진 사람에게 인생은 수수께끼가 아닙니다. 얼마 안 가서 그리스도 안에서 모든 것이 분명해집니다. 풍랑 속에서도 저 하늘의 별을 세며 내일을 향하여 힘차게 전진할 수 있습니다.

우리는 또다시 세상으로 나아가야 합니다. 고달프고 힘든 인생을 살아야 합니다. 그러나 주님이 우리와 늘 동행하십니다. 우리 모두 용기와 소망을 가지고 다시 내일을 맞이하도록 해야 합니다.

3
광야에서

우리가 두려워해야 할 것은 고난이나 어려운 문제가 아니라
고난 중에 함께하시며 우리보다 훨씬 지혜로우신 하나님을 잊어버리는 영적 무지입니다.

출애굽기 15:22-27

22 모세가 홍해에서 이스라엘을 인도하매 그들이 나와서 수르 광야로 들어가서 거기서 사흘 길을 걸었으나 물을 얻지 못하고 23 마라에 이르렀더니 그곳 물이 써서 마시지 못하겠으므로 그 이름을 마라라 하였더라 24 백성이 모세에게 원망하여 이르되 우리가 무엇을 마실까 하매 25 모세가 여호와께 부르짖었더니 여호와께서 그에게 한 나무를 가리키시니 그가 물에 던지니 물이 달게 되었더라 거기서 여호와께서 그들을 위하여 법도와 율례를 정하시고 그들을 시험하실새 26 이르시되 너희가 너희 하나님 나 여호와의 말을 들어 순종하고 내가 보기에 의를 행하며 내 계명에 귀를 기울이며 내 모든 규례를 지키면 내가 애굽 사람에게 내린 모든 질병의 중 하나도 너희에게 내리지 아니하리니 나는 너희를 치료하는 여호와임이니라 27 그들이 엘림에 이르니 거기 물 샘 열둘과 종려나무 일흔 그루가 있는지라 거기서 그들이 그 물 곁에 장막을 치니라

광야
에서

하나님께서는 이스라엘 백성을 홍해의 위기에서 인도하셨습니다. 그리고 그들을 광야에서 연단하셨습니다. 하나님의 인도와 연단은 구약시대의 이스라엘에게만 국한된 것이 아닙니다. 현대를 사는 우리에게도 똑같은 원리와 방법으로 적용됩니다.

○ ○ ○ ○ ○
홍해의 기적

하나님은 과연 약속대로 바다를 친히 갈라 주셨습니다. 구경하던 이스라엘 백성은 놀라움을 금치 못하고 하나님이 갈라 놓으신 바닷길을 걸어갔습니다. 그들이 걸어가는 홍해 바닷길은 애굽과 영원히 결별하는 마지막 길이 되었습니다. 애굽 사람을 다시는 보지 못하며 다시는 애굽으로 돌아갈 수 없는 길이 되었습니다. 고린도전서 10장 1-2절로 홍해의 사건을 해석하면 홍해의 체험은 세례(침례)와 같다고 할 수 있습니다.

바다 가운데로 지나며 모세에게 속하여 다 구름과 바다에서 세례를
받고_고전 10:1하-2

  누구든지 예수님을 믿으면 세례를 받습니다. 세례란 예수 그리스도의 십자가와 함께 자기의 옛사람이 죽었다는 사실을 만인 앞에 선포하는 행위입니다. 신분상 세상과 영원한 결별을 선언하는 것입니다. 그러므로 다시는 세상의 지배를 받지 않게 되었습니다. 세상으로 되돌아갈 수도 없습니다.
  이스라엘 백성이 홍해를 통과한 후에 체험한 기쁨은 우리가 예수님의 십자가를 통하여 구원을 받고 한없이 기뻐하는 것과 같습니다. 따라서 우리는 다 홍해에서 세례를 받은 사람들입니다. 다시 말하면 예수 그리스도의 십자가로 옛사람은 죽고 다시 태어난 새사람입니다. 홍해를 건너기 전과 건넌 후와는 근본적으로 다릅니다. 예수님을 믿기 이전의 우리는 애굽에서 종노릇하던 사람들입니다. 죄악 속에서 쾌락을 누리며 죄악 속에서 인생의 어떤 행복을 찾아 헤매던 사람들이었습니다. 그러나 예수님의 십자가를 통하여 옛사람은 장사되고 새사람으로 다시 태어났습니다. 그러므로 거기에는 놀라운 기쁨이 있습니다.
  삭개오와 같은 사람을 보면 홍해의 감격이 무엇인가를 좀 알 수 있을 것입니다. "오, 주님! 제가 가지고 있는 재산 중에 절반을 가난한 사람들에게 나누어 주겠습니다." 이런 기쁨이 모든 성도들에게 있습니다. 예루살렘 성도들은 구원받은 것이 너무나 기뻐서 재산을 전부 다 교회에 바치고 성도들과 더불어 생활하는 천국의 이상적인 삶을 한동안 맛보았습니다.
  빌립보 감옥의 간수는 바울을 통하여 전도를 받아 예수님을 믿고

세례 받은 다음 너무 기뻐서 온 가정과 더불어 즐거워했다고 했습니다. 이런 모든 것이 홍해의 체험입니다.

신자들은 누구에게나 이와 같은 체험이 필요합니다. 어떤 사람은 예수님을 믿은 지 얼마 안 되었는데도 그리스도 안에서 새사람 된 것을 감격해 합니다. 그러나 어떤 사람은 예수님을 오래 믿었어도 전혀 그와 같은 감격과 체험이 없는 것을 봅니다. 정말 구원받은 성도라면 하나님의 자녀 된 것에 대한 기쁨과 감격이 있어야 합니다. 신자에게는 찬송이 입에서 떠나지 않고 마음에 놀라운 기쁨이 생수처럼 솟아오르는 체험이 꼭 있어야 합니다. 그러면 왜 홍해를 건넌 환희를 맛보지 못하는 경우가 있을까요?

첫째, 예수님을 믿기는 믿는데 약간의 불신앙이 그 마음에 찌끼와 같이 깔려 있기 때문입니다. 모세가 홍해를 건너가라고 했지만 '중간에 가다가 물이 덮이면 어떻게 할까?' 하여 건너가면서 불안에 떨던 사람이 있었다면, 의심하지 않고 바다를 건넌 사람들의 기쁨을 결코 맛볼 수 없었을 것입니다. 불신앙의 차꼬에 묶여 있는 신자의 마음에는 구원의 기쁨이 찾아오지 못합니다.

둘째, 하나님의 말씀을 잘 모르기 때문입니다. 일반적으로 이런 사람은 그리스도 안에서 누리는 축복이 얼마나 큰지 잘 깨닫지 못합니다.

셋째, 순종하지 않았기 때문입니다. 교회에서는 그리스도인이지만 교회 밖에만 나가면 신자가 아닙니다.

자신의 신앙 상태를 점검해 보십시오. 예수님을 믿고 구원받은 자의 기쁨과 확신이 있습니까? 홍해를 건너와서 춤을 추던 이스라엘 백성과 같은 기쁨이 있습니까? 만일 이러한 것들이 없다면 왜 없는지 그 이유를 찾아보십시오. 그 이유를 찾지 못하고 주님이 오신다면 주님을 맞을 수가 없습니다.

광야의 연단

이스라엘 백성이 40년 동안 생활한 광야는 우리가 생각하는 사하라사막과 같은 모래밭이 아니었습니다. 목축이 약간 가능하지만 황량한 벌판이었습니다. 나무도 없고 그늘도 없는 곳으로 낮에는 더위가 심하고, 밤에는 온도가 급강하하여 추위가 닥치므로 견디기 어려운 지역이었습니다. 그들이 앞서가는 하나님의 구름기둥을 따라간 곳이 바로 이런 곳이었습니다. 그래도 첫날은 홍해의 기적을 체험한 기쁨에 기분이 좋았을 것입니다. 하나님께서 함께하고 지켜 주신다는 놀라운 확신이 있었을 것입니다. 그러나 다음 날은 아무리 걸어도 물 한 방울 없는 광야 길이 계속되었습니다. 백성들은 점점 불안에 쌓이기 시작했습니다. 삼 일째 되는 날에는 무서운 공포에 휩싸이기 시작했고 나중에는 모세를 원망하고 하나님을 원망하는 자리에까지 오고 말았습니다.

구원받은 성도에게 이런 일이 있을 수 있다고 생각하십니까? '구원의 기쁨'이라는 날개를 달고 창공을 나르던 자에게 이런 고통스러운 추락이 있을 수 있다고 생각하십니까?

초신자들은 대부분 순진합니다. 그래서 처음 예수님을 영접하고 나면 기쁨이 넘칩니다. 그들은 신앙생활만 잘하면 인생 전부가 축복의 연속인 것으로 착각합니다. 그래서 조금만 어려움이 닥치면 사정없이 좌절해 버립니다. 마치 돌밭에 뿌려진 씨앗이 처음에는 말씀을 받고 기쁨으로 충만했지만 핍박이 오고 어려운 시험이 왔을 때는 뿌리가 약하고 흙이 얇아서 말라 죽는 것과 같습니다.

구원의 환희에 차서 기뻐하던 이스라엘 백성을 물 없는 광야로 인도하신 하나님의 섭리 안에 감추어진 하나님의 지혜가 무엇이었을까요?

고통에는 뜻이 있다

하나님께서 모세의 일생을 인도하실 때에는 이해할 수 없는 놀라운 부분들이 있었습니다. 모세는 그의 인생의 절정기인 40세부터 40년간을 광야에서 보냈습니다. 누가 이것을 하나님의 깊은 뜻이라고 생각하겠습니까? 그러나 40년 후에 그 광야의 40년이 무엇을 의미했는지 우리는 잘 알고 있습니다.

예수님이 성령에 충만하여 하나님 나라의 일을 시작하시려는 순간 성령은 그를 광야로 인도하셨습니다. 그곳에서 40일 동안 식음을 전폐하고 준비하게 하셨습니다. 거기서 사탄에게 시험을 당하는 일까지 있었습니다.

바울 역시 '다메섹' 도상에서 실명하여 눈이 어두워졌지만 나중에 하나님께서 그 눈을 열어 주시는 놀라운 체험을 했습니다. 그러나 다시 하나님은 그를 광야로 몰아넣으셨습니다.

하나님은 우리의 내일을 내다보시며 우리의 약점을 다 알고 계시는 분입니다. 그러므로 우리를 위하여 필요하다고 하면 언제든지 광야로 인도하시어 시련 뒤에 오는 더 큰 복을 받도록 준비시켜 주시는 분이십니다.

광야가 주는 영적 의미

광야가 우리에게 주는 영적 의미 세 가지를 살펴보겠습니다.

첫째, 광야는 영적 연단을 의미합니다. 시험은 예수님을 믿는 사람이 당하는 영적 전투입니다. 남편이 믿지 않으므로 오는 핍박, 부모님이 믿지 않아서 따르는 여러 가지 고통 등은 우리가 광야에 들어와 있다는 것을 의미합니다.

둘째, 광야는 가치관의 변화를 의미합니다. 새로운 피조물이 되면 가치관이 달라집니다. 과거에 좋아 보이던 것이 좋지 않게 보입니다. 과거에 가치 있게 생각하던 것이 무의미하게 생각됩니다. 그러므로 세상 사람들이 좋아하는 것에 대해서 오히려 허무감을 강하게 느끼게 됩니다. 이 세상에서는 아무리 살펴보아도 위로받을 만한 것이 없고 진정한 평안이 없다는 것을 느끼게 됩니다. 이러한 새로운 가치관을 우리가 인생 광야에서 발견하게 됩니다.

셋째, 광야는 나그네 생활이 주는 피곤을 의미합니다. 거룩하게 살고자 할 때에 피곤이 옵니다. 죄가 우글거리는 소돔과 고모라와 같은 도성에서 진통을 겪는 일은 피할 수 없습니다. 이것이 광야입니다. 이 세상은 사탄의 지배 아래 있습니다. 그리스도를 십자가에 못 박아 죽인 사형장입니다. 이런 곳에서는 신자가 아무리 시원한 생수를 찾아보아도 쓴 물을 내는 마라가 있을 뿐입니다. 언뜻 보기에는 오아시스와 같이 보여도 달려가서 보면 먹을 수 없는 쓴 물입니다. 성경은 이와 같은 피곤한 나그네 생활을 "만물이 피곤하다는 것을 사람이 말로 다 말할 수 없나니 눈은 보아도 족함이 없고 귀는 들어도 가득 차지 아니하도다"(전 1:8)라는 말씀으로 증언합니다.

그런데 한 가지 문제는 많은 신자들이 광야의 가치를 모르고 있다는 것입니다. 예수님을 믿는 것을 광야를 피하기 위한 도피 수단으로 생각합니다. 예수님을 믿으면 마음이 편하고 기쁠 것이라고 생각합니다. 또 어려움은 사라지고 바라는 대로 잘될 것이라고 생각합니다. 처음에 예수님을 믿는 사람은 신앙이 약하므로 그럴 수 있겠지만 신앙 연륜이 깊은데도 그런 순진한 신앙관을 가지고 있다면 심각한 문제입니다. 어떤 사람이 이런 말을 하는 것을 들은 적이 있습니다.

"권력형 축재자 중에서 한 사람은 불교인이고, 나머지는 전부 다 기독교인입니다. 예수 믿는다는 것이 다른 사람이 보기에는 거룩하게 보이지만 속으로는 자기 유익을 위하여 사는데 무엇이 다른 건가요?"

정말 우리 모두 반성해야 합니다. 광야의 의미를 바로 알아야 합니다. 기독교는 행복을 위한 도피처가 아닙니다. 그렇다고 고난을 피하는 샛길도 아닙니다. 자기의 유익을 위해서 예수님을 믿는 자는 하나님께서 광야를 통하여 산산이 부수고 다시 만드십니다. 그런 뒤에 그리스도 안에서 주시는 복을 받도록 하십니다. 하나님은 절대 속지 않으십니다.

당신에게 돈에 대한 욕심이 있습니까? 돈에 대한 욕심이 깨어지도록 하나님이 당신을 다루실 것입니다. 세상의 명예와 권력을 향한 야망이 우상이 되어 있습니까? 이것이 깨어지기 전에는 하나님께서 주시는 은혜를 받을 수가 없습니다.

핑크(Arthur Pink, 1886-1952) 목사님은 하나님께서 성도들을 광야로 인도하시는 이유 두 가지를 다음과 같이 말합니다.

첫째, 광야의 시련을 통하여 자신이 얼마나 악하고 무가치한가를 발견하게 해서 우리를 겸손하게 만들기 위한 것이라고 하였습니다.

둘째, 하나님이 누구시며 능력이 얼마나 크신 분인가를 체험하도록 하기 위함이라고 하였습니다.

광야와 같은 시련이 없이는 하나님이 나와 동행하시는 것을 실제로 체험하기 어렵습니다. 누구나 홍해를 건너오면 우리는 하나님의 자녀입니다. 그러므로 하나님은 자녀 된 우리를 아무렇게나 자라도록 내버려 두지 않으십니다. 당신의 자녀가 훌륭한 사람이 되기를 원한다면 당신은 절대로 아무렇게나 교육하지 않을 것입니다. 하나님은 가장 사랑이 많으신 아버지요, 가장 지혜로운 선생님이십니다. 그가 세상의 수십 억이라는 사람들 중에서 우리 각자를 택하셔서 자기의 것으로 인쳐 주셨습니다. 그 하나님이 홍해를 건너게 하셨고 바른 삶을 살도록 광야에서 교육해 주십니다. 우리는 이 하나님을 바로 알아야 합니다.

강남에 사는 어떤 가정에서는 초등학교 2학년이 된 자녀에게 자가용을 사 주었다고 합니다. 그 자가용에는 전속 운전기사가 따라다니고 월급은 그 어린이 손으로 준다고 합니다. 그 운전기사는 그 아이와 놀아 주고 교실에 들어가면 기다렸다가 하교할 때 집으로 모셔 가고…. 얼마나 불쌍한 아이입니까? 유리 동물원에서 사는 새끼 사자와 다를 바가 없습니다. 그 사자 새끼를 산에다 풀어놓으면 얼마 못 가서 적응하지 못하여 죽고 말 것입니다. 발바닥에 흙이 묻지 않게 키운 자녀보다는 차라리 신문팔이하는 아이가 훨씬 나을 것입니다. 그런 식으로 자녀를 키워서 나중에 그 아이의 장례를 누가 보장할 수 있습니까? 하나님은 이런 어리석은 부모처럼 우리를 키우시지 않습니다.

찰스 코우만 여사의 글 중에서 재미있는 체험담을 읽은 적이 있습니다. 그녀는 1년 동안 애벌레가 나비가 되어 나오는 것을 관찰한 일이 있었다고 합니다. 번데기에서 나비가 기어 나오는 구멍은 너무 작습니다. 그 작은 구멍으로 큰 몸집이 빠져나오려고 오랫동안 몸부림을 치는 모습을 보고 있자니 안달이 나서 견딜 수 없었습니다. 그래서 도와주고 싶은 충동을 느꼈습니다. 급히 가서 가위를 가져왔습니다. 그리고 그 구멍을 옆으로 조금 따 주었습니다. 그랬더니 그 나비가 고맙다는 듯이 통통 불은 몸집을 기우뚱거리면서 쉽게 고치를 빠져나왔습니다.

그녀는 큰 선심이나 쓴 것처럼 만족감에 젖어 이제 그 나비가 오색찬란한 날개를 펴고 창공을 날 순간을 기다리며 지켜보고 있었습니다. 그러나 그녀는 얼마 안 가서 자기가 나비의 신세를 망쳐 놓았다는 것을 깨달았습니다. 큰 구멍으로 쉽게 빠져나온 나비는 날개를 질질 끌고 방구석을 기어 다니는 신세가 되고 말았던 것입니다. 작은 구멍을 빠져나오는 긴 시간의 몸부림, 이것은 나비가 꽃을 찾아 이 산 저 산으로 날아다닐 행복한 나비로 만드는 데 없어서는 안될 과정이었습니다.

고난을 당하는 자를 너무 값싸게 동정하지 마십시오. 경제적으로, 건강으로, 사회의 여건으로 형제가 진통을 겪고 고통스러워할 때 값싼 동정에 못 이겨 금방 가위를 들지 마십시오. 하나님께서 그를 더 큰 위험에서 막아 주시고 믿음의 날개로 세상을 날며 살도록 하시기 위하여 허락하신 시련의 좁은 구멍인지 누가 압니까?

> 너희 믿음의 확실함은 불로 연단하여도 없어질 금보다 더 귀하여 예수 그리스도께서 나타나실 때에 칭찬과 영광과 존귀를 얻게 할 것이니라_ 벧전 1:7

광야에서 얻은 영적 유익

우리가 광야에서 얻을 수 있는 몇 가지 영적 유익을 살펴보겠습니다.

첫째, 기도하게 만듭니다. 모세와 백성들이 부르짖었습니다. 고난 앞에서 신자는 기도하게 됩니다. 시련은 마치 바람과 같습니다. 고난과 시련은 하나님을 향해 더 빨리 달려가게 합니다.

둘째, 영의 눈을 뜨게 만듭니다. 모세가 부르짖을 때에 하나님께서 눈을 열어 주셨습니다. 광야의 시련은 마음의 때를 벗겨 주고 마음의 눈을 열어 육체의 안일주의에서 벗어나게 합니다.

셋째, 십자가를 발견하게 합니다. 모세가 하나님 앞에 기도하여 눈이 열렸을 때 그는 나무를 발견했습니다. 그 나무를 꺾어 마라의 쓴 물에 던지니 물이 달아졌습니다.

우리는 고난과 시련을 통하여 십자가를 발견하게 됩니다. 베드로전서 2장 24절을 보면 나무는 십자가의 상징입니다. 그리스도인은 광야의 생활을 통하여 십자가의 의미를 발견하고 그리스도와 만나게 됩니다.

넷째, 쓴 물이 단물로 변하는 체험을 하게 합니다. 다시 말하면 문제 해결의 체험입니다. 문제를 해결할 수 있는 방법은 멀리 있는 것이 아닙니다. 쓴 물이 있는 샘 바로 곁에 나무가 있었습니다. 오늘 우리의 문제를 해결할 수 있는 나무는 멀리 있지 않습니다. 고난을 통하여 우리에게 쓴맛을 주던 문제들이 단맛을 내는 축복으로 바뀌는 것을 체험하게 됩니다.

어느 교회 장로님이 광야 생활에서 쓴 물이 단물로 변하는 놀라운 체험을 했습니다. 그 장로님은 다른 사람이 경영하던 공장을 인수했는데 3년 동안 계속 적자였다고 합니다. 그런데도 끈질기게 포기하지 않고 언젠가는 반드시 하나님이 은혜를 주실 것이라고 확신했습니다. 그 어려운 상황 속에서도 십일조를 드리는 것은 물론, 주일 성수까지 철저히 하였습니다. 어려움이 가슴을 짓누르면 공장에서 떠나지 않고 밤새도록 하나님께 부르짖었습니다. 그 결과, 주변의 모든 공장들은 문을 닫았으나 그 장로님의 공장은 흑자를 내는 유일한 공장이 되었습니다. 그래서 주변에 있는 사람들이 말하기를 "저 공장은 일요일 날도 쉬는데 이상하게 흑자를 내니 그 이유를 모르겠다"고 했습니다. 이 말에 대해 장로님은 "하나님께서 그동안 나에게 시련을 주셨습니다. 3년 동안 저는 하나님 앞에서 믿음을 점검받았습니다. 이제 하나님은 놀랍도록 축복하고 계십니다"라고 대답했습니다.

그 장로에게 3년의 고난이 얼마나 유익한 것이었습니까? 그와 같은 고난을 통하여 믿음을 키워 주시고 교만해지거나 세상 쾌락에 빠지는 위험을 미리 막아 주신 것입니다. 이것이 신자가 맛보는 단물입니다. 시련 뒤에 하나님은 위로와 보상을 주십니다.

하나님께서 이스라엘 백성을 마라에서 쓴 물을 마시게 하시고 난 다음에 엘림이라는 곳으로 인도하셨습니다. 그곳에는 오아시스가 있었습니다. 우리가 믿음으로 시련을 잘 이기고 나면 하나님께서 엘림의 오아시스를 발견하게 하십니다. 그런데 많은 사람들이 시련에서 탈락하기 때문에 그 뒤에 따라오는 하나님의 복을 놓쳐 버리고 맙니다.

우리가 두려워해야 할 것은 고난이나 어려운 문제가 아니라 고난 중에 함께하시며 우리보다 훨씬 지혜로우신 하나님을 잊어버리는 영적 무지입니다. 이제 우리는 확신을 가져야 합니다. 시련의 연속인 광야 생활이지만 하나님은 늘 당신과 동행하십니다. 하나님이 함께하시면 두려울 것이 없습니다. 불같은 시련 뒤에는 아름다운 축복과 보상이 기다리고 있습니다. 이 놀라운 축복을 놓치지 마십시오.

> 내가 가는 길을 그가 아시나니 그가 나를 단련하신 후에는 내가 순금같이 되어 나오리라_욥 23:10

4
밤의 노래

날마다 축복만을 기다리는 어린아이가 되지 말고
오히려 밤이 오면 멋진 찬송으로 하나님을 찬양하는 사람이 되어야 합니다.

욥기 35:10-11
10 나를 지으신 하나님은 어디 계시냐고 하며 밤에 노래를 주시는 자가 어디 계시냐고 말하는 자가 없구나 11 땅의 짐승들보다도 우리를 더욱 가르치시고 하늘의 새들보다도 우리를 더욱 지혜롭게 하시는 이가 어디 계시냐고 말하는 이도 없구나

밤의
노래

우리가 잘 아는 사람, 욥은 참 행복한 사람이었습니다. 모든 면에서 부족함이 없는 성공적인 삶을 살았다고 할 수 있습니다. 그런데 그런 그에게 하루아침에 무서운 재난이 몰려왔습니다. 모든 것들이 사라지고 남은 것이라고는 목숨 하나밖에 없었습니다. 사랑하는 친구 세 사람이 그를 찾아와서 '왜 욥과 같은 의인에게 고난이 찾아왔는가?' 하는 문제를 놓고 장시간 동안 토론을 했습니다. 그러나 거기에 대한 해답은 결국 얻지 못했습니다. 그때 옆에서 이와 같은 상황을 지켜보던 젊은이 하나가 있었습니다. 그는 엘리후입니다. 계속 듣기만 하던 그는 입을 열어 말을 하기 시작합니다.

그는 욥의 세 친구가 발견하지 못한 중요한 문제를 지적합니다. 마치 혼란 속에서 질서를 찾듯 그는 놀라운 진리를 말합니다. 그것은 욥을 위시하여 고난을 당하는 자들이 불행 그 자체만을 놓고 탄식할 줄만 알지, 하나님을 찾지 않았다는 것입니다. 욥기 35장 9-10절을 보면 "사람은 학대가 많으므로 부르짖으며 군주들의 힘에 눌려 소리치나 나를 지으신 하나님은 어디 계시냐고 하며 밤에 노래를 주시는 자가 어디 계시냐고 말하는 자가 없구나"라고 합니다. 그러므로 인간의 불행은 더 불행하게 보이고, 인간의 슬픔은 더 슬퍼지며, 인간의 비참한 모습은 더 철저하게 보인다는 것입니다. 이것이 엘리후가 발견한 진리입니다. 그리고 엘리후는 하나님에 관하여 밤에 노래하게 하시는 하나님이시며, 동시에 우리를 연단하시되 지혜를 주시는 하나님이라는 것을 이야기합니다.

지구에는 낮과 밤이 있습니다. 황혼이 깃드는 저녁을 지나 하루 종일 고달프게 일하던 농부들이 손과 발을 씻고 집으로 돌아오는 시간이 되면 밤이 다가옵니다. 어느덧 환하게 밝혀졌던 창가의 등불이 하나씩 꺼지고 커튼이 내려지면 하루의 쉼을 얻는 깊은 잠이 찾아옵니다. 하나님께서 모든 만물에게 베푸신 축복 가운데서도 밤은 놀라운 축복입니다. 이와 같이 인생에서 밤은 꼭 필요하며 중요한 시간입니다. 그러나 밤은 동시에 공포를 안겨 줍니다. 두려움을 동반합니다. 인간에게는 밤을 좋아하지 않는 본성이 있습니다. 모든 세상의 악이 밤을 통하여 일어나고 모든 무서운 계교들이 밤의 침상에서 잉태됩니다. 그래서 밤은 두려운 것이요, 좋지 않은 것입니다.

피할 수 없는 인생의 밤

사람에게도 인생의 밤이 있습니다. 인생은 작은 우주입니다. 하나님께서 인간에게 이 밤을 주셨습니다. 갑자기 건강이 나빠졌습니까? 직장을 잃었습니까? 사업이 잘 안 됩니까? 가정에 걱정이 생겼습니까? 밤이 찾아온 것입니다. 30대 후반에 속한 대부분의 남자들은 직장에 대한 환멸과 불만 때문에 괴로워한다고 합니다. 밤이 오는 증거입니다. 30대 초기에 큰 꿈을 가지고 출발했던 직장이 5-6년이 지나면서

'이것이 겨우 나의 인생의 전부인가?' 하는 환멸로 다가옵니다. 이와 같은 직장 생활의 환멸은 누구나 느끼게 됩니다. 밤이 오는 것입니다.

우리는 본능적으로 이와 같은 밤을 두려워합니다. 그래서 할 수만 있다면 피하려고 합니다. 그런데 이상하게도 하나님께서는 우리가 싫어하는 밤을 우리에게 주셨습니다. 지구의 낮과 밤을 만드신 하나님께서 인생의 낮과 밤도 주셨습니다. 성경은 이를 증언합니다. "나는 빛도 짓고 어둠도 창조하며 나는 평안도 짓고 환난도 창조하나니 나는 여호와라 이 모든 일들을 행하는 자니라 하였노라"(사 45:7). 이와 같은 하나님의 행하심을 볼 때 우리는 바울이 고백한 것처럼 "깊도다 하나님의 지혜와 지식의 풍성함이여, 그의 판단은 헤아리지 못할 것이며"(롬 11:33)라고 할 수밖에 없습니다. 그러면 하나님께서 왜 인간이 싫어하는 고난과 환난의 밤을 주십니까?

모든 사람의 궁극적인 목적은 동일합니다. 하나님의 영광을 위하여 살아야 되는 것입니다. 그러나 개개인에게 이 사실을 적용시키면 각 사람에게 요구하시는 하나님의 목적이 다르다는 것을 알 수 있습니다. 각 사람을 향한 하나님의 최상의 목적이 있습니다. 그 목적을 달성하기 위하여 하나님께서 사용하시는 최상의 수단 중에 하나가 밤입니다.

자연계에 밤을 만드신 것은 하나님의 창조 지혜입니다. 꽃은 아침에 피어나기 위해 밤에 준비합니다. 아름다운 봉오리가 이슬을 머금고 입을 벌려 피어나기 위해서는 어두운 밤 동안 준비해야 합니다. 밤이 없다면 꽃은 피지 못할 것입니다.

인생의 밤도 마찬가지입니다. 이 밤 동안 인간에게 꽃을 피울 준비를 시킵니다. 만일 고난이 없다면 인생의 꽃은 피지 않을 것입니다. 하나님께서 인간을 밤이 없는 대낮만 걸어가도록 만드셨다면 인간은 교만해질 것이며 완악해질 것입니다. 이것이 하나님의 지혜입니다.

하나님의 지혜는 '최상의 가능한 목적을 설정하시고 그 목적을 달성하시기 위하여 최상의 가능한 수단을 동원하시는 하나님의 섭리'라고 할 수 있습니다.

하나님은 지혜자입니다. 우리가 아무리 싫다고 해도 불행의 밤을 주시며 사망의 음침한 골짜기를 걸어가게 만드십니다. 어떤 때는 만사가 끝난 것같이 생각되는 최악의 밑바닥까지 떨어지도록 내버려 두실 때가 있습니다.

하나님은 이 무서운 사망의 골짜기를 인간에게 주셔서 자신이 우리를 위하여 세우신 목적을 달성하시는 데 최상의 방법으로 적용하십니다. 성경 속에서 하나님의 손에 바로 쓰임을 받은 인물치고 인생의 밤을 통과하지 않은 사람이 있습니까? 밤을 전혀 모르는 한 사람이 있었습니다. 솔로몬 왕입니다. 그는 궁중에서 태어났고, 이스라엘의 가장 전성기를 이룬 다윗 왕 밑에서 자라났기 때문에 그에게는 밤이 없었습니다. 그러나 그가 원하는 모든 것을 다 얻었지만, 밤이 없는 인생을 살아온 그는 결국 비참한 존재로 끝났습니다. 하나님의 손에 사용된 사람은 모두 캄캄한 밤을 지나야 했습니다. 요셉, 모세, 다윗, 엘리야, 바울….

하나님께서 역사의 자국을 깊이 남기기 위하여 큰 그릇으로 사용된 사람마다 깊은 밤을 통과했습니다. 교회 안에서도 신앙이 좋다고 하는 분들을 가만히 보면 대부분 밤을 통과하신 분들입니다. 인간에게는 밤을 통과하지 않으면 제대로 만들어지지 않는 고약한 기질이 있습니다. 그래서 하나님은 밤을 중요하게 다루십니다.

우리를 죄에서 구원하시는 방법도 밤의 방법이었습니다. 골고다를 향하는 잔인하고도 무서운 저 십자가의 길! 예수님에게 그것은 밤의 길이었습니다. 너무나 견딜 수 없는 고난의 길이었습니다. 그러므로

"아버지여, 할 수만 있으면 이 잔을 내게서 지나가게 하옵소서"라고 하셨습니다.

죄 없는 아들을 십자가에 매달아서 전 인류를 위하여 피 흘리게 하시고 그 처절한 십자가를 통하여 모든 인류가 죄를 용서받도록 하신 하나님의 놀라운 섭리는 밤의 섭리입니다. 그래서 바울은 사람들이 볼 때는 미련하게 보인다고 말했습니다. 그러나 사람에게 미련하게 보이는 것이 하나님에게는 지혜로운 능력의 길이었습니다(고전 1:18 참조).

우리를 죄에서 구원하시는 방법이 밤이라는 방법이었다면 한평생을 세상에서 살아야 할 우리를 하나님이 세우신 최상의 목적에 합당한 존재로 만드는 데 선택하신 방법 역시 밤이라는 사실은 조금도 이상할 것이 없습니다. 왜냐하면 하나님의 자녀가 되기 위해서 밤은 필수적인 조건이기 때문입니다. 그렇다고 불행이나 고난을 자초하라는 말이 아닙니다. 하나님께서 주실 때에 아멘으로 받으라는 말입니다.

밤에 노래하게 하시는 하나님

엘리후가 우리에게 소개해 준 하나님은 밤만 주시는 하나님이 아니라 밤에 노래하게 하시는 하나님입니다. 얼마나 멋진 말입니까? '밤에 노래하게 하시는 하나님!' 밤에 부르는 노래는 낮에 부르는 노래와는 다릅니다. 만물은 고요 속에서 침묵하며, 보이는 것은 처연한 외로움. 그리고 또 하나 남은 것이 있다면 처절한 실패와 눈물, 그것뿐입니다. 이 속에서 침묵을 깨고 감사와 감격의 눈물로 하나님을 노래합니다.

꽃이 만발한 아름다운 동산에서 꽃을 꺾어 들었을 때에 노래가 나오는 것은 당연하겠지만, 꽃이 없는 사막에서 한 방울의 물에 갈급할 때에는 노래가 나올 수 없습니다. 그런데 바로 그 자리에서 하나님은 노래하게 하십니다. 밤을 만난 인간은 자기 힘으로는 노래할 수가 없습니다. 그런데 하나님께서 그의 자녀로 그 밤에 노래하게 하십니다. 눈물의 감격과 감사는 이러한 밤에만 이루어질 수 있는 것입니다.

수도가 발달하기 전에는 펌프를 사용하여 물을 길어 올렸습니다. 그런데 몇 시간 동안 사용하지 않던 펌프는 아무리 펌프질을 해도 물이 올라오지 않습니다. 그것은 땅속에 물이 없기 때문이 아니라 펌프에 물이 말랐기 때문입니다. 땅속의 물을 끌어올리는 데는 한 바가지의 물이 필요합니다. 그 물을 펌프에 붓고 펌프질을 하면 지하수가 올라옵니다.

하나님께서 그의 자녀들에게 어두운 밤을 통과하게 하시지만 찬송을 부를 수 있는 충분한 여건을 다 갖추어 놓으십니다. 그런데 어두움을 만난 인간은 자기 힘으로 찬송을 부를 수 없습니다. 하나님께서 한 바가지의 물을 부어 주셔야 노래를 부를 수 있는 힘이 생겨납니다.

하나님이 우리를 왜 구원하셨습니까? 에베소서 1장에 성부 하나님께서 우리를 만세 전에 예정해 놓으신 목적은 우리로 하여금 그의 영광을 찬송하도록 하기 위함이라고 말씀합니다. 성자 예수 그리스도께서 우리를 위하여 십자가에 죽으신 이유도 하나님을 찬송하도록 하기 위해서입니다. 성령께서 우리를 인치시고 우리와 동행하시는 이유는 하나님을 찬송하도록 하기 위해서입니다. 그러므로 구원의 궁극적인 목적은 하나님의 영광을 찬양하는 것입니다.

우리는 하나님의 능하신 손길만 닿으면 금방이라도 아름다운 노래를 부를 수 있는 천국의 거문고와 같습니다. 성도는 이미 노래할 수 있는 능력을 하나님께로부터 받은 사람들입니다.

성령은 노래하는 영입니다. 예수님은 십자가를 지시기 위하여 겟세마네 동산의 골고다를 향하시면서도 제자들과 함께 찬양했습니다.

아무리 어두운 밤이라도 성령을 받은 사람은 찬양합니다.

바울과 실라는 빌립보에서 매를 맞고 옥에 갇혔으나 깊은 밤에 소리 높여 찬양할 수 있었습니다. 성령을 받은 하나님의 자녀는 아무리 깊은 밤이라도 찬양할 수 있도록 하나님께서 도와주십니다.

그리스도인은 세상을 사랑하는 자들이 아닙니다. 눈에 보이는 세상에 큰 기대를 걸고 인생을 투자하는 존재가 아닙니다. 우리는 이미 성령을 받고, 거듭난 하나님의 자녀로 눈에 보이는 것에 소망을 두는 것이 아니라 보이지 않는 영원한 데에 소망을 두고 살아가는 나그네입니다. 그러므로 밤이 다가와도 크게 타격을 받지 않습니다. 오히려 노래합니다.

밤에 부르는 노래는 특이한 데가 있습니다. 처절한 심령의 메아리가 동반됩니다. 밤에 들리는 노래는 가볍게 들리지 않습니다. 마음을 파고듭니다. 우리가 형통할 때 부르는 찬송은 은혜스럽지만 그런 찬송은 입에서만 나오는 찬송이기 쉽습니다. 그러나 밤에 부르는 찬송, 고난을 당할 때, 사랑하는 자를 잃어버렸을 때, 실패를 당했을 때, 건강이 좋지 않을 때, 앞날이 막막할 때 하나님이 주시는 능력을 가지고 부르는 찬송은 영혼에서 나오는 찬송입니다. 그래서 하나님께서도 이 밤의 노래를 좋아하십니다.

성경에는 밤의 노래가 몇 개 등장합니다. 그중에서 고전에 속하는 것이 하박국 선지자의 노래입니다.

> 내가 들었으므로 내 창자가 흔들렸고 그 목소리로 말미암아 내 입술이 떨렸도다 무리가 우리를 치러 올라오는 환난 날을 내가 기다리므로 썩이는 것이 내 뼈에 들어왔으며 내 몸은 내 처소에서 떨리는도다_합 3:16

이것은 전쟁의 소문을 듣고 불안과 공포에 떠는 밤을 만난 하박국의 심정을 표현하고 있습니다. 계속해서 17절에는 전쟁으로 인해 나타날 경제적 파탄을 이야기합니다. "비록 무화과나무가 무성하지 못하며 포도나무에 열매가 없으며 감람나무에 소출이 없으며 밭에 먹을 것이 없으며 우리에 양이 없으며 외양간에 소가 없을지라도."

이것이야말로 전쟁과 경제 파국이 함께 찾아온 밤 중의 밤입니다. 하박국이 이러한 상황에 앉아 있습니다. 그러나 그는 노래합니다. 밤에 말입니다.

> 나는 여호와를 인하여 즐거워하며 나의 구원의 하나님으로 말미암아 기뻐하리로다 주 여호와는 나의 힘이시라 나의 발을 사슴과 같게 하사 나를 나의 높은 곳으로 다니게 하시리로다_합 3:18-19

하박국의 노래는 모든 것이 다 없어져도 하나님 한 분만 계시면 족하다는 것입니다. 이 노래의 주제는 하나님 한 분이십니다. 그는 사망의 음침한 골짜기를 걸어갈지라도 하나님만 동행하시면 즐거워할 수 있고 전쟁과 기근이 온다고 해도 하나님 한 분만으로 만족할 수 있다고 노래합니다. 밤에 그와 함께하시는 하나님이 자기 발에 힘을 주실 것이요, 그는 사슴과 같이 저 높은 곳을 힘차게 다닐 수 있다고 노래합니다.

우리는 때때로 평안할 때에는 하나님을 잊어버리고 살아갑니다. 자녀에게 자전거를 사다 주면 이 자녀는 자전거만 좋아합니다. 그것을 사다 준 부모는 별로 생각하지 않습니다. 마음이 자전거에 온통 쏠려 있습니다. 마찬가지로 우리에게 하나님이 축복을 많이 주시면 축복을 주신 하나님은 잊어버리고 손에 들어온 좋은 것에만 정신이 빠져 버립니다. 그래서 하나님과 만나는 확률이 적어지고 만나도 진지하지 못합니다. 이것이 우리의 약점입니다. 자전거에 정신이 팔려서 부모의 고마움과 존재를 인식하지 못하는 어린아이와 같습니다. 그러던 어느 날 자전거를 도둑맞습니다. 그러면 비로소 자전거에 대한 필요에 의해서 아버지를 바라봅니다. 우리도 하나님이 주신 것이 좀 없어져야 하나님을 찾아갑니다. 드디어 밤에 하나님을 만나게 됩니다. 그래서 밤의 노래는 그 주제가 하나님이 됩니다. 이런 밤을 통하여 하나님을 만나는 사람은 하나님의 전능하심과 지혜로우심과 성실하심에 무릎을 꿇고 하나님을 찬양하게 됩니다.

손에 쥔 것은 아무것도 없지만 천하를 다 얻은 것처럼 하나님 한 분만으로 만족하는 밤의 노래를 부르는 자가 참된 그리스도인이라고 할 수 있습니다. 이제 우리는 날마다 축복만을 기다리는 어린아이가 되지 말고 오히려 밤이 오면 멋진 찬송으로 하나님을 찬양하는 사람이 되어야 합니다.

밝아 오는 아침의 기쁨

밤의 노래의 고전이 또 하나 있습니다. 시편 30편을 쓴 다윗은 건강의 위기를 만나 자기가 지금 '스올에 내려가지나 않나' 하고 불안해하고 있습니다. 이럴 때 그는 밤의 찬송을 부릅니다.

> 주의 성도들아 여호와를 찬송하며 그의 거룩함을 기억하며 감사하라 그의 노염은 잠깐이요 그의 은총은 평생이로다 저녁에는 울음이 깃들일지라도 아침에는 기쁨이 오리로다_시 30:4-5

이 밤의 노래의 주제는 '아침의 기쁨'입니다. 오늘 저녁에는 나에게 슬픔이 있었지만 내일 아침에는 반드시 기쁨이 온다는 소망의 노래입니다. 지금 처해 있는 상황이 어떠하든지 너무 마음 쓰지 마십시오. 밤은 반드시 밝아 아침이 됩니다. 오늘의 모든 고통과 역경을 하나님께서 다 제거하시고 찬란한 아침 햇살을 안고 기뻐할 날을 반드시 주십니다. 그와 같은 소망을 바라보며 부르는 찬송이 바로 밤의 노래입니다.

우리는 모두 위대한 그리스도인이 되어야 합니다. 하나님의 손에 쓰일 만한 도구가 되어야 합니다. 그러기 위해서는 밤을 통과해야 합니다. 그리고 밤을 통과하면서 비통해 하는 사람이 아니라 밤에 노래하게 하시는 하나님을 만나 새 노래를 부를 수 있는 능력을 체험해야 합니다. 밤을 통과하기 전에 매력적인 그리스도인이 되리라고 생각하지 마십시오. 밤을 지나지 않으면 하나님이 원하시는 인격의 사람이 될 수 없습니다.

인생의 밤이 왔을 때 노래하십시오. 밤은 잠깐 지나가고 찬란한 태양이 떠오르는 아침이 밝아 올 것입니다.

5

당신의 반응은 무엇인가?

고난 속에서도 우리는 "주여, 내가 주님을 사랑합니다"라고 고백하며
강하고 담대하게 매일의 문제와 대결하는 용기 있는 사람이 되어야 합니다.

시편 31:1-14

1 여호와여 내가 주께 피하오니 나를 영원히 부끄럽게 하지 마시고 주의 공의로 나를 건지소서 2 내게 귀를 기울여 속히 건지시고 내게 견고한 바위와 구원하는 산성이 되소서 3 주는 나의 반석과 산성이시니 그러므로 주의 이름을 생각하셔서 나를 인도하시고 지도하소서 4 그들이 나를 위하여 비밀히 친 그물에서 빼내소서 주는 나의 산성이시니이다 5 내가 나의 영을 주의 손에 부탁하나이다 진리의 하나님 여호와여 나를 속량하셨나이다 6 내가 허탄한 거짓을 숭상하는 자를 미워하고 여호와를 의지하나이다 7 내가 주의 인자하심을 기뻐하며 즐거워할 것은 주께서 나의 고난을 보시고 환난 중에 있는 내 영혼을 아셨으며 8 나를 원수의 수중에 가두지 아니하셨고 내 발을 넓은 곳에 세우셨음이니이다 9 여호와여 내가 고통 중에 있사오니 내게 은혜를 베푸소서 내가 근심 때문에 눈과 영혼과 몸이 쇠하였나이다 10 내 일생을 슬픔으로 보내며 나의 연수를 탄식으로 보냄이여 내 기력이 나의 죄악 때문에 약하여지며 나의 뼈가 쇠하도소이다 11 내가 모든 대적들 때문에 욕을 당하고 내 이웃에게서는 심히 당하니 내 친구가 놀라고 길에서 보는 자가 나를 피하였나이다 12 내가 잊어버린 바 됨이 죽은 자를 마음에 두지 아니함 같고 깨진 그릇과 같으니이다 13 내가 무리의 비방을 들었으므로 사방이 두려움으로 감싸였나이다 그들이 나를 치려고 의논할 때에 내 생명을 빼앗기로 꾀하였나이다 14 여호와여 그러하여도 나는 주께 의지하고 말하기를 주는 내 하나님이시라 하였나이다

당신의 반응은 무엇인가?

시편 31편에서 우리는 고난의 심연에 깊이 빠진 한 사람이 허우적거리며 고통하는 모습을 보게 됩니다. 그런데 왜 그 사람이 그렇게 되었는지에 관한 설명이 없습니다. 또한 구체적인 고난의 내용도 전혀 언급하지 않고 있습니다. 그러나 9절과 10절을 보면, 근심에 빠져 너무나 괴로워한 나머지 눈이 나빠지고, 나중에는 정신적인 고통으로 그의 영혼이 상했다고 했습니다. 이렇게 육체적인 건강은 물론 정신적인 위협까지 받게 된 모습을 봅니다.

고통이라는 것은 인간이 가장 풀기 어려운 난제입니다. 이 고통의 문제를 풀기 위해 그 원인을 끊임없이 추구하는 사람들을 보면 마치 헤라클레스가 괴물 히드라와 싸우는 모습과 비슷하다고 할 수 있습니다. 그리스신화에 등장하는 괴물 히드라는 머리가 잘리면 또 생겨나고, 잘리면 또 생겨나고 해서 끝없는 싸움의 연속이 이어집니다. 이처럼 고통의 문제를 가지고 씨름하는 사람에게는 종점이란 없습니다.

더욱이 시편 31편의 주인공은 믿음의 영웅인 다윗입니다. 다윗과 같이 하나님을 바로 믿는 신자에게 왜 이런 절망적인 고통이나 시련이 존재합니까? 하나님이 살아 계시다면 고통하는 자의 고통을 덜어 주시는 것이 원칙이요, 형통함을 주시는 것이 당연한데 말입니다. 이것은 우리에게 대단히 어려운 문제입니다.

왜 고난이 오는가

우리가 고통, 혹은 고난의 문제에 대하여 쉽게 해답을 얻을 수 없는 것이 사실입니다. 이때 분명한 것은 현대 그리스도인들이 고통의 문제를 바로 이해하지 못하고 있다는 것입니다. '하나님은 곧 축복'이라는 공식을 가지고 사람들을 가르치는 현대 교회의 흐름을 따르면, 고난이란 도무지 용납할 수 없는 것으로 보입니다. 만일 믿음 좋은 사람에게 고난이 따르면 그것은 마귀의 장난이요 죄의 값을 받는 저주의 결과로 생각하게 합니다. 그래서 고난은 절대로 존재할 수 없다는 관념을 갖게 됩니다. 그러나 우리가 성경을 통해 발견할 수 있는 진리는 성도에게 찾아오는 고난이 무조건 죄의 심판이거나 마귀의 장난이라고 단정할 수 없다는 것입니다. 그렇다고 하나님이 진노하셔서 내리는 불타는 복수도 아닙니다. 여기에는 깊고 심오한 뜻을 담고 있다는 것이 성경 전체가 가르쳐 주는 의미입니다. 물론 그 가운데는 하나님의 진노로 오는 고난도 있습니다. 그러나 여기서 다루는 것은 '하나님을 믿고 죄 용서함을 받은 거룩한 자녀에게 왜 고난이 오느냐?' 하는 것입니다.

우리가 잘 아는 바와 같이 이 세상은 이미 고물이 된 여객선과 같습니다. 이미 죄로 인해 썩을 대로 썩은 고물 여객선입니다. 언제 물이 샐지 모르며, 언제 파도가 옆 모퉁이를 깨뜨릴지 모릅니다. 그리고 언제 엔진이 고장 나서 넓은 바다를 방황하다가 바닷속으로 침몰할지도 모릅니다. 이것이 소위 인간이 사는 세상입니다. 이런 형편에 놓인 인간이기 때문에 고통의 체험이 자주 일어나는 것은 불가피한 것입니다. 그러나 신자에게 주어진 고통은 하나님께서 무엇인가를 이루기 원하시고, 이 고통을 통하여 깨닫게 하시며 성도들을 보다 높은 수준으로 올려 주시고자 하는 선하신 뜻이 있습니다.

C. S. 루이스는 "고통은 하나님의 확성기이다"라고 말했습니다. 우리가 어떤 일에 고통을 당하면 가슴에서 소리칩니다. 자신에게 무엇인가 잘못되었다는 비상벨이 울립니다. 그래서 잘못된 방향으로 달려가던 발을 멈추게 하고 다시 새로운 가치를 향해 나아가도록 합니다.

한센병 치료의 세계적 권위자라고 할 수 있는 폴 브랜드(Paul Brand, 1914-2003) 박사는 미국에서 평생 고통당하는 한센병 환자들을 위해서 일했습니다. 그런 그가 고통에 대하여 다음과 같은 의미 있는 말을 했습니다.

"고통을 만드신 하나님께 감사하라. 나는 그가 그보다 더 좋은 일을 하실 수 있다는 것을 믿지 않는다."

도대체 이해할 수 없는 말입니다. 그러나 한 번 생각해 보십시오. 나환자가 빨갛게 피어 있는 숯불 속에 손을 집어넣어 밤을 꺼내는 것을 보면 나환자의 비극은 병 그 자체라기보다도 고통을 아는 신경이 마비되었다는 데에 있습니다. 그러므로 나환자를 평생 동안 지켜본 브랜드 박사의 "나환자의 비극은 육체가 고통을 느끼지 못한다는 그 사실에 있다"라는 말은 의미심장한 말입니다. 그런 체험을 토대로 하여 그는 자신 있게 말합니다.

"고통을 주신 하나님께 감사하라. 우리의 몸이 조금이라도 아픈 줄 아는 것이 얼마나 감사한가? 위험한 때 피할 수 있는 것이 얼마나 감사한가?"

이것은 영적인 의미에서도 마찬가지입니다. 인간에게 고통이 전혀 없고 예수님을 믿는 사람에게 항상 축복만 임한다고 한다면 이상한 세계가 이루어질 것입니다. 만일 고통을 자주 주시는 하나님께 감사할 수 있다면 그 사람은 고난을 바로 이해한 사람입니다.

하나님만을 바라보는 사람

이제 고난을 바로 이해한 사람이 보이는 반응과 거기에 따르는 은혜를 생각해 보겠습니다.

고난을 바로 이해한 사람은 신앙적인 반응을 보입니다. 본문을 읽으면 정서적으로 매우 혼란스럽습니다. 본문의 흐름을 보면 좋아했다가 울고, 절망했다가 소망을 가지는 아주 복잡한 상황입니다. 이것이 고난 당하는 사람의 현실입니다. 불안과 비극을 만난 사람에게 무슨 정서적인 평안과 안정이 있겠습니까? 본문의 저자가 그의 고통스러운 환경에서 건져 달라고 다급하게 하소연을 하는 장면이 열 번 이상 나오는 것은 조금도 이상할 것이 없습니다. 그런가 하면 자신의 불행해진 상황을 놓고 너무나 괴로워서 탄식하는 장면을 9절과 10절에서 볼 수 있습니다. 이것이야말로 자신의 비극을 앞에 놓고 눈물로 밤을 새우는 처절한 모습입니다. 그러나 여기서 끝나지 않습니다. 두려움과 무기력 앞에 떨고 있는 소심한 모습도 볼 수 있습니다. 13절에는 "사람들이 다 나를 치려고 꾀를 부리고 있습니다. 간교한 사람들이 함정을 파고 있습니다"라고 하며 위험 앞에서 느끼는 자신의 무력함을 그대로 드러내고 있습니다.

또한 시편 31편 17절과 18절에는 "주여, 저 악한 자들로 하여금 스올에서 잠잠하게 하옵소서 저 교만하고 완악한 자들로 하여금 말 못하는 자가 되게 하소서"라고 하며 원망과 복수에 떨고 있습니다.

본문 5절에서는 자기의 생명이 행여나 어떻게 될지 몰라 "주여, 내 영을 주의 손에 부탁하나이다"라고 하는 비장한 최후를 생각하고 있습니다.

성경은 고난 속에서 기뻐하라고 했습니다. 그러나 무조건 고난과 고통을 즐거워하여 자기 학대적인 사고를 키우라고는 말하지 않습니다. 그리고 마음은 괴롭고 슬픈데 겉으로는 항상 웃고 다니는 위선자가 되라고 가르치지도 않습니다.

아브라함은 늙어서 아내를 잃었습니다. 그가 얼마나 슬펐는지 늙은 사람이 통곡을 했다고 했습니다. 다윗은 반란이 일어나자 쫓겨 가면서 세상 부끄러운 줄 모르고 그 점잖은 임금님이 신발을 벗은 채 티끌을 머리에 날리며 통곡했습니다.

인간은 누구나 똑같습니다. 나사로가 죽었을 때 예수님이 찾아오셨습니다. 얼마 후면 그가 살아날 것을 알고 계셨습니다. 그런데도 주님께서는 탄식하고 괴로워하는 사람들 틈에 끼어서 친히 비통해 하고 눈물을 흘리셨습니다. 그러므로 우리는 고난 당하는 사람을 성급하게 위로하려고 해서는 안 됩니다. 당해 보지 않으면 아무도 그 고통을 모르는 것입니다. 값싼 몇 마디의 충고를 가지고 상식적인 위로를 하는 것은 더욱 그를 괴롭게 할 뿐입니다.

얼마 전에 남편을 잃은 어떤 자매에게 카드를 받았습니다. 그 카드에는 "목사님! 병원에서 저에게 '남편은 먼저 떠나가도 하나님은 절대로 자매님 곁을 떠나지 않습니다. 이것을 꼭 믿으세요'라고 하신 말씀이 저에게는 대단히 큰 힘이 되었습니다"라는 내용이 적혀 있었습니다.

사람이 감당하기 힘든 어려움을 당할 때는 누구나 그 반응이 본문의 저자처럼 복잡하기 마련입니다. 그러나 그리스도인이 고난 속에서 세상 사람들과 똑같은 정서적인 불안, 눈물, 탄식, 원망, 다급한 하소연 등을 한다고 할지라도 둘 사이에는 근본적으로 다른 점이 있습니다. 본문 14절이 그 대표적인 말씀입니다.

"여호와여 그러하여도 나는 주께 의지하고 말하기를 주는 내 하나님이시라 하였나이다." 이 말씀에서 우리는 신앙적 반응이란 어떤 것인가를 보게 됩니다.

첫째로 "그러하여도"란 말에 묘미가 있습니다. 이 말속에는 신앙인의 강한 확신이 담겨져 있습니다. 고통이 아무리 힘겹고, 주변이 아무리 캄캄하다 할지라도 하나님 때문에 소망이 있다는 신념을 보여 줍니다. 예수님을 모르는 사람들에게는 "그러하여도"가 없습니다. 그러나 그리스도인은 다윗과 같이 '그러하여도 나는 하나님께 나아갑니다'라는 자세를 가집니다.

제2차 세계대전 때 악명 높았던 '홀로코스트'를 기억하십니까? 6백만 명의 유태인을 비참하게 집단 학살한 곳입니다. 거기에서 살아남은 위젤(Eliezer Elie Wiesel, 1928-2016)이라고 하는 사람은 선민으로서의 강한 자부심을 가졌던 자기 민족이 도살장으로 끌려가는 소보다 못한 비참한 대우를 받으며 남녀노소 할 것 없이 가마솥에서 연기로 화하는 것을 보고 그는, "하나님은 죽었다. 만일 하나님이 살아 있다면 나는 원고요, 그는 피고다"라는 글을 썼습니다.

'하나님이 살아 있다면 어떻게 이럴 수가 있겠는가? 나는 억울해서 절대로 가만히 있을 수 없다'는 원고의 심정이 되어 하나님을 고소하고 있었습니다. 실은, 이것이 세상 사람들의 일반적인 반응입니다. 그러나 그리스도인에게는 "그러하여도"라는 반응이 있습니다. 아무리 어려움과 고통이 앞을 가로막아도 원망대신 주님을 힘 있게 부르겠다는 반응을 보이게 됩니다.

다음은 "주는 내 하나님이시라 하였나이다"(14절)라는 고백입니다. 이런 고백은 보통 어려운 것이 아닙니다. 욥의 경우를 보아도 잘 알 수 있습니다. 그는 모든 것을 다 가졌던 사람이었으나 모든 것을 다 잃어버리고 나중에는 건강까지 송두리째 빼앗긴 사람이 되었습니다. 이때 고통하며 괴로워하는 그에게 그의 아내가 보다 못해 한마디 했습니다.

"여보, 그래도 당신이 하나님을 믿는다고 해요? 다 집어치우고 차라리 하나님을 욕하고 죽어 버리세요"(욥 2:9 참조). 이 말을 남기고 그녀는 도망가고 말았습니다. 이때 욥은 이렇게 말합니다(욥 2:10 참조).

"그대 말을 들으니 어리석은 여자의 말 같구려. 우리가 하나님 앞에 복을 받았은즉 재앙도 받지 아니하겠는가? 그런데 내가 어떻게 하나님을 저주하고 죽을 수 있다는 말이요?" 이것이 고난 속에서 드리는 "주는 내 하나님입니다"라는 고백의 의미입니다.

우리가 생을 살다 보면 예측하지 못한 고통을 안고 괴로워할 때가 많습니다. 예수님을 믿기만 하면 한순간에 고통이 행복으로 변할 것으로 믿는 사람들이 있습니다. 그러나 하나님은 자주 우리의 기대와는 다르게 인도하십니다. 이럴 때 우리는 "그러하여도 나는 주께 의지합니다. 주는 내 하나님입니다"라고 고백할 수 있어야 진정한 그리스도인입니다.

하나님께서 고난 속에 있는 우리의 기도를 들으시기 전에 먼저 살피시는 것이 있습니다. 그것은 바로 우리 마음의 태도입니다. 그가 우리를 고난 중에 여전히 남겨 놓으실 때에 나타나는 우리 마음의 반응입니다.

고난을 감사로 바꾸는 능력

신앙적인 반응을 보이며 하나님을 찾는 자에게 주시는 은혜가 있습니다. 다윗은 이렇게 고백합니다. "주를 두려워하는 자를 위하여 쌓아 두신 은혜 곧 주께 피하는 자를 위하여 인생 앞에 베푸신 은혜가 어찌 그리 큰지요"(시 31:19).

이 말씀에서 우리의 눈을 끄는 것은 "쌓아 두었다"는 단어입니다. 현대판 영어 성경에는 "숨겨 두었다"는 말로 표현하고 있습니다. 하나님은 왜 드러내 놓지 않고 숨겨 두실까요? 이것은 고난 가운데서 신앙으로 긍정적인 마음의 태도를 가지는 사람의 눈에만 보이도록 특별한 자리에 두고 계신다는 의미입니다. 형식적인 신앙인은 발견할 수 없는 은혜입니다. 조금만 아파도 하나님이 없다고 소리치는 사람과는 관계가 없는 은혜입니다. 무슨 일을 하다가 조금만 손해를 보아도 예수님을 믿는 것을 후회하는 사람에게는 전혀 잡히지 않는 은혜입니다. 그러면, 이 은혜란 대체 무엇일까요?

본문 8절을 보면 "나를 원수의 수중에 가두지 아니하셨고 내 발을 넓은 곳에 세우셨음이니이다"라고 했습니다. 여기서 "넓은 곳"이라는 말에 주의합시다. 그리고 31장 20절에는 "주께서 그들을 주의 은밀한 곳에 숨기사"라고 했습니다. 여기서 우리는 "은밀한 곳"이라는 말을 발견하게 됩니다.

"넓은 곳"과 "은밀한 곳"은 둘이 서로 대조적인 것같이 보입니다. 그러나 그리스도인으로서 심각한 고난을 한 번 경험해 본 사람이면 이 두 곳이 무엇을 의미하는가를 어느 정도 알고 있습니다.

"은밀한 곳"을 '하나님의 면전'이라고 번역할 수 있습니다. 그곳은 주님과 단둘이 만나는 곳으로, 기도하는 장소입니다. 우리가 고난을 당할 때 확 트인 넓은 곳도 필요하지만 어떤 때는 사람도 만나기 싫고 혼자서 실컷 울고 몸부림칠 수 있는 은밀한 장소가 필요합니다. 아픈 마음을 다 이해해 주는 사람이 있다면 마음에 있는 모든 고통을 다 털어놓고 싶은 것이 슬픈 일을 당한 사람의 심정입니다. 괴로운 자가 찾아가는 은밀한 곳은 바로 하나님과 만나는 곳이요, 주님께 깊이 기도하는 곳입니다. 이곳은 상한 마음을 치료하시는 놀라운 하나님의 위로가 있는 곳입니다. 풍랑 가운데서도 깊이 잠들 수 있는 곳입니다.

어떤 전도사님이 과거에 수년 동안 고난을 당했을 때, 그가 체험한 것을 한마디로 요약해서 이렇게 말하는 것을 들었습니다.

"목사님! 그 당시에는 내 주변이 온통 막혀 있었어요. 사방에 문 하나 없이 막혀 버리니까 뚫린 곳이라고는 하늘뿐이었습니다."

그 뚫린 곳을 통하여 우리가 다다를 수 있는 곳은 하나님의 면전, 바로 "은밀한 곳"입니다. 하나님은 고난 당하는 자가 그를 의지할 때 그의 은밀한 곳으로 인도하십니다. 그 은밀한 하나님과 만남의 세계에 들어가면 드디어 우리는 하나님을 만났던 욥처럼 스스로 한탄하며 티끌과 죄악으로 인한 모든 것을 회개하게 됩니다. 고난의 풀무를 통하여 우리를 순금같이 연단하시는 하나님의 깊은 지혜를 깨닫게 됩니다. 진정으로 겸손한 자, 심령이 가난한 자가 되는 곳이 바로 이런 곳입니다. 그때 하나님께서 그 마음에 천국을 소유하게 하시고 기쁨을 맛보게 하십니다.

이 은밀한 곳에서 우리는 고난을 감사로 바꾸는 능력을 체험하게 됩니다. 또 고난 속에서 하나님이 주시는 평안을 소유할 수 있게 됩니다. 그리고 우리를 대적하던 악한 자들의 모든 계교가 무너지는 것을 보게 됩니다.

압살롬에게 쫓겨 가던 다윗이 은밀한 곳에서 주님께 부르짖을 때

소식이 왔습니다. 타의 추종을 불허하는 뛰어난 지혜를 가진 당대의 전략가 아히도벨이 다윗을 반역하여 압살롬과 손을 잡았다가 그의 작전이 무시를 당하자 자살해 버렸다는 소식이었습니다. 아히도벨의 자살은 결국 압살롬의 멸망을 가져왔습니다. 이처럼 하나님께서는 우리가 전혀 기대하고 예측하지 못하는 방법으로 우리를 고난에서 끌어내십니다. 어려워 보이는 것이 쉬워지고, 캄캄하게 보이던 곳에 여명이 비취고, 출입구가 전혀 없던 곳에 문이 열리는 큰소리가 들립니다. 이런 은혜를 체험하는 장소가 바로 "은밀한 곳"입니다.

당신은 고통이 올 때마다 찾아가는 골방을 가지고 계십니까? 그곳은 정말 우리가 울고 들어갔다가 웃으면서 나올 수 있는 하나님의 존전입니다.

"넓은 곳"은 오늘의 고난을 딛고 내일을 바라보는 소망을 의미합니다. 하나님께 가까이 나오는 자에게 하나님은 멀리 내다볼 수 있는 눈을 열어 주십니다. 모든 것을 포용할 수 있는 넓은 마음을 주십니다.

모세가 시내산 광야에서 2백만 명이 넘는 그의 백성을 인도하면서 고통스러울 때마다 자주 올라간 곳이 있었습니다. 우리가 잘 아는 호렙산입니다. 그리고 그의 말년에 가나안 땅을 눈앞에 두고도 들어갈 수 없는 자기의 처지를 알고 괴로워할 때 하나님께서 모세를 불러올리신 곳이 느보산이었습니다.

모세나 갈렙이 120살이 되도록 건강할 수 있었고 시력이 쇠하지 않은 이유는 그들이 괴로울 때마다 올라가서 멀리 내다보고 크게 호흡할 수 있었던 높고 넓은 소망의 산이 있었기 때문입니다. 호렙산 꼭대기에 올라가서 하나님이 마련한 넓은 곳에 서면 오늘의 광야가 내일에는 젖과 꿀이 흐르는 아름다운 가나안 땅으로 변하는 큰 비전을 회복할 수 있었습니다.

고난을 당할 때 하나님이 인도하시는 넓은 곳을 아십니까? 답답하던 마음을 활짝 열어 주시는 하나님의 은혜를 체험하신 적이 있습니까? 오늘은 괴로움의 연속이지만 내일은 하나님이 반드시 인도하시고 모든 어려운 사정을 도와주실 것이라는 믿음의 소망을 가진 사람이 바로 넓은 곳에 선 사람입니다. 우리의 당대에는 원하는 것이 다 이루어지지 않고 어떤 면에서는 좀 초라하게 인생을 산다고 할지라도 우리 후대에 가면 하나님이 반드시 큰 은혜를 주실 것을 믿는 마음이 그리스도인에게는 있어야 합니다. 바울은 환난과 궁핍과 곤란과 매맞음과 자지 못함과 말할 수 없는 시련 속에서 허덕일 때 이렇게 고백했습니다.

> 죽은 자 같으나 보라 우리가 살아 있고 징계를 받는 자 같으나 죽임을 당하지 아니하고 근심하는 자 같으나 항상 기뻐하고 가난한 자 같으나 많은 사람을 부요하게 하고 아무것도 없는 자 같으나 모든 것을 가진 자로다 _고후 6:9-10

바울은 넓은 곳에 서 있었습니다. 그렇지 않다면 그 혹심한 고난 속에서 어떻게 이런 패기(覇氣) 있는 고백이 나올 수 있습니까? 하나님은 자기를 의지하는 자를 고난 속에서 넓은 곳으로 인도하여 세워 주시고 눈을 열어 주시며 마음을 열어 주십니다. 우리는 이 은혜를 확신해야 합니다.

사랑과 용기가 있는 사람

시편 31편은 하나님께서 고난 중에 있는 성도에게 무엇을 요구하시는

가를 가르쳐 줍니다. "너희 모든 성도들아 여호와를 사랑하라 여호와께서 진실한 자를 보호하시고 교만하게 행하는 자에게 엄중히 갚으시느니라 여호와를 바라는 너희들아 강하고 담대하라"(23-24절).

하나님은 고난 속에 있는 자에게 "주여, 내가 주님을 사랑합니다"라는 말을 듣기 원하십니다. 그리고 고난 속에서 비겁하지 않고 강하고 담대하기를 원하십니다.

만일 신자가 고난 속에서 비겁해지고 절망하면 그것은 하나님이 죽었다고 하는 간접적인 고백이나 다름없습니다. 하나님은 불 가운데서도 우리와 동행하시고 물 가운데를 지날 때에도 우리와 함께하신다고 약속하셨습니다(사 43:2). 요한복음 16장 33절에서도 "세상에서는 너희가 환난을 당하나 담대하라 내가 세상을 이기었노라"고 주님께서 분명히 보장하고 계십니다.

우리는 이 세상 마지막 순간까지 고난을 면제받은 삶을 살고 있는 것이 아닙니다. 누구나 고난을 각오하고 살아야 합니다. 고난이 그치면 하나님이 주시는 형통도 있다는 것을 알아야 합니다. 하늘에 구름이 덮여 눈발이 날리는가 하면 얼마 안 가서 구름 사이로 햇살이 힘 있게 뻗치는 것을 봅니다. 그리고 오늘 태양이 찬란하게 비치면, 언젠가는 또 먹구름이 낄지도 모릅니다.

하나님을 잘 섬길 수 있는 사람은 형통할 때나 고난 당할 때 하나님만을 바로 바라보는 사람입니다. 가시밭길을 이리저리 피하고 다니는 사람이 되어서는 안 됩니다. 그리고 믿음으로 하나님이 인도하시는 '넓은 곳'과 '은밀한 곳'을 날마다 사모합시다. 고난 속에서도 "주여, 당신을 사랑합니다"라고 고백하며 강하고 담대하게 매일의 문제와 대결하는 용기 있는 사람이 되어야 합니다.

6

발은 차꼬에
마음은 하늘에

마음을 하나님 나라에 두어야 합니다. 그러면 아무리 토굴과 같은 곳에 처해도,
세상 사람들이 보기에는 즐거움도 없을 것 같고 기쁨도 없을 것 같을지라도
마음이 하늘에 가 있으면 어떤 환경도 천국으로 바꿀 수 있습니다.

사도행전 16:19-34

19 여종의 주인들은 자기 수익의 소망이 끊어진 것을 보고 바울과 실라를 붙잡아 장터로 관리들에게 끌어갔다가 20 상관들 앞에 데리고 가서 말하되 이 사람들이 유대인인데 우리 성을 심히 요란하게 하여 21 로마 사람인 우리가 받지도 못하고 행하지도 못할 풍속을 전한다 하거늘 22 무리가 일제히 일어나 고발하니 상관들이 옷을 찢어 벗기고 매로 치라 하여 23 많이 친 후에 옥에 가두고 간수에게 명하여 든든히 지키라 하니 24 그가 이러한 명령을 받아 그들을 깊은 옥에 가두고 그 발을 차꼬에 든든히 채웠더니 25 한밤중에 바울과 실라가 기도하고 하나님을 찬송하매 죄수들이 듣더라 26 이에 갑자기 큰 지진이 나서 옥터가 움직이고 문이 곧 다 열리며 모든 사람의 매인 것이 다 벗어진지라 27 간수가 자다가 깨어 옥문들이 열린 것을 보고 죄수들이 도망한 줄 생각하고 칼을 빼어 자결하려 하거늘 28 바울이 크게 소리 질러 이르되 네 몸을 상하지 말라 우리가 다 여기 있노라 하니 29 간수가 등불을 달라고 하며 뛰어 들어가 무서워 떨며 바울과 실라 앞에 엎드리고 30 그들을 데리고 나가 이르되 선생들이여 내가 어떻게 하여야 구원을 받으리이까 하거늘 31 이르되 주 예수를 믿으라 그리하면 너와 네 집이 구원을 받으리라 하고 32 주의 말씀을 그 사람과 그 집에 있는 모든 사람에게 전하더라 33 그 밤 그 시각에 간수가 그들을 데려다가 그 맞은 자리를 씻어 주고 자기와 그 온 가족이 다 세례를 받은 후 34 그들을 데리고 자기 집에 올라가서 음식을 차려 주고 그와 온 집안이 하나님을 믿으므로 크게 기뻐하니라

발은 차꼬에
마음은 하늘에

부산 해운대에서 횟집에 들렀을 때의 일입니다. 주인 아주머니에게 맛있는 것으로 한 마리 만들어 달라고 했더니 살아 있는 도미를 보이면서 "회는 누가 뭐라해도 싱싱해야 맛이 있죠"라고 하는 말을 들은 적이 있습니다. 마찬가지로, 성경 본문도 다 하나님의 말씀이고, 살아 계신 하나님의 음성이지만 어떤 때는 새롭게 느껴지는 본문이 있다고 생각합니다. 그래서 설교 때마다 가급적이면 살아 있는 하나님의 말씀을 각을 떠서 맛있게, 성도들 모두가 즐거워하면서 먹을 수 있도록 전하려고 노력하고 있습니다. 바로 이 말씀이 살아 움직이는 싱싱한 말씀이라고 생각됩니다. 이 살아 있는 말씀이 우리의 마음속에 다시 한번 은혜로 역사하기를 바랍니다.

바울과 실라

성령은 바울이 아시아에서 선교하는 것을 막고, 그를 유럽으로 인도하셨습니다. 바울이 유럽에 건너와서 처음으로 선교를 시작한 곳이 바로 빌립보라는 성입니다. 그런데 여기서 바울과 실라가 당한 어려운 시련을 보면 기가 막힙니다. '어떻게 성령께서 여기까지 이끌어 놓으시고, 이렇게 감당하기 어려운 핍박과 시련을 당하게 하시는가' 하는 의문이 생길 정도입니다. '얼마든지 이런 핍박은 막아 주실 수도 있고, 피하게 해 주실 수도 있으실 텐데. 왜 하나님의 나라를 위하여 이토록 몸을 바쳐 충성하는 사람들에게 이런 어려운 일을 당하게 하실까?' 이와 같은 생각을 하면, 그들이야말로 하나님을 원망할 수밖에 없는 상황에 놓여 있었습니다. 그러나 바울과 실라의 입에서는 탄식 대신 찬송과 기도가 흘러나왔습니다.

여기서 잠깐 생각해야 할 진리가 있습니다. 기독교는 자기의 구미에 맞는 형통이나 복을 받는 수단으로 믿는 종교가 아니라는 것입니다. 오늘의 현대 교회 안에 기독교를 자기중심적인 수단으로 사용하는 그리스도인들이 많다는 것은 통탄할 일입니다. 기독교의 신앙은 세상에 빠지는 어떤 수단이 아니라, 세상 위를 날아가는 수단입니다. 우리가 인생을 살아갈 때 고난이 없을 수 없습니다.

만약에 만사형통만의 신앙을 추구하는 사람이 이 말씀을 보았다면, 아마도 납득하기 어려울 것입니다. 어떻게든 반발해 보려고 할 것입니다. 그렇다면 그는 하나님의 뜻을 배척하는 자요, 기독교 신앙의 본질에서 이탈하고 있는 사람이라고도 할 수 있습니다. 만일 그런 뜻으로 신앙생활을 한다면 그 사람은 근본적으로 길을 잘못 들어온 것입니다.

바울은 빌립보에서 매를 맞았습니다. 고린도후서에 보면 그가 태장으로 세 번 맞았다고 했는데, 이 말씀에 나오는 것이 태장으로 세 번째 맞는 장면입니다. 태장이 무엇인지는 잘 모르지만 대단히 무서운 체형임에는 틀림없습니다. 구약시대에는 하나님께서 아주 몹쓸 죄를 범한 죄수의 경우 40대까지만 때리도록 허락하셨습니다. 왜냐하면 40대 이상을 때리면 그 사람을 멸시하고 천대하는 일이 되므로 사람을 사람으로 대우해 주라는 의미였습니다.

우리말에 "개 패듯이 팬다"는 말이 있습니다. 이 말은 '사람대우를 안 한다'는 뜻입니다. 하나님은 매를 맞는 죄인도 인격적으로 대우를 하라고 하십니다. 그런데 바울을 때리고 있는 이 로마 사람들은 사람 대우는커녕, 자기들이 때리고 싶은 대로 때렸습니다. 바울과 실라는 하나님의 복음을 위하여 마치 개 취급을 당했습니다.

두 사람이 갇힌 감옥은 소위 지하 감옥이라는 곳입니다. 습기가 가득하고 악취가 코를 찌르고 병균이 우글거리는 무서운 곳입니다. 들어가자마자 간수가 와서 두 사람을 차꼬에 채웠다고 했습니다. '차꼬'란 우리말로 '족가'라고도 합니다. 혹은 '취음'이라고 하는 옛말도 있습니다.

'차꼬'란 목을 넣는 대신에 두 발을 넣도록 구멍을 뚫어 놓은 것입니다. 그런데 로마 시대에 사용하던 차꼬는 동양에서 사용하던 것보다 잔혹했다고 합니다. 왜냐하면 가장 불편하고 고통스러운 자세로 두 다리를 벌리고 있지 않으면 안 될 넓이로 뚫어 놓은 두 구멍에 한 발씩 집어넣게 되어 있었기 때문입니다. 이런 점들을 고려해 볼 때 바울과 실라가 처한 상황이 어떠했는지는 가히 짐작할 수 있습니다. 그런데 이런 형편에 빠져 있는 두 사람의 입에서 신음 소리 대신에 기도가, 원망이나 저주 대신에 찬양이 흘러나왔습니다. 같은 감옥에 있는 모든 죄수들이 다 들을 수 있을 만큼 그들은 당당하게 기도하고, 당당하게 찬송했습니다. 밤에 지옥의 어두움이 전율을 느낄 만큼 그들은 능력 있는 기도와 능력 있는 찬송을 했습니다.

무슨 기도일까요? 기도와 찬양이 이렇게 이어질 때는 찬양이 기도가 되고 기도가 찬양이 됩니다. 무슨 찬미일까요? 바울이 쓴 하나님의 말씀을 하나하나 검토해 보면 대충 이런 내용이었을 것입니다.

"예수의 이름을 위하여 매를 맞고 모욕을 당하고 핍박당하는 자격자가 된 것을 감사합니다."

초대 교회의 수많은 순교자들이 "오, 주여! 나에게 이와 같은 영광 주신 것을 감사합니다" 하고 즐거움으로 고난을 받았듯이 바울과 실라 역시 감사 기도를 드렸습니다. 그들은 오히려 쇠사슬에 매여 있는 자신을 통하여 복음이 더 힘 있게 빌립보에 전파되게 해 달라고 기도했을 것입니다. 그들은 토굴에 갇혀 있으면서도 핍박하던 자들을 위하여 기도했을 것입니다.

우리는 이 두 사람을 통하여 부끄러움을 느껴야 합니다. 도전을 받아야 합니다. 예수님의 제자는 당연히 이 두 사람처럼 되어야 한다고 가르치는 것이 바로 이 말씀입니다. 또한 예수님을 믿는 사람이면 누구나 이 정도는 할 수 있다는 가능성을 우리에게 보여 주고 있습니다.

주님은 우리도 그렇게 할 수 있다고 말씀하십니다. 그렇게 할 수 없다면 바울이 믿는 예수님과 우리가 믿는 예수님은 다를지도 모릅니다. 바울이 가진 신앙과 우리가 가진 신앙에 거리가 있을지도 모릅니다. 그러나 사실은 거리가 없습니다. 우리도 할 수 있습니다. 그럼에도 불구하고 그렇게 하지 못하는 우리 자신을 볼 때 도전과 충격을 받게 되며, 부끄러움을 느끼게 된다는 말입니다. 그러나 한국을 위시해서 오늘날 역사상에 나타났다가 사라진 많은 믿음의 선배들을 하나하나 자료를 통하여 살펴보면 그야말로 그들은 바울과 실라와 같은 생활을 했음을 알 수 있습니다. 토굴에서 찬송했습니다. 화형틀 앞에서 하나님께 기도했습니다. 가난과 고통 속에서도 그들의 얼굴은 웃음을 잃지 않았습니다. 너무나 멋있는 그리스도인들이 과거 우리 한국에도 얼마나 많았는지 모릅니다.

고통스러운 한국전쟁 와중에도 항상 기쁨과 웃음을 잃지 않고 모일 때마다 찬양과 감사의 예배를 하나님께 드리던 목사님, 장로님, 집사님들의 모습을 저는 아직도 생생하게 기억하고 있습니다. 이것은 예수님 안에서 누구나 다 바울과 실라처럼 할 수 있다는 이야기입니다.

○ ○ ○ ○ ○ ○ ○
지하 감옥에서 천국을

루마니아의 목사로서 공산주의자들에게 붙잡혀 14년 동안 감옥살이를 하다가 출옥하여 서방으로 추방당한 목사 한 분이 계십니다. 리차드 범브란트(Richard Wurmbrand, 1909- 2001) 목사입니다. 그가 쓴 《하나님의 지하 운동》이라는 책의 서문을 읽다가 가슴이 뭉클함을 느꼈습니다. 왜냐하면 14년 동안 감옥에서 독방 생활을 하다가 풀려나는 날 아침의 기분을 이렇게 기록해 놓았기 때문입니다.

"감옥에서 보낸 햇수가 저에게 너무 긴 것으로 여겨지지 않았던 것은 홀로 독방에 갇혀 있으면서도 믿음이나 사랑을 넘어선 어떤 기쁨을 하나님 안에서 발견하였기 때문입니다. 그 기쁨이란, 이 세상 어느 것에도 견줄 수 없는 아주 깊고도 특이한 황홀경 같은 것이었습니다. 그래서 내가 감옥에서 나올 때는 마치 수십 리에 뻗쳐 있는 시골의 아름다운 평화를 내려다볼 수 있는 산정에서 갑자기 평지로 내려온 것과 같은 느낌을 가지게 되었습니다."

이런 사람의 기쁨과 찬양이 바로 빌립보 토굴 속에서 밤에 찬양하고 기도했던 바울의 기쁨과 똑같은 성격의 것입니다.

1618년부터 30년 동안 유럽 대륙을 할퀴고 휩쓸어서 초토화시켰던 '30년 전쟁'이라는 무서운 전쟁이 있었습니다. 우리가 생각하기에는 모든 사람들이 그야말로 원망과 불평과 자학과 절망 속에서 헤어나지 못했었을 것 같습니다. 그러나 놀라운 것은 그와 같은 무서운 전쟁의 소용돌이 속에서 역사적으로 은혜로운 찬송들이 가장 많이 쏟아져 나왔다는 것입니다.

17세기 말의 음악가 환켄 나우어가 30년 전쟁 동안 경건한 성도들의 입을 통하여 불린 찬송가들을 수집해 보았더니 32,712곡이나 되었습니다. 몇 년 후에 웨첼이라고 하는 음악가가 다시 수집하고 정리해 본 결과 5만 5천 곡으로 늘어났습니다. 30년 간의 전쟁을 통하여 평화스러울 때 부르지 못하던 찬송이 성도들의 입을 통해 샘솟듯 쏟아져 나왔다는 것은 무엇을 의미할까요? 하나님의 자녀라면 누구나 똑같이 할 수 있다는 것을 보여 주는 웅변적인 교훈입니다.

오늘 우리가 살고 있는 현실은 바울과 실라가 당했던 이런 극한 상황에 비하면 얼마나 천국과 같은 환경입니까? 그러면서도 기도와 찬양의 능력을 상실했다고 생각할 때 부끄럽지 않습니까? 짜증과 불평, 불만의 마귀에게 마음대로 노략질당하는 그리스도인들이 오늘의 교회 안에 많은 것을 볼 때에 하나님께서 얼마나 섭섭해하시겠습니까?

사랑의교회에서 '사랑의 생활화 세미나'를 하면서, 고린도전서 13장 4절 이하에 나오는 사랑의 조건들을 놓고, 형제들이 '나는 왜 사랑을 실천하지 못하는가?'라는 주제로 자기의 입장을 한 사람씩 발표한 일이 있었습니다. 가장 많이 걸린 부분이 "성내지 아니하며"라는 부분이었다고 합니다. 신자는 참사랑을 가지고 있기 때문에 성을 내지 않는다고 하는데 자기는 너무나 성을 잘 낸다고 고백한 분들이 많다는 것입니다. 이 말은 짜증을 많이 낸다는 말이요, 불만이 많다는 말이며, 찬송이 그 속에 없다는 말입니다.

많은 신자들이 왜 이와 같은 상황에 놓여 있을까요? 바울과 실라에 비하면 화를 낼 일이 전혀 없을 것 같은데 말입니다. 토굴 대신에 쾌적한 방에서 살고 있고, 태장으로 매를 맞아 피투성이가 된 몸 대신에 올리브유로 마사지를 하면서 사는 사람들인데 왜 불평과 불만이 찬송을 대신합니까? 우리의 발이 차꼬에 매여 있는 대신에 여름이면 여름 구두, 겨울이면 겨울 구두, 발에 맞는 대로 신고 다닐 수 있는 사람들인데 왜 찬양을 못합니까?

조금만 몸이 불편해도 우리는 견디지 못합니다. 자리가 조금만 좁아도 짜증을 내고 여름이면 깔깔이 이불을 깔아야 기분이 조금 가라앉습니다. 순모로 만든 옷감이라야 마음에 들어 하고 실크로 만든 셔츠라야 입으려고 합니다. 무공해 식품이니 에어로빅 댄스니 하면서 모든 것이 부족하지 않은 분위기 속에서 살면서도 기도와 찬송이 없습니다.

빌립보 감옥에 갇혀 있던 죄수들은 그야말로 복이 많은 사람들이었습니다. 그 이유는 그들이 비록 감옥에 갇혀 있었지만 바울과 실라를 통해 진정한 그리스도인의 면모를 옆에서 볼 수 있었기 때문입니다. 그들은 감옥에서 찬양하고 기도하는 놀라운 능력을 가진 하나님의 사람들을 볼 수 있었고 그들의 찬양과 기도를 들을 수 있었기 때문입니다. 그러나 오늘 우리 주변에 사는 예수님을 모르는 많은 사람들은 복이 없는 사람들입니다. 왜냐하면 그들 주변에서 교회를 다니는 많은 사람들이 그리스도인의 긍지와 능력을 생활에서 보여 주지 못하고 있기 때문입니다. 그래서 그들은 참그리스도인에 관해 잘 모릅니다. 그저 교회만 다니는 사람들인 줄 압니다. 가끔가다 극성스럽게 전도나 한 번씩 하는 사람들이 그리스도인인 줄 압니다.

이제 우리는 지체하지 말고 우리의 토굴을 기도와 찬양의 제단으로 바꾸어 놓을 수 있는 능력을 다시 회복해야 합니다. 아무리 어렵고 고

된 환경이라고 할지라도 그리스도인이 있는 곳이면 찬양과 기도의 소리로 가득한 처소로 만들어야 합니다.

당신의 가족이 당신의 찬양과 기도 소리를 매일 듣도록 해야 합니다. 또한 이웃들이 고단한 삶 속에서 은은히 울려 나오는 아름다운 천국의 찬양을, 아름다운 기도 소리를, 감사하는 소리를 들을 수 있도록 해야 합니다.

바울이 그렇게 매력 있는 사람이 될 수 있었던 이유를 한마디로 요약하면 발은 차꼬에 매여 있었으나 마음은 하늘에 있었기 때문이라고 할 수 있습니다. 터툴리안(Tertulian, 155-240)은 "바울과 실라가 마음이 하늘에 가 있을 때에는 발이 차꼬에 매여 있었는지 없었는지조차 느끼지 못했을 것이다"라고 말했습니다.

범브란트 목사가 14년 동안 감옥의 독방에서 지옥과 같은 생활을 했지만 그와 같이 즐거워하고 황홀한 기쁨에 젖어 있었던 것은 그의 마음이 하늘에 있었기 때문입니다. 그런데 마음이 하늘에 있다는 것은 어떤 것을 의미합니까?

"그러므로 너희가 그리스도와 함께 다시 살리심을 받았으면 위의 것을 찾으라 거기는 그리스도께서 하나님 우편에 앉아 계시느니라 위의 것을 생각하고 땅의 것을 생각하지 말라 이는 너희가 죽었고 너희 생명이 그리스도와 함께 하나님 안에 감추어졌음이라"(골 3:1-3).

'마음을 하늘에 둔다'는 것은 '하늘의 것을 찾는다'는 뜻입니다. 하늘의 것이란 영적인 것, 영원한 것을 말합니다. 또한 '마음이 하늘에 있다'는 것은 "위의 것을 생각한다"는 것입니다. 이 "생각한다"는 말은 '찾는다'는 말보다 더 의미가 강합니다. 이것을 영어 성경에서 보면 "위의 것에 애정을 두라", "위의 것에 정을 쏟으라"는 말과 같습니다.

바울이 빌립보에서 한 이야기들을 여러 가지로 종합해 보면 정말 그의 마음은 하나님 나라에 가 있는 사람이었습니다. 그는 이렇게 말합니다.

"내가 삶과 죽음의 틈바구니 속에 끼어 있지만 내 욕망은 하나님 나라에 가서 주님과 함께 영원히 살고 싶다는 것이다."

하늘에 속한 백성

골로새서 3장 1절을 보면 예수님을 믿는 모든 사람들은 바울과 같이 마음을 항상 하늘에 두고 살 수 있는 독특한 백성이라는 것을 가르쳐 줍니다. 예수님을 믿는 사람은 그리스도와 함께 살리심을 받았습니다. '예수님을 믿는다'는 것은 '예수님이 나를 위하여 십자가에서 죽으셨다'는 것과 '사흘 만에 부활하셔서 나의 구주가 되셨다'는 것을 믿는 것입니다. 이렇게 영적으로 믿음을 고백하는 것은 정과 욕심에 사로잡혀 땅의 것만 날마다 생각하던 옛사람은 주님의 십자가에서 죽었다는 것을 고백하는 것입니다. 예수님이 사흘 만에 살아나셨다고 믿는 것은 이제는 위의 것만 찾으며 날마다 하늘에 있는 것에다 마음을 두고 사는 새사람이 되었다고 고백하는 것입니다.

우리는 정과 욕심을 십자가에 못 박은 사람들입니다. 그리고 의와 진리와 거룩함으로 지음 받은 새사람으로 부활한 사람들입니다. 우리의 육체가 부활하는 것은 장래의 일이지만 우리가 영적으로 부활하는 것은 내가 예수님을 주님으로 모셔 들이는 그 순간에 이루어지는 것입니다. 그러므로 예수 그리스도와 함께 십자가에서 죽고, 함께 살아났다면 위의 것을 찾으며 위의 것을 생각해야 합니다. 다시 말하면 우리의 마음을 저 영원한 나라에 두고 살아야 한다는 것입니다.

바울은 그렇게 살았습니다. 발은 차꼬에 있었지만 마음은 하늘에 있었던 것입니다. 신자의 본질은 해바라기와 같다고 생각합니다. 해바라기가 아침 해가 떠오르면 동쪽으로 고개를 돌렸다가 그 해가 가는 대로 계속 따라다니는 것처럼 예수님을 믿는 사람은 날마다 그 마음이 하나님 나라를 향하는 버릇이 있습니다. 아무리 세상에서 잘살아도, 아무리 명예와 다른 여러 가지를 소유하고 있다고 할지라도 마음은 하늘을 향해서 항상 움직입니다. 항상 그는 영원이라는 것에 비추어 모든 것을 보는 사람입니다. 그는 영원한 세계를 배경으로 놓고 현실을 보는 사람이므로 세상을 전부라고 생각하지 않습니다. 이런 사람은 가치관이 새로워집니다. 판단 기준이 달라지며 소유 의식이 달라집니다. 세상에서 중요하다고 떠드는 일에 대하여 더 이상 집착하지 않습니다. 세상을 정복하려는 야망도 더 이상 마음을 감동시키지 못합니다.

우리는 모두 세상을 살고 있습니다. 그리고 세상에 있는 물건을 씁니다. 그러나 예수님을 믿지 않는 사람들처럼 살고, 일하는 데 정신이 쏠리지는 않습니다. 마음이 하늘에 가 있기 때문입니다.

저는 군 복무를 하면서 재미있는 경험을 했습니다. 휴가를 받아서 집에 가게 되면, 서울역에 와서 야간 군용 열차를 타고 부산까지 내려가야 합니다. 그 당시에는 서울에서 부산까지 열한 시간이나 걸렸습니다. 군인들로 꽉 찬 만원 열차지만 모두들 신이 납니다. 신기한 것은 열한 시간이 마치 한두 시간 정도로 여겨진다는 것입니다. 앉지 못하고 계속 서서 가도 힘들거나 피곤을 느끼지 않습니다. 모든 군인들의 얼굴은 기쁨으로 가득 차서 서로 떠들고 노래하고 이야기합니다. 그 이유는 마음이 집에 가 있기 때문입니다. 그래서 즐거워하고, 기뻐하고, 좋아합니다.

하나님 나라의 백성은 이런 사람이 아닐까 생각합니다. 우리의 마음이 하늘에 가 있기만 하다면 뜻대로 되지 않는 현실을 놓고도 불평하거나 욕구불만에 허덕이지는 않을 것입니다. 우리의 마음이 하늘에 가 있기만 하다면 남보다 좀 가난하게 살아도 그 가난이 우리로 하여금 비참하게 만들지는 못할 것이며, 큰 불행을 당한다 할지라도 완전히 절망에 빠지지는 않을 것입니다. 토굴과 같은 환경 속에서도, 캄캄한 밤에도, 바울과 실라처럼 하나님을 찬송하며 기도할 수 있을 것입니다. 그러나 불행하게도 많은 그리스도인들이 마음이 땅에 붙어서 날지를 못합니다. 날개가 부러진 새처럼 예수님은 믿고 있는 데 이상하게 마음이 땅에 붙어 있어서 세상 사람들과 다른 점이 전혀 없습니다. 그러기에 조금만 마음대로 안 되면 짜증을 내고 불평하며 욕구불만에 싸여 기쁨이 없고 찬양이 없습니다.

당신은 이런 병에 걸려 있지 않습니까? 〈백조와 두루미〉의 우화를 들으면서 우리는 많은 것을 느끼게 됩니다. 어느 날 두루미가 물가를 걸어 다니면서 고동을 찾고 있었습니다. 그때 마침 백조가 하늘을 유유히 날며 놀고 있었습니다. 고동을 찾던 두루미가 고개를 들어 하늘을 쳐다보니 백조가 놀고 있는 것이 신기하고 이상하게 보였습니다. "백조야, 너 어디서 왔니?"하고 물었습니다. "천국에서 왔다"라고 백조가 대답했습니다. 그러더니 백조는 "너 천국 아니?"라고 물었습니다. 그러자 두루미는 모른다고 했습니다. 그래서 백조가 천국에 대한 설명을 해 줍니다. "천국은 열두 진주 문이 있고, 예수님이 계시고 고통과 아픔이 없으며, 영원한 안식이 있고, 생명수 강가에 철을 따라 열매를 맺는 아름다운 실과나무가 있고…."

한참 듣고 있던 두루미가 "거기에 고동도 있니?"라고 물었습니다. 백조가 "아니, 거기에는 고동이 없어"라고 했더니 두루미가 실망하는 투로 말하기를 "야, 그런 천국은 너 혼자나 가라. 나는 안 가겠다. 지금 나에게 중요한 것은 고동이야"라고 했답니다.

　오늘 예수님을 믿는 사람들 가운데도 이렇게 땅의 것에만 생각이 붙어 사는 사람들이 있습니다. 바울은 이런 사람을 가리켜 십자가의 원수로 행하는 사람이라고 했습니다. 주님의 뜻에 거역하는 삶을 산다는 뜻입니다.

　우리의 마음을 하나님 나라에 두어야 합니다. 그러면 아무리 토굴과 같은 곳에 처하더라도, 세상 사람들이 보기에는 즐거움도 없을 것 같고 기쁨도 없을 것 같을지라도, 마음이 하늘에 가 있으면 어떤 환경에서도 천국으로 바꿀 수 있습니다. 또한 어떤 괴로움과 고통도 감사로 바꿀 수 있는 그리스도인이 됩니다.

　잠깐 있다가 없어질 세상입니다. 우리의 마음을 저 하늘에 두고 살아야 합니다. 그러면 바울과 실라처럼 능력 있게 살 수 있습니다. 바울과 실라처럼 찬양하는 자들이 됩니다. 밤에도 찬양하며, 토굴에서도 감사하게 됩니다. 우리 주변에 있는 사람들에게 하나님 백성의 다른 점을 보여 줄 수가 있습니다.

　만일 우리의 마음에 진정한 감사와 찬미가 없다고 한다면 이제부터 소망의 날개를 달고 우리의 마음이 하늘로 날아가도록 해야 합니다. 찬양과 기도의 두 사닥다리를 타고 천사가 오르락내리락하는 그 지점까지 올라갑니다. 절망의 구름을 뚫고, 불평과 욕구불만의 구름을 헤치고, 높이높이 우리의 마음이 하나님의 보좌로 올라갈 수 있도록 마음의 날개를 달도록 하십시오. 그러면 우리의 삶이 달라질 것입니다. 우리의 환경이 달라지며, 모든 사람들이 우리 앞에 예수님을 믿고 싶다는 말을 하게 될 것입니다.

　지진이 일어날 것입니다.

　옥문이 열릴 것입니다.

쇠사슬이 풀릴 것입니다.

모든 불가능한 문제들이 해결될 것입니다.

찬양과 기도로 살아가는 우리 앞에, 날마다 능력 있는 삶을 사는 우리 앞에, 기적은 꼭 일어날 것입니다. 우리 모두 이와 같이 능력 있는 삶을 살 수 있습니다.

7

가시와 함께 온 기쁨

가시로 인해 한숨을 쉬고 눈물을 흘리는 날이 많다고 할지라도
그것이 나를 강자로 만드는 하나님의 손길이라는 것을 잊지 말아야 합니다.

고린도후서 12:7-10

7 여러 계시를 받은 것이 지극히 크므로 너무 자만하지 않게 하시려고 내 육체에 가시 곧 사탄의 사자를 주셨으니 이는 나를 쳐서 너무 자만하지 않게 하려 하심이니라 8 이것이 내게서 떠나가게 하기 위하여 내가 세 번 주께 간구하였더니 9 나에게 이르시기를 내 은혜가 네게 족하도다 이는 내 능력이 약한 데서 온전하여짐이라 하신지라 그러므로 도리어 크게 기뻐함으로 나의 여러 약한 것들에 대하여 자랑하리니 이는 그리스도의 능력이 내게 머물게 하려 함이라 10 그러므로 내가 그리스도를 위하여 약한 것들과 능욕과 궁핍과 박해와 곤고를 기뻐하노니 이는 내가 약한 그때에 강함이라

가시와 함께 온 기쁨

　　　　　　　　　인간은 누구나 남이 모르는 한두 가지의 고통을 안고 삽니다. 심지어 가까운 부부 사이에도 서로 말하지 못하는 내면의 고통과 갈등을 가지고 있는 경우가 더러 있습니다.

　사도 바울은 타의 추종을 불허하는 특별한 은혜를 받았던 사람이지만 남모르게 고통을 받았던 육체의 가시를 안고 있었습니다. 그 가시는 오랫동안 말하지 않던 자기만의 숨은 고통이었습니다. 여러 학자들의 분분한 견해가 있지만 어느 것 하나 결정적으로 이것이라고 말하기가 어렵습니다.

　칼뱅(Jean Calvin, 1509-1564)은 "바울 자신이 받았던 영적인 유혹, 즉 의심, 가책, 갈등 같은 것을 말한다"라고 했습니다. 루터(Martin Luther, 1483-1546)는 "바울이 받았던 핍박이다"라고 해석했고, 로마 가톨릭교회에서는 "그가 독신 생활에서 자주 일어난 본능적인 충동"으로 보았습니다. 혹자는 "못생긴 바울 자신의 외모에서 오는 콤플렉스였다"라고 하는가 하면, 교부 터툴리안은 "바울의 이유 없는 두통"으로 해석했습니다. 그리고 "바울이 늘 고생하던 안질이었다"라고 보는 견해를 고수하는 학자들도 많습니다.

여기에서 우리가 한 가지 분명히 말할 수 있는 것은 그것이 바울을 장기적으로 끈질기게 괴롭히던 육체적인 고질병을 말한다는 것입니다. 가시는 눈에 잘 보이지 않는 작은 것입니다. 그러면서 계속 고통과 불편을 주는 것입니다. 남이 보기에는 멀쩡한 것 같으면서 속으로 앓는 것이 가시의 고통입니다.

우리 가운데 이런 가시를 가지고 있는 분이 많습니다. 외적인 여건으로 보아 모든 것을 다 가진 것 같은 분이 항상 허약한 육체로 인하여 괴로워하는 경우가 있습니다. 부모는 건강한데 자녀가 늘 병에서 헤어나지 못하는 경우도 있습니다. 행복해 보이는 부부 사이에 수십 년 동안 묵은 가시가 박혀 양편이 다 남모르게 한숨 쉬는 경우도 있습니다. 이런 가시는 누구나 다 가지고 있습니다. 그렇지 않다고 생각한다면 아마 자기 기만에 빠져 있는지도 모릅니다.

가시가 주는 의미

가시의 고통 자체를 복이라고 말할 수는 없습니다. 주님께서도 그런 것을 우리에게 허락하는 것을 기뻐하지 않으십니다. 그리스도인이라면 육체의 괴로움을 즐기라고 가르치는 성경 구절은 하나도 없습니다. 그러므로 육체의 가시는 하나님의 자녀들을 괴롭히기 좋아하는 사탄이 즐겨 사용하는 도구가 될 수 있습니다. 이런 도구를 가지고 우리를 육체적으로 약하게 하여 영적으로 쓰러지게 만듭니다. 물론 하나님의 허락 안에서 하는 일입니다. 그러나 사탄은 자기 영역 안에서 최대한의 수단과 방법을 동원하여 우리를 시험합니다. 이런 의미에서 바울은 육체의 가시를 "사탄의 사자"라고 불렀습니다.

여기서 잘못하면 빠지기 쉬운 오해가 있습니다. 모든 병은 마귀나 귀신이 붙어서 생기는 것이라고 가르치는 샤머니즘적인 교훈입니다. 우리 주변에 이런 잘못된 교훈을 가지고 유혹하는 교회들이 있습니다. 바울에게 육체의 가시 때문에 귀신이 붙었다고 말할 수 있습니까? 예수님은 병든 자와 귀신 들린 자를 분명히 구별하셨습니다 (막 1:34 참조). 여기서 우리가 알아야 할 것은 사탄이 병을 가지고 우리를 시험할 수 있다는 사실입니다.

누구나 병이 들면 하나님 앞에 엎드려 간구하게 됩니다. 바울도 마찬가지였습니다. 육체의 가시가 찌르는 아픔이 너무 괴로워 세 번이나 특별히 기도했습니다. 아마 그는 예수님이 겟세마네 동산에서 세 번이나 하나님께 기도와 간구를 올렸던 예를 생각하고 세 번이나 진지하게 매달려 가시를 뽑아 달라고 부르짖은 것 같습니다.

기도는 정말 귀한 것입니다. 하나님은 기도하는 자를 사랑하십니다. 사랑하는 자의 기도이기 때문에 더 귀히 보십니다. 시편 저자의 고백을 들어 봅시다.

> 하나님이 실로 들으셨음이여 내 기도 소리에 귀를 기울이셨도다 하나님을 찬송하리로다 그가 내 기도를 물리치지 아니하시고
> _시 66:19-20

기도는 인격적인 관계를 말합니다. '하나님'과 '나'라는 두 인격이 서로 깊이 교제하는 것이 바로 기도입니다. 하나님은 우리 아버지이십니다. 부자간의 사랑이 넘치는 교제에는 자유가 있습니다. 아들은 아버지에게 자기가 원하는 것을 구할 자유가 있고 아버지는 아들의 요구를 들어줄 자유와 거절할 자유를 다 가지고 있습니다.

우리가 아프면 고쳐 달라고 호소할 수밖에 없습니다. 아무리 믿음이 좋은 바울 사도였지만 육체의 고통에는 별수가 없었습니다. 금식 간절히 기도했을 것입니다. 그는 많은 신유의 경험을 가진 사람입니다. 하나님이 어떤 병이라도 고쳐 주실 수 있다는 확신에는 전혀 흔들림이 없는 사람이었습니다. 그런데 하나님이 그의 기도를 거절하셨습니다. 그에게 돌아온 것은 빈 그릇이었습니다. 만일 바울이 하나님을 자기 요구라면 무엇이나 들어주는 요술 방망이 같은 존재로만 믿었다면 빈 항아리를 안고 뒤로 자빠지고 말았을 것입니다. 그러나 바울은 그런 사람이 아니었습니다. 빈 그릇을 주신 하나님의 뜻을 찾아보았습니다. 이것이 믿음의 기도를 하는 신자의 태도입니다. 하나님의 거절이 우리에게 황금의 응답이 되는 경우가 많이 있습니다.

믿음으로 거절하신 가운데 허락하신 하나님의 응답을 찾던 바울은 하나님의 놀라운 음성을 들었습니다. 그 하나는 가시를 주신 이유였습니다. 다른 하나는 약한 데서 강하여지는 하나님의 능력에 관한 것이었습니다.

하나님이 바울에게 육체의 가시를 남겨 두신 이유는 너무 많은 은혜를 받은 바울이 교만의 죄에 빠지지 않도록 하신 하나님의 지혜로운 처사였습니다. 사도행전이나 서신서를 보면 바울은 자아가 대단히 강한 사람이라는 인상을 받습니다. 그가 예수님을 믿기 전에 어떤 행동을 한 사람이었는가를 보아도 알 수 있고, 믿은 후에도 교만의 티가 아직 남아 있어 베드로를 사정없이 면박하는 사람이었습니다. 마가와 요한이 저지른 단 한 번의 실수를 용서하지 못해 그의 선배요, 은인인 바나바와 결별을 선언할 정도의 사람이었습니다.

고린도후서 11장에 나오는 바울 자신의 변호 가운데 이런 강한 표현이 들어 있습니다.

> 그들이 그리스도의 일꾼이냐 정신없는 말을 하거니와 나는 더욱 그
> 러하도다_고후 11:23

분명히 그는 기질상 교만의 덫에 걸리기 쉬운 약점을 지닌 사람이었습니다. 그것은 오직 하나님만이 아시는 바울의 아킬레스건이었습니다. 더욱이 그는 셋째 하늘을 다녀왔습니다. 하나님이 계시는 영적 세계는 신비에 속한 곳입니다. 인간이 묘사할 다른 표현이 없어서 셋째 하늘이라는 이상한 말을 사용한 것 같습니다. 비몽사몽간에 그는 하나님의 보좌 앞으로 들리움을 받아 말할 수 없는 말을 들은 것입니다. 사람은 누구나 신비한 체험 앞에는 약합니다. 자기도 모르게 자랑하게 되고 거만스러워집니다.

우리 주변에도 이상한 꿈만 하나 꾸어도 요란하게 떠들며 교만으로 눈빛이 번쩍이는 사람들이 많습니다. 신비한 체험은 만일 그것이 건전한 것이라면 전적으로 하나님의 은혜에 속한 것입니다. 인간의 노력이나 요구에 의해서라기보다 주님 편에서 특별히 허락하시는 은혜입니다.

일반적으로 자신이 노력하지 않고 과분한 것을 얻으면 사람은 교만해지기 쉽습니다. 학교에서 가장 교만한 사람은 머리가 좋아서 노력하지 않고 공부를 잘하는 학생입니다. 여자 중에 교만한 사람들은 부모 덕분에 어쩌다가 미인으로 태어난 자들입니다. 부자 가운데도 손에 못이 박히도록 노력해서 돈을 모은 사람은 교만하지 않습니다. 자신의 약함과 한계를 몸소 체험했기 때문입니다.

영적 세계에서도 이런 원리가 상통합니다. 노력 없이 은혜를 받으면 교만해지기 쉽습니다. 설교자의 경우 천부적으로 말재주가 좋고, 머리가 영리한 사람이 목사가 되어 사람들의 인기를 끌면 얼마 안 가

서 그는 교만의 희생물이 되고 맙니다. 이런 사람은 설교 준비를 하기 위해 땀과 눈물을 많이 흘리지 않습니다. 쉽게 준비해도 청중에게 감동을 줄 수 있기 때문입니다. 저와 같이 설교 한 편을 준비하는 데 수십 시간을 진통해야 끝이 나는 사람들에게는 교만하려야 교만할 밑천이 아무것도 없습니다.

하나님이 보실 때 바울이 교만해질 위험을 사전에 막는 길은 육체의 가시를 거두지 않는 것이었습니다. 교만은 하나님이 제일 싫어하시는 악입니다. 그는 교만한 자를 대적하신다고 했습니다. 유명한《신곡》을 쓴 단테(Durante Alighieri, 1265-1321)가 자기에게 가장 악한 죄 일곱 가지를 선정했습니다. 그 가운데 첫 번째가 교만이라고 했습니다. 왜냐하면 교만은 자기 사랑의 다른 형태요, 자기 숭배의 다른 형태이기 때문이라고 했습니다. 분명히 교만은 하나님께 돌릴 영광을 자기가 취하는 자기 숭배의 일종이라 할 수 있습니다. 그래서 하나님이 교만한 자를 더 미워하고 대적하는 것 같습니다. 하나님은 바울이 자신의 대적이 되기를 원하지 않으셨습니다.

육체의 가시를 가지고 바울의 교만을 막으신 하나님의 지혜가 얼마나 성공적이었는가를 보십시오. 14년 동안 셋째 하늘에 다녀온 이야기를 한마디도 입에 담지 않았습니다. 그가 부득이하여 고린도후서 12장에서 그 이야기를 하게 되었을 때, 삼인칭을 써서 자신을 그늘에 다 숨기고 있는 것을 볼 수 있습니다. 그는 육체의 가시를 통하여 오직 주님만을 자랑하는 겸손한 사람, "오늘의 나 된 것은 오직 주의 은혜"라고 고백하는 겸손한 사람이 되었습니다(고전 15:10 참조).

사람은 누구나 교만하기 쉬운 기질을 갖고 있습니다. 바울의 교만을 다루신 주님은 반드시 우리의 교만도 다스리실 것입니다. 우리의 교만을 꺾기 위해 주신 가시는 무엇입니까? 육체의 질병입니까? 고부간의 갈등인가요? 경제적인 압박인가요?

하나님 앞에 날마다 엎드려 수없이 기도하지만 여전히 남아 있는 문제가 있다면 일단 하나님이 나의 겸손을 위해 허락하신 가시라는 것을 인정해야 합니다. 혼자서 가슴속에 깊이 안고 있는 내면의 뿌리 깊은 고통, 그것으로 인해 가슴 아파하고 실의에 빠지는 일이 자주 있다면 왜 그것이 계속 남아 있는지 하나님께 물어보아야 합니다. 틀림없이 '주님 앞에 겸손하고 온전히 순종할 수 있는 자랑스러운 하나님의 자녀로 만들기 위해서'라는 조용한 음성을 들을 수 있을 것입니다.

약한 데서 강해진다

바울은 약한 데서 강해지는 하나님의 능력을 체득했습니다. 주님이 바울에게 이렇게 속삭여 주셨습니다. 내 은혜가 네가 족하도다 이는 내 능력이 약한 데서 온전하여짐이라"(9절).

이것은 바울에게 정말 놀라운 발견이었습니다. 평소에 그는 육체의 가시가 자신을 영육 간에 약하게 만든다고 우려해 왔습니다. 그러나 주님의 음성을 듣자마자 자기 생각이 잘못되었다는 것을 깨달았습니다. 주저하지 않고 주님의 판단이 옳다고 승복했습니다. 그러자 그에게 놀라운 기쁨이 찾아들었습니다. 드디어 큰소리로 이렇게 외쳤습니다. "내가 약한 그때에 강함이라"(10절).

하나님은 스스로 강하다고 자부하는 자를 사용하시지 않습니다. 하나님 없는 독립자, 그는 하나님의 눈에 가장 약한 자입니다. 하나님을 모신 의존자, 그는 세상이 감당하지 못하는 강자입니다. 우리의 가시가 무엇이든 간에 그것을 영적으로 잘 이용하면 하나님의 큰 능력을 체험할 수 있습니다. 육체의 가시가 당신을 약하게 한다는 말을 입밖에 내지 마십시오. 그것은 마귀의 소리입니다. 하나님은 당신을 무능한 사람으로 만들지 않습니다.

바울의 생애를 살펴보면 "약한 데서 강해진다"라는 주님의 말씀이 그대로 입증된 것을 알 수 있습니다. 그가 얼마나 강한 사람이었던가요? 헬라와 라틴 문화권에 소속한 수많은 사람들이 그가 전하는 복음 앞에 굴복하고 말았습니다. 에베소가 무너졌습니다. 빌립보가 항복했습니다. 고린도가 성문을 열었습니다. 마지막으로 로마가 쇠사슬에 묶인 초라한 바울 앞에 백기를 들었습니다.

비록 우리가 가시로 인해 한숨을 쉬고 눈물을 흘리는 날이 많다고 할지라도 그것이 나를 강자로 만드는 하나님의 손길이라는 것을 잊지 말아야 합니다. 캄캄한 밤하늘의 별을 헤면서 낙심하지 않는 이 능력은 어디서 오는 것일까요? 나의 약함을 통해서 하나님으로부터 오는 능력입니다. 우리는 이 능력을 가지고 범사에 감사할 수 있습니다. 항상 기뻐할 수 있습니다. 우는 자와 함께 울며, 웃는 자와 함께 웃을 수 있습니다. 내 몫의 십자가도 가볍게 지고 갈 수 있습니다.

존 번연(John Bunyan, 1628-1688)은 "하나님이 덧셈을 하실 때는 뺄셈을 하시고, 뺄셈을 하실 때는 덧셈을 하신다"고 말했습니다.

바울에게 육체의 가시는 마치 손해를 보는 것같이 보였지만 하나님은 오히려 더 많은 것을 주셨습니다. 하나님의 수학 공식은 우리의 것과 다릅니다. 물질계의 계산법은 영계의 계산법과 동일하지 않습니다. 우리는 언제나 더하는 것이 많아지는 것이요, 빼는 것이 줄어드는 것이라고 생각합니다. 그러나 약한 데서 강해지는 능력을 만들어 내는 영계에서는 통하지 않는 법칙입니다. 당신의 고통, 문제, 실패 등은 당신에게 뺄셈같이 보이지만 하나님에게는 덧셈이라는 사실을 기억해야 합니다. 하나님을 사랑하는 자, 곧 그의 뜻대로 부르심을 입는 자들에게는 모든 것이 합력하여 선을 이룹니다(롬 8:28 참조).

바울이 육체의 가시를 가진 채 억누를 수 없는 기쁨을 맛보았던 일은 아무나 쉽게 이해할 수 있는 것이 아닙니다. 체험하는 자만이 아는 하늘의 기쁨입니다. 흔히 기쁨이란 고통이 물러가는 자리에 대신 들어온다고 생각합니다. 그러나 영적인 기쁨은 반드시 그렇지 않습니다. 신약성경에서 수없이 발견하는 경건한 자들의 기쁨은 거의 고통 대신에 얻은 대용품이 아니었습니다. 고통이 그대로 남아 있는 자리에 찾아온 기쁨이었습니다. 가시와 함께 온 기쁨이었습니다.

예수님의 경우, 십자가에서의 죽음을 불과 몇 시간 앞두고 제자들에게 이런 말씀을 하셨습니다.

> 내 기쁨이 너희 안에 있어 너희 기쁨을 충만하게 하려 함이라
> _요 15:11

여기서 예수님이 말씀하시는 기쁨은 십자가의 죽음이 주는 고민과 두려움을 그대로 안고 유지한 기쁨이었습니다. 십자가는 하나님의 뜻에 복종하는 길이었습니다. 주님은 그 뜻에 기꺼이 자기를 내맡겼습니다. 그의 기쁨은 이런 전적 복종에서 오는 것이었습니다.

가시를 안고 기뻐하는 여인

어떤 외국 잡지에서 본 은혜로운 간증이 있습니다. 스튜아트 여사가 쓴 것입니다. 그녀에게는 태어날 때부터 심장병이 있었습니다. 어릴 때에 이미 내버려진 자식이나 다름없이 소망이 없는 아이였습니다. 부모가 이 병원, 저 병원으로 데리고 다니면서 갖가지 치료를 했지만

효력이 없었고 생명만 연장하고 있었습니다. 그녀가 나중에 예수님을 믿기 시작했습니다. 예수님을 믿으면서도 그녀의 마음속에서는 계속 어떤 갈등이 있었습니다.

"인생에서 참으로 누릴 수 있는 행복이 어떤 것일까? 사람이 정말 누릴 수 있는 기쁨은 어떤 것일까? 나에게는 기쁨도 없고 행복도 없어"라는 탄식이 찾아왔습니다.

교회에 가서 예배를 드릴 때 목사님이 "여러분, 범사에 감사하십시오. 항상 기뻐하십시오" 하는 설교를 하면 속에서 반발이 일어났습니다. '흥! 자기가 나처럼 심장병을 앓아 보라지, 나와 같은 처지에 있으면 그런 설교를 절대로 못 할 거야.' 이렇게 항상 반항적으로 생각하게 되었습니다. 그런데 사춘기가 지나면서 이상하게 병이 좀 호전되었습니다. 그리고 결혼을 하게 되고 아기를 둘이나 낳았습니다. 그런데 얼마 후 다시 심장병이 재발했습니다. 병은 심해져서 절망적인 상황이 되었습니다. 병 고치는 집회라는 집회는 다 가 보고, 안수기도라는 기도는 다 받아 보았습니다. 그러나 몇 년을 쫓아다녔는데도 전혀 효력이 나타나질 않았습니다. 이런 상태에서 캘리포니아의 오벨이라는 조그마한 마을로 이사를 하게 되었습니다. 그 후 날마다 병상에 누워 있는데 그 마을에 사는 '리'라는 성을 가진 믿음 좋은 부부가 그 가정을 찾아와서 사귀게 되었습니다.

얼마나 믿음이 좋은 부부인지 그들의 눈동자는 맑았고 온화한 인품에 사랑이 넘치는 사람들이었습니다. 그 부부가 와서 그녀에게 좋은 처방을 가르쳐 주었습니다. 그 처방은 먼저, 하나님 앞에 감사하는 생활을 하라는 것이었습니다. 그리고 그 부인에게 알맞은 성경 구절을 매일 한 구절씩 주었습니다. 하루 종일 성경 구절을 외우며 묵상하게 했습니다. 그다음에는 주변에서 감사할 것을 자꾸 찾아보게 만들었습니다.

처음에는 내키지 않았습니다. 도대체 어울리지 않는 일 같았습니다. 그러나 스튜아트 여사는 정성을 다해 순종했습니다. 그랬더니 오래지 않아 쉽게 감사할 수 있게 되었습니다.

다음으로, '리' 부부가 가르쳐 준 처방은 "스튜아트 여사! 자연의 아름다움을 찬양하십시오"라는 것이었습니다. 심장병을 앓고 있는 사람에게 아무리 주변이 아름답다고 할지라도 그것이 눈에 들어올 리가 없었습니다. 귀도, 눈도, 감각이 다 무뎌진 지 오래였습니다. 아름다운 꽃을 보아도 아름답게 보이지 않았습니다. 그런데 자연의 아름다움을 찬양하라니 대단히 어색했습니다. 그러나 그녀는 다시 순종하는 마음으로 창문을 열고 눈과 귀를 활짝 열었습니다. 아름다운 새소리가 귀에 들어왔습니다.

"하나님! 아름다운 새소리를 듣게 하심을 감사합니다." 향기로운 꽃 내음이 코를 찌르면 "아! 하나님! 너무 향기롭군요!" 구름 한 점이 눈에 들어와도 멋있다고 찬양했습니다. 자꾸 이렇게 하나님이 만드신 자연의 아름다움을 찾아서 감사하기 시작했습니다. 그랬더니 드디어 무디어졌던 오관(五官)이 새로 제 기능을 발휘하게 되었습니다. 듣지 못하던 것을 듣게 되고 보지 못하던 것을 보게 되고 냄새 맡지 못하던 것을 맡게 되어 새사람이 되었습니다. 이렇게 계속 감사와 찬양이 이어지는데 하루는 이상한 일이 벌어졌습니다. 감사를 하다가 자기도 모르게 "하나님! 나에게 심장병을 주신 것을 감사합니다"라는 말을 하게 되었습니다. 그 순간 '하나님께서 나와 함께하신다'라는 확신이 강하게 밀려드는 것을 느낄 수 있었습니다.

그는 무릎을 꿇었습니다. "주여! 집안일만이라도 좀 할 수 있게 해 주옵소서." 그런 다음 억지로 일어나서 손에 잡히는 것부터 시작하여 집안을 치우기 시작했습니다. 입으로는 계속 감사의 말을 했습니다.

그러다 보니까 점점 힘든 일을 할 수 있는 사람으로 바뀌어 갔습니다. 그런데 이 '리' 부부가 또 찾아와서 한 가지를 더 요구했습니다.

"스튜아트 여사! 이제는 이웃들을 불러서 하나님이 당신에게 얼마나 큰 은혜를 주시며 당신을 사랑하시는가를 고백하고 간증하세요."

그러나 스튜아트 부인은 그것까지는 자신이 없었습니다.

"그것만은 못해요. 이런 처지에서 이웃들을 불러 무슨 자랑을 한다는 거예요?" 그는 완강히 거부했습니다. 그러나 '리' 부부는 계속 격려하며 권유를 했습니다. 이에 마지못해 전화로 이웃들을 불러 모았습니다. 그리고 하나님이 주신 은혜를 간증했습니다. 그랬더니 그들의 눈이 둥그래졌습니다. 그들은 곧 하나님을 찬양하였습니다. 이에 힘을 얻은 스튜아트 부인은 간증하는 생활을 계속했습니다. 하루는 간증을 하는 도중에 마음속에 놀라운 변화가 일어나는 것을 체험했습니다. 덮였던 뚜껑이 활짝 열리고 그 속에서 생수가 확 뿜어 올라오는 것을 느꼈습니다.

기쁨의 생수! 지금까지 37년 동안 한 번도 체험하지 못했던 기쁨! 말로 다 표현할 수 없는 기쁨! 심장병이 고쳐진 것도 아니요, 가난에 찌드는 경제 사정이 나아진 것도 아니요, 남편이 실직당한 후에 복직을 한 것도 아니었습니다. 모든 여건이 하나도 기뻐할 것이 없는데도 가슴 깊은 내면에서 솟아오르는 기쁨의 샘이 얼마나 강한지 도무지 가만히 누르고 있을 수가 없었습니다.

"아! 하나님! 제가 37년 동안 찾던 행복이 바로 이것이군요. 심장병이 있어도 좋습니다. 감사합니다!"

그녀의 얼굴이 밝아졌습니다. 마음속에 있던 갈등이 사라졌습니다. 불안과 욕망 대신에, 고요와 만족이 찾아왔습니다. 부정적인 생각이 긍정적인 생각으로 바뀌었습니다. 신비스럽고 놀라운 능력이 자기

안에서 역사하는 것을 느꼈습니다. 오히려 건강하게 걸어 다니면서 영적으로 병든 자들을 보면 불쌍하게 생각되고, 그들을 붙들어 새사람을 만들어 주는 자기 자신을 발견하게 되었습니다. 바울처럼 가시를 안고 기뻐하는 사람이 되었습니다. 가시 위에 장미꽃이 핀 것입니다. 그리고 얼마 후에 하나님께서 드디어 자기의 심장병까지 고쳐 주시는 것을 발견했습니다. 에머슨(Ralph Waldo Emerson, 1803-1882)은 이런 시를 썼습니다.

나의 하나님!
나는 나의 가시에 대하여
결코 감사하지 못했습니다
나의 장미꽃에 대하여는
수천 번이나 감사하였지만
주님이 나에게 지워 준
십자가에 대해서는
한 번도 감사하다고
생각하지 못하였습니다
고난을 통하여,
나의 인생 행로를 완성하신
사랑의 주님이시여!
이제 저에게 이 가시의 가치를
가르쳐 주옵소서
그리하면 나의 눈물이
무지개 됨을 알겠나이다
그리고 나서 나에게

고난 당한 것이 내게 유익이라고
말할 수 있게 해 주시옵소서

이 애머슨의 기도가 우리 모두의 기도가 되어야 합니다. 우리가 평생 동안 한두 가지의 가시는 뽑지 못하고 살아야 할지 모릅니다. 그러나 그 가시 위에 피는 장미꽃을 우리는 찾고 놀라운 기쁨과 평안을 주시는 하나님의 그 은혜와 능력을 체험해야 합니다. 가시를 안고도 가시가 없는 사람보다 더 큰일을 할 수 있는 능력자가 되는 체험을 날마다 하면서 살아야 합니다. 절대로 우리의 가시를 불평하지 말고 누구를 원망하지 않아야 합니다. 우리의 하나님이 우리를 보고 계십니다.

내가 약한 그때에 강함이라_고후 12:10하

8

곤고한 날의
지혜

우리의 삶을 통하여 경험하는 모든 일에 하나님을 인정해야 합니다.

전도서 7:13-14

13 하나님께서 행하시는 일을 보라 하나님께서 굽게 하신 것을 누가 능히 곧게 하겠느냐 14 형통한 날에는 기뻐하고 곤고한 날에는 되돌아보아라 이 두 가지를 하나님이 병행하게 하사 사람이 그의 장래 일을 능히 헤아려 알지 못하게 하셨느니라

곤고한 날의 지혜

세상을 사는 일이 쉽다고 생각하는 사람은 많지 않습니다. 단순하게 보이던 인생 행로가 시간이 흐를수록 험난해지는 것을 목격하게 되는 것입니다. 이럴 때 우리는 주저앉아 버리게 됩니다. 그러나 너무 성급하게 고민하지 말고 하나님의 음성을 들어야 합니다. 여기에 놀라운 지혜와 위로가 있기 때문입니다.

이 곤고한 때를 사는 지혜는 우리 생의 주관자가 하나님이시라는 신념입니다. 본문 13절을 보면 "하나님께서 행하시는 일을 보라"고 했습니다. "하나님께서 굽게 하신 것을 누가 능히 곧게 하겠느냐"고 절대적인 표현을 사용하고 있습니다. 이렇게 우리를 향한 하나님의 간섭과 주권은 절대적입니다. 신명기 4장 39절에서는 "너는 오늘 위로 하늘에나 아래로 땅에 오직 여호와는 하나님이시요 다른 신이 없는 줄을 알아 명심하고"라고 합니다. 이 말씀은 '여호와 하나님만이 천하에 홀로 계시는 절대 주권자'라는 사실을 알려 줍니다. 역대상 29장 11절에서도 "천지에 있는 것이 다 주의 것이로소이다 여호와여 주권도 주께 속하였사오니 주는 높으사 만물의 머리이심이니이다"라며 '천지에 있는 모든 것이 다 하나님의 손에서 나는 것'임을 밝히고 있습니다. 에베소서 1장 11절에도 모든 일을 그의 뜻의 결정대로 일하시는 이가 바로 하나님이시라고 합니다. 욥기 9장 12절에서 욥은 "하나님이 빼앗으시면 누가 막을 수 있겠느냐?"고 말했습니다. 그러므로 세상에서 가장 지혜로운 사람은 생의 모든 권리를 하나님의 손에 맡기는 사람입니다. 순종하는 사람입니다. 시편 37장 4-5절에서는 "여호와를 기뻐하라 그가 네 마음의 소원을 네게 이루어 주시리로다 네 길을 여호와께 맡기라"고 했습니다. 이런 사람이 하나님의 모든 주권을 인정하는 사람입니다.

하나님은 우리가 무엇을 할 것인가보다는 어떤 사람이 될 것인가에 더 깊은 관심을 가지고 계십니다. 다시 말해서 그의 마음에 합하는 멋있는 인격이 되기를 원하십니다. 이를 위해서 하나님은 본문 말씀을 통해 다음과 같은 두 가지 사랑의 배려를 하고 계십니다.

첫째, 우리 앞에 형통한 날과 곤고한 날을 병행하게 만들어 두셨다는 것입니다. "형통한 날에는 기뻐하고 곤고한 날에는 되돌아보아라 이 두 가지를 하나님이 병행하게 하사"(14절).

이 말은 형통만을 인생의 분복으로 얻은 자도 없고, 곤고만을 생의 업으로 지고 가도록 결정된 자도 없다는 의미입니다. 인생은 누구나 형통과 곤고를 골고루 맛보면서 살도록 해 주셨다는 말입니다.

우리 중에 곤고한 것을 좋아하는 사람은 아무도 없습니다. 모든 사람이 형통을 좋아합니다. 그래서 이것을 사모합니다. 비록 짧은 인생이지만 누구든지 몇 번은 형통을 누릴 기회를 가지게 됩니다. 그때에는 다윗처럼 "영원히 흔들리지 아니하리라"(시 30:6)며 거드름을 피웁니다. 또 예수님이 소개한 어리석은 부자같이 "영혼아 여러 해 쓸 물건을 많이 쌓아 두었으니 평안히 쉬고 먹고 마시고 즐거워하자"

(눅 12:19)라고 큰소리를 칩니다. 형통하면 너 나 할 것 없이 마음으로 큰소리를 치면서 자만하는 버릇들이 있습니다. 이런 버릇들을 그대로 두면 인간은 결국 육신만 아는 짐승으로 타락하고 맙니다. 하나님은 이런 사태를 원하지 않으십니다. 그래서 곤고한 날을 같이 경험하게 만드신 것입니다. 좋은 일과 나쁜 일을 나란히 맛보게 하셨습니다. 우리는 이 놀라운 조화를 통하여 일하시는 하나님의 지혜를 믿음으로 인정해야 합니다.

인생을 자세히 살펴보면 마치 신비스러운 빛과 어두움이 조화를 이루면서 어떤 형상을 보여 주는 모자이크와 같습니다. 이 빛과 어두움의 조화는 형통과 곤고의 병행으로 누구에게나 존재하는 것을 봅니다. 만일 돈이 없으면 그 대신 건강에는 걱정이 없는 경우를 봅니다. 그러나 건강이 약한 사람은 퍽 안락한 환경을 가지고 있을 수 있습니다. 만일 돈이나 건강이 다 어려우면 그 대신 생을 사는 놀라운 정신력을 소유하고 있을지도 모릅니다. 솔로몬은 "노동자는 먹는 것이 많든지 적든지 잠을 달게 자거니와 부자는 그 부요함 때문에 자지 못하느니라"(전 5:12)고 말합니다.

우리의 문제는 하나님의 지혜와 은총에 우리 생을 맡기지 않고 우리 눈에 좋아 보이는 것만 늘 탐하고 추구한다는 것입니다. 이런 경우에는 원하는 것을 얻어도 불행하고 그것을 얻지 못해도 똑같이 불행합니다. 왜 형통과 곤고를 병행하게 하셔서 우리의 인생길을 인도하고 계신가를 모르는 사람은 불행할 수밖에 없습니다. 우리는 그런 불행한 사람이 되어서는 안 됩니다.

우리의 삶을 통하여 경험하는 모든 일에 하나님을 인정해야 합니다. 예수 그리스도를 우리의 구원자로 믿고 받아들이기만 하면 형통이나 불행, 어느 편에 있든지 감사와 평안을 유지할 수 있을 것입니다.

둘째, 우리의 미래를 우리 자신에게 일임시키지 않으셨다는 것입니다. "사람이 그의 장래 일을 능히 헤아려 알지 못하게 하셨느니라"(14절).

미래가 없는 생은 단조로운 닫음이며 끝없이 펼쳐진 공동묘지입니다. 미래는 희망, 영감, 달콤한 약속을 안겨 주지만 미래는 동시에 불안스러운 것입니다. 미래는 놀라운 박력을 가진 속삭임이지만 아직은 작은 소리에 지나지 않습니다. 축복기도와 같이 위로를 주는 동시에, 무덤 앞에서 내쉬는 한숨같이 냉기를 느끼게 합니다. 이런 묘한 성격을 가진 것이 바로 우리의 미래입니다. 미래가 종잡을 수 없는 신비를 지닌 이유는 그것이 하나님의 수중에 들어 있고, 우리의 손안에 있지 않기 때문입니다. 미래를 우리 손에 맡기지 않으신 하나님의 지혜를 찬양합시다. 우리의 것이 아니기에 우리는 전적으로 전능하신 그분의 손에 맡기고 안심할 수 있게 되었습니다. 만일 내일을 미리 알게 하셨다면 너무 좋아서 심장마비로 죽을지도 모릅니다.

이제 우리는 중요한 문제를 생각해야 할 단계에 이른 것 같습니다. 우리가 일생을 통하여 곤고한 날을 피할 수 없는 것이 사실이라면 곤고한 때에 어떻게 대처해야 하겠습니까? 곤고한 날에 살 수 있는 지혜는 무엇입니까?

믿음으로 생각하라

개역한글 성경에는 "곤고한 날에는 생각하라"고 번역되어 있습니다(14절). 여기서 말씀하시는 "생각"은 믿음으로 하는 생각을 말합니다. 우리가 고난과 역경 속에서 깊이 생각한다는 것은 대단히 중요합니다. 생각한다는 것은 우리 마음의 태도를 말합니다. 이에 역경을 어떤 생각으로 대처하는가에 따라 그 양상이 달라집니다.

우리는 어려운 일을 당할 때 마음속에 적어도 다섯 가지의 생각을 해야 합니다.

첫째, 나만이 당하는 일이 아니라는 생각입니다.

둘째, 우연한 일이 아니라는 생각입니다. 하나님께서 우리에게 고난을 주신 것은 뚜렷한 목적을 두고 허락하신 일입니다.

셋째, 나쁜 것이 아니라는 생각입니다. 로마서 8장 28절에 "하나님을 사랑하는 자 곧 그의 뜻대로 부르심을 입은 자들에게는 모든 것이 합력하여 선을 이루느니라"고 하였습니다. 이런 어려움을 통하여 우리는 자신을 반성하게 되고 회개하며 잘못된 것들을 수정하게 됩니다. 또한 대부분의 경우를 보면 고난 뒤에는 축복을 위한 놀라운 은혜가 기다리고 있습니다.

넷째, 항상 이렇지는 않을 것이라는 생각입니다. 곤고한 날과 형통한 날을 병행시켜 놓으셨기 때문에 이런 역경이 계속되지 않는다는 것입니다.

다섯째, 혼자 당하는 것이 아니라는 생각입니다. 히브리서 2장 18절에 "그가 시험을 받아 고난을 당하셨은즉 시험받는 자들을 능히 도우실 수 있느니라"고 하셨고, 히브리서 4장 15절에서는 "우리의 연약함을 동정하지 못하실 이가 아니요"라고 했습니다. 즉 모든 것을 잘 아시는 예수님이 도와주시며 함께 계신다는 뜻입니다. 그러므로 곤고한 날에도 우리 생의 주인이 하나님이시라는 믿음을 가지고 역경에 대처한다면 모든 면에서 긍정적인 생각을 하기 마련입니다.

패트 쇼프내시 목사님은 작은 교회를 맡고 계시던 분이었습니다. 몇 년 전 8월 어느 날, 서울에서 30일간 열리기로 되어 있었던 전도집회를 인도하러 오시기 위하여 LA공항에서 비행기 시간을 기다리고 있었습니다. 그런데 그가 서 있던 대합실 25피트 아래에는 괴한이 장치해 놓은 시한폭탄이 있었습니다. 얼마 후 그것이 터지고 말았습니다. 쇼프내시 목사님 주변에 있던 사람들은 거의 다 죽거나 중상자가 되었습니다. 그는 왼쪽으로 넘어져 있었는데 의식은 또렷하였습니다. 그가 수술실에 들어갈 때 살아 나올 확률은 불과 30%에 지나지 않았습니다. 그러나 며칠이 지나고 나서 의사들이 그를 보고 기적이라고 했습니다. 비록 오른쪽 다리를 잃긴 하였으나 다시 살아난 것입니다. 얼마가 지난 후에 어느 분이 그 목사님에게 "하나님이 원망스럽지 않느냐?"라고 물었습니다. 그때 그는 다음과 같이 대답했습니다.

"천만에요. 나는 원망하지 않습니다. 하나님께서는 폭탄이 이미 장치되어 있다는 것을 다 알고 계셨습니다. 내가 거기에 있다는 것도 알고 계셨고요. 그 폭탄은 우연한 사고가 아니라 당연한 사건이었습니다. 나는 우연한 사고라는 것을 믿지 않습니다. 하나님이 모든 것을 주관하고 계시고 하나님은 모든 일을 우리의 유익을 위해 선처해 주시는 분이신데 하나님이 모르시는 우연이란 있을 수 없습니다. 그는 분명히 나를 위해 기적과 같은 큰 계획을 가지고 계셨습니다. 단지 나는 그것을 잘 몰랐을 뿐입니다. 이제는 압니다. 그 사고 이후 나는 목회에 큰 기적을 가져왔습니다. 지금 나는 수백만 명의 사람들에게 복음을 전하게 되었습니다. 나는 폭발의 희생자가 아니라 덕을 본 사람입니다."

이 이야기는 우리 앞에 있는 역경을 놓고 믿음으로 생각하는 것이 어떤 것인가를 배우는 좋은 본보기가 될 수 있으리라 믿습니다. 오직 예수님을 믿고 하나님의 자녀가 된 사람만이 믿음의 사고를 할 수 있습니다.

염려하지 말라

> 그러므로 내일 일을 위하여 염려하지 말라 내일 일은 내일이 염려할 것이요 한날의 괴로움은 그날로 족하니라_마 6:34

이 말씀은 내일에 대하여 기대하지 말라는 말이 아닙니다. 내일을 위해 계획을 세우지 말라는 의미도 아닙니다. 단지 염려하지 말라는 뜻입니다. 이런 염려는 하나님을 믿지 않는 세상 사람들이 하는 것이지 천지의 주인 되신 하나님을 아버지로 모시고 있는 신자가 하는 일이 아니라고 하셨습니다. 그래서 예수님은 "일용할 양식을 주시옵고"(마 6:11)라고 기도하게 하셨습니다. 즉 내일 양식을 염려하지 말라는 의미입니다.

1871년, 몬트리올제네럴 병원에 근무하던 청년이 있었습니다. 후에 그는 미국에서 유명한 존스홉킨스 의과 대학교를 설립하였습니다. 그리고 대영제국의 의사로서 최고 영예인 흠정강좌 상임 교수가 되고 영국 왕실로부터 '백작' 작위를 받았습니다. 그가 죽은 후에는 1,466쪽에 달하는 두 권의 자서전이 나왔습니다. 그는 윌리엄 오슬러(William Osler, 1849-1919)입니다.

그가 그렇게 성공할 수 있었던 것은 풋내기 의대생이었을 때 우연히 읽게 된 토마스 카라일(Thomas Carlyle, 1795-1881)의 글 한 토막 때문이었습니다. 그는 그 당시에 앞날에 대한 걱정과 불안으로 매우 고민하고 있었습니다. 그를 이러한 어두움에서 끌어낸 말은 이것입니다.

"우리의 중요한 일은 먼 곳에서 희미하게 보이는 것을 보는 것이 아니라 눈앞에 똑똑하게 보이는 일을 하는 것이다."

다시 말하면 희미하게 보이는 내일을 염려하지 말고 늘 오늘에 최선을 다해서 살라는 의미였습니다. 오슬러는 그렇게 살았습니다. 그가 유명하게 된 다음 예일대학에서 연설을 하면서 이런 말을 남겼습니다. "미래는, 즉 오늘이다. 여기에 내일이란 없다. 사람이 구원받을 수 있는 날은 바로 오늘이지 내일이 아니다."

로버트 스티븐슨(Robert Louis Stevenson, 1850-1894)이란 사람도 비슷한 말을 했습니다. "누구를 막론하고 아무리 어려워해도 해질 때까지는 자기의 짐을 지고 버틸 수 있다. 아무리 형편이 어려워도 그날 하루는 자기 일을 해낼 수 있다. 따라서 누구든지 그날 하루만은 유쾌하게, 인내하며 성실하게 살 수 있다. 이것이 바로 인생 전부다."

로마의 시인 호라티우스(Quintus Horatius Flaccus, B.C. 65-B.C. 8)는 재미있는 시를 하나 남겼습니다.

> 이런 자는 행복하리라
> 이런 자만이 행복하리라
> 오늘을 자기의 날이라고
> 말할 수 있는 자만이 행복하리라
> 마음에 자신을 가지고
> '내일이야 될 대로 되려므나
> 하여간 나는 오늘을 살았노라'고
> 말하는 자가 행복하리라
> 자신 있게 말하는 자가 행복하리라

이 시를 쉽게 풀이하면 내일 일을 염려하지 말라는 의미입니다. 그러나 하나님을 모르는 자는 내일에 대하여 이처럼 태평스러울 수가 없습니다. 만일 그렇다면 그것은 자기 기만입니다. 주님께서 "내일 일을 위하여 염려하지 말라"고 하신 것은 단순한 심리적인 요법이 아닙니다. 우리 인생의 길을 인도하시는 하나님을 믿는 근거 위에서 할 수 있는 합리적인 지혜를 가르쳐 주신 것입니다.

내일 일을 위하여 염려하지 않을 수 있습니까? 그렇다면 그 근거는 무엇입니까? 그것은 생의 주인이신 예수 그리스도를 믿는 믿음입니다.

쉬지 말고 기도하라

> 우리는 긍휼하심을 받고 때를 따라 돕는 은혜를 얻기 위하여 은혜의 보좌 앞에 담대히 나아갈 것이니라_히 4:16

기도는 하나님의 보좌 앞으로 나아가는 믿음의 행위입니다. 소나기가 쏟아지면 어느 처마 밑이든지 피하는 것이 지혜입니다. 곤고한 날에는 기도의 그늘에 피하는 것이 바람직합니다. 그것마저 포기하면 우리는 분명히 상하고 말 것입니다. 기도하는 사람은 곤고한 때에 잃어버리기 쉬운 것을 지킬 수 있습니다. 설령 손해를 당했다 할지라도 기도하는 사람은 보상을 받을 수 있습니다.

어떤 경우에는 평안하기 때문에 하나님의 보좌를 찾지 않아서 하나님께서 고난을 통해 우리를 그의 무릎 앞으로 부르실 때가 있다는 사실을 잊어서는 안 될 것입니다. 기도 없는 형통보다 기도 있는 곤고가 더 우리에게 유익이 된다고 주님은 속삭이고 계십니다.

미국의 역대 대통령 가운데서 가장 많은 지탄과 비난을 당한 분은 에이브러햄 링컨(Abraham Lincoln, 1809-1865)이라고 합니다. 그러면서도 그는 흑인 노예를 해방시켜 준 자로서 유명할 뿐만 아니라 정치적으로도 미국이 비극적인 분단의 위기에 놓였을 때 나라를 구해 준 대통령으로서 길이길이 남는 사람이 되었습니다.

그런데 그분이 한번은 내각으로부터 불신임을 받아서 전 내각이 사표를 던지고 말았습니다. 그럴 때에 링컨은 각료들에게 24시간만 기다려 달라고 하였습니다. 그러고는 기도실로 들어갔습니다. 얼마나 무릎을 비비며 기도하였던지 앉은 자리의 카펫이 너덜너덜하게 되었다고 합니다. 역사적으로 위대한 업적을 남긴 사람일수록 곤고한 날을 기도로 이겼다는 사실을 기억해 두는 것이 우리에게 큰 도움을 줄 것입니다. 그러므로 대통령이든지, 사업을 하든지, 농사를 짓든지, 누구를 막론하고 곤고한 날에 우리가 해야 할 일은 기도입니다. 그러면 어떤 사람이 기도할 수 있습니까? 진정으로 하나님을 알고 믿는 사람입니다. 기도는 하나님을 만나는 것입니다. 그분에게 우리의 형편을 탄원하는 것입니다. 이 기도는 예수님의 이름을 가지고 가지 않으면 아무런 효력을 얻을 수 없습니다. 예수님은 이렇게 말씀하셨습니다.

> 지금까지는 너희가 내 이름으로 아무것도 구하지 아니하였으나 구하라 그리하면 받으리니 너희 기쁨이 충만하리라_요 16:24

예수님은 우리 생의 주인이십니다. 그분을 믿음으로 우리 삶의 중심에 모시어 들입시다. 그분 안에서는 형통이든 곤고든 아무것도 우리의 삶을 불행하게 만들지 못할 것입니다. 설령 고난이 온다 할지라도 주님이 주시는 지혜의 날개로 훨훨 날 수 있을 것입니다.

9
풍랑 속의 평안

평안은 인간이 스스로 만드는 제품이 아닙니다.
진정한 평안은 성삼위 하나님으로부터 옵니다.

이사야 26:3-4
3 주께서 심지가 견고한 자를 평강하고 평강하도록 지키시리니 이는 그가 주를 신뢰함이니이다 4 너희는 여호와를 영원히 신뢰하라 주 여호와는 영원한 반석이심이로다

풍랑 속의 평안

흔히들 현대를 일컬어서 '불안의 시대'라고 말합니다. 과거보다 걱정거리가 감소되었는데도 불구하고 많은 사람이 걱정에 싸여 살아가고 있습니다. 또한 우리의 선조들보다 훨씬 안락한 환경 속에서 살면서도 더 많은 불안을 느끼는 것이 오늘의 현실입니다. 현대 문명을 비판하는 전도자들이 외치는 말이 있습니다. "옛날의 개척자들은 일하는 데 못이 박힌 손이 그들의 상징이었다면 현대인의 상징은 찌푸린 이마이다."

그러나 성경적으로 볼 때 "인간이 불안하다", "공포에 떤다", "걱정이 많다"고 하는 것은 단순히 현대라는 시대를 살고 있기 때문만이 아닙니다. 인간이 이 세상에 거주하기 시작할 때부터 인간은 불안과 공포의 정글 속에서 살아야 했습니다. 성경을 주의해서 살펴보면 인간은 과연 불안과 공포의 정글 속에 묻혀서 살고 있다는 많은 증거들을 볼 수 있습니다.

하나님께서 우리의 삶에 형통과 곤고라는 희비극의 쌍곡선을 그어 놓으셨습니다. 언제 형통할 것인지, 곤고가 언제 찾아올 지 아무도 예측할 수 없도록 만드셨습니다. 그러므로 인간은 미지의 사실들 앞에서 한결같이 불안을 느낍니다.

현대인의 생활에 없어서는 안 되는 가장 중요한 것 중의 하나인 재물에 대해서 성경은 "정함이 없는 것"이라고 했습니다(딤전 6:17 참조). 즉 '믿을 수 없는 것'이라는 말입니다. 아침에는 손에 잡은 것 같지만 저녁에는 날개를 달고 날아가 버리는 것이 재물입니다.

인간이 추구하는 모든 명예와 부귀영화도 '아침 안개와 같다'고 성경은 말하고 있습니다. 아침 햇살이 찬란한 광채를 내고 떠오르면 안개는 소리 없이 사라집니다. 오늘의 부귀영화가 내일에는 물거품으로 남게 될 수도 있습니다.

불안과 공포의 늪

우리의 주변에는 끊임없는 생명의 위협이 있습니다. 요즈음 신문을 보면 죽음의 공포를 더욱 실감하게 됩니다. 젊은 부인을 집에 두고 직장을 나가는 남편들은 은근히 불안을 느낄 것입니다. 또 가정에 남아 있는 부인들은 직장에 나간 남편을 걱정하지 않을 수가 없는 것이 오늘의 현실입니다.

현대인은 정서적으로 짐승같이 되어 버렸습니다. 자신의 행동에 대해서 이성적인 판단이 잘 서지 않습니다. 순간적인 충동과 자극에 의하여 감정적으로 행동을 하고 맙니다. 우리의 주변에는 많은 불안과 공포의 요소들이 산재해 있습니다.

공포와 불안의 많은 요소들은 에덴동산에서 아담이 범죄한 그때부터 들어왔습니다. 그러므로 설령 20세기가 우리에게 불안을 주는 요소가 많다고 할지라도 20세기만의 탓은 아닙니다. 그것은 바로 인간의 죄악 때문입니다.

많은 사람들이 이 불안을 달래기 위해 알코올을 의지합니다. 어떤 부부는 서로 의견 다툼이 생기거나 가정이 불안해지면 서로 자기가 좋아하는 술집으로 달려간다는 글을 본 일도 있습니다. 먹고 마셔서 잠깐이라도 잊으려고 하는 인간의 초점 잃은 모습입니다.

불안은 환경에 의해서 느끼는 것이 아닙니다. 우리의 주변이 전혀 불안을 주지 않는 완벽한 파라다이스적인 요소를 지녔다고 할지라도 인간은 본질적으로 불안을 느끼게 되어 있습니다.

인간은 하나님 앞에 돌아오기 전에는 다 목자 잃은 양같이 유리방황하는 탕자와 같은 존재입니다. 부모를 떠난 자녀의 마음이 평안할 수 없습니다. 목자를 잃어버린 양이 안심하고 누울 만한 곳은 어디에도 없습니다. 방황하는 자에게는 항상 불안이 따르기 마련입니다.

인간이 세상에서 튼튼하게 자신의 위치를 구축하고 살아도 하나님을 떠나 있는 자는 불안한 마음을 제거할 수가 없습니다. 그는 목자 잃은 양입니다. 방황하는 존재로 아버지를 떠난 탕자입니다. 캄캄한 암흑 속을 더듬거리는 소경과 같은 존재입니다. 그러므로 우리 마음의 불안과 걱정은 외적인 요소가 아니라, 내적인 요소에서 오는 것입니다. 그런데 그리스도를 모르는 사람들은 외적인 환경을 바꾸면 불안의 문제가 다 해결되는 것으로 알고 있습니다. 그래서 '인간에게 보다 안락한 삶을 주자', '걱정이 되는 요소를 제거하자'라는 슬로건을 내걸고 지난 수세기 동안 피눈물 나는 노력을 해 왔습니다. 그 결과, 오늘 우리의 환경이 많이 좋아졌습니다. 그런데 여기서 한 가지 우리가 놓칠 수 없는 사실은 우리의 환경과 여건이 좋아지면 좋아질수록 인간은 더 불안해하고 더 공포에 떤다는 사실입니다. 이것이 현대 문명으로 살진 20세기 사회가 가르쳐 주는 놀라운 진리입니다. 마치 약이 좋아지고 개발되면 될수록 이상한 병으로 사람이 더 고생하게 되듯이 외부적인 조건이 좋아지면 좋아질수록 인간의 마음은 더 약해집니다.

진정한 평안

죄의 결과로 인간에게 찾아온 불안과 공포를 어떻게 해결할 수 있을까요?

첫째, 평안을 주시는 분은 하나님이시라는 사실을 알아야 합니다. 평안은 인간이 스스로 만드는 제품이 아닙니다. '내 마음을 편안하게 가져 보자', '겁내지 말고, 공포에 떨지 말자' 하고 아무리 자신을 달래며 평안해지려고 해도 인간 스스로는 평안을 만들어 낼 수가 없습니다. 성경은 분명히 평안을 주시는 분은 하나님뿐이라고 가르칩니다. 성부 하나님, 성자 하나님, 성령 하나님이 다 인간에게 평안을 주시는 분으로 등장합니다.

빌립보서 4장 7절을 보면 "모든 지각에 뛰어난 하나님의 평강"이라고 했습니다. 하나님은 인간의 지식이나 지능으로는 이해할 수 없는 신비한 평강을 주셔서 우리 마음의 생각을 지켜 주신다고 했습니다. 요한복음 14장 27절에는 예수님께서 "평안을 너희에게 끼치노니 곧 나의 평안을 너희에게 주노라"고 말씀하고 계십니다. 이뿐만이 아닙니다. 갈라디아서 5장 22절에서는 "성령의 열매는 사랑과 희락과 화평…"이라고 하며 성령께서 평안을 주신다고 했습니다. 이와 같이 진정한 평안은 성삼위 하나님으로부터 옵니다.

그러면 어떻게 예수님을 믿는 사람들이 하나님으로부터 오는 신비스러운 평안을 소유하게 됩니까? 골로새서 1장 20절에서 예수님은 "그의 십자가의 피로 화평을 이루사"라고 말씀하십니다.

예수님은 하나님과 원수 되었던 우리의 관계를 아버지와 아들의 관계로 회복시켜 주셨습니다. 예수님을 믿기 전에 우리는 목자 잃은 양같이 유리방황하며, 죄악에서 벗어나지 못하는 존재였습니다. 이런 우리를 하나님의 품으로 돌아오게 하셨고 영원한 축복을 주셨습니다. 그 결과, 우리는 예수 안에서 하나님이 주시는 참평안의 소유자가 되었습니다. 그러므로 인간이 참평안을 누릴 수 있는 길은 여건을 바꾸는 데 있지 않다는 것을 기억해야 합니다. 그 마음에 하나님이 주시는 평안의 선물이 있어야 합니다. 다시 말하면 하나님과의 관계가 정상화되는 데서 인간은 평안을 누리게 되어 있습니다. 이것은 인간의 본질적인 문제입니다. 부모를 떠난 자식이 마음의 평안을 얻으려면 부모 앞에 돌아와 화해하는 길밖에 없습니다. 피조물인 인간이 진정한 평안을 누리려면, 창조주에게 돌아와서 화해해야 합니다. 예수님을 믿는 자는 이 놀라운 화해의 축복을 받습니다. 그리스도인은 불신자가 전혀 모르는 큰 평안을 소유하고 사는 사람들입니다.

이사야 48장 22절에 "여호와께서 말씀하시되 악인에게는 평강이 없다 하셨느니라"고 기록하고 있습니다. 세상 사람들은 왜 자기에게 불안과 공포가 찾아오는지 그 이유를 모릅니다. 그러나 예수님을 믿는 사람들은 죄 때문에, 하나님과의 관계가 바로 서 있지 않아서 불안이 엄습한다는 사실을 알고 있습니다. 예수님을 믿으면 누구나 그리스도의 십자가의 피로 죄인이었던 신분이 의인으로 바뀌고, 하나님과 원수 되었던 관계가 아버지와 아들의 관계로 바뀌게 됩니다. 마침내 하나님과 영적 교제를 나누는 하나님의 자녀가 되며, 하나님이 누리고 계시는 놀라운 평안이 시냇물처럼 흘러들어 옵니다.

어떤 책을 보니까 그림을 그리는 두 사람이 마주 앉아서 "무슨 그림을 그릴까?" 하며 토론하고 있었습니다. 그 토론에서 그들은 "마음의 평안을 미술적으로 표현해 보자"라고 했습니다.

두 사람 중에 한 사람은 깊은 산골짜기에서 은빛을 발하며 잔잔하게 뻗어 있는 맑은 호수가 마음의 평안을 상징한다고 그렸습니다. 다른 한 사람은 이것과 대조되는 엉뚱한 그림을 그렸습니다. 그것은 물보라를 일으키며 천둥 같은 소리와 함께 절벽 아래로 쏟아지는 폭포였습니다. 그 폭포 옆에 자작나무들이 숲을 이루고 있는데, 그 자작나무 위에 둥우리를 짓고 로빈새 한 마리가 물보라에 흠뻑 젖은 채 조금도 동요됨이 없이 앉아 있었습니다. 그 화가는 이 새의 모습이 바로 마음의 평안을 나타낸 것이라고 그렸던 것입니다.

성경적으로 볼 때 후자의 평안이 참된 평안입니다. 하나님이 주시는 평안은 골짜기에 자리 잡은 잔잔한 호수 같은 그런 평안이 아닙니다. 그것은 바람이 없기 때문에 조용한 것뿐이고, 비가 쏟아지지 않기 때문에 맑게 보일 뿐입니다. 바람이 불면 물결이 일고, 비가 쏟아지면 흙탕물이 될 수 있습니다. 위험한 요소가 얼마든지 있지만 환경 때문에 잠깐 동안 고요한 것뿐입니다. 성경은 이런 것을 마음의 평안이라고 하지 않습니다.

하나님이 주시는 평안은 폭포와 같이 요란한 소리를 내는 분위기 속에서도 유지할 수 있는 그런 평안입니다. 그 분위기는 걱정과 근심이 떠날 날이 없는, 그야말로 마음을 찢어 놓는 아픔들이 쌍곡선을 이루는 분위기일 수 있습니다. 그런 가운데서도 자작나무 위에서 눈을 지그시 감고 스스로 초연한 듯 앉아 있는 로빈새처럼 주변의 어떤 환경에도 동요되지 않고 내면의 평안을 깊이 누릴 수 있는 것이 바로 신자가 누리는 평안입니다.

우리는 예수님에게서 이 아름다운 평안을 찾을 수 있습니다. 파도가 요란하게 소리치며 뱃전을 때리는 갈릴리 바다, 제자들이 살려 달라고 아우성치는 요란한 공포의 분위기 속에서 고물을 베개 삼고 조용히, 그리고 깊이 잠드신 주님의 모습을 그려 봅시다. 바로 이것이 성도가 하나님으로부터 받은 평안입니다.

마가 다락방에서의 주님은 열두 시간만 지나면 수치스럽고 고통스러운 십자가에서 죽으셔야 한다는 것을 아시면서도 제자들에게 자기의 평안을 주셨습니다.

> 평안을 너희에게 끼치노니 곧 나의 평안을 너희에게 주노라 내가 너희에게 주는 것은 세상이 주는 것과 같지 아니하니라 너희는 마음에 근심하지도 말고 두려워하지도 말라_요 14:27

십자가의 죽음 앞에서도 동요하지 않으시는 주님의 깊은 평안을 바라보는 눈이 신자에게 있어야 합니다. 하나님께서 우리 마음속에 이 놀라운 평안의 샘이 솟아오르게 하셨습니다. 그러므로 하나님을 모르는 자들이 생각하는 평안과 그리스도인들이 누리는 평안과는 완전히 차이가 있습니다. 그러나 불행하게도 많은 신자들이 하나님이 주신다고 약속하신 평안을 누리지 못하고 있습니다.

둘째, 어떻게 하면 우리가 이 평안을 체험할 수 있습니까? 본문 3절을 보면 "주께서 심지가 견고한 자를 평강하고 평강하도록 지키시리니"라고 기록하고 있습니다. "심지가 견고한 자"란 마음의 뿌리가 견고한 사람이라는 의미입니다. 흔들리지 않고 변함없는 신앙의 자세입니다. 그리고 한글 성경에는 '평강'을 두 번 중복해서 강조하고 있는데, 영어 성경에는 "완전한 평강"이라고 번역되어 있습니다. 히브리어 성경을 보면 우리말 번역이 더 맞다고 볼 수 있습니다. 평강에 또 평강으로 인도한다는 말입니다.

본문에서 한 가지 더 주의할 단어는 "이는"이라는 접속사입니다.

"이는"이라는 접속사가 신앙인이 평강하고 평강하는 체험을 하게 되는 이유를 가르쳐 줍니다. 그 이유는 "주를 신뢰함"이었습니다. 여기서 이사야가 신뢰하는 하나님은 "영원한 반석", 즉 만세 반석이라고 하였습니다. 신앙 자세가 흔들리지 않고 영원한 반석이신 하나님을 의뢰하는 자가 바로 하나님의 평안을 체험하는 자입니다.

그러면 왜 하나님을 만세 반석이라고 했습니까? 옛날 사람들은 이 세상에서 전혀 변화가 없고 가장 든든한 것은 큼직한 바위라고 생각했습니다. 모든 것이 변화무쌍하고 인간의 마음처럼 수시로 변하지만 바위만은 전혀 동요가 없고 가장 믿음직스러워 보였던 것입니다. 특히 모래와 바위뿐인 광야를 40년 동안이나 방황했던 이스라엘 백성에게 바위는 더욱 그러한 존재로 보였습니다. 그래서 그들은 '아! 하나님은 저런 바위와 같이 변함이 없으시고 의지할 만한 분이시구나'라고 생각했습니다. 그러므로 영원불변의 존재, 성실하신 분, 알파와 오메가이신 하나님을 확고한 신앙으로 신뢰하는 자가 마음의 평안을 얻는다고 했습니다. 신자라고 하면서 심지가 견고한 신앙 자세를 유지하지 못해 하나님의 평안이 무엇인지 모르는 자들이 많습니다. 이것은 신자의 비극 가운데 하나입니다. 쾌적한 맨션에서 잠을 이루지 못하는 사람의 비극과 다를 바 없습니다.

사랑은 두려움을 쫓나니

불안과 공포를 안고 있는 사람들은 하나님을 단지 어려운 문제의 해결자나 자신의 고통을 뿌리째 뽑아 주시는 전능하신 분으로만 생각하는 경향이 있습니다. 물론 이것이 잘못은 아닙니다. 그러나 이런 식으로 하나님을 신뢰하게 되면 그가 요구를 들어주실 때는 전능하신 하나님이 되고 들어주지 않을 때면 무능하신 하나님이 되어 버립니다. 이렇게 하나님이 전능하시다는 면에만 모든 기대를 걸면 나중에 실망하게 됩니다. 우리는 하나님의 만세 반석 같은 면을 주의해야 합니다. 반석같이 변함이 없으신 하나님으로 가장 잘 나타내 주는 것은 그의 사랑입니다.

> 사랑 안에 두려움이 없고 온전한 사랑이 두려움을 내쫓나니 두려움에는 형벌이 있음이라 두려워하는 자는 사랑 안에서 온전히 이루지 못하였느니라_요일 4:18

　여기에 나오는 사랑은 우리를 향한 하나님의 사랑일 수도 있고, 형제를 향한 우리의 사랑일 수도 있습니다. 그러나 한 가지 분명한 것은 온전한 사랑에 거하게 되면 마음의 두려움이 사라진다는 것입니다. 인생을 살아가노라면 마음의 불안과 공포가 사라지지 않고 항상 위험을 느끼고 근심에 싸일 때가 있습니다. 이럴 때일수록 하나님의 평안을 소유하기 위해서 어떤 상황 속에서도 나를 사랑하시는 하나님을 믿어야 합니다. 이 믿음이 확고할 때 마음의 평안을 누리게 됩니다.
　어린 자녀가 부모에게 마음의 평안을 가지고 기쁨으로 재롱을 부릴 수 있는 것은 자기가 갖고 싶은 것을 다 가졌기 때문이 아닙니다. 초가집에서 사는 어린이나 길가에서 포장마차를 하면서 어렵게 살아가는 가난한 집의 어린이나 고급 아파트에서 사는 어린이나 똑같은 것이 하나 있습니다. 그것은 사랑하는 부모 곁에만 있으면 전혀 불안한 빛 없이 좋아하고 평안해 한다는 것입니다. 부잣집에 사는 아이는 갖고 싶은 것을 다 가졌지만, 가난한 집 아이는 하나도 못 가지고 삽니다. 그래도 그 아이의 마음에는 평안이 있습니다. 엄마, 아빠가 자기를 사랑해 주신다는 것 하나가 두려움도 불안도 사라지게 하기 때문입니다.

저는 어렸을 때 동경에서 살았습니다. 그때가 제2차 세계대전 때이므로 전쟁을 피하여 도망 다녔습니다. 하늘에선 코 큰 사람들이 낙하산을 타고 내려오고, 비행기에서는 폭탄이 쏟아져도 전혀 불안한 마음이 없었습니다. 오히려 호기심에 가득 차서 구경까지 할 수 있었던 것은 제 옆에 부모님이 계셨기 때문입니다.

"사랑이 두려움을 내쫓나니"(요일 4:18 참조).

그렇습니다. 어떤 상황 속에서도 하나님께서 나를 사랑하신다는 이 놀라운 사실 앞에 마음의 문을 활짝 여는 사람은 두려움과 공포를 쫓아냅니다.

어떤 책에서 읽은 가슴 뭉클한 이야기 하나를 소개합니다.

유치원에 다니는 딸 하나를 키우는 부부가 행복하게 살고 있었습니다. 하루는 아내가 원인 모르는 병으로 죽었습니다. 먹구름이 그 가정을 덮은 것입니다. 아버지와 어린 딸이 엄마를 땅에 묻고 집에 돌아왔습니다. 현관에서부터 시작하여 방, 부엌, 응접실에 이르기까지 하나도 변한 것이 없는데 두 사람의 눈에는 모든 것이 다르게 보였습니다. 어두운 밤이 되었습니다. 아빠가 딸을 침대에 눕히고 기도해 주면서 편히 자라고 하고는 자기 방으로 돌아왔습니다. 얼마 후 딸의 방에서 우는 소리가 들렸습니다.

아빠가 가 보았더니 "아빠! 무서워요, 어두워요"라고 하는 것입니다. 아빠가 딸을 타이릅니다. "아무리 어둡고 무서워도 아빠가 있으니 무서워 말고 조용히 자거라." 그런데 어린 딸이 눈을 감고 한참 있더니 "아빠! 아무리 어두워도 아빠는 나를 사랑하지?"라고 하며 안심하는 목소리로 물었습니다. 그때 그 한마디에 딸과 함께 상심했던 이 아빠는 새 빛을 보았습니다.

"하나님! 딸의 입술을 통해서 나에게 진리를 가르쳐 주신 것 감사합니다. 나의 주변이 아무리 어두워도 변함없는 하나님의 사랑이 있으므로 실망하지 않습니다. 비록 우리의 가정에 먹구름이 덮여 사망의 음침한 골짜기같이 느껴지지만 제가 딸을 사랑하는 것과 같이 하나님께서 저를 사랑하시는 것을 믿고 힘을 얻습니다. 평안을 얻습니다."

이렇게 그가 기도하기 시작할 때 그의 마음에 있던 불안과 공포가 사라지는 것을 느꼈습니다. 만세 반석처럼 변함없이 그를 사랑하시고, 변함이 없으신 그 하나님을 믿을 때에 그의 마음에 평안이 찾아온 것입니다.

사업에 실패하셨습니까? 실패한 그 자리에서 고백하십시오. 사업에 실패했어도 한 가지 변함이 없는 것은 하나님께서 당신을 사랑하신다는 것입니다. 이것을 알고 견고한 심지를 가지고 의뢰할 때 마음에 놀라운 기쁨과 새로운 힘이 솟아납니다.

하나님께서는 우리의 "머리털까지 다 세신 바 되었다"(마 10:30)고 하셨습니다. 전문가의 말을 빌리면, 사람의 머리카락이 2, 3만 개가 된다고 합니다. 우리는 이 머리카락이 몇 개 빠져도 별 관심을 두지 않습니다. 그러나 하나님께서는 하나하나를 다 세셨다고 합니다. 그만큼 우리를 사랑하시기 때문에 세밀하게 살피신다는 뜻입니다. 이런 하나님의 놀라운 사랑을 우리가 만세 반석처럼 믿고 산다면 우리의 마음에 있는 불안과 공포는 사라집니다. 우리를 처음부터 마지막까지 살피고 보호하시는 그분 곁에서는 주변이 어두워졌다고 불안해할 필요가 없습니다.

"사랑이 두려움을 내쫓나니".

만세 반석이신 하나님의 사랑에 마음의 뿌리를 내려야 합니다. 우리의 주변이 어둡고 원하는 것들이 잘 안 되어도 그것은 문제가 되질 않습니다. 우리 앞에 험산 준령과 같은 큰 문제가 자리를 잡고 앉아 있어도 그것 때문에 두려워할 필요가 없습니다. 하나님께서 우리를 사랑하시므로 그가 보실 때에 선하신 길로 인도해 주실 것입니다. 하나님의 자녀만이 이 놀랍고도 아름다운 축복을 날마다 체험할 수 있습니다. 만세 반석이 되시는 사랑의 하나님을 완전히 신뢰하고 조금도 요동하지 말며 그분 안에서 영원한 평안을 누리시길 바랍니다.

10
현대인의 병

예수님은 현대인의 병을 고치는 치료자이십니다.
현대 의학은 마음의 병을 치료하는 방법으로 주사를 놓거나 약을 먹이거나
전기 충격을 주거나 정서적인 분위기를 만들어 주어야 한다고 말합니다.
그러나 예수 그리스도는 자신이 친히 우리 마음에 오셔서 조용히 앉으십니다.

잠언 17:22
마음의 즐거움은 양약이라도 심령의 근심은 뼈를 마르게 하느니라

현대인의 병

솔로몬은 성령의 영감을 받아 〈잠언〉 곧, 지혜의 말씀을 우리에게 남겨 주었습니다. "마음의 즐거움은 양약이라도 심령의 근심은 뼈를 마르게 하느니라."

이 말씀을 영어 성경이 번역한 그대로 직역하면, "마음의 즐거움은 좋은 약과 같지만 깨어진 심령은 뼈를 마르게 하듯이 해가 된다"라고 할 수 있습니다. 본문에서 말하는 "마음의 즐거움"은 세상적으로 잠시 잠깐만에 지나가는 그런 즐거움이 아닙니다. 술을 마셔서 잠깐 기분이 좋은 것이나 자기 욕심대로 이루어져서 기분 좋은 그런 것이 아니고, 하나님이 주실 수 있는 독특한 즐거움을 의미합니다.

잠언에서는 '마음'(heart)이라는 단어와 '심령'(spirit)이라는 단어를 구별하기가 대단히 어렵습니다. 어떤 경우에는 이 두 단어를 같이 혼용해서 동의어로 쓰는가 하면, 어떤 때는 완전히 구별하여 쓰는 경우도 있습니다.

본문의 "마음의 즐거움", "심령의 근심"에서는 '마음'이나 '심령'을 동의어로 보는 것이 좋습니다. 왜냐하면 이것은 서로 대칭어로 사용하여 같은 말을 다른 단어로 표현했기 때문입니다. 그런데 원문에는 '상한 심령'(broken spirit)이라고 된 말을 왜 한글 개역성경에는 "심령의 근심"이라고 번역했는지 모르겠습니다. 흠정역 영어 성경(King James)을 보아도 이것은 '깨어진 심령' 혹은 '상한 심령'이라는 뜻입니다. 아마도 마음을 찢어 놓고, 마음을 깨뜨리는 근본 요인은 여러 가지가 있겠지만, 그중에서 근심이라는 말 하나가 가장 총괄적인 용어라는 의미에서 썼을 것입니다.

구약시대만 해도 마음의 병이 많지 않았습니다. 성경에는 '근심'과 '슬픔'이라는 두 단어를 가지고 인간의 내적인 고통을 거의 다 표현하고 있습니다. 그것은 그 당시만 해도 아는 것이 적었던 시대이므로 사람들의 마음이 단순하고 소박했기 때문이라고 생각됩니다. 여기에 비하면 현대인들은 너무나 많은 마음의 병을 안고 있습니다.

심리학자들이 자주 말하는 공통되는 마음의 병을 살펴보면 여섯 가지가 있습니다. 수천 년 전과 현대에도 '근심'과 '걱정'이 먼저 나옵니다. 그다음에 '우울증(depression)' '긴장(tension, stress)' '욕구불만', 그리고 '피곤증'입니다. 그런데 소위 현대인의 병이라는 우울증을 성경에서 찾아보았지만 발견할 수 없었습니다. 또 긴장이라는 것도 없었습니다. 이렇게 볼 때 과거의 사람들은 우리들처럼 그렇게 복잡한 병을 앓지 않았던 모양입니다. 물론 그들에게도 긴장이라든지, 피곤이나 욕구불만 같은 것이 없었던 것은 아니었겠지만, 오늘날 현대인처럼 심각한 문제로 등장하지는 않았다는 것입니다.

현대인은 우리가 잘 아는 바와 같이 대개 지식을 쌓은 지성인들입니다. 지식과 문명은 인간에게 좋은 것을 가져다주기도 했지만 정서적으로 해를 가져다준 것도 대단히 많습니다. 성경은 이 점을 지식이 가져다준 해라고 분명하게 지적하고 있습니다.

"지혜가 많으면 번뇌도 많으니 지식을 더하는 자는 근심을 더 하느니라"(전 1:18).

지혜가 많아지면 그만큼 사람이 번뇌하기 쉽고, 지식이 많아지면 그만큼 근심이 많아집니다. 이때 "근심"이라는 것은 막연히 걱정하는 것을 의미하지 않습니다. 근심은 인간이 마음으로, 심리적으로, 정신적으로 앓을 수 있는 모든 내적인 병을 총칭하는 단어입니다. 그야말로 현대인들이 실감하는 병입니다. 차라리 많이 배우지 않았다면, 지금 앓고 있는 욕구불만은 생기지 않았을 것입니다. 고차원적인 고독감, 긴장감으로 오는 중압감, 자주 일어나는 우울증, 이 모든 것들이 지식의 과잉 축적으로 내려앉고 있는 이 시대에 살지 않았다면 모르고 지낼 수 있었을지도 모릅니다. 그러므로 성경이 얼마나 진리인가를 실감하게 됩니다. 몇 천 년 전에 기록되었지만 '지식이 많아지면 근심이 더해지며 마음의 병이 생긴다'고 했으니 말입니다.

미국 시사잡지 〈뉴스위크〉(Newsweek)에 소개된 심리학자 팀 라헤이(Tim LaHaye, 1926-2016)의 말을 빌리면 "우울증은 세계 전역에 만연되고 있는 정신 질환이다. 이것은 날이 갈수록 유행병처럼 번지고 있다. 우울증 때문에 자살을 기도하는 사람들의 수가 점점 늘어나고 있다"고 걱정하고 있습니다. 그래서 미국 정신병원의 통계를 보면 연간 4백만 명에서 8백만 명이 우울증 환자로 간접적, 혹은 직접적으로 의사, 목사, 상담자들의 도움을 받아 치료한다고 합니다.

○ ○ ○ ○ ○ ○
존재 가치의 상실

우리가 잘 아는 바와 같이 우울증에는 몇 가지 증세가 따릅니다. 슬픔, 비애, 불안과 같은 정서 혼란과 피해망상증, 또는 자신을 비참하다고 생각하는 자기 비하증, 죽고 싶다는 자살증 등 이 모든 것들이 일종의 우울증입니다.

희랍의 의사였던 히포크라테스(Hippocrates, B.C. 460[?]-B.C. 377[?])는 우울증은 가정, 친구들과의 관계 등 외적으로 오는 불행한 감정이나 좌절감으로 인하여 심리적으로 생기고, 자기 존중의 결핍에서 온다고 했습니다.

어느 날 오후, 극동 방송에서 우울증에 대해 방송되는 것을 들은 적이 있습니다. 방송에 출연한 크리스천 의사는 "많은 사람들이 우울증으로 고통을 당하고 있는데 그것은 자기 존중의 결핍이 그 원인이다"라고 했습니다. 그렇습니다. 자기 자신을 존중히 여기는 자세가 무너졌기 때문에 '나는 가치 없는 존재야, 아무렇게나 살다가 가는 거야' 하고 자신을 포기하게 됩니다. 더욱이 40대에 들어간 사람들을 보면 인생이 거의 끝난 것처럼 생각하고, 자기 자신을 존중하지 못하는 데서 많은 정신적인 질환을 앓게 됩니다.

뿐만 아니라, 과도한 정신노동도 우리에게 정신적인 질환을 가져다줍니다. 부당한 목표 설정, 다시 말해서 도무지 힘이 미치지 못하는 목표를 세워 놓고 밤낮으로 근심하고 걱정하면 결국 정신적인 질환을 앓게 됩니다. 지나친 자기 비교, 다른 사람과 자기 자신을 습관적으로 비교하는 사람들이 있습니다. 이웃집 부인과 나를 비교하고, 같은 회사에서도 옆에 있는 동료와 나를 비교하는 것 때문에 좌절감을 느끼고 침체되고 우울해지는 것입니다. 여기에 대해서 정신과 의사들은 외적으로 이 사람이 정신 질환을 앓고 있다고는 분석하지만 '왜 그 사람이 자꾸 자기를 다른 사람과 비교하게 되는가?'라는 근본적인 문제에 대해서는 설명을 못하고 있습니다. 마치 관상대가 태평양에서 올라오는 저기압 때문에 비가 올 것이라는 예보는 할 수 있지만 왜 태평양에 저기압이 생겼는지는 대답을 못하는 것과 같습니다.

성경은 이런 근본적인 질문에 대한 대답을 분명히 해 줍니다. 많은 사람들이 원인을 분명히 발견하지 못하기 때문에, 그들의 내적인 병을 고쳐 보려고 하는 여러 가지 시도들이 아스피린 효과만을 주고 끝나 버리고 맙니다. 외국에 나가 있는 한국 의사들이 진정제를 많이 먹는 것을 보았습니다. 너무 긴장이 쌓이고 정신적으로 피곤하기 때문에 자꾸 먹게 됩니다. 이것이 나중에는 중독이 되어 치료가 불가능하게 되는 예들을 많이 보았습니다.

진정제, 호르몬 주사, 일시적인 쾌락을 위해서 찾는 유흥업소, 주일날 날씨도 좋은데 교회에 가서 앉아 있으면 따분하고 피곤하니 야외로 나가 하루 놀고 오자는 식의 사고방식은 모두 다 아스피린입니다. 일시적인 두통을 없애는 것에 지나지 않습니다. 그리고 근래에 많이 유행하는 식으로 긍정적인 사고방식을 권장하면서, 사람들을 추켜세우고, 용기를 주고, 격려하는 것도 이런 치료책의 일종에 지나지 않습니다.

외국의 경우, 자살률이 제일 높은 때가 1년 중 1월 1일에서 3일 사이라고 합니다. 그것은 크리스마스와 연말 연초를 계기로 한참 신나게 지내다가 갑자기 모든 것이 사라져 버리자 마음에 허탈감을 씻어 버리지 못하고 일어나는 병 때문입니다. 하루 즐겁게 놀고 돌아오면 마음의 병이 그 시간엔 좀 가라앉는 것 같지만 그 시간이 지나면 또 생겨납니다. 아니, 더 커집니다. 그러므로 우리는 성경에서 해결책을 찾아야 합니다. 성경은 가장 근본적인 치료책은 '하나님을 마음에 모시는 것'이라고 가르쳐 줍니다.

인간에게는 네 가지의 요소가 있습니다. 첫째, 육체적인 요소. 둘째, 정신적인 요소. 셋째, 정서적인 요소. 넷째, 영적인 요소입니다.

이것은 마치 자동차의 네 바퀴와 같습니다. 네 개의 타이어 중에서 하나라도 빠져 버리면 자동차가 구르지 못하는 것처럼 인간에게 이 네 가지 요소가 빠지면 인간으로서 제 기능을 발휘하지 못합니다. 그런데 오늘날 하나님을 모르는 많은 지식인들은 육체가 병이 나면 병원을 찾아가서 치료하고, 정신적으로 병이 나면 정신과 의사를 찾아가고, 정서적으로 병이 나면 정서적인 어떤 분위기를 만들어 보려고 노력합니다. 그러나 영적인 면에 병이 나면 속수무책입니다. 이것이 오늘을 사는 현대인들의 병을 고치지 못하는 근본적인 원인입니다.

영적인 것은 가장 중요합니다. 영적인 것이 육체적인 것과 정신적인 것, 정서적인 모든 것을 조정하고 지배하기 때문입니다. 이 모든 것을 지배해야 될 영적인 것이 치료되지 않았을 때에는 다른 모든 것을 일시적으로 치료했다 해도 마음의 병에서 해방되지 못합니다.

본문의 "마음의 즐거움"은 하나님을 모신 자만이 얻을 수 있다고 했습니다. 그것은 하나님께서 마음에 계시므로 오는 특별한 기쁨입니다. 이것이 현대인의 병을 고치는 좋은 양약이 됩니다. 이 기쁨을 얻으면 육체적인 결함도, 정서적인 결함도 깨끗이 치료됩니다.

잠언 15장 13절을 보면 "마음의 즐거움은 얼굴을 빛나게 하여도"라고 했습니다. 어린아이를 한번 보십시다. 그 아이에게서 부모를 강제로 떼어 놓고 아무리 잘해 주어도 그 아이는 모든 인격적인 균형이 깨어지고 맙니다. 정신적으로, 육체적으로 병든 곳이 없어도 영적인 균형을 잃어버리면 방황하게 되고 근심에 잠기게 됩니다. 마찬가지로 인간에게는 창조자가 계십니다. 우리의 참아버지이신 하나님을 떠나면 방황하게 되고 마음에 병이 듭니다. 아무리 육체적으로, 정서적으, 정신적으로 완벽해도 그 사람은 병자요, 방황자요, 잘못된 사람입니다. 왜냐하면 가장 근본적인 영적인 문제가 해결되지 못했기 때문입니다.

현대인은 하나님 대신 자기 자아가 주인이 되어 있는 사람들입니다. 지식의 산물인 문명에 모든 것을 걸고 오늘도, 내일도 속으면서 살아가고 있습니다. 그 결과, 하나님을 모셔야 될 영적 자아가 비뚤어진 마음의 병을 안고 살아갑니다. 우리는 성경의 교훈대로 하나님을 바로 모셔 들여야 합니다. 그래서 하나님께서 주시는 기쁨의 샘물을 마시도록 합시다.

이제 우리는 하나님을 어떻게 모실 수 있는가를 생각할 단계에 왔습니다. 그것은 예수님을 믿는 것입니다. 이사야 61장 1절에 보면 예수님께서 이 세상에 오신 목적은 마음이 상한 자를 치료하기 위함이라고 했습니다. 이때 "마음이 상한 자"는 "마음이 깨어진 자"(broken heart)를 말하며 본문의 단어와 의미가 같습니다. 마음이 깨어진 자는 삶의 균형을 잃어버리고 고통 가운데 거하는 사람입니다. 더 자세히 설명하면 고독하고, 욕구불만이 가득하며, 피곤과 긴장이 쌓여 우울함 속에서 마음의 평안을 잃어버린 사람입니다. 이런 "마음이 상한 자"를 고치시려고 예수님이 오셨습니다. 예수님이야말로 현대인들이 모셔야 될 유일한 구원자요 치료자입니다.

당신은 정말 예수께서 현대인의 병을 고치신다고 생각하십니까? 이 물음에 참으로 그렇다고 자신 있게 대답할 수 있는 그리스도인이 백 명 중 몇 명이나 될까요?

세계 인구 중 12억 명이라는 사람들이 예수님을 믿고 돌아왔으며 그 수효가 날마다 기하급수적으로 늘어나는 이유는 막연히 천국 가기 위함이 아닙니다. 바로 현실적인 이유가 있습니다. 그것은 다른 방면으로 아무리 노력해도 고쳐지지 않던 마음의 병이 예수님을 믿고 난 뒤 기가 막힐 정도로 치료가 되는 것을 알았기 때문입니다. 마음의 고통이 사라지고 고독감이 없어지며 긴장이 풀리므로 놀라운 평안이 오는 것을 맛보았던 것입니다. 많은 사람들이 이런 이야기를 듣고는 '나도 예수를 믿어 볼까' 하고 몰려오는 것이 오늘날의 현상입니다. 이것을 잘못되었다고 탓할 수는 없습니다.

완전한 치료자 예수

분명히 예수님은 현대인의 병을 고치는 치료자이십니다. 그분을 절대적인 인격자로, 우리의 마음에 모셔 들이면 됩니다. 현대 의학은 마음의 병을 치료하는 방법으로 주사를 놓거나, 약을 먹입니다. 그렇지 않으면 전기 충격을 주고, 정서적인 분위기를 만들어 주어야 한다고 합니다. 그러나 예수 그리스도는 자신이 친히 우리의 마음에 오셔서 조용히 앉으십니다. 마음의 문을 열기만 하면 들어오셔서 우리의 마음을 소유하십니다. 지금까지 그림자처럼 나를 따라다니며 괴롭혔던 모든 정신적인 것들이 다 추방됩니다. 그분의 영광스러운 빛 앞에서 모든 불안이 사라지고, 그분의 놀라운 사랑과 은혜 앞에서 슬픔이 사라지며, 그분의 온화한 모습에서 평안을 찾게 됩니다.

우리 교회에 다니는 어떤 자매가 어려운 고통을 당하게 되었습니다. 아버지가 사업에 실패하여 집에도 안 들어오시고, 경제적인 형편이 말할 수 없이 어려웠습니다. 인간적으로 생각하면 저녁에 잠을 이루지 못하고 고독과 우울, 피곤, 긴장 등 현대인의 모든 병들이 숨을 쉬기 어려울 정도로 그 마음을 짓눌렀을 것입니다. 그래서 제가 위로하려고 전화를 걸었습니다. 그런데 엉뚱하게도 위로는 제가 받았습니다. 그 자매의 말이 "목사님! 정말 괴롭고 힘이 듭니다. 그러나 제가 예수님을 영접한 결과, 주님이 주시는 믿음으로 이 모든 고통을 이기고 있어요"라는 것이었습니다. 그 의미는 예수 그리스도께서 마음의 병에서 자신을 해방시켜 주셨다는 말입니다. 그 말을 듣는 순간 저의 마음에 있는 무거운 짐이 순식간에 사라지는 걸 느꼈습니다.

"오, 주님! 주는 정말 위대하십니다" 하는 감사의 찬양이 가슴속으로부터 터져 나왔습니다. 그 참기 어려운 고통 속에서 그 자매를 주님이 지켜 주고 계신다는 것을 확신하는 것은 참으로 기쁜 일이었습니다.

예수 그리스도가 우리를 치료할 수 있도록 하는 방법은 다음과 같습니다.

첫째, 예수께 나와야 합니다. "수고하고 무거운 짐 진 자들아 다 내게로 오라 내가 너희를 쉬게 하리라"(마 11:28).

이 말은 마음의 짐을 진 자들에게 단순히 예수님을 믿으라는 말이 아닙니다. "내게로 오라"는 말에는 '회개하라'는 뜻이 들어 있습니다. 남이 모르는 숨은 죄악들을 하나님께 다 내어놓고 나오라는 말입니다. 하나님과 멀리 떨어져 있는 자들은 주님 앞에 나올 수가 없습니다. 주님께로 나오지 못하면 쉬게 하실 수도 없습니다. 예수님을 믿는다고 하는 사람들 가운데 아직도 진정한 평안과 쉼을 얻지 못하는 사람이 있다면 그것은 교회는 다니지만 예수님께 마음의 문을 열고 죄의 문제를 해결하려고 하지 않기 때문입니다.

설교자 찰스 브리지(Charles Jahleel Woodbridge, 1902-1995)는 "내가 용서받은 죄인이라면 나를 침몰시킬 고통이 어디 있는가? 나의 죄를 다 고백하고 그분이 흘린 보혈로 정결함을 얻은 하나님의 자녀라는 것을 확신할 때 아무리 세상의 고통과 괴로움이 덮쳐도 나를 침몰시킬 만한 고통은 없다"라고 말했습니다. 그렇습니다. 아무리 현대의 병이 고치기 어렵다고 할지라도 예수 그리스도로 말미암아 하나님의 자녀가 된 우리의 영혼은 아무도 침몰시킬 수가 없습니다. 그러므로 우리는 주님 앞에 나아와 우리의 죄를 고백해야 합니다. 마음속에 죄가 있는 한 마음의 병은 고쳐지지 않습니다. 회개할 때 주님이 고쳐 주십니다.

둘째, 하나님을 앙망해야 합니다. "오직 여호와를 앙망하는 자는 새 힘을 얻으리니 독수리가 날개치며 올라감 같을 것이요 달음박질하여도 곤비하지 아니하겠고 걸어가도 피곤하지 아니하리로다" (사 40:31).

여호와를 앙망하는 자는 날마다 새 힘을 얻고 피곤에서 벗어날 수 있습니다. '앙망'이란 '믿음으로 소원하고 기다리는 것'입니다. 다시 말하면 주님이 나의 구원자라는 사실을 확신하고 모든 괴로움과 긴장, 피곤에서 해방시켜 주실 것을 기대하며 감사하는 것입니다. 이렇게 여호와를 앙망하면서 믿음으로 고백하면, 하나님께서 참평안과 새 힘을 우리에게 주십니다.

셋째, 복종해야 합니다. 하나님께서 우리에게 명령하셨습니다. "아무것도 염려하지 말라", "범사에 감사하라", "항상 기뻐하라." 우리는 이 말씀에 복종해야 합니다. 많은 그리스도인들이 복종하지 않으므로 마음의 병을 치료받지 못하는 경우가 있습니다.

"기뻐하라"고 할 때 우리는, 기쁨이 와야 기뻐할 수 있다고 생각합니다. 그러나 그리스도인은 믿음으로 기뻐하고 믿음으로 염려하지 말아야 합니다. 순종해야 할 것을 순종하지 않기 때문에 우울하고 불만 투성이가 되어 버립니다. 하나님의 명령에 복종할 때 진정한 기쁨이 넘치게 됩니다.

넷째, 성령 충만을 받아야 합니다. 하나님의 능력에 사로잡혔을 때 우리의 힘으로 할 수 없었던 모든 마음의 병을 고침 받게 됩니다.

예수님을 현실적으로 체험하고 싶습니까? 주님을 모시어 들이기만 하면 주님의 기쁨이 곧 우리의 기쁨이 되며 하나님의 새 힘이 곧 우리의 새 힘이 됩니다. 주님께서는 우리 마음의 병을 고쳐 주시길 원하십니다. 주님은 아직도 그리스도를 마음에 영접하지 못하고 방황하며, 마음의 고통과 무거운 짐을 지고 있는 자들에게 들어가기를 원하십니다. 그래서 주님의 평안과 기쁨을 주시고 그것을 통하여 현대인이 앓는 병에서 해방되어 모든 사람들에게 도움을 주는 진정한 그리스도인이 되길 원하고 계십니다.

II
인생의 상담자 하나님

우리의 인생을 지배하고 인도하며 동행하시는 하나님은
우리를 공포와 불안으로부터 지키는 안전 그물이십니다.

잠언 3:5-8
5 너는 마음을 다하여 여호와를 신뢰하고 네 명철을 의지하지 말라 6 너는 범사에 그를 인정하라 그리하면 네 길을 지도하시리라 7 스스로 지혜롭게 여기지 말지어다 여호와를 경외하며 악을 떠날지어다 8 이것이 네 몸에 양약이 되어 네 골수를 윤택하게 하리라

인생의 상담자
하나님

몇 년 전, 독일에서 젊은이들을 대상으로 갤럽 여론조사를 했습니다. 함부르크대학 총장이 인용한 글을 보면, 젊은이들이 질문에 응답한 반응이 대단히 놀라웠습니다. 그 질문은 "당신은 인생을 산다는 데 대하여 어떤 느낌을 갖습니까?"를 묻는 것이었습니다.

이 질문에 대한 응답자의 60%가 "삶에 대해서 공포를 느낀다"라고 대답했습니다. 선진국이라고 할 수 있는 독일의 젊은이들에게서 이와 같은 대답이 나온다는 것은 대단히 의외의 일입니다.

중세 시대의 루터는 심판자 되시는 하나님 앞에 자기가 죄인이라는 공포 때문에 날마다 괴로움 속에서 허덕였습니다. 그런데 오늘날 많은 사람들은 하나님 앞에 죄인이라고 하는 데서 오는 공포, 죽음이라는 공포보다는 산다는 것에 대한 공포감을 가지고 있습니다. 이것은 현대인들이 갖고 있는 일반적인 심리적 증세라고 생각합니다. 산다는 것에 대하여 공포가 생기는 것은 내일에 대하여 불안하다는 증거입니다. 미신적인 유혹에 빠지는 사람들이 많은 것도 이 불안을 이기지 못하기 때문입니다.

점쟁이를 찾아가거나 무당에게 가서 인생의 문제를 의뢰해 봅니다. 그리고 '무슨 대답이 그 입에서 나올까' 하고 가슴 졸이면서 기다립니다. '행여나 나에게 어떤 희망적인 대답을 해 주지나 않을까' 하는 기대도 갖습니다. 학력이 낮고 수준이 낮은 사람들이 미신적인 유혹에 쉽게 빠져들고 그런 것에 집착한다고 생각해 왔는데 알고 보니 높은 학력을 갖은 사람들일수록 점집을 찾는 경우가 많다고 합니다.

한번 상상해 보십시오. 점쟁이에게서 나오는 말 한마디를 오들오들 떨면서 불안한 마음으로 기다리고 있는 모습을…. 참으로 작고 초라하게 보입니다. 이렇게 인간은 늘 불안에 싸여 있는 약한 존재입니다.

그런데 요즘 이와 같은 추세가 교회 안까지 들어와서, 교회 안에도 점쟁이들이 있습니다. 어떤 교회는 목사가 점쟁이입니다. 앉아서 기도해 보고 교인들의 속에 있는 모든 생각을 알아낸다고 장담합니다. '무엇은 하라, 무엇은 하지 말라'는 식으로 명령을 합니다. 그리고 이렇게 '예언한다. 신통하게 알아맞힌다'라는 사람이 있으면 다른 거야 어떻게 되었든지 간에 무분별하게 뛰어가서 그 사람에게 무언가를 의뢰합니다. 그래서 "기도해 주시오", "안수해 주시오", "내가 이렇게 하려고 하는데 어떻습니까?" 하고 묻습니다.

어떤 교회에서는 여전도사가 그런 일을 잘했나 봅니다. 사업을 시작한 교인이 찾아와서 사업을 계속해도 되겠느냐고 물었더니 기도하는 체하고 앉았다가, 계속하면 틀림없이 성공한다고 예언했습니다. 그러나 그 사업은 몇 달을 못 가서 망해 버렸습니다. 왜 교회 안에서 그와 같은 풍조가 일어납니까?

그만큼 사람들의 마음이 인생에 대한 공포를 느끼고 불안해한다는 이야기입니다. 마치 병상에 있는 환자가 의사의 얼굴만 바라보며 그의 표정 하나하나에 따라서 기분이 오르락내리락하는, 그야말로 절망적인 경우와 비슷한 상황이 오늘날 많은 사람들의 마음을 사로잡고 있습니다. 이런 약점을 통하여 사탄은 인간을 시험합니다. 이와 같은 삶에 대한 공포와 불안을 안고, 아직 여명이 밝아 오지 않는 내일이라는 수평선을 응시하고 서 있는 고독한 인생에게 하나님은 놀라운 메시지를 주십니다.

"너는 범사에 그를 인정하라 그리하면 네 길을 지도하시리라"(6절).

하나님은 불안하고 고독한 우리에게 상담자로, 길을 인도하시는 지도자로 동행하시겠다고 약속하십니다. 하나님께 모든 것을 맡기고, 그를 인정하라고 말씀하십니다(5절).

하나님에 대한 전적 신뢰

어떻게 하는 것이 하나님께 모든 것을 맡기고 그를 인정하는 것일까요?

첫째, 마음을 다하여 여호와를 신뢰하는 것입니다. 마음을 다하여 전적으로 하나님을 신뢰하지 못하면 하나님을 인정하지 못합니다.

> 네 길을 여호와께 맡기라 그를 의지하면 그가 이루시고 네 의를 빛같이 나타내시며 네 공의를 정오의 빛같이 하시리로다_시 37:5-6

성경 학자 찰스 브리지는 "잠언 3장 6절 말씀은 그리스도인들에게 있어서 북극성과 같다"라고 했습니다. 왜냐하면 옛날에 많은 여행자들이 행로의 방향을 잡으려면 언제나 움직이지 않는 북극성을 좌표의 중심으로 삼았기 때문입니다. 그러므로 이 말씀은 우리에게 북극성과도 같습니다. 이 말씀에 생의 초점을 맞추어 걸어가는 사람은 좌우로 탈선도 하지 않으며, 길을 잃고 헤매거나 시행착오를 범하지도 않을 것입니다.

시편 118편 8-9절에서 시편 기자는 "여호와께 피하는 것이 사람을 신뢰하는 것보다 나으며 여호와께 피하는 것이 고관들을 신뢰하는 것보다 낫도다"라고 자기의 인생을 고백했습니다. 다시 말하면, 사람을 믿고 자신의 인생을 맡겨 보았더니 남은 것은 실망이요, 상처투성이요, 속은 것밖에 없더라는 것입니다. 그래서 하나님을 전심으로 의지했더니 흔들리지 않는 반석과 같이 그 마음에 완전함을 얻을 수 있었다는 경험을 털어놓고 있는 것입니다 그러면 전적으로 하나님을 신뢰한다는 것은 어떤 것입니까?

첫째, 하나님을 분명히 아는 지식이 필요합니다. 둘째, 하나님께서 약속하신 말씀들을 분명히 아는 지식이 필요합니다. 셋째, 하나님을 아는 지식과 하나님의 약속에 관한 지식을 의지하여 전적으로 하나님께 의탁하는 것이 필요합니다.

이 세 가지 요소를 갖추게 될 때 비로소 하나님을 전적으로 신뢰한다고 말할 수 있습니다. 많은 그리스도인들이 삶의 불안을 떨쳐 버리지 못하는 이유가 여기에 있습니다. 하나님이 어떤 분이신지 모르기 때문에 그를 의지하기가 어렵습니다. 또한 하나님이 우리 인생길을 어떻게 인도하겠다고 약속하셨는지를 잘 모르기 때문에 무엇을 구해야 하는지를 모릅니다.

하나님을 아는 지식을 얻기 위해서는 성경을 보아야 합니다. 그 속에서 하나님을 찾고 하나님의 약속들을 붙잡아야 합니다. 그리고 거기에 전적으로 맡길 때 비로소 하나님을 신뢰한다는 말을 할 수 있습니다. 이렇게 하나님을 신뢰하면 놀라운 결과가 따릅니다.

샌프란시스코에 가면 금문교라고 불리는 다리가 있습니다. 1930년

대에 건축된 것인데 세계에서 가장 높고 긴 교각으로 두 기둥에다가 매달아 놓은 것입니다. 교각을 양쪽 기둥에다 매달아서 가운데는 기둥 없이 떠 있는 다리입니다. 그 위에 올라가서 밑에 있는 바다를 내려다보면 현기증이 날 정도입니다. 그 다리를 공사할 때 너무나 높고 위험하여 기술자들의 마음이 불안해졌습니다. 일을 하다가 밑을 보게 되면 현기증이 일어나 불안과 공포심이 생겼습니다. 결국 다섯 명이나 추락해서 바닷속으로 들어가 버렸습니다.

공사를 담당하던 시당국에서는 기술자들의 생명을 구하기 위해서 여러 가지 방법들을 생각했습니다. 좋은 방법의 하나로 공사하는 밑에다가 철사로 만든 그물을 까는 것이었습니다. 그렇게 그물을 깔고 나니까 그 후에는 그물에 떨어지는 사람이 없었습니다. 왜냐하면 그물이 깔려 있으므로 일하는 사람들이 마음을 놓고 일했기 때문입니다. 내가 떨어져도 바다에는 떨어지지 않는다는 자신이 생긴 것입니다. 부들부들 떨리던 다리가 떨리지 않게 되고, 불안하던 마음이 가라앉고, 공포감이 사라졌습니다. 그 뒤부터 일도 잘할 수 있었고 다치는 일도 없었다고 합니다. 안전 그물이 바로 그들의 믿음이 되었던 것입니다.

'하나님이 내 생을 지배하시고 나를 인도하시며 나와 함께 동행하신다'고 하는 믿음은 바로 우리의 안전 그물입니다. 이것 때문에 어떤 상황 속에서도 우리의 다리가 떨리지 않고 마음의 불안이 없습니다. 이 믿음이 없는 사람은 공포와 불안을 쫓아내지 못합니다. 그러나 하나님을 안전 그물로 알고 그를 믿는 사람은 마음의 고통과 불안이 사라집니다.

저녁에 자면서 '내일 아침에 해가 뜨지 않으면 어떻게 하나?' 하고 걱정하며 밤새도록 고민하는 삶은 살지 말아야 합니다. 아마 이런 고민을 하고 사는 사람을 사람들은 분명히 바보라고 할 것입니다. 그러나 오늘 우리가 그런 바보짓을 하고 있습니다. 모든 문제를 놓고 밤새도록 고민하고 걱정합니다. 아침에 틀림없이 해가 떠오르게 하시는 하나님은 오늘 우리의 인생 문제를 지배하고 계십니다. 그분이 내 곁에 계시는 이상 내일의 문제를 놓고 걱정할 필요가 전혀 없습니다. 떠오르는 태양보다 더 분명하게 그분은 내 곁에 계십니다. 이런 확신이 있어야 우리가 생을 용기 있게 살 수 있습니다.

둘째로, 자신의 명철을 의지하지 말아야 합니다. 스스로 지혜롭다고 생각하지 않아야 된다는 말입니다. 하나님보다 자신이 더 지혜롭다고 생각할 때 인간의 미련이 머리를 내밉니다. 그 어리석은 미련함 때문에 한 번밖에 없는 인생을 오판하고, 돌이킬 수 없는 시행착오를 범하는 사람들이 많습니다.

하나님은 우리보다 지혜로우시므로 어떤 때는 우리가 하고 싶은 것을 허락하지 않으시고, 생각하지도 않던 길로 인도하실 때가 많습니다. 만일 자기 자신이 하나님처럼 지혜롭다고 생각하면서 인생을 사는 사람이라면, 그 사람은 그리스도인이 되었다고 할지라도 계속 하나님과 충돌을 일으키기 쉽습니다. 하나님을 원망하고, 불평하고, 여러 가지 면에서 하나님과 다툽니다. 이런 사람은 그야말로 어리석음이 가득 차서 평안할 날이 없습니다. 하나님이 가지 말라고 하시면 가지 말아야 합니다. 하나님이 막으시면 비록 현실에 손해가 발생한다 하더라도 그분에게 전적으로 맡기고 순종해야 합니다. 그러면 하나님이 반드시 복을 주실 것입니다. 사실 인생의 내일에 대하여 우리가 무엇을 안다고 말할 수 있습니까? 소경이 자동차를 몰고 대관령을 넘어가는 것과 다른 것이 무엇입니까?

우리는 죄로 인하여 총명이 어두워졌고 마음이 굳어져 버렸습니다. 한날의 문제조차도 감당하지 못해서 밤새도록 신음하며 걱정하고, 불안해서 잠을 이루지 못하는 것이 인간인데 어찌 내일의 문제를 걱정할 만한 지혜가 있겠습니까? 우리는 모든 일을 마음대로 처리하고 뒤로 보내 버린 과거를 돌이켜 볼 때마다 후회합니다. 지나간 날에 대해서 누구나 자신 있게 자랑할 수 없는 것이 사람이라고 한다면 아직 우리의 손에 들어오지 않은 내일을 보고 우리가 지혜롭다고 할 수 있습니까? 과거와 현재도 처리하지 못한 사람이 내일을 처리한다는 것은 교만입니다. 하나님께서 우리에게 이렇게 경고하십니다.

> 여호와께서 이와 같이 말씀하시니라 무릇 사람을 믿으며 육신으로 그의 힘을 삼고 마음이 여호와에게서 떠난 그 사람은 저주를 받을 것이라_렘 17:5

하나님 앞에 교만하지 맙시다. 다윗은 왕이었지만 아침마다 일어나서 이렇게 기도했습니다.

> 아침에 나로 하여금 주의 인자한 말씀을 듣게 하소서 내가 주를 의뢰함이니이다 내가 다닐 길을 알게 하소서 내가 내 영혼을 주께 드림이니이다_시 143:8

스스로 교만한 것처럼 미련한 것이 없습니다. 겸손히 그를 의뢰하십시오.

셋째, 악에서 떠나야 합니다. '악에서 떠난다'는 말은 '하나님을 경외한다'는 말과 같습니다.

잠언 8장 13절에 보면 "여호와를 경외하는 것은 악을 미워하는 것"이라고 했습니다. 악이 우리 생활에 그대로 있으면 죄가 우리의 눈을 막고, 귀를 막을 뿐 아니라 우리의 마음을 흐리게 하기 때문입니다. 이럴 때는 하나님이 우리의 인생길 앞에서 걸어가신다고 할지라도 그분의 모습을 보지 못합니다. 많은 그리스도인들이 인생길에서 불안을 안고 우왕좌왕하는 이유는 근본적으로 하나님이 인도하시지 않기 때문이 아닙니다. 그들이 하나님의 신호를 듣지 못하기 때문입니다. 그들이 아직 죄 된 생활에서 떠나지 않고 자기 욕심대로 행동합니다. 그 욕심을 채우기 위해서 하나님을 이용하려고 합니다. 그러므로 그 눈이 어두워져 하나님의 신호를 볼 수 없습니다.

자동차를 가진 분들은 아침마다 자동차 앞 유리와 백미러를 깨끗이 닦습니다. 닦는 이유는 신호를 정확히 보기 위해서입니다. 우리의 눈은 어떤 죄가 앞을 가리면 하나님께서 아무리 옆에서 말씀하시고 신호를 보내도 보지 못합니다. 우리의 귀를 세상의 아름다운 미혹된 소리로 꽉 막아 놓으면 귀가 먹어서 하나님이 아무리 소리치셔도 들리지 않습니다.

하나님이 정말 당신의 지도자가 되기를 원하십니까? 그렇다면 하나님을 보는 눈이 있어야 합니다. 하나님의 말씀을 듣는 귀가 있어야 합니다. 그런데 불순한 것으로 귀와 눈을 다 막아 놓고, 하나님이 인도하시지 않는다고 불평하고 원망하는 것은 미련한 짓입니다. 악에서 떠나야 합니다. 그러면 하나님께서 보내시는 신호를 정확히 듣고 볼 수가 있게 됩니다.

우리가 흔히 경험하는 일이 하나 있습니다. 어떤 문제를 놓고 기도할 때 번개같이 머리를 스치고 지나가는 생각이 있습니다. 지나간 생을 가만히 돌이켜 보면 오래전부터 계획해서 이루어진 일보다는 아무것도 생각하지 않고 있는 중에 하나님이 막연히 주신 생각 때문에 생의 중요한 부분들이 달라지는 일들을 종종 봅니다. 하나님께서 그의 음성을 듣기 원하는 자에게 이와 같은 영감을 주십니다. 기도할 때 당장 하늘에서 "오냐, 그렇게 해라" 하고 명령하지 않으시더라도 그것보다 더 분명한 음성으로 우리에게 영감을 주십니다.

또 어떤 때는 깊은 확신을 통하여 가르쳐 주십니다. 이상하게 뿌리치려고 해도 뿌리칠 수 없는 확신이 있습니다. 말씀을 읽을 때 확신이 옵니다. 하나님은 우리의 의식을 통해서 그와 같은 신호를 주십니다. 뿌리치려고 해도 뿌리칠 수가 없고 계속 시간이 감에 따라서 그 확신이 마음에서 더 굳어집니다. 이럴 때 이것은 하나님의 신호입니다. 마음이 깨끗한 사람일수록 그 신호를 더 정확하게 발견할 수 있습니다. 또 어떤 경우에는 환경이 주는 기회를 통하여 신호하십니다.

심리학자인 빅터 프랭클(Viktor Frankl, 1905-1997)은 "모든 환경은 의미를 가진다. 나에게 주어진 환경을 어떤 의미로 해석할 것인가? 그리고 그 환경이 주는 의미에 따라 내 행동을 어떻게 결단할 것인가? 하는 문제는 바로 내 자신의 책임이다"라고 말했습니다. 즉 환경이 주는 의미를 찾는 것도 내 책임이고 그 의미에 따라서 결단하는 것도 내 책임이라는 것입니다.

예를 들면, 갑자기 문이 꽝하고 닫혀 버립니다. 온 천지에 불이 꺼지고 캄캄해집니다. 화려했던 꿈이 산산이 부서져 버립니다. 희망은 이제 아침 이슬같이 사라지고 절망에 빠집니다. 똑바로 땅을 딛고 일어서려고 해도 일어설 힘이 없습니다. 문을 열고 환한 바깥을 내다보기가 겁이 나는 이런 위기를 당해 보신 일이 있습니까? 세상에서 혼자만 패배자가 된 것같이 느껴지고, 눈앞에는 성공하고 있는 많은 동료의 얼굴이 오락가락합니다. 당신은 이와 같은 낙오자가 된 기분을 느껴 보셨습니까? 이럴 때에 주님을 진실로 믿고 하나님의 신호를 기다리는 사람이라면 금방 절망하지는 않습니다. 절망하기 전에 한 가지

하는 것이 있습니다.

'조금만 기다려 보자. 반드시 이 환경을 통하여 하나님께서 나에게 뭔가를 가르쳐 주실 것이다' 하고 머리를 숙여 조용히 기도하면서 기다립니다. 말씀을 통하여 무엇인가 주어지기를 기다립니다. 이렇게 기다리며 하나님을 바라볼 때 갑자기 어떤 전화가 옵니다. 아니면 우연히 어떤 사람을 만납니다. 어떤 편지를 받습니다. 신문 광고를 통해 무엇인가를 찾아냅니다. 이것은 우연한 것이 아닙니다. 하나님께서 환경을 통하여 우리의 길을 열어 주기를 바라시는 것입니다.

성령의 지배를 받는 삶

하나님의 신호들은 전부 다 성령께서 주시는 것입니다. 그런데 성령이 주시는 하나님의 지시를 마음이 깨끗하지 않으면 받을 수가 없고 또 분별도 못합니다. 그러므로 성령의 은혜에 깊이 젖어야 합니다. 예수님을 믿는 사람은 성령에 민감해야 합니다. 성령을 마음에 모시고 모든 삶이 성령의 지시를 따르도록 항상 대비하고 기다려야 합니다. 하나님은 성령을 통하여 말씀으로 우리에게 확신도 주시고, 또 어떤 때에는 환경을 통하여 길을 열어 주십니다. 그러므로 성령을 마음에 모시고 사는 사람이 되어야 합니다. 악한 자의 마음에는 성령이 임하지 못하십니다. 죄를 움켜쥐고 안 놓으려고 발버둥치는 사람에게 성령께서 역사하지 못하십니다. 내 힘으로, 내 뜻대로 한번 해 보겠다고 몸부림치는 사람에게 성령은 역사하실 수가 없습니다.

성경에 보면 성령을 비둘기 같다고 했습니다. 비둘기는 재미있는 새라고 생각됩니다. 혹시 비둘기 잡는 방법을 아십니까? 캘리포니아 남쪽에 산후안 카피스트라노 라는 곳이 있습니다. 그곳은 관광지인데 비둘기와 사람들이 한 덩어리가 되어서 그야말로 원색적인 감각을 느낄 수 있는 지역입니다. 그곳에서 비둘기를 잡으려면 가만히 서 있어야 합니다. 그러고는 조용히 팔을 내밀고 손바닥을 폅니다. 그리고 날아다니는 비둘기를 가만히 보면서 5분, 10분 동안 움직이지 않고 조용히 기다려야 합니다. 그렇게 조용히 기다리고 있으면 날아다니던 비둘기가 손바닥에 와서 조용히 내려앉습니다. 그때 살그머니 잡으면 쉽게 잡힙니다.

우리가 성령을 통해서 하나님의 뜻을 내 것으로 만들려면, 욕심이나 인간적인 지혜를 가지고 하는 것이 아닙니다. 모든 것을 땅에 내려놓고 하나님만 쳐다보고 조용히 인내하면서 기다리면 마치 비둘기가 손바닥에 내려앉듯이 성령께서 우리 마음에 역사하십니다. 어떤 위기에서도 우리를 일으켜 세우십니다. 그리고 우리의 눈을 열어서 지금 처해 있는 상황이 절망적인 상황이 아니라 하나님께서 더 큰 것을 주시기 위하여 잠시 지나가게 하는 과정이라는 것을 보여 주십니다. 그리고 용기와 새 힘을 주십니다.

> 너희는 이 세대를 본받지 말고 오직 마음을 새롭게 함으로 변화를 받아 하나님의 선하시고 기뻐하시고 온전하신 뜻이 무엇인지 분별하도록 하라_롬 12:2

하나님을 전적으로 신뢰하고 자기 스스로 지혜롭게 여기지 아니하며 악에서 떠날 때 우리는 범사에 그를 인정하는 사람이 됩니다.

본문 6절 말씀 중간에 나오는 "그리하면"이라는 접속사는 중요합니다. 이 말씀은 범사에 하나님을 인정하는 자의 길을 하나님께서 인도해 주신다는 것입니다. 만약 우리가 범사에 그를 인정하지 않으면 하나님도 우리의 인생을 인도하지 않으시겠다는 조건에서 말입니다.

불안한 이 세대를 우리는 믿을 수가 없습니다. 어떤 정권도, 자기의 경험도 믿을 수 없습니다. 다만 온 우주를 지배하시는 하나님, 생사화복을 한 손에 쥐고 주관하시는 하나님, 참새 한 마리가 땅에 떨어지는 것도 자기의 뜻이 아니면 결코 떨어지게 하지 않으시는 전능하신 하나님께 우리의 모두를 맡겨야 합니다. 그러면 하나님은 우리가 사망의 음침한 골짜기를 다닐지라도 해를 받지 않도록 지켜 주시고 의로운 길로, 더 좋은 첩경으로 인도하신다고 약속하셨습니다.

예수 그리스도는 우리에게 놀라운 축복을 안겨 주셨습니다. 그가 십자가 위에서 죽으시고 사흘 만에 살아나셔서 모든 죄인들을 하나님의 자녀로 부르시고, 그 놀라운 복음을 통하여 모든 인간이 자기의 생을 하나님께 맡길 수 있도록 문을 열어 주셨습니다. 예수님을 믿으면 하나님의 자녀가 됩니다. 아무리 마음이 악한 부모라도 자식이 고독해하고, 고통 속에서 괴로워하는 것을 보면 가만히 있지 못합니다. 자식이 험한 길을 갈 때 혼자 보내기를 싫어합니다. 그렇다면 예수님을 믿고 하나님의 자녀가 된 우리를 하나님께서 어떻게 다루시겠습니까?

> 두려워하지 말라 내가 너와 함께함이라 놀라지 말라 나는 네 하나님이 됨이라 내가 너를 굳세게 하리라 참으로 너를 도와주리라 참으로 나의 의로운 오른손으로 너를 붙들리라_사 41:10

하나님께서 자녀 된 우리 성도들을 향하여 이와 같이 분명하게 약속하십니다. 예수님께서 이 놀라운 축복을 우리에게 안겨 주신 것입니다. 그러므로 당신이 주님을 믿은 사실에 대하여 감사하십시오. 그리고 이왕 예수님을 믿으셨으면 방금 말씀드린 대로 하나님이 어떤 분이신지 분명히 알고, 그의 약속을 말씀 속에서 분명히 확인하고, 전적으로 그분에게 자신을 맡기십시오. 어떤 멋진 계획과 생각이 머릿속에 있다 할지라도 하나님께 맡기고 기도하면 하나님께서 인도해 주십니다. 그리고 스스로 지혜로운 체하지 마십시오. 지금 아무리 성공한다고 해도 이것이 내일의 성공이라고 아무도 보장하지 못합니다. 우리 주변에는 어제의 성공이 오늘의 실패로, 어제의 모든 부귀영화가 무서운 파멸로 인도된 예가 얼마든지 많이 있습니다.

절대 자기 스스로를 지혜롭다고 여기는 교만한 자가 되지 말고 하나님 앞에 모든 것을 맡기십시오. 그리고 악에서 떠나십시오. 그러면 반드시 성령님께서 우리의 마음에 역사하시고 갈 길을 인도하십니다. 멈추어야 할 자리를 가르쳐 주시고, 방향을 바꾸어야 할 자리에 평화의 기둥을 세워 놓으십니다. 하나님께서 우리의 생애 마지막 날까지 떠나지 않고 인도해 주실 것을 확신하고 나아가야 합니다.

12

고난 속에서 핀 신념

영원한 세계의 가치를 아는 사람은
현실적인 고난 앞에서 자기의 신앙을 포기하지 않습니다.
오히려 어려움이 올 때 기뻐하고 감사합니다.

베드로전서 4:12-19

12 사랑하는 자들아 너희를 연단하려고 오는 불 시험을 이상한 일 당하는 것같이 이상히 여기지 말고 13 오히려 너희가 그리스도의 고난에 참여하는 것으로 즐거워하라 이는 그의 영광을 나타내실 때에 너희로 즐거워하고 기뻐하게 하려 함이라 14 너희가 그리스도의 이름으로 치욕을 당하면 복 있는 자로다 영광의 영 곧 하나님의 영이 너희 위에 계심이라 15 너희 중에 누구든지 살인이나 도둑질이나 악행이나 남의 일을 간섭하는 자로 고난을 받지 말려니와 16 만일 그리스도인으로 고난을 받으면 부끄러워하지 말고 도리어 그 이름으로 하나님께 영광을 돌리라 17 하나님의 집에서 심판을 시작할 때가 되었나니 만일 우리에게 먼저 하면 하나님의 복음을 순종하지 아니하는 자들의 그 마지막은 어떠하며 18 또 의인이 겨우 구원을 받으면 경건하지 아니한 자와 죄인은 어디에 서리요 19 그러므로 하나님의 뜻대로 고난을 받는 자들은 또한 선을 행하는 가운데에 그 영혼을 미쁘신 창조주께 의탁할지어다

고난 속에서 핀
신념

　　　　　　　　　　　　　설교자로서 퍽 부끄러움을 느끼는
것은 자유와 평화의 세계에 살면서 공산 치하에서 살고 있는 성도들
이 얼마만큼 어려움을 당하는지 전혀 예측할 수 없다는 것입니다. 이
처럼 너무나 안일한 자리에서 고난을 이야기한다는 것이 어떤 면에서
는 부끄럽고 또 그들을 위하여 피눈물 나는 기도를 하지 못하면서 그
들에게 고난을 이기고 승리하라고 격려만 하고 있다는 자체가 부끄럽
다고 생각되었습니다. 그러나 하나님은 고난 당하는 형제들에게나 아
직 고난이 무엇인지를 잘 모르는 사람도 고난에 대해서 깊이 배우기
를 원하고 계십니다. 특히 공산주의와 대치하고 있는 우리 성도들은
고난이 무엇인지를 깊이 깨닫고 신앙생활을 해야 합니다. 우리는 언
제 우리의 신앙을 빼앗길지 전혀 알지 못하기 때문입니다.

　우리가 이미 잘 아는 것처럼 역사상 가장 빠르게 선전되고 많은 사
람들에게 영향을 끼친 사상이 공산주의입니다. 1903년에 레닌(Vladimir
Ilyich Lenin, 1870-1924)이 많은 사람들에게 공산주의를 이야기할 때에
는 불과 17명의 추종자밖에 없었습니다. 14년이 지난 후에 4만 명의

추종자가 생겼고, 그것이 러시아 정부를 정복하고, 드디어 반 세기도 안 되어 세계적으로 10억 명이 넘는 사람들이 공산주의의 지배 아래로 들어갔습니다. 어떤 학자의 말에 의하면 예수 그리스도가 2천 년 동안 얻은 신자의 수보다도 그들이 50년 안에 얻은 숫자가 더 많다고 평가할 만큼 세계적으로 공산주의는 막강한 세력을 가지고 지금도 침투하고 있습니다.

1957년, 당시 공산당 서기장이었던 후르쇼프(Nikita Sergeevich Khrushchyov, 1894-1971)가 미국을 방문했을 때의 일입니다. 그는 텔레비전을 통하여 전국에 있는 미국 사람들에게 연설하면서 이런 건방진 소리를 하였습니다.

"역사는 우리 편이다. 우리는 너희 미국 사람들을 장사 지내겠다. 내가 한 가지 분명히 예언하는데 너희들의 손자 때가 되면 너희 손자들은 전부 다 우리 사회주의의 지배 아래 들어오고 말 것이다."

그러나 오늘 세계를 돌아보면 공산주의는 지금 벽에 부딪쳐 있는 것이 사실입니다. 왜 그렇습니까? 그것은 기독교 때문입니다. 기독교가 활발히 움직이고 신자들이 하나님의 말씀을 가지고 바로 사는 곳에 공산주의는 세력을 뻗치지 못합니다.

북한을 위시하여 공산 치하에서 얼마나 많은 성도들이 순교의 피를 흘렸는지 모릅니다. 그리고 여전히 그곳에는 하나님의 자녀들이 있습니다. 참으로 감사한 것은 공산주의가 지배하는 어둠의 장막 속에서도 기도의 소리는 여전히 끊어지지 않고 있다는 것입니다. 그러므로 공산주의가 기독교를 이기지 못합니다.

한편 자유주의 세계에 사는 우리는 한 가지 깊이 명심해야 할 것이 있습니다. 미국 유니언신학교 전 총장이었던 존 베네트(John Coleman Bennett, 1902-1995) 박사의 말을 우리는 기억해 두어야 합니다.

"공산주의가 존재하게 된 책임은 기독교가 져야 한다. 왜냐하면 기독교가 하나님의 말씀대로 바로 살지 못했으므로 공산주의가 등장하게 되었기 때문이다. 예수 믿는 사람들이 사회에서 가난한 자, 고통당하는 자, 억압당하는 자, 노동자 계급의 사람들에 대하여 그리스도의 정신과 사상을 가지고 바로 도와주지 못했기 때문에 공산주의자들이 너희 기독교가 못하는 것, 우리가 한 번 해야겠다 하고 일어나게 된 것이다."

이는 틀린 말이 아닙니다. 그러므로 공산주의 아래서 고통당하는 그리스도인들을 볼 때마다 우리는 더 큰 책임을 느껴야 하고, 기도해야 됩니다. 또 공산주의가 짓밟고 황폐화시킨 국가들을 생각할 때마다 교회들은 더 깊이 책임 의식을 느껴야 합니다.

우리나라도 아무리 교회가 많고 그리스도인들이 많다고 할지라도 우리가 그리스도인으로서의 구실을 제대로 못하면 언제 공산주의의 무서운 세력이 지배하게 될지 모릅니다.

공산주의는 일종의 신앙입니다. 학자 마리탱(Jacques Maritain, 1882-1973)이 말한 것처럼 기독교적 이단입니다. 여호와의 증인이나 통일교가 기독교적 이단인 것처럼 공산주의도 기독교적 이단입니다. 공산주의의 지도자였던 마르크스(Karl Marx, 1818-1883)나 스탈린(Iosif Vissarionovich Stalin, 1879-1953)이 신학생이었다는 것을 알아야 합니다. 그들은 공산 세계가 곧 하나님입니다. 우리가 믿는 하나님 대신에 공산주의를 대치한 것입니다. 그들은 공산주의를 위해서라면 생명도 바칩니다. 목적을 위해서 수단을 정당화시키는 가장 잔혹한 단체입니다. 무엇이나 정당화될 수 있으며 윤리도 없고, 도덕도 없는 단체가 바로 공산당입니다. 개인의 존엄성이나 자유는 공산주의를 위한 하나의 소모품에 지나지 않습니다. 이와 같은 공산주의 아래서 신자가 생겨날 수 있습니까? 예수님을 믿는 사람이 살아남을 수 있겠습니까? 예수님을 위하여 공산주의를 배척하든지, 아니면 공산주의와 타협하면서 예수님을 포기하든지 둘 중에 하나입니다.

기독교의 역사는 고난의 역사입니다. 피의 역사입니다. 성경을 들고 창세기부터 차근차근 한 장씩 넘겨 보세요. 의인 아벨이 자기 형에게 두들겨 맞아 피투성이가 되어 밭에 쓰러져 죽은 이야기로 시작하여 피가 흐르지 않은 구절이 있는지 살펴보십시오. 이것은 기독교는 고난의 종교요 피의 역사를 통하여 이룩된 종교라는 말씀입니다.

요한계시록 6장 9절에 "다섯째 인을 떼실 때에 내가 보니 하나님의 말씀과 그들이 가진 증거로 말미암아 죽임을 당한 영혼들이 제단 아래 있어"라고 기록되어 있습니다. 즉 고난을 당하다 왔다는 말입니다.

요한계시록 7장 13-14절도에는 흰옷 입은 자들을 큰 환난에서 나오는 자들이라고 했습니다. 20장 4절에도 천년왕국에 그리스도와 함께 통치할 하나님의 백성들을 일컬어 "예수를 증언함과 하나님의 말씀 때문에 목 베임을 당한 자들"이라고 했습니다. 다 목 베임을 당하고 세상에서 피를 흘리고 순교한 자들의 모임이라는 뜻입니다. 교회는 이와 같이 고난을 통하여 이룩된 하나님의 나라입니다.

그 악마와 같은 사상을 세상에 뿌리박기 위해서 공산주의자들은 생명을 아끼지 않는다는 것을 우리는 알아야 합니다. 결국 공산주의자가 피 흘리고 고난 당하기를 더 두려워하지 않느냐, 아니면 기독교 신자가 피 흘리고 고난 당하기를 더 두려워하지 않느냐에 따라서 승부는 결정될 것입니다.

스탈린이나 레닌을 보면 그들은 10년이 넘도록 감옥을 드나들고, 나중에는 4년 동안이나 시베리아에서 형무소 생활을 했던 경험을 가진 사람들입니다. 공산주의를 위하여 그들은 그와 같은 희생을 조금도 두려워하지 않고 감수했습니다. 하물며 하나님의 나라를 이 세상에 건설하고, 복음을 증거하려는 우리가 고난을 두려워하면서 어떻게 그들을 이길 수 있겠습니까? 만약에 우리 신앙의 선배들이 지난 2천 년 동안 피 흘리기를 두려워하고 현실과 타협하면서 기독교를 믿었다면 오늘날 기독교는 우리에게 이어지지 않았을 것입니다. 아마 벌써 1500년 전에 오늘날 불교처럼 산속에 들어가서 경건한 생활을 하고자 하는 소수의 사람들이 즐기는 하나의 평범한 종교가 되고 말았을 것입니다. 그러나 오늘날 대한민국이라는 자그마한 나라에 있는 우리의 손에까지 복음이 들어와 힘 있게 약동하는 이유는 하나님의 나라를 위하여 피 흘리고 고난을 당한 선배들이 많았기 때문입니다. 북한에서 그리스도를 위하여 고난을 당하고 피 흘린 성도들의 대가가 절대로 헛되이 돌아가지 않을 것을 우리는 압니다. 반드시 열매가 나타날 것입니다.

고난의 의미

베드로도 고난을 당한 사람 중에 하나입니다. 그는 고난을 당한 후에 자신을 그리스도의 고난에 동참한 자라고 소개하면서 편지합니다. 당시 소아시아에서 말할 수 없는 고난을 당하며 믿음을 지키던 신자들에게 보낸 편지가 본문의 말씀입니다. 이 편지에서 고난을 당하는 성도들은 적어도 세 가지 면에서 신념을 가져야 된다고 그는 말합니다.

첫째, 신자에게 고난은 결코 이상한 일이 아니라는 신념입니다.

> 사랑하는 자들아 너희를 연단하려고 오는 불 시험을 이상한 일 당하는 것같이 이상히 여기지 말고_벧전 4:12

신자에게 고난은 이상한 것이 아니라 지극히 정상적인 것입니다. 빌립보서 1장 29절을 보면 "그리스도를 위하여 너희에게 은혜를 주신 것은 다만 그를 믿을 뿐 아니라 또한 그를 위하여 고난도 받게 하려 하심이니라"고 했고, 사도행전 14장 22절에서는 "우리가 하나님의 나라에 들어가려면 많은 환난을 겪어야 할 것이라"고 했습니다.

예수님을 믿기 어려운 어떤 환경이 닥쳐왔을 때, 우리가 신앙을 유지하고 하나님의 나라에 들어가려고 하면 고난을 받아야 합니다. 그리스도를 부인하고 교회를 짓밟고 핍박하는 무서운 집단들이 우리를 지배한다고 할 때, 그 속에서 우리가 신앙을 지키려고 하면 단 하나의 길밖에 없습니다. 고난을 당하는 길입니다. 그러므로 그와 같은 상황에서 고난을 당하는 것은 정상입니다. 중세기에 유명한 종교개혁자 중에 한 사람이었던 마르틴 부서(Martin Bucer, 1491-1551)는 이런 말을 했습니다.

"하나님의 은혜는 신자들에게 영웅적인 기질을 가지게 하는 이상한 힘이 있어서 하나님의 나라를 위해서라면 어떠한 고난도 감수할 수 있는 놀라운 사람으로 만든다."

사실 그렇습니다. 성경에 나오는 위대한 인물들의 기사는 물론이거니와 초대 교회에서 핍박을 당한 성도들의 이야기, 과거 북한에서 고난을 당한 수많은 사람들의 글을 보면 하나님의 은혜가 특별히 넘칩니다. 고난 속에서 수많은 성도들을 변화시켜 강하게 하신 놀라운 하나님의 능력을 발견합니다.

갈릴리 어부와 같이 초라한 사람들이 강해졌습니다. 아는 것이 적고, 힘이 없고, 나약한 부녀자들이 담대해졌습니다. 주일학교에 다니는 어린이들이 예수님 한 분 때문에 초인적인 신앙인들이 되었습니다. 이것은 바로 하나님의 은혜가 그들로 하여금 그리스도를 위해 어떠한 고난도 감수할 수 있을 만큼 능력 있는 사람으로 만들어 놓았기 때문입니다.

북한에 있는 성도들이나 공산 치하에서 고생하는 형제들은 자신이 당하는 고난을 자기들만 당하는 것처럼 생각하지 말아야 합니다. 또 죄의 값이라고 스스로 생각하고 절망하지 말아야 합니다. 하나님의 저주가 임했기 때문에 그와 같은 고통을 당하는 것이라고 스스로 마음에 시험을 불러일으키는 일이 없어야 할 것입니다.

고난은 신자에게 이상한 것이 아닙니다. 우리가 믿음을 지키고 하나님의 나라에 들어가려면 많은 환난을 겪어야 하는 것을 우리는 역사를 통하여 증명을 받았고, 하나님의 말씀을 통하여 분명히 알고 있습니다.

둘째, 고난 속에서 즐거워할 수 있다는 신념입니다. "오히려 너희가 그리스도의 고난에 참여하는 것으로 즐거워하라"(13절). 어떻게 이런 일이 가능합니까? 놀라운 일입니다. 그러나 예수님은 더 적극적인 말씀을 하십니다.

> 인자로 말미암아 사람들이 너희를 미워하며 멀리하고 욕하고 너희 이름을 악하다 하여 버릴 때에는 너희에게 복이 있도다 그날에 기뻐하고 뛰놀라 하늘에서 너희 상이 큼이라_눅 6:22-23

어떻게 환난을 당하면서 기뻐하고 뛰놀 수 있습니까? 그럼에도 불구하고 환난당한 베드로나 많은 성도들이 증거하기를 환난 속에서 기뻐할 수 있다고 간증합니다.

바울이 옥에 갇혔습니다. 로마 지하 감옥에서 자기의 운명이 어떻게 될지 전혀 예측할 수 없는 상황인데 그는 감옥 밖에 있는 빌립보 교인들에게 편지하기를 "주 안에서 항상 기뻐하라 내가 다시 말하노니 기뻐하라"(빌 4:4)고 자기의 심정을 그대로 전했습니다. 바울은 감옥에 있는 자기도 기뻐하는 생활을 할 수 있었기 때문에 빌립보 교인들에게 어떤 상황을 만나더라도 기뻐하라고 할 수 있었습니다.

헬렌 스토크라고 하는 스코틀랜드에 사는 부인이 있었습니다. 그 부인은 바른 신앙을 고수하려다가 체포되어 사형선고를 받았습니다. 남편과 함께 사형장에 끌려 나가면서 이렇게 말했습니다. "여보. 기뻐해요. 오늘 우리가 죽으면 가장 즐거운 날이 될 거예요. 우리 앞에는 영원히 기뻐하고 즐거워할 수 있는 날이 기다리고 있어요. 이 시간, 나는 당신에게 작별 인사를 하고 싶지 않아요. 왜냐하면 잠깐이면 우리는 함께 영원한 나라에서 만나 영원히 살 것이기 때문이예요."

고난을 기뻐하는 근거

어떻게 고난 속에서 기뻐할 수 있습니까? 우리는 적어도 몇 가지 근거를 본문에서 찾을 수 있습니다.

첫째는 고난 당하는 자들의 머리 위에 하나님의 영광의 영이 그들과 함께하신다는 사실입니다(14절).

다니엘이 사자 굴에 들어갔을 때 천사가 그와 함께했습니다. 다니엘의 친구 사드락과 메삭과 아벳느고가 불 속에 떨어졌을 때 신의 아들 같은 이가 와서 그들과 함께했다고 했습니다. 스데반이 복음을 증거하다가 죽음을 앞두고 있을 무렵 천사가 그의 눈을 열어 하나님의 아름다운 영광과 그리스도께서 그 우편에 서 계신 것을 보게 했습니다. 14년간 캄파넬 감옥에서 예수님을 믿는다는 이유 때문에 감옥살이를 하다가 나온 범브란트 목사는 "감옥 생활에서 이 세상 어느 것에도 견줄 수 없는 특이한 황홀경과 같은 기쁨을 맛보며 살았다"고 분명히 말했습니다. 고난 당하는 자에게 하나님이 특별히 함께하시고 용기를 주십니다. 그들이 지치지 않도록 새 힘을 주십니다. 그들에게 영원한 나라의 영광을 볼 수 있도록 눈을 열어 주십니다. 사람을 두려워하지 않도록 용기를 주십니다. 그러므로 기뻐할 수 있습니다.

북한에 있는 형제들에게도 하나님이 이와 같은 은혜를 주신다고 저는 믿습니다. 고통당하는 수많은 성도들에게 하나님께서 이와 같은 놀라운 위로를 주신다고 믿습니다. 왜냐하면 하나님의 영이 그들과 함께하기 때문입니다.

둘째는, 하나님께 가장 큰 영광을 돌릴 수 있는 길은 고난을 통과해야만 한다는 사실입니다. 우리는 하나님께 영광을 돌리기 위해 이 세상에 삽니다. 당신에게도 예수님을 믿는 것 때문에 모든 생활에 위협이 오고 고통이 오고 환난이 온다면 예수님을 끝까지 붙들 수 있겠습니까? 어려움과 역경 속에서도 신앙을 포기하지 않고 끝까지 주를 따르는 자를 통하여 하나님은 영광을 받으십니다. 초대 교회 성도들이나 중세의 성도들은 지독한 고문을 당하면서도 원수들을 욕하지 않고 하나님께 찬양하고 감사하며 자기를 괴롭히는 자를 위해 기도했습니다. 그러고는 평화로운 모습으로 죽었습니다. 그들을 고문하던 자들이 무릎을 꿇고 회개하고, 양심의 가책을 받아 그리스도 앞으로 돌아왔습니다. 하나님의 영광은 이러한 고난을 통하여 더 역력히 나타납니다. 하나님은 북한과 중국 지역에서 고통당하는 성도들을 통하여 영광을 받으십니다. 그러므로 그들이 흘리는 피는 절대로 헛되지 않으며 그들이 당하는 고난은 절대로 잘못된 것이 아닙니다.

셋째는, 하나님의 영광이 나타나는 그날에 주어질 축복이 너무나 크다는 사실입니다. "그의 영광을 나타내실 때에 너희로 즐거워하고 기뻐하게 하려 함이라"(13절).

그의 영광을 나타내시는 때는 그들에게 하나님이 갚아 주시는 때입니다. 주님은 "하늘에서 너희의 상이 크다"라고 말씀하셨습니다(마 5:12 참조).

로마서 8장 18절에는 "현재의 고난은 장차 우리에게 나타날 영광과 비교할 수 없도다"라고 말씀하셨습니다.

초대 교회의 위대한 설교자였던 크리소스토무스(John Chrysostom, 349-407)는 "이 세상에서 모든 성도들이 당한 고난을 다 합하여도 하나님의 나라에 들어가서 보면 그곳에서 누릴 영광의 한 시간 만큼에도 비교가 안 된다"고 했습니다. 그만큼 하늘의 영광은 크고 찬란하다는 말입니다. 주님께서 이 세상에서 눈물 흘린 성도들의 눈물을 씻어 주실 것이고, 그 머리에 면류관을 씌워 주실 것이며, 놀라운 황금의 길을 걸으며 찬양해 주실 것입니다. 그 영광이 너무나 크기에 신자는 고난 속에서도 기뻐하고 즐거워할 수 있다는 말입니다.

한국의 유명한 순교자인 주기철 목사님이 1940년 9월에 잠깐 석방이 되어 산정현교회에서 마지막 유언의 설교를 하실 때 이렇게 말씀하셨습니다.

"나의 사랑하는 교우 여러분! 죽음을 무서워하며 예수를 버리지 맙시다. 한 번 죽어 영원한 천국의 복락을 누린다면 그 어찌 즐겁지 아니합니까? 주 목사가 죽는다고 슬퍼하지 마십시오."

이 세상에서 예수님을 믿음으로 말미암아 어려움이 있고 고난이 있다고 하여 예수님을 버리고 세상과 타협하여 살면 몇 년이나 살 것입니까? 앞으로 많이 살아야 삼사십 년입니다. 그다음엔 어떻게 하시렵니까? 영원한 하나님의 나라와 잠깐 동안 아침 안개와 같은 이 세상과 비교할 수 없습니다. 우리가 잠을 자다가 꿈을 꿉니다. 꿈속에서 어떤 사람에게 쫓기고 괴로움과 고통을 당합니다. 그러나 눈을 뜨고 깨어났을 때 그 꿈속에서 고통당한 것이 아무것도 아닌 것처럼 느껴집니다. 이 세상에서 그리스도를 위하여 괴로움을 당하는 일이 많지만 지나고 나서 저 천국에서 눈을 뜨면 이 세상에서 고통당하던 것은 아무것도 아니라는 말입니다. 그러므로 영원한 세계의 가치를 아는 사람은 현실적인 약간의 고난 앞에 자기의 신앙을 포기하지 않습니다. 오히려 어려움이 올 때 기뻐하고 감사합니다.

불행하게도 요즈음 성도들을 가만히 보면 너무 안일주의에 빠져 있습니다. 기독교를 도대체 무엇으로 이해하는지 모르겠습니다. 기독교는 값어치 없는 아편과 같은 종교가 아닙니다. 인간을 그저 달래는 막연한 마약과 같은 종교가 아닙니다. 생명을 걸고 싸우다가 죽어도 절대로 후회가 안 되는 종교요, 우리의 모든 것을 빼앗기고, 예수님 때문에 세상에서 구경거리가 된다 할지라도 나중에 그것과는 상대가 안 되는 영원한 축복과 영광을 누리게 만드는 참종교입니다. 이 귀한 예수 그리스도를 위하여 어떤 값이라도 우리는 지불할 수 있는 사람이 되어야 합니다.

공산주의자들이 이 세계는 공산주의 세계가 되어야 비로소 파라다이스가 온다고 믿고 있습니다. 그래서 공산주의를 위해서라면 자신의 생명은 아무것도 아닌 것처럼 던져 버립니다. 하물며 영원한 나라를 바라보고 산다는 그리스도인들이 조그마한 고통과 손해 앞에 믿음을 포기한다는 것은 말이 안 되는 이야기입니다. 대한민국을 공산주의에서 막을 수 있는 유일한 방파제는 올바르게 살아가는 그리스도인이 되는 길밖에 없습니다.

하나님의 심판

고난 당하는 성도들이 가져야 하는 세 가지 신념 중 세 번째는 하나님의 심판은 반드시 온다는 것입니다. "하나님의 집에서 심판을 시작할 때가 되었나니"(17절). 의를 위하여 고난을 당하는 자에게는 의로써 갚아 주실 것이요, 공산주의와 같이 교회를 핍박하고 하나님을 대항하는 세력에게는 하나님께서 무서운 불로 심판하실 때가 옵니다. 벌써 심판은 시작되었습니다.

스탈린이 살아 있을 때 하나님의 심판은 시작되었습니다. 그는 공포 속에서 날마다 쫓기며 사는 사람이었습니다. 8개의 침실을 만들어 놓고 날마다 보안장치를 한 다음에 어느 방에서 자는지도 모르게 자야만 겨우 잠이 드는 공포에 사로잡힌 사람이었습니다. 하나님이 그 마음에 이미 심판을 내리신 것입니다. 그 공포가 그를 붙들어 지옥으로까지 끌고 갔을 것입니다.

공산주의는 망합니다. 하나님의 손에 반드시 망합니다. 유대 나라를 괴롭힌 애굽이 살아남지 못했고, 이스라엘을 괴롭힌 아수르와 바벨론이 살아남지 못했습니다. 그리스도인들을 괴롭힌 나치의 집단이 그대로 남아 있지 못했습니다. 이처럼 심판은 반드시 오고야 맙니다. 공산 치하에서 고통스러워하는 성도들은 이 사실을 확인해야 합니다. 비록 눈물과 땀과 피의 역사가 계속되지만 어느 날 우리 주님이 재림하시면 우리가 보는 앞에서 모든 대적들이 심판받는 모습을 보게 하실 것입니다.

공산 치하에서 고통을 당하는 신자들을 위해 매일 기도해야 합니다. 그리고 자유 세계에 살면서 우리 역시 고난을 능히 감당할 수 있는 강한 그리스도인이 되어야 합니다. 그리스도를 위해서라면 어떤 고난도 기꺼이 즐거워하면서 감수하는 그리스도인이 되어야 합니다. 우리를 통하여 기독교의 강력한 정신과 힘을 주변의 모든 사람들에게 보이도록 해야 합니다. 그들을 변화시키는 새로운 역사가 일어나도록 해야 합니다. 또한 우리의 기도를 통하여 북한에 있는 형제들이 다시 해방을 맞는 새로운 자유가 도래하도록 해야 합니다. 하나님은 승리하십니다. 우리의 기도를 반드시 들으십니다. 우리 모두 이것을 믿고 힘 있게 전진하는 그리스도인이 되십시다.

13

생각이
많을때

사람이 바로 되어야 바른 생각이 나옵니다.
더러운 생각이 나오는 마음을 거룩한 마음으로 고쳐야 생각이 건전해집니다.

* 이 장은 설교자의 의도를 살리기 위해서 본문 말씀에 한하여 《성경전서 개역한글》을 사용하였습니다.

시편 94:17-19(개역한글)
17 여호와께서 내게 도움이 되지 아니하셨더면 내 영혼이 벌써 적막 중에 처하였으리로다 18 여호와여 나의 발이 미끄러진다고 말할 때에 주의 인자하심이 나를 붙드셨사오며 19 내 속에 생각이 많을 때에 주의 위안이 내 영혼을 즐겁게 하시나이다

생각이 많을 때

어느 가정에 심방 갔을 때의 일입니다. 그 가정은 대단히 어려움을 당하고 있었습니다. 착잡한 심정으로 예배를 드렸습니다. 그때 하나님께서는 그 가정에 필요한 말씀을 주셨는데 그것이 본문 말씀인 시편 94편 17-19절 말씀입니다. 그 가정은 이 말씀에 비추어 볼 때 그야말로 발이 미끄러진 가정이었습니다.

18절을 보면 "여호와여 나의 발이 미끄러진다고 말할 때에"라는 말씀이 있습니다. 이 말을 영어 성경(*Living Bible*)에서는 "주여, '내가 지금 미끄러집니다'라고 비명을 지를 때에"라는 아주 강한 인상을 주는 표현으로 말하고 있습니다.

시편 94편은 이 세상의 너무나 많은 모순 때문에 부르짖는 의인의 고통이요, 기도라고 할 수 있습니다. 3절과 4절에는 "언제까지 악한 자들이 개가를 부르도록 내버려 두시겠습니까? 주여! 언제까지 오만하여 죄를 범하는 자들이 자만하여 말하기를 하나님이 어디 있냐고 소리치게 하실 것입니까? 언제까지 불의를 행하는 자가 치부하고, 언제까지 행악하는 자가 장수하는 모순된 세상을 남겨 놓으실 것입니까?"라고 하는 의인의 호소가 가득 담겨 있습니다.

　우리 주변에서도 착하게 살아 보려고 노력하는 사람들이 많은 손해를 당하는 경우를 종종 봅니다. 가슴 아픈 일입니다. 이와 같이 인생의 길은 마치 빙판과 같습니다. 세상은 사랑이 식어 버리고 아첨하는 입술과 두 마음으로 말하는 사람들이 가득 찬 곳입니다. 이러한 세상에서 산다는 것은 정말 빙판 위를 걸어가는 것과 같다고 할 수 있습니다. 아무리 조심해도 언제 내려앉을지 모르는 불안과 위험을 안고 있는 것이 인생길입니다.

　어떤 때에는 18절에 있는 말씀대로 "주여, 내가 미끄러집니다" 하고 소리를 지르면 하나님께서 미끄러지지 않도록 강하게 붙들어 주실 때가 있습니다. 빙판 위를 자녀와 함께 걸어가던 아버지가 아들이 비틀거리면서 넘어지려고 하면 넘어지기 전에 꽉 붙들어 바로잡아 주는 것처럼, 하나님께서는 그의 자녀가 인생길을 걸어가다가 자기도 모르게 위기를 만나면 강한 오른손으로 붙들어 주실 때가 있습니다. 본문에 보면 "인자하심이 나를 붙드셨사오며"(18절)라고 하셨는데 바로 이런 경우라고 생각합니다.

　그러나 어떤 때는 넘어진다고 아무리 아우성을 쳐도 붙들어 주지 않으시고 넘어지도록 놓아두실 때가 있습니다. 심방을 하다 보면 '왜 저렇게 믿음으로 살려고 하는 형제에게 어려움과 시련이 오는가' 하는 안타까움을 느낄 때가 많습니다. 그것은 하나님께서 우리가 전혀 꿰뚫어 볼 수 없는 깊고 심오한 계획을 가지고 넘어지도록 하신 것입니다.

　지혜로운 아버지는 자녀를 끝까지 붙들어 주려고만 하지 않습니다. 또 자녀가 미끄러워서 못 가겠다고 칭얼대며 눈물을 흘린다고 해서 삽을 들고 길바닥의 모든 얼음을 파내어 주지도 않습니다. 오히려 미끄러워도 건너가게 합니다. 하나님께서도 가끔 자기 자녀가 미끄러진다고 소리쳐도 그대로 내버려 두실 때가 있습니다. 그래서 19절에 "내 속에 생각이 많을 때에"라는 말씀이 나옵니다.

사실, 넘어진 다음에 많은 생각들이 우리의 뇌리를 스쳐 지나갑니다. 나쁜 사람에게 속아서 재산을 손해 본 다음에는 생각이 많아집니다. 건강하다고 인생을 자신만만하게 살던 사람이 건강에 무서운 위기를 만나 병원에 누워 있으면, 많은 생각이 마음을 사로잡습니다. 다른 사람이 부러워할 정도로 행복한 가정을 가졌던 사람에게 어두운 먹구름이 드리우면 생각이 많아집니다. 이런 생각이 수없이 쌓이면 잠 못 이루는 밤들이 연속될 때가 있습니다.

세계에서 가장 잘산다고 하는 미국의 통계를 보면 수면제의 종류가 2백여 종이 넘는다고 합니다. 잠을 못 이루는 사람이 많다 보니까 한 가지 약을 개발하여 얼마 동안 사용하면, 면역이 생겨 잘 듣지 않습니다. 그러면 새것을 개발하고 하다 보니까 2백 종이 넘은 것입니다. 게다가 그 2백 종이 넘는 수면제를 1년 동안 사 먹는 양이 80만 파운드이며 돈으로 계산하면 25억 불이라고 합니다. 세계에서 가장 잠을 이루지 못하는 국민을 꼽으라고 하면 아마 미국 사람일 것입니다. 인간적인 입장에서 볼 때 가장 잘산다는 그들에게 왜 그렇게 잠 못 드는 밤이 많습니까?

인생을 30년, 40년을 살다 보면 우리에게도 많은 생각이 마음을 사로잡아 잠을 설칠 때가 많습니다. 많이 생각하는 것이 나쁜 것은 아닙니다. 성경에서 생각이 많은 것을 나쁘다고 말한 곳은 한 곳도 없습니다. 왜냐하면 생각은 마음을 깨어 있게 만들기 때문입니다. 평안하고 태평스러울 때는 마음이 잠을 자지만 위기를 만나 완전히 미끄러졌다고 판단될 때에는 마음이 깨어납니다. 그리고 신중하게 생각하는 사람이 됩니다.

파스칼은 "인간은 자연계에서 가장 나약하다고 볼 수 있는 갈대이다. 그러나 생각하는 갈대다. 인간의 모든 존엄성은 생각하는 데 있다"라고 규정했습니다. 생각하는 것은 인간의 특권입니다. 생각한다는 것은 바람직한 일입니다.

현대인의 병은 생각할 수 있는 여유와 생각을 할 수 있는 자유를 빼앗겨 버린 마른 갈대가 되어 버렸다는 데서 기인합니다. 이것이 현대인들의 비극이요 고통입니다. 정신적으로나 영적으로 생각할 줄 모르는 사람들에게 위기가 찾아옵니다.

현대는 많은 정보들이 사람의 능력으로는 도무지 처리할 수 없을 만큼 홍수가 되어 쏟아져 나옵니다. 많은 매스컴의 자료들, 수천 종에 달하는 출판물을 통해 전 세계의 정보들이 감당할 수 없을 만큼 쏟아져 나오는 시대가 바로 우리가 사는 시대입니다. 그 결과, 사람들은 생각할 여유를 잃어버렸습니다. 듣고, 보고, 느끼는 감각 기능마저 그 한계 수위를 넘어 버린 상황이 되었습니다. 자기 자신을 되찾아 깊이 생각하는 자유를 잃어버렸습니다. 정보 공해로 현대인은 위기를 당하고 있습니다. 그러므로 생각한다는 것은 중요한 것입니다. 비록 미끄러져서 위기를 당한 다음에 오는 일이라고 할지라도 그것은 중요합니다.

본문 19절에 보면 "내 속에 생각이 많을 때에 주의 위안이 내 영혼을 즐겁게 하신다"고 하였습니다. 생각을 많이 하는 자에게 하나님의 위로가 넘치고, 하나님께서 가까이 오셔서 그와 함께 깊은 생각에 동참하시는 예들이 많습니다.

건전하게 생각하라

모든 생각이 다 건전한 것은 아닙니다. 특별히 미끄러져서 위기를 당한 다음에 오는 생각들은 잘못하면 병든 생각이 되기 쉽습니다. 많은 잡념들, 공상들, 원한과 공포와 불안이 한데 엉킨 생각들일 수 있습니다. 이 생각은 드디어 번뇌를 일으키고, 그 번뇌가 계속되면 병을 일으키곤 합니다. 그러므로 생각하는 것보다 더 중요한 것은 건전하게 생각할 줄 아는 것입니다. 그러면 쓰러져 누워 있을 때에 오고 가는 많은 생각들을 어떻게 건전한 생각으로 바꿀 수 있습니까? 어떻게 하나님의 위로가 내 영혼을 즐겁게 하는 깊은 은혜의 경지까지 들어갈 수 있습니까?

첫째, 사람이 바로 되어야 건전한 생각을 합니다. 아무리 생각이 중요해도 사람이 바로 되어야 바른 생각이 나옵니다. 양심의 가책을 받아야 될 문제에 대하여 전혀 양심의 가책을 받지 않을 만큼 변화되지 않았다면 그 마음에 건전한 생각이 일어날 수가 없습니다. 항상 남을 원망하고 자기 자신만이 완전하다고 생각하는 교만한 마음의 상태를 가진 사람에게 건전한 생각을 요구하는 것은 무리입니다. 그러므로 생각이 바로 되려면 사람이 바로 되어야 합니다.

현대 심리학자들이 무조건 생각을 긍정적으로, 또는 적극적으로 하면 사람도 바뀌고 생활도 바뀐다고 강조하지만, 그것은 일종의 기만입니다. 약간의 효과는 있을지 모르지만 근본적인 치료는 안 됩니다.

하나님은 이렇게 말씀하십니다. "사람이 중생받아야 생각도 중생받는다. 그때야 바른 생각을 할 수 있다." 이것은 하나님의 법칙입니다. 그러므로 마음 바탕이 올바로 되어 있지 않은 자는 예수 그리스도 앞에서 고침을 받아야 됩니다. 더러운 생각이 나오는 마음을 거룩한 마음으로 고쳐야 됩니다. 모든 추한 것들을 하나님 앞에 회개하고 나서 하나님이 주시는 깨끗하고 부드러운 마음을 받아야 생각이 건전해지는 것입니다.

저 미국에 잠을 이루지 못하는 수천만의 사람들이 예수님을 믿고 근본적으로 변화된 새사람이 되었다고 한다면, 잠을 자기 위하여 투자하는 25억 불이라고 하는 그 많은 돈을 절약할 수 있었을 것입니다. 많은 사람들이 수면제를 먹어야 잠을 이룰 수 있다는 것은 사람이 바뀌지 않았다는 이야기입니다.

기독교는 사람을 바꾸는 변화의 종교입니다. "누구든지 그리스도 안에 있으면 새로운 피조물이라 이전 것은 지나갔으니 보라 새것이 되었도다"(고후 5:17).

예수님을 믿는다는 것은 바뀌는 것입니다. 바뀔 때에야 비로소 바른 생각을 하게 됩니다. 심령주의 철학자 윌리엄 제임스(William James, 1842-1910)가 "우리 세대 가운데서 가장 위대한 발견은 인간이 마음의 태도와 생각의 자세가 바뀜으로 그 생활을 바꿀 수 있다는 사실이다"라고 말한 것을 기억합니다. 이것은 현대 철학이 발견한 가장 중요한 사실이라고 했습니다.

사람이 영적으로 바뀌어 하나님의 거룩한 자녀가 되면 생각이 바뀝니다. 생각이 바뀌면 자동적으로 그 사람의 생활도 바뀝니다. 예수님을 믿고 변화 받아 새사람이 되어 하나님과의 관계에서 항상 건전하게 서 있는 사람이 되면 생각을 바로 하게 되고, 그 생각에 따라서 생활 환경과 여건이 달라집니다. 이 변화의 작업을 성령이 해 주십니다. 우리 안에 거하시는 성령께서 우리를 완전히 변화시켜 주십니다. 이것을 체험하는 사람이 그리스도인입니다. 그리스도인들에게도 먹구름은 가끔 덮히지만 금방 걷혀 버리고 하나님이 주시는 아름다운 생각을 가지고 더 높은 차원으로 올라갑니다.

믿음을 가진 사고

건전한 생각은 건전한 믿음에서 생깁니다. 사람이 바뀌면 드디어 믿음의 사람이 됩니다. 믿음은 그리스도인에게는 중요한 것입니다. 우리가 잘 아는 바와 같이 인간은 어디까지나 피조물입니다. 피조물이란 의미는 독립된 사고를 할 수 없는 존재라는 것입니다. 피조물이 창조자를 무시하고 자신이 스스로 옳다고 생각하는 어떤 독립적인 사고를 한다면 그 사람은 분명히 위험한 상태에 와 있습니다. 아담과 하와가 피조물이었기 때문에 하나님을 완전히 무시하고 자기 스스로 독립된 사고와 결단을 내렸을 때 그들은 무서운 과오를 범했고, 다시 돌이킬 수 없는 비극으로 치달았습니다.

모든 인간은 피조물이라는 것을 잊지 말아야 합니다. 이 피조물이라는 단어 안에 모든 기독교인의 진리가 요약되어 있습니다. 피조물이기 때문에 모든 생각을 하나님의 뜻에 일치시키는 예속적인 사고를 해야 합니다. 이때에 비로소 건전한 사고를 하게 되고 이것을 일컬어서 '믿음을 가진 사고'라고 합니다.

믿음의 사고는 하나님의 말씀을 통하여 발견할 수 있습니다. 하나님의 말씀에는 믿음이 없는 자를 믿음 있는 자로 만드는 놀라운 능력이 있습니다. 믿음이 없어서 날마다 방황하는 사람으로 하여금 믿음의 닻을 힘 있게 내려서 건전한 생각을 하게 합니다.

빈센트 필(Norman Vincent Peale, 1898-1993) 목사는 굉장히 급성장하는 어느 회사 사장의 초대로 그 회사를 방문하게 되었습니다. 그 회사를 견학하고 사장실로 들어가서 그 안을 둘러보았습니다. 모든 것이 최신형이고 최고급으로 장식되어 있으며, 멋진 계획을 가지고 발전하는 회사임을 한눈에 알아볼 수 있었습니다. 그런데 그 방의 분위기에 어울리지 않게 책상 위에 너덜너덜하게 다 낡은 책이 한 권 있었는데 그것은 손때가 묻은 가죽 성경이었습니다. 그 회사에서 낡은 고물에 속하는 것은 그 성경 하나뿐이었습니다. 그래서 목사가 사장에게 물었습니다. "저렇게 낡은 성경을 왜 책상 위에 두고 있습니까?" 사장은 "예, 이 성경은 보기에는 낡았지만, 우리 회사에서 가장 새로운 최신식으로 첨단을 걷는 것입니다. 왜냐하면 제가 이 성경을 펼칠 때마다 하나님께서는 언제나 새로운 음성으로 나에게 새로운 아이디어와 신념을 주시기 때문입니다. 그러므로 이 성경은 이 회사에서 가장 첨단을 걷는 최신식 시설입니다. 그래서 항상 저의 책상 위에 두고 있습니다"라고 대답하는 것이었습니다.

그 목사가 하도 신기해서 "언제 당신이 하나님의 말씀을 통해서 변화 받으셨습니까?"라고 물었더니 그는 차분히 이렇게 간증했습니다.

그가 대학교에 다닐 때 믿음이 좋으셨던 어머님이 그에게 이 성경책을 주시면서 "애야, 인생을 살려면 하나님의 말씀이 없어서는 안 된단다. 틈이 날 때마다 이 말씀을 읽거라"고 하셨습니다. 그 당시는 어머니의 마음을 섭섭하게 하지 않기 위해서 감사하다며 성경을 받았습니다. 그러나 마음속으로 '어머니는 구식 사람이야. 그러니 아직도 저런 케케묵은 성경의 말에 매여서 인생을 멋없게 사시지. 그러나 난 달라. 최고의 학벌을 공부했는데'라는 생각에 그 성경을 책장에 꽂아 놓고는 몇 년이 지나도록 한 번도 펴 보지 않았습니다.

대학을 졸업하고 현실에 뛰어들어서 일을 시작하는데 이상하게 일이 잘 안 됩니다. 생각이 점점 삐뚤어지고 순진성도 잃어 가고 건전하게 생각하던 사고도 병이 들어 나중에는 모든 일에 독단적인 사람이 되어 버리고 말았습니다. 자신의 판단만이 옳고 믿을 수 있지, 다른 사람의 생각은 도무지 받아들일 수 없는 이상한 사람으로 변해 버렸습니다. 만신창이가 된 것입니다. 본문의 말씀처럼 미끄러진 것입니다.

실의에 빠져 자기 서재에서 이 책, 저 책을 뒤적이는데 갑자기 먼지가 뽀얗게 앉은 성경책이 눈에 띄었습니다. 어머니가 주신 것을 기억하면서 꺼내어 펼쳐 보았습니다. 눈에 들어오는 말씀이 시편 27편 1절이었습니다. 말씀을 생각 없이 읽다가 1절에서 "여호와는 내 생명의 능력이시니 내가 누구를 무서워하리요"라고 하는 말씀에 그는 완전히 사로잡혔습니다.

드디어 인생의 주인은 하나님이시라는 사실을 발견하게 되었고, 생명의 원천도 하나님이시라는 것을 알게 되었습니다. 그의 간증에 의하면 1절을 읽는 순간 그 말씀에 완전히 붙들렸고, 자기도 모르는 사이에 내적으로 변화를 받았다는 것입니다. 사람이 변하니까 지금까지 생각했던 모든 것들이 다 잘못되었다는 것을 발견하게 되었습니다. 그다음부터 하나님의 말씀을 열심히 읽으면서 믿음의 사람이 되고 생각의 방법이 달라지게 되었습니다. 그의 회사는 바로 그가 변화받은 뒤에 얻은 하나님의 축복의 사업장이 되었습니다. 당신도 하나님의 말씀에 붙잡히면 믿음의 사람이 됩니다.

진리를 알지니 진리가 너희를 자유롭게 하리라_요 8:32

하나님 말씀의 진리를 배우면 지금까지 내가 매여서 꼼짝 못하던 더러운 생각에서 해방되고, 하나님이 주시는 귀하고 건전한 사고를 할 수 있게 됩니다. 다시 말해서 창조자 되신 하나님을 자기 삶의 중요한 위치에 모시고 사는 사람은 건전한 사고를 하는 사람이 되는 것입니다. 그러므로 믿음이 있어야 바른 사고를 하게 됩니다.

기도의 골방에서

건전한 생각은 기도로 열매를 맺습니다. 생각이 많은 밤, 잠을 이룰 수 없는 밤, 많은 생각이 오고 갈 때 하나님의 말씀을 조용히 읽어 보십시오. 그리고 하나님께서 나와 함께하신다는 믿음을 가지고 생각들을 정리해 보십시오. 그러면 더럽고 잘못된 생각들이 다 키질 되어 날아가 버리고 건전한 생각만 남게 됩니다. 건전한 생각을 가슴에 안고 기도의 골방을 찾으십시오.

생각이 많을 때 하나님께서 그의 위로로 우리의 영혼을 즐겁게 해 주신다고 하셨는데 이 체험은 기도의 골방에서 하게 됩니다. 하나님은 겸손한 마음으로 엎드려 간구하는 기도를 들으시고 기도하는 그 마음에 놀라운 위로와 은혜를 주십니다. 모든 생각이 하나님 은혜의 이슬로 촉촉하게 젖게 되고 이슬에 이슬을 머금은 모든 생각들이 아름다운 꽃봉오리처럼 피어나기 시작합니다. 근심이 변하여 찬양이 되고, 원망이 변하여 감사가 되고, 모든 잡념들이 변하여 하나님께 즐거운 환희를 표현할 수 있는 기도의 제목들이 됩니다.

많은 생각들을 믿음과 말씀으로 정리하고 나서, 건전한 생각만 가슴에 안고 기도의 골방으로 들어가 아뢰기 시작하면 하나하나 아름다운 꽃으로 피어나기 시작합니다.

예배를 드리고 가시던 집사님 한 분이 "목사님 말씀이 맞아요" 하기에 "집사님, 뭐가 맞습니까?" 하고 되물었더니 "목사님! 나이가 많아지니까 밤이 되면 혼자 울 때가 많아요. 그런데 생각들이 많아지고 마음이 괴로워서 답답해 하다가도 하나님께서 나와 함께 계시니까 괜찮다고 하는 믿음을 가지고 기도하면, 마음의 고통이 사라지고 하나님께서 주시는 위로가 내 마음에 넘치는 것을 많이 체험해요"라고 하는 것이었습니다.

그렇습니다. 생각이 많을 때에 하나님의 위안이 우리의 영혼을 즐겁게 해 줍니다. 그러므로 생각이 많은 밤에 복잡한 문제로 말미암아 베개를 안고 새벽을 맞으면 곤란합니다. 빨리 일어나 조용한 골방을 찾아가 하나님께 다 아뢰면 그 마음에 아름다운 은혜를 충만하게 주십니다.

에베소서 3장 20절을 보면 "우리 가운데서 역사하시는 능력대로 우리가 구하거나 생각하는 모든 것에 더 넘치도록 능히 하실 이에게"라고 했습니다. 우리의 많은 생각들이 기도로 표현되면 주님께서 우리의 생각을 다 알고 계시므로 생각하고 구하는 것 이상으로 넘치도록 주신다는 말씀입니다.

> 이는 내가 그 피곤한 심령을 상쾌하게 하며 모든 연약한 심령을 만족하게 하였음이라 하시기로 내가 깨어 보니 내 잠이 달았더라
> _렘 31:25-26

이 말씀의 배경은 아마 예레미야가 잠자리에 누워서 많은 슬픔과 고통에 사로잡혀 눈물을 흘리며 괴로워하던 밤이었던 것 같습니다. 그런데 그 모든 괴로움과 피곤한 심령과 생각들을 가지고 조용히 하나님께 아뢸 때 하나님께서 그의 마음을 열어 주시고 위로의 말씀을 주셨다는 뜻입니다.

그리스도인은 예수님을 모르는 사람보다 많은 생각을 해야 합니다. 생각을 하되 건전한 믿음의 생각을 해야 하며 그 모든 생각을 은혜

의 기도 골방으로 가지고 가야 합니다. 우리의 괴로움과 모든 슬픔들을 다 그분께 토로하면 슬픈 마음을 위로해 주시고 피곤한 심령을 상쾌하게 해 주시며 놀라운 기쁨을 주십니다. 그렇게 되면 예레미야의 고백처럼 "그날 밤은 내 잠이 유달리 달았더라"고 말하게 됩니다.

14

당신은
자족할 줄 아는가

감사는 멀리 있는 것이 아닙니다. 감사의 조건은 가까운 데 있습니다.
찾기만 하면 자족할 수 있습니다.
자족할 수 있다면 어떤 환경에서도 우리는 행복할 수 있습니다.
자족의 비결을 배우는 것은 행복을 얻는 것입니다.

빌립보서 4:10-13

10 내가 주 안에서 크게 기뻐함은 너희가 나를 생각하던 것이 이제 다시 싹이 남이니 너희가 또한 이를 위하여 생각은 하였으나 기회가 없었느니라 11 내가 궁핍하므로 말하는 것이 아니니라 어떠한 형편에든지 나는 자족하기를 배웠노니 12 나는 비천에 처할 줄도 알고 풍부에 처할 줄도 알아 모든 일 곧 배부름과 배고픔과 풍부와 궁핍에도 처할 줄 아는 일체의 비결을 배웠노라 13 내게 능력 주시는 자 안에서 내가 모든 것을 할 수 있느니라

당신은
자족할 줄 아는가

본문 말씀은 우리가 평소에 퍽 사랑하는 말씀 중 하나입니다. 이 말씀을 읽는 사람마다 제각기 느끼는 감정이 다를 것입니다. 그런데 거의 대부분이 대동소이한 느낌을 가지리라고 봅니다. 저는 이 본문을 읽을 때마다 유난히 저의 마음을 사로잡는 하나의 단어를 보게 되는데 그것은 11절 끝에 있는 바로 '자족'이라는 단어입니다.

스스로 만족할 줄 아는 마음의 상태를 '자족'이라고 합니다. 우리가 이 자족에 대한 인상을 뚜렷이 하기 위해 원어를 알고 있는 것도 좋을 것 같습니다. 자족을 원어로 '아우타르케이아'라고 합니다. 우리 모두 이 말을 외워 둡시다. '아우타르케이아!' 그리하여 특별히 불만이 쌓일 때마다 이 말을 상기하고 '아우타르케이아'의 뜻을 묵상하면 점차로 마음의 평안을 되찾게 될 것입니다.

본문에서 자족한다는 말을 하는 사람은 바울입니다. 그런데 바울은 죄수였습니다. 로마 감옥에 갇혀 언제 풀려나올지 모르는 비참한 신세였습니다. 그는 결코 만족할 만한 것이 없는 밑바닥 인생이었습니다. 그런데 바울은 "어떠한 형편에든지 나는 자족하기를 배웠노라"(11절)고 말하고 있습니다. 얼마나 놀라운 일입니까? 죄수의 입장에서 자족한다는 말을 하는 것은 정말 우리에게 굉장한 충격이 아닐 수 없습니다. 그래서 이 말씀이 더 힘이 있습니다.

바울이 감옥에서 쓴 서신으로 유명한 빌립보서를 읽으면 가장 자주 나오는 말씀이 '기뻐한다'는 것입니다. 그는 힘 있게 유쾌한 음성으로 다음과 같이 말합니다.

> 주 안에서 항상 기뻐하라 내가 다시 말하노니 기뻐하라_빌 4:4

감옥에 갇혀 있는 사람이 이처럼 "기뻐하라"는 말을 할 수 있을까요? 어떻게 그것이 가능할까요? 정말 우리가 깊이 생각해 보지 않을 수 없습니다. 감옥에 앉아서 기뻐하라고 소리치는 바울을 보면 아무 구속도 받지 않고 마음대로 거리를 활보하며 다니는 사람이 오히려 무색할 정도입니다. 그러므로 이 기쁨은 보통 기쁨이 아닙니다. 어떤 환경의 지배도 받지 않고 항상 마음속에 누릴 수 있는 기쁨! 바로 이 기쁨이 솟아나는 샘이 '아우타르케이아'입니다. 자족입니다.

비록 감옥에 앉아 있어도 스스로 만족할 줄 아는 그 마음에서부터 이 기쁨은 솟기 시작했습니다. 그러므로 이 기쁨을 바울에게서 빼앗아 갈 자가 아무도 없었던 것입니다. 이런 의미에서 우리는 이 본문을 주시해 볼 필요가 있습니다. 바울이 이와 같은 '아우타르케이아'를 가지고 기뻐할 수 있었다면 우리도 이 비법을 배워서 기뻐할 수 있어야 합니다. 바울은 감옥에 앉아서도 자족하며 기뻐했는데 여러 가지로 풍요롭고 자유로운 환경에 사는 우리가 왜 기쁨이 없고 불평스러운 삶을 살아야 합니까? 이왕 예수님을 믿고 살 바에는 바울처럼 살아야 합니다.

자족은 배우는 것

"어떠한 형편에든지 나는 자족하기를 배웠노니"(11절)란 말씀에 주목해 보아야 합니다. 자족은 배워야 하는 것입니다. 자족은 자연적으로 얻어지는 것이 아닙니다. 바울은 우리에게 자족은 배워서 얻는 것이라고 분명하게 말하고 있습니다. 배우기 전에는 전혀 몰랐다는 이야기나 다름없습니다. 이것은 굉장한 진리입니다. 우리가 경험적으로 아는 사실은 인간 본성만으로 항상 자족하는 사람은 하나도 없다는 것입니다. 아담으로부터 물려받은 부패한 우리의 성품을 보면 불평과 불만으로 부글부글 끓고 있는 지옥이지, 작은 것에도 감사하고 자족할 줄 아는 마음이 아닙니다. 이것은 마치 갈지 않은 땅과 같습니다. 가만히 내버려 두어도 거기에는 잡초가 납니다. 거기에는 가시덤불이 엉킵니다. 잡초 씨앗을 가져다가 심을 필요가 없고 가시나무 종묘를 가져다가 심을 필요가 없습니다. 가만히 내버려 둬도 잡초는 나고 가시는 뿌리를 내립니다. 인간의 마음도 똑같습니다. 불평을 가르쳐 줄 필요가 없습니다. 가만히 있어도 인간의 마음에는 항상 불평이 쏟아져 나오게 되어 있습니다.

　부인들에게는 좀 죄송합니다만 부인들이 시집오기 전에 바가지 학원에 가서 특별히 바가지 긁는 법을 배우지 않았습니다. 그런 특강을 배워야만 남편을 못살게 구나요? 그것은 아담으로부터 이어받은 못된 본성에서 나오는 천성입니다. 비단 여자만 그렇지 않습니다. 남자들도 말을 안 해서 그렇지 항상 마음속에는 불만과 불평이 가득합니다. 이것이 인간입니다. 그러므로 우리의 마음을 즐겁게 하는 아름다운 꽃 한 송이를 키우려면 땅을 그대로 두어서는 안 됩니다. 땅을 갈고, 모종을 심고, 물을 주고, 거름을 주고 가꾸어야 합니다. 그래야만 아름다운 꽃 한 송이를 얻을 수 있고 일용할 양식인 곡식을 얻을 수 있습니다.

자족도 마찬가지입니다. 자족이라는 것은 천상의 꽃입니다. 가만히 내버려 두어도 우리의 본성에서 저절로 피어나는 것이 아닙니다. 배워야 합니다. 배우지 않으면 자족할 줄 모릅니다. 그러면 바울이 어떤 방법으로 자족을 배웠는지 한 번 살펴보아야 하겠습니다. 12절 말씀을 가만히 음미해 보십시오.

> 나는 비천에 처할 줄도 알고 풍부에 처할 줄도 알아 모든 일 곧 배부름과 배고픔과 풍부와 궁핍에도 처할 줄 아는 일체의 비결을 배웠노라_빌 4:12

이 말을 알기 쉽게 풀이하면 '나는 가난하다는 것이 무엇인지 알고 부족하다는 것이 무엇인지 안다. 나는 잘 먹을 때나 배고플 때나 넉넉할 때나 아쉬울 때나 어떤 형편에서든지, 그리고 모든 형편에서 자족하는 비결을 배웠노라'라는 뜻입니다.

바울은 생의 경험을 통해서 자족을 배웠다고 말하고 있습니다. 그는 가난을 겪으면서 가난 속에서 자족하는 비결을 알았습니다. 그는 부요함을 경험하면서 부요 속에서 자족하는 비결을 터득했습니다. 여기서 "배웠노라"라는 단어는 현재완료형입니다. 현재완료 동사의 기능을 우리가 상식적으로 알지 않습니까? 그것은 지금까지의 경험을 통해서 이어진 행동을 말합니다. 그러니까 지금까지 배워 왔다는 의미를 가지고 있습니다. 가난할 때, 부할 때, 배고플 때, 배부를 때, 천할 때, 또는 존귀할 때 등 갖가지 인생 경험을 거쳐 오면서 배웠다는 것입니다. 환경을 통해서 배웠다고 했습니다.

사실 바울만큼 다양한 인생 경험을 한 사람도 드물 것입니다. 그는 굉장히 부유한 집안에서 태어난 사람이었습니다. 그러나 인생 후반에는 주를 위해서 지독한 가난을 몸소 체험한 사람입니다. 바울처럼 존귀를 받은 사람도, 바울처럼 멸시와 천대를 받은 사람도 드물 것입니다. 그는 인생의 양극단 사이를 오가면서 다양한 경험을 통하여 자족할 수 있는 비결을 배웠던 것입니다.

우리 가운데서 어떤 사람도 바울과 같은 다양한 인생을 살아 본 사람이 별로 없을 것입니다. 가난을 맛보지 못한 사람이 가난을 알 도리가 없고 돈이 한 푼도 없는 사람이 부자의 사정을 알 도리가 없습니다. 그래서 인생은 경험이라고 합니다. 바울은 갖가지 인생 경험을 했지만 우리는 부분적으로 조금씩 경험했을 뿐입니다. 바울을 따라가려면 아직도 요원합니다. 그러나 한 가지 분명한 사실은 우리가 현재 몸담고 있는 환경이 자족을 배울 수 있는 값진 기회가 된다는 사실입니다.

당신은 가난합니까? 가난하다면 지금의 그 환경이 대단히 중요합니다. 왜냐하면 바울처럼 자족할 줄 아는 것을 배우는 절호의 기회이기 때문입니다. 평생 가난하라는 법은 없습니다. 언젠가 가난이 지나갑니다. 나중에는 가난하고 싶어도 가난할 수 없는 상황이 될 수도 있습니다.

지금의 기회를 놓치면 다음에 배우고 싶어도 배우지 못할 경우가 있을 수 있습니다. 지금이 자족하는 것을 배울 수 있는 참 좋은 기회라고 생각하십시오. 지금 가난할 때 자족하지 못하면 다음에 부자가 되어도 자족하지 못하는 사람이 될 것이요, 지금 부유하게 살면서도 자족하지 못하면 다음에 가난해질 때 자족하지 못할 것입니다. 그러므로 지금 자족하는 방법을 배워야 합니다.

자족하는 비결

이제 우리가 검토할 것은 바울이 배운 그 자족의 실재적인 내용이 무엇인가 하는 것입니다. 바울은 그것을 "비결"이라고 하는 단어를 사용하여 말하고 있습니다(12절). 13절에서 바울은 "내게 능력 주시는 자 안에서 내가 모든 것을 할 수 있느니라"고 말하고 있습니다. 이 말을 바꾸면 '어떤 환경에 처하든지 그때마다 내게 능력을 주시는 예수 그리스도 안에서 나는 언제든지 자족할 수 있다'는 뜻입니다. 그리하여 바울의 비결을 이렇게 두 가지로 정리할 수 있습니다.

첫째로, 어떤 형편에서든지 자족할 수 있는 능력을 주님이 주신다는 것입니다. 둘째는, 그 능력을 받으면 어떤 환경에서든지 자족할 수 있다는 말입니다. 이것이 바울의 비결입니다.

어떤 식당에서 식사를 할 때의 일입니다. 찍어 먹는 소스가 참 맛있어서 어떤 사람이 "야! 이거 참 맛있네" 하니까 옆에 있던 사람이 "이 정도면 나도 만들 수 있겠어. 몇 가지만 들어가면 되겠지"라고 대꾸했습니다. 옆에서 가만히 그 말을 듣고 있던 웨이터가 "아, 그거 못 만들 거예요. 그 비결은 우리 주방에 있는 한 사람만 아는 걸요"라고 말했습니다. "그래요? 그렇게 어려워요?"라고 손님이 묻는 말에 웨이터는 "그럼요, 그 사람은 그것 가지고 먹고사는데요. 아무도 안 가르쳐 줘요"라고 대답을 하는 것이었습니다. 아마 몇 가지 재료를 섞어서 묘하게 맛을 낼 것입니다. 사실 비결이라는 것도 따지고 보면 별것 아닐 것입니다. 그러나 그 방법을 익히느라 오랫동안 고생한 사람에게는 매우 소중한 것임에 틀림없습니다.

우리가 바울의 비결을 가만히 보면 별것 아닌 것같이 보일 수도 있습니다. 그러나 바울에게는 대단한 것입니다. 그가 경험을 통해서 배웠기 때문입니다. 바울이 말하는 비결은 '예수님의 능력'입니다. 그런데 "능력 주시는 자"라는 말은 '나를 강하게 하는 자'라는 말로 바꿀 수 있습니다. 이런 의미로 보면 바울은 예수님이 어떤 경우에서나 능력을 공급하는 원천이 되는 것을 알고 있었던 것입니다. 가난 속에서는 그 가난에 구애받지 않고 자족할 수 있도록 주님이 자기를 강하게 하시는 것을 알았습니다. 부요한 형편에 놓였을 때는 그 부요에 자기의 마음이 빼앗기지 않을 수 있는 능력을 주님이 주시는 것을 알았습니다. 그래서 그의 말을 요약하면 '자족은 사람의 힘이 아니라 오직 주님이 주시는 힘이다. 주님의 능력만 받으면 어떤 환경에서든지 자족할 수 있다'라고 할 수 있습니다.

바울은 이것을 한 단어로 묶어서 "능력 주시는 자 안에서"라고 표현했습니다. 이 "안에서" 라는 말에는 '자족은 주님이 주신다. 주님이 주시는 힘이 있을 때 가능하다. 그 힘을 받으면 언제든지 자족할 수 있다. 어떤 환경에서든지 주님은 그 힘을 주신다'라는 뜻이 내포되어 있습니다.

당신에게 이와 같은 '주 안에서'의 비결이 있습니까? 어떤 환경에서든지 주님이 주시는 능력을 경험하고 살고 있습니까? 만약 제가 인생 경험을 많이 한 노련한 사람이요, 또 연구를 많이 한 신학자라고 한다면 주님이 주시는 이 능력을 좀 더 선명하게 설명할 수 있을지 모릅니다. 그러나 저는 제 자신의 한계 안에서 주님의 능력을 몇 가지 말씀드리고자 합니다. 바울이 말하는 비결, 즉 예수 그리스도가 환경이 바뀔 때마다 주시는 능력이 실제로 어떤 것인가를 다음의 세 가지로 말할 수 있습니다.

환경을 초월하는 능력

첫째, 환경의 노예가 되지 않는 능력입니다. 어떤 환경을 만나든지 그 환경에 매이지 않고 살 수 있는 능력입니다. 우리의 마음은 환경의 변화에 대단히 민감합니다. 부유하던 사람에게 갑자기 재난이 닥치면 정신을 차리지 못합니다. 아무리 믿음이 좋은 사람이라도 한동안은 제정신이 아닙니다. 얼마나 당황하게 됩니까? 믿음이 어디 있어요? 그때에는 기도도 안 나오고 찬송도 안 나옵니다. 한참 정신을 잃고 있다가 나중에 겨우 "주여!" 하고 찾는 것이 우리의 일반적인 태도입니다.

그런데 그와 같이 암담한 상황에 놓였을 때도 이상한 힘이 자기의 내면에서 일어나는 것을 느낍니다. 이것은 경험해 보지 못한 사람은 모릅니다. 도무지 자신을 주체할 수 없는 어려운 환경인데도 이상하게 환경을 마음대로 다스릴 수 있을 것 같은 자신감이 생기고, 자기가 절대로 망하지 않으리라는 믿음이 생기면서 나름대로의 기대를 가지고 환경을 내려다볼 수 있는 힘을 갖습니다. 당신은 이것을 체험해 보신 적이 있습니까? 환경을 초월해서 모든 것을 다룰 수 있는 신비스러운 힘을 아십니까? 환경의 노예가 되지 않는 능력을 아십니까? 이것이 지금 바울이 말하는 하나님의 능력입니다.

환경이 바뀔 때마다 그것을 초월할 수 있는 하나님의 능력을 체험한 사람 가운데서 우리는 구약의 요셉을 빼놓을 수가 없습니다. 요셉의 일생을 보십시오. 아버지로부터 그렇게 총애를 받던 소년이 하루 아침에 노예가 되어 버린 사건을 우리는 잘 압니다. 요셉의 환경이 그렇게 바뀌었을 때 그에게 따라다니는 말이 하나 있습니다. "여호와께서 요셉과 함께하시므로"라는 말입니다.

이 말은 무엇을 의미합니까? 노예 환경에 그가 내던짐을 받았지만 그 속에서 하나님이 그 모든 환경에 구애받지 않고 자족할 수 있는 사람으로 능력을 주셨다는 말입니다. 그러므로 요셉이 노예 생활을 할 때에도 얼마나 정정당당하게 밝은 얼굴로 생활을 했는지 우리는 성경을 읽으며 짐작할 수 있습니다.

조금 지나서 요셉의 환경이 또 한 번 바뀝니다. 요셉은 감옥으로 끌려가게 됩니다. 그럴 때도 똑같은 말씀이 따라옵니다. "여호와께서 요셉과 함께하시므로." 이것은 감옥에서도 요셉이 그 환경에 매이지 않고 그 환경을 이길 수 있는 능력을 하나님으로부터 받았다는 말입니다. 그러므로 요셉은 감옥에서 생활할 때 일반 죄수들과 같이 어두운 얼굴이 아니었습니다. 그는 여유만만하게 다른 형제들을 도우면서 기쁘게 감옥 생활을 할 수 있었습니다.

이러한 요셉을 보고 생을 포기하고 체념했다고 말할 수 있습니까? 체념한 것이 아닙니다. 바울도 마찬가지입니다. 네로가 파 놓은 지하 감옥에 갇혀서 쇠고랑을 차고 있었지만 주 안에서 기뻐하라고 외친 그를 향해 체념한 사람이라고 말할 수 있습니까? 천만의 말씀입니다. 이것은 하늘로부터 하나님이 주시는 어떤 능력을 공급받을 때만 가능한 정말 멋진 사람의 모습입니다. 당신에게 이 능력이 있습니까? 이 능력을 알고 있습니까? 날마다 환경에 매여서 헤어나지 못하는 미약한 자가 되는 것은 참으로 비참합니다. 예수님을 믿는 사람이 세상 사람과 다른 점이 무엇입니까? 환경에 매이지 않는다는 것입니다. 우리는 가난하든 부하든 간에 환경을 마음대로 다루면서 살 수 있는 능력을 가지고 있습니다.

감사의 조건을 찾아내는 능력

바울이 말하는 능력 두 번째는 어떤 환경에서든지 감사의 조건을 찾아낼 수 있는 능력입니다.

항상 확신하는 것은 하나님이 만드신 피조물은 그 어떤 것이든 아름다운 점을 한두 가지 가지고 있다는 사실입니다. 끔찍한 벌레가 지나가더라도 그 벌레를 자세히 보면 그 흉하게 생긴 놈에게도 그 속에 조물주가 만들어 놓은 아름다움이 있습니다. 마찬가지로 우리가 일생을 살면서 겪는 모든 환경에는 그것이 천하든 귀하든 간에 적어도 한두 가지는 감사할 조건이 들어 있다고 저는 확신합니다. 그런데 그 감사할 조건은 아무에게나 쉽게 발견되지 않습니다. 오직 하나님께서 능력 주셔서 눈이 열리는 자만이 발견할 수 있습니다. 그것은 높은 나무 끝에 매달려 있는 아름다운 열매라고 말할 수 있습니다.

자족이나 감사를 소재로 하여 말씀을 묵상할 때마다 제 마음속에 떠오르는 자매가 있습니다. 지금 이 순간에도 그 자매의 아름다운 음성이 제 마음을 두드리는 것 같습니다.

몇 년 전에 교회에 소록도의 한센병 환자들이 초빙되어 와서 하모니카 연주회를 한 적이 있습니다. 손가락도 없는 그 이상한 손에다가 하모니카를 끼어서 비뚤어진 입으로 신나게 불어 대던 그 기막힌 사람들의 모습이 아직도 우리 마음속에 남아 있습니다. 눈물 없이는 볼 수 없는 감격의 순간이었습니다. 그런데 연주하는 도중에 소록도에서 간호사로 수고하는 믿음 좋은 자매가 강단에 올라와서 간증을 했습니다. 그 자매의 입에서 나온 첫마디는 저에게는 하나의 원자폭탄이었습니다. "세상은 참으로 공평하다고 생각합니다." 이 말 한마디에 저는 굉장한 충격을 받았습니다. 처음 자매의 그 말을 들었을 때, 저는 그 자매가 무엇을 이야기하려는 것인지 꿰뚫어 볼 수 있었습니다. 이어서 그 자매는 이렇게 말을 했습니다.

"나환자들에게는 건강한 사람들이 갖지 못하는 감사의 조건이 있습니다. 그들에게도 웃음이 있고 만족이 있습니다. 어떤 면에서는 그들이 건강한 사람들보다도 더 행복할지 모릅니다. 그들은 생에 대한 탐욕을 다 버린 사람들이고 마음을 완전히 비운 사람들입니다. 그러므로 마음을 비우지 못한 건강한 사람들이 보지 못하는 행복과 만족이 있습니다. 그래서 오늘도 기뻐하고 찬송하는 것입니다."

그 자매는 이런 요지의 간증을 했습니다. 제가 소록도에 가서 집회를 인도할 때 나환자들과 접촉하면서 이 사실을 볼 수 있었습니다. 우리가 알지 못하는 기쁨이 그들에게 있는 것을 보았습니다. 이런 의미에서 인생은 공평한 것입니다.

나환자들의 세계에서도 영의 눈을 뜨고 세상을 보면 감사할 조건이 있습니다. 믿음의 눈을 뜨고 보면 감사할 조건이 있고 만족할 만한 조건이 있다는 말입니다. 주님은 그들의 병을 고쳐 주는 대신에 그 환경에서 감사하고 만족할 수 있는 조건들을 발견할 수 있는 눈을 열어 주신 것입니다. 그렇기 때문에 그들이 모여 찬송하는 소리를 들으면 천상을 날아 올라가는 것 같은 놀라운 영감을 느끼게 됩니다.

감사는 멀리 있는 것이 아닙니다. 감사의 조건은 가까운 데 있습니다. 찾기만 하면 자족할 수가 있습니다. '아우타르케이아'는 멀리 있는 것이 아니요, 가까운 곳에서 자신이 처한 환경에서 한두 가지 감사의 조건을 찾아내는 데서 시작됩니다. 아무리 가난해도 있습니다. 아무리 부부 사이가 나빠도 그 속에 감사할 조건이 있습니다. 오직 하나님이 능력 주시는 자만이 그것을 찾아낼 수 있습니다. 그럴 때 자족을 체득하게 됩니다.

며칠 전에 저는 차를 타고 가다가 참 감격스러운 장면을 보았습니다. 바로 우리 교회에 나오는 어떤 형제에 관한 이야기입니다. 그 형제의 직업은 자동차를 닦아 주는 세차업입니다. 추우나 더우나 하루 종일 장갑을 끼고 자동차에 걸레질을 하는 힘든 직업입니다. 그가 살고 있는 집은 옥상에 있는데 창문도 없는 조그마한 성냥갑 같은 방입니다. 거기에서 아내와 함께 살고 있습니다. 이제 자녀도 생겼습니다. 그런데 그 세차하는 형제를 우리 집사람이 전도를 했습니다. 지금 7, 8개월 동안 교회 출석을 참 잘합니다. 그리고 믿음이 굉장히 자랐어요. 찬송가도 멋지게 불러요. 그 부인도 참 믿음이 좋습니다. 그런데 제가 차를 타고 가다가 참 아름다운 장면을 보았습니다. 그 세차장 구석에다 찌그러져 가는 나무의자에서 그 부부가 너무나 행복하게 서로 쳐다보고 웃으며 뭔가 이야기를 하고 있는 장면입니다. 부인이 햇볕에 까맣게 그을린 얼굴로 아기를 안고 남편을 쳐다보며 얼마나 행복하게 웃고 소근거리는지 제가 차를 타고 가다가 속도를 늦추고 가만히 보았습니다. 값비싼 화장품을 바른 다른 부인의 얼굴에 없는 만족한 웃음이 그 형제의 부인에게 있었습니다. 자동차를 굴리면서 많은 사람들로부터 존경을 받고 다니는 남자의 얼굴에 없는 만면의 자족이 그 형제에게 있는 것을 제가 보았습니다. 바로 그것입니다. 세차를 하는 것이 무슨 상관입니까? 그 가운데서 감사할 조건을 찾아서 자족할 수만 있다면 그 사람이 참 행복한 사람입니다.

셰익스피어(William Shakespeare, 1564-1616)가 쓴《헨리 6세》라고 하는 희곡 가운데 이런 말이 있습니다.

"나의 왕관은 머리에 있지 않고 나의 가슴속에 있도다. 그것은 만족이라고 불리는 왕관, 도대체 몇 명의 임금이 이 왕관을 써 보았을꼬."

왕관을 쓰고 왕좌에 앉아 있어도 감사의 조건을 찾지 못하는 왕은 불행한 왕입니다. 그러나 아무리 어려운 환경이더라도 그 가운데서 감사의 조건을 찾아서 감사하고 바울처럼 기뻐하고 자족할 수만 있다면 그 사람은 마음의 왕관을 쓰고 왕좌에 앉아 있는 행복한 왕입니다. 당신에게 이러한 감사의 조건을 찾는 눈이 있습니까? 이 능력이 있습니까?

저에게는 가끔 외국에 다녀올 기회가 있습니다. 이것은 제가 재미 교포들 세계에서 본 이야기입니다. 교포들이 남의 나라 땅에 가서 갖은 고생을 다하여 돈을 벌면 먼저 저택을 사고 캐딜락이나 벤츠 같은 아주 좋은 자동차를 마련하는 것을 봅니다. 이제는 한시름 놓고 남들 보라는 듯이 살아 보자는 욕심에서 그렇게 합니다. 얼마 전에 제가 그런 분의 초대를 받은 적이 있습니다. 으리으리한 저택에서 여러 가지로 융숭한 대접을 받았습니다. 나중에 제가 그 집을 나올 때 남자 분을 쳐다보며 "어때요, 이제 만족하세요?"라고 물어보았습니다. 그는 "목사님도, 만족이 뭐예요. 이거 내놓은 집인데 빨리 누가 와서 사기만 하면 그만 팔아 버리고 방 몇 개 있는 아파트로 가서 살고 싶어요. 저택이 무슨 소용이 있어요? 캐딜락을 타면 뭐해요? 다 귀찮아요"라고 대답했습니다. '이 사람이 이제 무언가를 깨달았구나'라는 생각이 들었습니다.

우리는 흔히 만족의 조건을 밖에서 찾으려고 합니다. 그런 까닭으로 남의 손에 있는 것이 더 아름답고 더 크게 보이기도 합니다. 그리고 자기와 다른 사람을 자꾸 비교하기도 합니다. 그런데 이런 사람은 참 어리석은 사람입니다. 왜 손해 보는 짓을 하고 있습니까? 왜 바깥 환경을 가지고 행복한가 불행한가를 판단합니까? 행복은 어떤 환경에서든지 자기가 감사의 조건을 찾느냐 찾지 못하느냐에 달려 있습니다. 우리 주님은 무엇이라고 말씀하십니까? 자기를 믿음으로 바라보는 자는 어떤 환경에 처하든지 그 환경에서 감사의 조건을 찾을 수 있다고 말씀하십니다. 모래성에서 한 알의 다이아몬드를 찾아낼 수 있는 눈을 허락해 주신다는 말입니다. 이것이 주님의 능력입니다.

당신은 이 주님의 능력을 아십니까? 이 능력을 가지면 우리가 살고 있는 아파트가 5평이든 10평이든 상관없습니다. 자동차를 가지고 있든 안 가지고 있든 상관없습니다. 그런 것이 문제가 아닙니다. 주님이 주시는 능력만 있으면 지금 몸담고 있는 환경에서 다이아몬드를 찾는 눈이 열립니다. 그 속에 자족이 있습니다. 그 속에 기쁨이 있습니다. 주님이 주시는 능력은 바로 이런 것입니다.

우리를 도우시는 주님의 능력

바울이 말하는 세 번째 능력은, 어떤 환경에서든지 자기를 돕는 분은 예수 그리스도라는 사실을 분명히 확인할 수 있는 능력입니다. 우리를 안심하고 살 수 있도록 하는 분은 예수 그리스도일 뿐 돈도 아니요, 환경도 아니요, 어떤 사람도 아니라는 것을 믿는 능력입니다. 히브리서 13장 5-6절 말씀을 보십시오.

> 돈을 사랑하지 말고 있는 바를 족한 줄로 알라 그가 친히 말씀하시기를 내가 결코 너희를 버리지 아니하고 너희를 떠나지 아니하리라 하셨느니라 그러므로 우리가 담대히 말하되 주는 나를 돕는 이시니 내가 무서워하지 아니하겠노라 사람이 내게 어찌하리요 하노라
> _히 13:5-6

우리의 생을 마치는 순간까지 우리를 인도하시는 이는 주님입니다. 필요할 때마다 우리에게 공급하시는 이는 주님입니다. 약할 때 강하게 하시는 이는 주님입니다. 이 모든 것을 분명히 확인하고 믿으며 고백하는 능력, 이것이 바울이 말하는 일체의 비결입니다.

또 바울은 자족하는 비결을 배웠다고 했습니다. 주님이 주시는 능력을 받으면 어떤 환경에서도 자족할 수 있다는 그 비결은 경험에서 얻은 확신이었습니다. 그러면 주님이 주시는 능력이란 구체적으로 어떤 것입니까?

첫째는 환경에 매이지 아니하는 능력, 둘째는 어떤 환경에서든지 감사의 조건을 찾아낼 수 있는 능력, 셋째는 어떤 환경에서든지 오직 주님을 바라보고 나를 도우시는 자는 주님뿐이라고 고백할 수 있는 능력입니다. 이 능력을 우리 주님께서 주시는 것입니다.

자기에게 주어진 환경에서 최대의 행복을 구가할 수 있는 능력을 소유합시다. 그 능력으로 자족한다면 우리를 따라올 자가 누가 있습니까? 우리가 부러워해야 할 사람이 세상에 어디 있습니까?

예수님을 믿는 우리를 보고 세상 사람들이 부러워할 수 있도록 자족하는 능력을 소유합시다.

15

위대한
인간 승리

형제를 사랑하고 용서하며 자비를 베푸십시오.
진정 자기의 마음을 지키는 위대한 승리자가 될 것입니다.
어떤 사람도 당신을 불행하게 만들 수 없는, 당신 자신만의 행복을 갖게 될 것입니다.

창세기 50:15-21

15 요셉의 형제들이 그들의 아버지가 죽었음을 보고 말하되 요셉이 혹시 우리를 미워하여 우리가 그에게 행한 모든 악을 다 갚지나 아니할까 하고 16 요셉에게 말을 전하여 이르되 당신의 아버지가 돌아가시기 전에 명령하여 이르시기를 17 너희는 이같이 요셉에게 이르라 네 형들이 네게 악을 행하였을지라도 이제 바라건대 그들의 허물과 죄를 용서하라 하셨나니 당신 아버지의 하나님의 종들인 우리 죄를 이제 용서하소서 하매 요셉이 그들이 그에게 하는 말을 들을 때에 울었더라 18 그의 형들이 또 친히 와서 요셉의 앞에 엎드려 이르되 우리는 당신의 종들이니이다 19 요셉이 그들에게 이르되 두려워하지 마소서 내가 하나님을 대신하리이까 20 당신들은 나를 해하려 하였으나 하나님은 그것을 선으로 바꾸사 오늘과 같이 많은 백성의 생명을 구원하게 하시려 하셨나니 21 당신들은 두려워하지 마소서 내가 당신들과 당신의 자녀를 기르리이다 하고 그들을 간곡한 말로 위로하였더라

위대한
인간 승리

구약에서 가장 극적인 인생을 산 사람을 꼽으라면 요셉을 들 수가 있습니다. 요셉은 열일곱 살 때에 형제들의 질투와 모함을 받아서 노예로 애굽에 팔려 갔습니다. 그로부터 십 년이 지난 스물일곱 살 때에 주인으로 모시고 있던 사악한 여인의 모함을 받아서 감옥에 들어가는 최악의 상황을 맞이하게 됩니다. 감옥에서 2, 3년을 지난 후 서른 살 때에 하나님께서 그를 들어 애굽 나라의 총리로 삼으셨습니다. 그리고 애굽의 총리로서 수고하던 서른아홉 살 때에 자기를 노예로 팔았던 그의 형제들을 뜻밖에 만나게 됩니다. 그리고 아버지도 만나게 되는데, 그때 요셉은 부모 친지들을 모두 애굽으로 불러서 기름진 고센 땅에서 같이 살도록 자비를 베풀었습니다.

　요셉의 나이 쉰여섯 살 때에 그의 아버지 야곱이 세상을 떠났습니다. 야곱이 세상을 떠나자마자 남아 있는 요셉의 형제들은 몹시 불안에 떨었습니다. '요셉이 아버지의 마음에 고통을 주지 않으려고 우리를 용서한 것이 아닐까? 아버지가 세상을 떠난 후 형제들에게 복수를 하지 않을까?' 하고 근심을 한 것입니다. 그리하여 그들은 궁리 끝에 사람을 보내기로 했습니다. 아우 베냐민을 요셉에게 보내어 아버지가 살아 계실 때 형들의 잘못을 용서해 주라고 명령하셨으니 자기들을 용서하여 달라고 하소연을 했습니다. 형제들은 그래도 마음이 놓이지 않아 그들 모두 요셉을 찾아가 요셉 앞에 엎드려서 자기들의 죄를 용서해 달라고 빌었습니다.

그때 요셉은 울었습니다. 왜 울었을까요? 심리학자가 보는 견해가 다를 것이요, 문학자들이 보는 견해가 다를 것이며, 신앙인들이 보는 견해가 다를 것입니다. 하여튼 요셉은 대단히 의미 깊은 눈물을 흘렸습니다. 이윽고 요셉은 형들을 다음과 같이 위로했습니다.

"내가 하나님을 대신하겠습니까? 원수 갚는 것은 하나님의 손에 있고 나를 이 땅에 보내신 것도 하나님의 손에 있거늘 내가 하나님을 대신해서 당신들에게 어떻게 하겠습니까? 하나님이 악을 변하여 선으로 우리에게 갚아 주셨으니 형님들이여 두려워하지 마소서. 내가 당신들의 자녀들까지 맡아서 길러 드리리이다."

자기를 지킨 승리자, 요셉

요셉이 애굽의 종으로 팔려 와서 비참하게 지내는 동안 어떻게 그가 형제들에 대해 끓어오르는 분노와 복수심을 다스릴 수 있었을까요? 어떻게 그가 자신을 지키며 자기 파멸의 구렁텅이에서 헤어날 수 있었을까요? 요셉은 형제들을 만난 다음에 아버지와 함께 살면서 형제들의 모습을 볼 때마다 옛날의 분하고 억울했던 기억이 생각났을 것입니다. 그때마다 그 원망스러운 감정을 그가 어떻게 자제하며 17년을 견뎠을까요?

조용히 눈을 감고 요셉이라는 사람을 생각해 보면 그는 절대로 평범한 사람이 아니었습니다. 만약 요셉이 분노를 참지 못하고 울분과 원망과 복수심에 이글이글 불타면서 제멋대로 인생을 살았다면 그는 노예 생활을 하는 13년 동안 벌써 자기를 파멸로 이끌어 갔을 것입니다. 더욱이 무서운 유혹이 그를 사로잡으려고 했을 때 자포자기하고 헌신짝처럼 자기의 생을 내던져 버렸을 것입니다.

그러나 요셉은 그러한 삶을 살지 않았습니다. 요셉은 평안의 사람이었습니다. 신념의 사람이었습니다. 자기의 존엄성을 포기하지 않는 사람이었습니다. 감옥에 들어가서 쇠고랑을 차고 있었지만 절대로 천해 보이는 사람이 아니었습니다. 교만해 보이는 사람도 아니었습니다. 남이 지니지 못하는 놀라운 마음의 평안과 자신을 지키는 놀라운 능력을 가진 사람이었습니다. 어떻게 그것이 가능할 수 있었을까요?

"모든 지킬 만한 것 중에 더욱 네 마음을 지키라 생명의 근원이 이에서 남이니라"(잠 4:23). 마음을 지키는 데 성공한 사람은 위대한 승리자입니다. 마음을 지킬 수 있는 능력을 가진 사람은 이 세상에서 가장 강한 사람입니다. 그 사람의 생명의 축복이 자기 마음을 지키는 데서 나옵니다. 요셉은 바로 그런 사람이었습니다.

요즘 사람들을 만나 대화를 해 보면 인간관계로 인하여 고민하는 사람을 많이 보게 됩니다. 예를 들어 부모를 잘못 만나서 자기가 불행하다고 원망하는 자녀, 자식이 부모의 꿈을 산산조각 내버렸다고 자식을 원망하는 부모, 자신의 행복을 상대가 망쳤다고 원망하는 부부, 모든 것을 믿고 재산을 맡겼으나 배신해 버린 친구, 자기의 모든 명예를 걸고 도와주었으나 갑자기 원수가 된 인간관계로 인하여 잠을 자지 못하고 고통 속에서 괴로워하는 모습들을 우리 주변에서 많이 보게 됩니다.

사람을 가장 해치는 자가 누구입니까? 사자도 아니고 호랑이도 아닙니다. 사람입니다. 인간관계만큼 어렵고 힘든 것이 없습니다. 인간관계는 낫으로 가시밭길을 헤치는 것과 같습니다. 아무리 가시를 자르면서 조심을 많이 해도 자기도 모르는 사이에 손이 찔리고 피가 흐르는 것처럼 아무리 조심하고 지혜를 다해서 노력해도 자기도 모르는 사이에 찔리고 피가 나고 상처가 생기는 것이 인간관계입니다.

인생을 사는 데 있어서 인간관계만큼 힘들고 어려운 것이 없습니다. 그래서 본의 아니게 다른 사람을 해치는 일도 있고 다른 사람이 자신을 해치는 일도 있습니다. 자기 때문에 다른 사람이 고통을 당하게 되는 일이 있는가 하면 다른 사람 때문에 자기가 정신적으로, 육체적으로 병들어 버리는 극단적인 상황을 맞이하기도 합니다.

세상이 살기 힘들다고 하는 말이 많이 나올수록 인간관계는 더욱더 사나워진다고 할 수 있습니다. 이것은 다른 사람 때문에 자신의 행복을 빼앗긴다는 생각이 자신도 모르는 사이에 마음에 뿌리를 박는 것입니다. 그래서 자기의 불행과 고통은 자신의 탓이 아니고 다른 사람의 탓이라고 생각하게 됩니다.

그러나 요셉이 우리에게 교훈해 주는 것이 있습니다. 불행은 종종 타인의 탓이라기보다 자기의 탓이 될 수 있다는 것을 가르쳐 주고 있습니다. 자기의 행복을 빼앗아 가는 것은 다른 사람이 아니라 나 자신이라는 것을 요셉은 경고하고 있습니다.

다른 사람을 향해 늘 분노와 울분과 복수심으로 뭉쳐진 무서운 다이너마이트를 가슴에 품고 산다면 그 사람은 어떤 사람이 될까요? 그는 마음에 무거운 짐을 지고 사는 사람이 됩니다. 정신적으로 극도의 피곤을 느끼는 사람이 되어 버립니다.

육체가 피곤한 것은 목욕을 하거나 휴식을 취하면 풀리지만 마음에 무거운 짐을 져서 피곤한 것은 풀 길이 없습니다. 분노와 적의감과 울분과 복수심 때문에 마음을 지키는 능력마저 전부다 빼앗겨 버립니다. 자기를 주체하지 못하는 약자가 되어 버립니다. 타인을 향하던 원망과 분노의 화살이 나중에는 자기 자신에게 되돌아옵니다. 종내에는 생을 살 수 있는 의욕마저 빼앗겨 버리고 맙니다. 이런 사람은 자신을 망쳐 버린 적이 다름 아닌 자기 자신임을 뒤늦게 알게 됩니다.

만약에 요셉이 자기 스스로를 주체하지 못하고 자포자기했다면 오늘날 성경에서 위대한 요셉을 찾아볼 수 없을 것입니다. 요셉은 인간 본능적인 복수의 감정을 누르고 자기를 지킨 사람이었습니다.

어떤 여인의 이야기입니다. 학교에서 공부를 같이했기 때문에 제가 아끼던 사람입니다. 또 신앙인이었습니다. 그녀는 명문 여대 출신으로 영어를 잘했습니다. 좋은 직장에 들어가서 많은 외국인들 틈에서 인기를 독차지하던 여성입니다. 인물도 좋습니다. 그러나 20년이 지난 후 다시 만났을 때 그녀는 한마디로 폐인이나 다름없는 여인이 되어 있었습니다. 자살하려고 약을 몇 번이나 먹었고 과거에 자기를 질투하고 모함하던 어떤 사람 때문에 자기의 인생을 망쳤다고 생각하는 피해 의식으로 가득 찬 여인이었습니다. 이제는 무엇이 옳고 그른가를 분별할 수 있는 판단력도 상실해 버린 것 같았습니다.

누가 그를 그토록 비참하게 만들었습니까? 그녀 자신이었습니다. 자기 생의 목을 졸라 맨 자살자였습니다. 자기의 불행이 다른 사람의 탓이라고 생각하는 은근한 피해 의식이 많은 사람들의 가슴속에 숨어 있습니다. 그래서 분노합니다. 원망합니다. 울분을 갖고 삽니다. 이것은 자기 자신을 망치는 일입니다. 자기가 자기를 망치는 일입니다.

설령 다른 사람이 자기에게 어떤 해를 끼쳐서 어려움을 당했다고 한다면 그 사람 때문에 자기가 망해서는 안 됩니다. 자기가 자기를 지킬 수 있어야 합니다. 어떤 원망도 분노도 자신을 해치지 못하도록 막아야 합니다. 이것이 강한 자요, 승리자입니다.

다른 사람이 자기의 가슴에 비수를 꽂았는데 그 비수를 뽑아내지는 않고 두 손으로 그것을 움켜쥐고 더 깊이 밀어 넣는 사람은 어리석은 사람입니다. 그 사람은 스스로 생명을 끊는 사람입니다. 마찬가지로 다른 사람이 자기에게 해를 끼쳐서 어려움을 당했다고 할 때, 자기가 자신의 감정을 다스리지 못하면 도리어 자신을 더 망치는 사람이 됩니다. 우리 인간의 대부분의 불행은 자기 스스로 불러들이는 것입니다.

> 노를 품는 자와 사귀지 말며 울분한 자와 동행하지 말지니 그의 행위를 본받아 네 영혼을 올무에 빠뜨릴까 두려움이니라_잠 22:24-25

마음에 분노를 품고 사는 사람, 마음에 울분을 삭히지 못하고 사는 사람은 어리석은 사람입니다. 왜냐하면 나중에 자기를 망치는 무슨 행동을 할지 모르기 때문입니다. 그러므로 이런 사람과 동행을 했다가는 나중에 똑같이 망할 위험이 있습니다. 이 때문에 노를 품는 자와는 아예 다니지도 말고 사귀지도 말라고 합니다. 당신의 마음속에 이와 같은 분노가 있습니까? 당신의 마음속에 이와 같은 울분이 있습니까? 자기를 해치는 일입니다. 자기의 행복을 파괴하는 일입니다. 요셉처럼 이것을 다스릴 수 있어야 합니다.

○ ○ ○ ○
섭리신앙

마음은 어떻게 다스릴 수 있습니까? 요셉은 세 가지 비결을 우리에게 가르쳐 주었습니다.

첫째로, 하나님의 섭리신앙입니다. 요셉은 섭리신앙을 통해서 자기를 다스렸습니다. 섭리신앙이 무엇입니까? 좋은 일이든 나쁜 일이든 모두가 하나님의 뜻에 따라 일어난다고 믿는 것입니다. 우연이란 존재하지 않는다는 신앙입니다. 요셉이 그러한 삶을 살았습니다. 하나님이 왜 자기를 불행한 상황 속에서 고통을 당하게 하시는지 그는 알 수 없었지만 한 가지 믿는 것이 있었습니다. 하나님께서 자기를 향해 어떤 뜻을 가지고 계신다고 믿었습니다. 요셉이 그 믿음을 가졌기 때문에 30년 동안 어렴풋이 보이던 하나님의 뜻을 드디어 발견하고 형님들에게 "형님이여, 나를 애굽에 보낸 것은 당신들이 아니요, 하나님입니다"라고 말할 수 있었던 것입니다(창 45:8 참조). 이것이 섭리신앙입니다.

"사람의 걸음은 여호와로 말미암나니 사람이 어찌 자기의 길을 알 수 있으랴"(잠 20:24). 하나님께서는 우리의 걸음걸음을 다 정하고 계십니다. 그러므로 요셉이 애굽에 노예로 팔린 것도 철저하게 하나님의 뜻이라고 그는 믿었습니다.

당신도 이와 같이 생각할 수 있습니까? 당신은 지금 울분을 삼키고 있는 그 사람의 배후에 서 계시는 하나님을 볼 수 있습니까? 손해를 보고 망했다고 생각하는 어떤 사건 뒤에 하나님의 보이지 않는 손길이 있다는 것을 생각할 수 있습니까? 이것을 믿을 수 있다면 당신은 섭리신앙을 가진 사람입니다. 그러므로 눈에 보이는 인간을 원망하지 않습니다. 눈앞에 일어난 어떤 사건을 원망하지 않습니다. 섭리신앙을 가지면 우리를 향해서 뜻을 갖고 인도하시는 하나님, 그분을 바라보는 눈이 열리기 때문에 참을 수 없는 손해도 견딜 수 있고 해를 끼치는 사람들에 대해서도 넓은 마음을 가질 수가 있습니다.

친구 목사 부인이 갑자기 세상을 떠나서 장례식에 참석했을 때의 일입니다. 많은 사람들이 모여서 눈물을 흘리고 슬퍼하는 자리에서

곰곰히 생각해 보았습니다. 하나님이 왜 그러실까? 정말 알 수가 없었습니다. 부인은 여고에서 교편을 잡으면서 캠퍼스를 통해서 많은 후배들에게 그리스도를 증거하는 아름다운 여인이요, 목사의 부인이었습니다. 갓 마흔을 넘긴 나이에 주일날 예배를 마치고 나오다가 쓰러졌습니다. 하나님이 데리고 갔습니다. 왜 이런 일이 일어나야만 합니까? 아무리 생각하고 생각해도 알 수가 없습니다. 그러나 우리의 눈이 거기에서 멈추면 안 됩니다. 우리는 그 비극 속에서도 하나님의 손길이 어떻게 역사하시는가를 바라보아야 합니다. 이것이 하나님의 섭리를 믿는 신앙인의 태도입니다.

스위스 정신의학자 투르니에(Paul Tournier, 1898-1986)는 다음과 같은 참 의미 있는 말을 남겼습니다. "기독교는 자신의 십자가를 단순히 지고 가라고만 가르치는 것이 아니라 오히려 기쁘게 지고 가라고 가르친다. 기독교는 단순히 자기의 운명을 받아들이라고만 가르치는 것이 아니라 오히려 자기의 운명에 대해서 아무리 그것이 가슴 아픈 일이라고 할지라도 사랑하라고 가르친다. 자기의 운명을 사랑하고 자기 십자가를 지고 기쁘게 걸어가라고 기독교는 가르친다." 투르니에의 이 말은 하나님의 섭리를 믿는 신앙에서 나온 것입니다.

불행에 빠질 때 원망스런 눈으로 주변 사람을 보지 말고 그 배후의 하나님을 바라보십시오. 자기에게 비극을 안겨 주었다고 하는 사건을 보지 마십시오. 그 배후의 하나님을 바라보십시오. 그리하면 자기를 억누르던 분노와 울분과 고통은 사라지게 됩니다. 당신도 요셉처럼 하나님을 바라보고 마음의 평안을 누리는 사람이 될 수 있습니다.

자기를 위한 용서

요셉에게서 배울 수 있는 마음을 다스리는 두 번째 비결은 '용서하는 자만이 자기를 지킬 수 있는 승리자가 된다'입니다.

요셉은 자기를 노예로 팔았던 원수와 같은 형제들을 용서했습니다. 완전히 용서했습니다. 용서는 다른 사람을 위한 것이 아니라 자기를 위한 것입니다. 용서를 해야 되는 것은 용서받는 상대방 때문이 아니라 자기 때문이라는 것을 알아야 합니다. 하나님의 자녀는 용서하지 않으면 마음의 평안을 잃게 됩니다. 하나님의 자녀가 용서하지 않는 것은 자기가 자기를 망치는 자살행위와 같습니다. 그리스도인이 마음의 분노와 고통을 안고서는 행복을 누릴 수가 없습니다. 찬송이 나올 수 없습니다. 그러므로 용서는 자기를 위한 것입니다.

자기를 위한 용서를 하는 데 필수불가결한 요소가 있습니다. 그것은 자기에게 잘못을 범한 형제에 대한 분노와 원망을 먼저 하나님 앞에 고백하고 회개하는 것입니다. 그러지 않으면 형제를 진정으로 용서할 수 없습니다. 자기 자신이 옳다고 생각하는 사람은 절대로 남을 용서하지 못합니다.

교회 안에 많은 사람들 중에 이와 같은 자세를 고치지 못하는 사람들이 있습니다. 자기가 옳다고, 의롭다고 생각하기 때문에 잘못하는 형제들에 대해서 원망을 합니다. 이런 마음으로는 절대로 형제를 용서할 수 없습니다.

하나님 외에 옳은 자가 누가 있습니까? 하나님 외에 완전한 자가 어디에 있습니까? 잘못한 자에 대해서 분노하고 원망하는 마음은 하나님 앞에서 잘못입니다. 그것을 먼저 회개하십시오! 회개하면 자신도 모르게 다른 형제들을 용서하는 능력을 얻게 됩니다.

우리에게 이런 경험이 있습니다. 친구들과 같이 모여서 토론을 하다 보면 어떤 때는 싸움이 일어납니다. 분명히 자기의 주장이 옳은데 친구가 그의 자존심 문제로 잘못을 인정하지 않기 때문에 나중에는 다툼이 일어납니다. 서로가 기분이 상해 헤어집니다. 집으로 돌아오는 발걸음이 무겁고 마음은 괴롭습니다. 그래서 차를 타고 가다가 다시 내려서 되돌아가는 차를 타고 친구를 찾아갑니다. 그리고 그에게 "너의 마음을 아프게 해서 미안해. 용서해라"라고 말하면 그 친구는 너무나 미안하고 쑥스러워서 눈물을 글썽이면서 "아니야, 내가 잘못했어. 내 자존심을 꺾기 싫어서 일부러 그런 거야. 용서해 줘"라고 용서를 빕니다. 그러면 두 사람의 마음에 기쁨이 일어납니다. 놀라운 기쁨과 놀라운 평안이 두 사람의 마음을 강하게 사로잡게 됩니다.

> 화평을 의논하는 자에게는 희락이 있느니라_잠 12:20

진정으로 용서하고 용서받는 그 자리에는 기쁨이 넘칩니다. 요셉은 이것을 알았습니다. 그래서 자기를 위하여 형제를 용서했습니다. 자기가 자기를 해치지 않기 위하여 형제를 용서한 것입니다. 자기 스스로가 불행해지지 않기 위하여 형제를 용서한 것입니다.

당신에게 진정으로 용서하지 못한 형제가 있습니까? 당신을 불행하게 만들었다고 생각되는 사람이 있습니까? 하나님 앞에 분노의 감정, 그 자체를 고백하십시오. 그리고 회개하십시오. 자기를 완전히 죽이고 용서하십시오. 이것이 요셉이 우리에게 주는 교훈입니다.

형제 사랑

요셉이 가르쳐 주는 마음을 다스리는 비결 세 번째는 '사랑을 베푸는 것'입니다. 요셉은 자비를 베푸는 것으로 자기 자신을 지킬 수 있었습니다. 그는 원수 같은 형제들을 용서해 줄 뿐 아니라 일생 동안 먹여 살리고 그 후손들까지 책임지고 돌보아 주겠다고 약속했습니다. 요셉은 무한한 사랑과 자비를 베풀었습니다.

유명한 성 프랜시스(Francis, 1181-1226)의 기도를 기억하십니까? 훌륭한 문인의 솜씨와는 다르지만 다음은 직접 번역한 것입니다.

> 주여, 나를 당신의 평화의 도구로 삼아 주시옵소서
> 미움이 있는 곳에 사랑을 심게 하옵소서
> 잘못이 있는 곳에 용서를 심게 하옵소서
> 불화가 있는 곳에 화평을 심게 하옵소서
> 의심이 있는 곳에 믿음을
> 그릇됨이 있는 곳에 진리를
> 절망이 있는 곳에 소망을
> 어두움이 있는 곳에 당신의 빛을
> 슬픔이 있는 곳에 기쁨을 심게 하옵소서
> 오 주여
> 위로하는 것만큼 위로를 받으려 하지 말게 하옵소서
> 이해해 주는 것만큼 남에게 이해를 받으려 하지 말게 하옵소서
> 사랑해 주는 것만큼 남으로부터 사랑을 받으려 하지 말게 하옵소서
> 왜냐하면 받는 것은 곧 주는 데 있고
> 우리 자신을 발견하는 것은 곧 잊어버리는 데 있사오며

용서를 받는 것은 곧 용서하는 데 있고
영생을 얻는 것은 곧 죽는 데 있기 때문이옵니다

우리들은 세상 사람들과 근본적으로 다릅니다. 예수님처럼 하나님의 섭리를 보는 눈을 뜹시다. 예수님은 십자가를 앞에 놓고도 아버지의 뜻이면 십자가를 지기를 원한다고 하셨습니다. 하나님의 섭리에 순종하여 불행이나 고통의 길도 기쁘게 따라가기를 원하시던 분이 우리 주님입니다. 또한 구약시대의 요셉입니다. 우리도 이와 같은 삶을 살 수가 있습니다.

자신의 운명을 사랑하십시오. 자신의 실패도 사랑하십시오. 그것을 통해서 하나님께서 당신을 만들고 계십니다.

악을 선으로 갚으시는 하나님의 손길이 오늘도 우리를 향해서 뜨겁게 역사하고 있습니다. 형제를 사랑하고 용서하며 자비를 베푸십시오. 그럴 때에 마음에 평안이 넘치고 진정 자기의 마음을 지키는 위대한 승리자가 됩니다. 어떤 사람도 당신을 불행하게 만들 수 없는, 당신 자신만의 행복을 가질 수 있습니다. 이것이 예수님을 믿는 사람의 특권입니다. 우리도 요셉처럼 멋진 승리자가 됩시다. 위대한 인간 승리, 이것은 요셉과 같은 참된 신앙인에게서만 볼 수 있는 기쁨이요 자랑입니다. 이 승리 때문에 우리의 고통에도 값진 뜻이 있는 것입니다.

| 일러두기 |

본문의 성경은 《성경전서 개역개정판》을 주로 사용하였습니다.
이 책은 고(故) 옥한흠 목사의 설교를 바탕으로 구성한 것입니다.
설교 영상/오디오 자료는 QR코드를 참고하십시오.

위로와 회복 01

고통을 다루시는 하나님의 손길

옥한흠 지음

국제제자훈련원

들어가며

목회를 하면서 가장 어려웠던 문제 가운데 하나가 고통에 관한 성경적인 명확한 해답을 주는 일이었습니다. 고통이라는 암세포는 예상보다 훨씬 깊고 넓게 생의 전반에 퍼져 있어서 쉽게 제거할 수 없는 난치병입니다. 그래서 고통을 안다는 것은 곧 인생을 안다는 말과 상통합니다. 이런 의미에서 고통을 모른다면 그는 인생을 잘 모르는 사람일 것입니다. 그러므로 고통을 이해하지 못하는 사람은 강단에서 설교를 하지 말아야 할 것입니다. 인생의 베일을 한 겹 두 겹 벗기며 접근하면 고통의 존재는 우리에게 어떤 경외감마저 갖게 하는 신비를 지니고 있습니다. 특히 믿음이 좋은 성도들이 당하는 고통 앞에서는 신발을 벗지 않을 수 없는 경건함을 느끼게 됩니다.

고통에 관해 이미 《고통에는 뜻이 있다》라는 제목의 책을 출간했습니다. 그 책이 많은 사람들의 손을 거쳐 읽히고 있다는 사실을 접하면서 다시 한번 고통의 문제가 우리 모두에게 얼마나 절실한가를 느낄 수 있었습니다. 현대 교회는 고통의 문제를 지나칠 정도로 단순하게 다루고 있는 것 같습니다. 아울러 이 문제에 대해 너무 낙관적으로 대답하고 있는 것은 아닌가 하는 우려를 금치 못합니다. 고통 앞에서 떠는 자는 누구나 약할 수밖에 없습니다. 그래서 그들에게는 진통제만 주어도 감사해 합니다. 그렇다고 그들이 날마다 진통제로 연명할 수 있을까요? 잠깐 동안 고통을 잊을 수 있다고 해서 그들이 고통에서 해방을 받았다고는 할 수 없습니다.

우리는 고통을 바로 이해해야 합니다. 현실에서 우리가 배우는 고통의 특징은 의인이라고 해서 반드시 고통을 면제받는 것은 아니라는 것입니다. 더불어 죄인이라고 해서 반드시 고통의 손아귀에 잡혀 살지도 않습니다. 어떤 면에서 우리는 고통을 다루시는 하나님의 심중을 만의 하나도 제대로 읽지 못하고 있는지도 모릅니다. 그러므로 날마다 하나님의 말씀 앞에서 고통을 다루시는 하나님의 손길을 지켜보며 그의 뜻을 이해하려는 노력을 게을리하지 말아야 합니다. 하나님은 세상을 사는 우리에게 고통에서 완전히 면제시켜 주시겠다는 약속을 하지 않으셨습니다. 오히려 "형통한 날에는 기뻐하고 곤고한 날에는 되돌아보아라"고 하셨고 "이 두 가지를 하나님이 병행하게 하셨다"고 말씀하셨습니다 (전 7:14). 그러므로 우리가 눈을 돌려야 할 대상은 고통 그 자체가 아니라 '고통을 다루시는 하나님의 손길'입니다. 우리가 번민과 불안에서 벗어나지 못하는 근본 원인은 고통이 주는 독소 때문이 아닙니다. 그것을 다루시는 하나님의 손길을 보지 못하는 데 있다고 확신합니다.

이 책은 고통을 일시적으로 덜어 주는 진통제가 아닙니다. 그렇다고 고통에 대한 직접적인 해답을 꽃바구니에 담아 주지도 않습니다. 단지 독자가 영의 눈을 뜨고 고통을 다루시는 하나님의 손길을 발견하는 데 다소 도움이 되었으면 하는 바램에서 감히 내놓을 뿐입니다. 우리를 진리 안으로 인도하시는 성령님께서 이 책을 손에 드는 분들에게 특별히 은혜 주시기를 기도합니다.

   그리고 작은 손을 가지고 말씀 안에서 고통의 참의미를 조금이나마 찾아보려고 애쓰던 이 사람에게 그동안 깨우쳐 주신 하나님의 은혜에 뜨겁게 감사드립니다. 비록 부분적으로 깨달은 진리라고 할지라도 그것이 성령께서 눈을 열어 보여 주신 것이라면 온 진리나 다름없는 값진 생명의 양식이라고 확신합니다. 이 진리를 고통으로 멍이 든 형제들과 함께 나눌 수 있게 해 주신 하나님께 모든 영광을 돌립니다.

1987. 1
옥한흠

차례

들어가며 235

1	변화, 참된 인생의 출발점	241
2	용기, 위기 속에서 빛나는 믿음	257
3	약속, 모든 것을 주시는 하나님	273
4	훈련, 하나님은 당신을 이렇게 다루신다	289
5	쉼, 흔들림 없는 영혼의 안식	307
6	빈손, 하나님 은혜를 담는 그릇	323
7	기도, 상처투성이 세상에서의 성공 전략	339
8	소망, 홀로 걷는 절망은 없다	353
9	믿음, 불가능은 없다	369
10	말씀, 행복한 인생을 만드는 지혜	387
11	감사, 하늘 은혜로 사는 비결	405
12	지혜, 비교할 수 없는 하나님의 경륜	421

I

변화,
참된 인생의
출발점

구원받은 삭개오에게 두드러지게 돋보이는 사실이 있었습니다.
그것은 그에게 예수님을 믿는 증거가 곧바로 나타났다는 점입니다.
그 첫째 증거는 회개요, 그다음은 봉사였습니다.

누가복음 19:1-10

1 예수께서 여리고로 들어가 지나가시더라 2 삭개오라 이름하는 자가 있으니 세리장이요 또한 부자라 3 그가 예수께서 어떠한 사람인가 하여 보고자 하되 키가 작고 사람이 많아 할 수 없어 4 앞으로 달려가서 보기 위하여 돌무화과나무에 올라가니 이는 예수께서 그리로 지나가시게 됨이러라 5 예수께서 그곳에 이르사 쳐다보시고 이르시되 삭개오야 속히 내려오라 내가 오늘 네 집에 유하여야 하겠다 하시니 6 급히 내려와 즐거워하며 영접하거늘 7 뭇사람이 보고 수군거려 이르되 저가 죄인의 집에 유하러 들어갔도다 하더라 8 삭개오가 서서 주께 여짜오되 주여 보시옵소서 내 소유의 절반을 가난한 자들에게 주겠사오며 만일 누구의 것을 속여 빼앗은 일이 있으면 네 갑절이나 갚겠나이다 9 예수께서 이르시되 오늘 구원이 이 집에 이르렀으니 이 사람도 아브라함의 자손임이로다 10 인자가 온 것은 잃어버린 자를 찾아 구원하려 함이니라

변화, 참된 인생의 출발점

우리 주변에는 고통의 원인을 제삼자나 자신을 둘러싸고 있는 환경에서 찾으려는 사람들이 많습니다. 사람들은 할 수만 있다면 책임을 회피하려고 합니다. 고통에 관한 문제도 마찬가지입니다. 할 수만 있다면 고통의 원인을 다른 곳에서 찾고자 합니다. 고통이 어디서 오는 것인지 한마디로 단정할 수는 없습니다. 그러나 고통의 원인은 대부분 자기 자신에게 있다는 사실만은 부인할 수 없습니다. 특히 하나님과의 관계가 불편하거나 비틀어진 것이 가장 큰 원인일 수 있습니다. 시편 저자는 "고난 당하기 전에는 내가 그릇 행하였더니"(시 119:67)라고 고백했습니다. 이것이야말로 고통 중에 있는 사람이 귀담아 들어야 할 진리입니다.

삭개오는 예수님 안에서 변화 받은 그리스도인이 어떤 사람인가를 비춰 주는 값진 거울이라고 할 수 있습니다. 그의 변화된 모습과 생활에서 우리 자신을 볼 수 없다면 우리의 신앙은 정상이 아니라고 진단해도 큰 잘못이 없을 것입니다. 하나님과의 관계가 정상이 아닐 때에는 언제든지 고통이 찾아올 수 있습니다.

삭개오

신약성경에 등장하는 인물 가운데 어린아이로부터 어른에 이르기까지 가장 많은 인기를 독차지하고 있는 사람은 삭개오일 것입니다. 삭개오는 성경에 잠깐 등장했다가 사라진 사람입니다. 그러나 그가 예수님을 만나서 구원을 얻는 장면은 너무나 극적이어서 삭개오에 관한 이야기는 한 번 들으면 쉽게 잊혀지지 않습니다.

삭개오는 '하나님의 낙원'이라는 뜻을 지닌 여리고에서 살고 있었습니다. 여리고는 종려나무가 울창하고 향료 생산지로 유명했기 때문에 여러 나라의 무역상들이 국제적인 교역의 중심지로 삼고 있었던 지역이었습니다. 이에 경제적으로 상당히 부를 누리는 편이었습니다. 삭개오는 이 부유한 지방의 세리장으로 그 지위는 대단했고, 그야말로 돈방석에 앉은 것처럼 부자였을 것입니다. 그 때문에 삭개오는 이미 상당한 유명세를 가지고 있었습니다. 그러나 그는 유대인들에게 특별한 증오의 대상이었습니다.

그 당시 유대인들이 가장 백안시했던 네 부류의 사람들이 있었습니다. 바로 창기와 세리, 이방인과 죄인입니다. 특히 세리는 창기와 똑같이 거의 구제불능의 폐인으로 낙인찍혀 있었습니다. 그래서 성경에서도 언제나 이 둘은 바늘과 실처럼 붙어 나오는 것을 볼 수 있습니다. 이들에게 차이점이 있다면 창기는 돈이 없었고 세리는 돈이 많았다는 것뿐입니다.

삭개오가 어떤 경로를 통해 세리가 되었는지는 모르지만 자기 자신이나 후손들에게는 대단히 불행한 일이었습니다. 유대 나라는 로마의 식민지였는데 그때 로마 정부는 세금 징수를 위한 전담 공무원을 유대 나라에 파송하고 그 밑에 세금 청부원으로 식민지 사람들을 고용

했습니다. 그리고 그 가운데서 특별히 업적이 있고 능력을 인정받은 사람을 세리장으로 뽑았습니다. 그러니까 삭개오는 그 방면에서 상당히 높이 평가를 받은 세리 중의 세리였을 것입니다. 반면 유대 나라 사람들에게는 민족의 반역자요, 동족을 갖가지 방법으로 착취해 가는 흡혈귀로서 이를 갈며 미워하는 대상이었습니다. 돈을 위해서는 믿음이나 인격까지도 팔아먹고 나라와 가문과 명예도 다 팔아먹는 자가 세리였습니다. 그래서 유대 나라의 경전인 《탈무드》에는 세리를 거짓말을 참말처럼 사용하는 사람으로 공인하고 있습니다. 그러니 얼마나 비참한 사람입니까?

그런데 역설적인 것은 '삭개오'라는 그의 이름입니다. 삭개오는 '순하다, 의롭다'라는 뜻입니다. 유대 나라에서는 자녀가 태어나서 8일이 지나면 할례식을 하면서 이름을 지어 줍니다. 이때 주로 두 가지 방법을 사용한다고 합니다. 하나는 구약에 나오는 위대한 선조들의 이름을 그대로 따서 붙이는 방법입니다. 이 경우는 어린아이가 자라면서 그 이름의 인물을 사모하고 본을 받도록 하려는 교육적인 배려가 엿보입니다. 또 다른 예는 약간의 미신적인 색채를 풍기는 방법입니다. 어린 자녀를 둔 부모가 촛불을 여러 개 밝히고 거기에 원하는 이름을 쓴 꼬리표를 각각 달아 놓고 기다립니다. 그래서 마지막까지 꺼지지 않고 남은 촛불의 이름을 자녀들에게 붙여 준다고 합니다.

'삭개오'는 구약에 없는 이름입니다. 그래서 후자의 방법으로 붙여진 이름이 아닌가 추측합니다. 아마 그의 부모는 그에게 만인이 존경하는 청렴결백한 인물이 되기를 기원하면서 '삭개오'라는 이름을 지어주었을 것입니다. 그런데 성인이 된 삭개오는 그 이름과 정반대의 생활을 하게 되었습니다. 왜 그렇게 잘못된 길로 들어섰는지 그 이유를 정확히 찾을 수는 없습니다. 짐작하건대, 작은 체구에서 오는 열등감 때문에 일종의 자학적인 선택이 아니었나 생각해 봅니다. 아무튼 사람들이 삭개오라는 그의 이름을 부를 때마다 얼마나 속으로 빈정거렸을까요? '이름 하나 좋다! 순결해? 뭐 의롭다고? 정말 웃기네. 그 이름을 가지고 세리가 되다니…' 하면서 속으로 많이 비웃었을 것입니다.

삭개오식 생활 철학

삭개오는 돈의 노예가 된 현대인의 표본입니다. 돈이 무엇입니까? 돈은 자본주의 사회에서 가장 큰 위력을 가진 현대인의 우상입니다. 심리학자들이 분석한 바에 의하면 대부분의 사람들이 하루 중에 하는 생각의 50%가 돈 생각이라고 합니다. 그런데 제가 보기에 90%는 돈 생각에 사로잡혀 있는 것 같습니다. 눈만 뜨면 '돈, 돈…' 하다가 잠들어 꿈 속에서까지 돈에 시달리는 것이 현대인의 비참한 모습입니다.

팽배해질 대로 팽배해진 황금만능의 사조가 오늘을 사는 많은 사람들의 선악 감각을 무디게 만들고 있습니다. 돈만 벌 수 있다면 수단은 어떠해도 상관없다고 생각합니다. 이때 그 수단에 대해 선인가 악인가를 따지는 것을 오히려 어리석은 것으로 간주할 정도입니다. 이렇게까지 비천해진 윤리관이 오늘날의 범죄를 더욱 심각하게 가중시키는 요인이 되고 있습니다. 바로 이것이 삭개오식의 생활 철학입니다.

어느 신문사에서 실시한 여론조사 결과가 흥미롭습니다. 돈을 많이 벌고 있는 사람들에 대한 인식이 좋지 않았습니다. 63%나 되는 사람들이 그들이 부정한 방법으로 돈을 벌고 있다고 답했습니다. 다시 말해서 오늘의 한국 사회에서 큰돈을 벌려면 비정상적인 방법을 통하지 않으면 안 된다는 의식이 많은 사람들에게 남아 있다는 것입니다. 이것이 비단 교회 밖의 사람들에게만 해당되는 것일까요? 교회 안에서 집사나 장로라는 직분을 맡고 있는 사람들 중에도 돈을 버는 데 있어서 아직도 선악을 분별하지 못하는 가련한 처지의 사람들을 가끔 보게 됩니다. 예수님을 믿는 사람들이 이렇다면 믿음이 없는 사람들의 세계에서는 더 말할 필요가 없지 않습니까?

일단 돈이 수중에 들어오면 대개가 먹고 즐기는 향락에 빠지게 됩니다. 그렇게 본다면 삭개오는 누구보다도 향락을 즐기는 사람이었을 것입니다. 강남에 향락 업소가 지금까지 수년 동안 번창해 온 이유가 무엇입니까? 부정한 방법으로 돈을 버는 많은 사람들이 쉽게 번 돈으로 한 번 즐겨 보자는 유혹에 빠졌기 때문입니다. 그러니 그 욕구를 겨냥하여 돈을 벌고자 하는 유흥업이 성행할 수밖에 없지요.

어떤 신문의 칼럼니스트가 강남에서 향락을 일삼는 자들을 빗대어 이런 말을 했습니다. "술집에서 술 마시고, 한두 집 걸러 있는 여관에서 잠을 자고, 아침에 일어나 그 옆에 있는 사우나에 가서 목욕을 한바탕한 뒤, 근처의 교회에 가서 참회하면, 하루의 일과가 순조롭단 말이야." 설마 이런 사람이 있겠습니까? 그러나 돈을 사랑하기 때문에 선악을 분별하는 감각을 잃어버리고 돈을 벌기 위해서라면 어떠한 수단과 방법도 가리지 않고 동원하는 사람들, 그래서 돈을 좀 벌면 쾌락을 즐기기 위해서 가정도 잊어버리고 밤거리를 누비는 사람들…. 이런 사람들을 생각하면 이 칼럼니스트의 말도 어느 정도 일리가 있는 것 같습니다.

어린아이처럼

어느 날 여리고에는 예수님이 지나가신다는 소문이 파다하게 퍼졌습니다. 그 당시 풍습으로는 어떤 유명 인사가 지나간다고 하면 온 동네 사람들이 몰려나와 그 유명 인사가 마을을 벗어날 때까지 같이 걸어가면서 이야기를 들었다고 합니다. 더욱이 예수님이 이 동네에 오시기 직전에 바디매오라는 시각장애인이 고침을 받았기 때문에 예수님의 방문은 여리고를 더 요란하게 했던 것 같습니다. 세리장 삭개오도 이 소문을 듣고 나와 보았지만 예수님을 둘러싸고 인산인해를 이룬 사람들 때문에 가뜩이나 키가 작은 그로서는 예수님의 그림자조차 볼 수 없었습니다. 그래서 그는 생각 끝에 길가의 돌무화과나무 위로 기어올랐습니다. 이것은 삭개오의 또 다른 일면을 보여 주는 행동입니다. 사람이 아무리 악하다고 해도 뼛속까지 악한 것은 아닙니다. 그 내면 어딘가에는 적어도 부드러운 한 부분이 있습니다. 삭개오가 바로 이런 사람이었습니다. 그에게는 어린아이의 순진성이 남아 있었습니다.

삭개오의 이 마음이 그로 하여금 조금이라도 예수님께 더 가까이 가 보려는 적극적인 행동을 하게 만들었던 모양입니다. 종교개혁자 칼뱅(Jean Calvin, 1509-1564)은 어린아이와 같은 호기심과 단순성은 믿음의 준비 단계라고 했습니다. 예수님은 이런 마음을 결코 놓치지 않는 전지전능한 하나님이십니다. 그는 자기에게 깊은 관심을 가지고 접근하는 자는 돌무화과나무 위가 아니라 보이지 않는 장막 뒤에 가려져 있다고 할지라도 다 아시고 만나 주는 분이십니다. 예수님께서는 가시던 발걸음을 멈추시고 나무 위에 올라가 있는 삭개오에게 내려오라고 하셨습니다.

삭개오는 예수님의 뜻밖의 부름에 너무 놀랍고 기쁜 나머지 정신없이 나무에서 내려가 주님의 발아래에 엎드렸습니다. 그러자 주님은 삭개오에게 그날 밤 그의 집에서 머무실 것을 말씀하셨습니다. 지금까지 같은 동료인 세리나 로마 정부의 관리가 아닌 이상 그 어떤 사람도 삭개오의 집에 발을 들여놓은 적이 없었습니다. 그만큼 삭개오는 사람들로부터 소외되어 왔습니다. 그런데 그 위대하신 예수님께서 죄인으로 버림받은 삭개오를 가까이하시고 그의 집에 함께 들어가셨습니다. 이것을 본 주변의 무리는 수군대며 빈정거리기 시작했습니다. "저가 죄인의 집에 잠을 자러 들어갔구나!" 하지만 예수님은 죄인을 찾아 구원하러 오셨습니다. 그러므로 오직 자신이 하나님 앞에 용서받아야 할 죄인임을 시인하는 자만이 예수님을 만날 수 있습니다.

놀라운 변화

예수님을 집에 모시게 된 삭개오에게는 놀라운 변화들이 일어나기 시작했습니다. 그 마음속에서부터 뜨거운 충동이 솟구쳐 입을 다물고 있을 수가 없었습니다. "주여 보시옵소서 내 소유의 절반을 가난한 자들에게 주겠사오며 만일 누구의 것을 속여 빼앗은 일이 있으면 네 갑절이나 갚겠나이다"(8절).

이것은 대단한 기적입니다. 예수님은 돈에 매여 종이 되어 있는 부자의 구원에 대해 '마치 낙타가 바늘귀를 통과하는 것만큼 어렵다'며 비관적으로 말씀하셨습니다. 그런데 이렇게 불가능하게 보이던 일이 눈앞에서 일어난 것입니다. 세리장 삭개오가 예수님을 만나자 전혀 다른 사람으로 바뀌었습니다.

기독교는 새사람 창조 운동입니다. 여기에는 자기 수양의 가능성이 전적으로 배제됩니다. 왜냐하면 하나님이 인정하시지 않는 방법이기 때문입니다.

"구스인이 그의 피부를, 표범이 그의 반점을 변하게 할 수 있느냐 할 수 있을진대 악에 익숙한 너희도 선을 행할 수 있으리라"(렘 13:23). 이 세상 사람들 중에 자기 자신을 갈고 닦아서 하나님이 보시기에 의롭다고 인정받을 수 있는 사람은 하나도 없습니다. 그러므로 하나님은 인간에게 스스로 깨끗해지고 의로워지는 것을 기대하지 않으십니다. 그러나 하나님은 삭개오처럼 지대한 관심을 가지고 예수님을 찾아 나오는 사람에게는 거듭나는 은혜를 주십니다. 그에게 믿음을 선물로 주셔서 자신도 모르게 예수님을 믿는 새사람으로 바꿔 주십니다. 이 일은 인간의 자기 수양의 결과도, 사람의 강요에 의한 것도 아닙니다. 오직 하나님만이 하실 수 있는 기적입니다. 지금 이 순간에도 당신이 원하기만 하면 하나님은 이루실 수 있습니다.

구원받은 삭개오에게 두드러지게 돋보이는 사실이 있었습니다. 그것은 그에게 예수님을 믿는 증거가 곧바로 나타났다는 점입니다. 현대 교회의 고민 중 하나는 교회 생활을 10년 동안 했다고 해도 정말 구원을 받았는지 아리송한 사람들이 너무 많은 것입니다. 그런데 삭개오에게서는 구원받은 증거가 즉각 나타났습니다. 그 첫째 증거는 회개요, 그다음은 봉사였습니다.

그는 자기가 누구의 것을 속여 빼앗은 일이 있다면 네 갑절이나 갚겠다고 했습니다(8절 참조). 사실 유대 나라 법에 의하면 착취한 것의 5분의 1만 더 내면 법적인 보상은 이뤄졌습니다. 예를 들면 10만 원을 수탈했다고 했을 때 12만 원만 돌려주면 되는데, 삭개오는 40만 원을 갚겠다고 했습니다. 게다가 그것도 부족했는지 자기가 가지고 있던 재산의 절반을 이웃에 있는 어려운 사람들을 구제하고 돕는 데 사용하겠다고 내놓았습니다. 이와 같은 삭개오의 결단은 실제적으로 무엇을 의미할까요? 한마디로 돈에 대한 애착이 없어졌다는 것입니다. 그는 돈의 사슬에서 해방을 받은 자유인이 된 것입니다.

스위스의 법학자 카를 힐티(Carl Hilty, 1833-1909)는 "하나님을 대신하여 인간을 지배하는 세 가지 강력한 힘이라고 할 수 있는 돈과 명예와 향락과 관계를 끊어 버리면 그때부터 사람은 비로소 자기가 자유롭다고 느낄 것이다"라는 말을 했습니다. 삭개오가 바로 이런 경지에 도달한 것입니다. 그 결과, 삭개오는 이제까지 그를 지배해 왔던 생활철학을 바꾸었습니다.

변화 받기 전에 그는 남의 것을 착취해서 자기의 것으로 만드는 데 급급한 사람이었습니다. 그런데 이제부터는 자신의 것을 털어서 다른 사람들에게 나누어 주는 사람이 되었습니다. 지금까지 그는 다른 사람에게 입힌 손해와 고통에 대해서 무관심한 사람이었지만 이제부터는 그들의 고통을 덜어 주고 싸매어 주는 예민한 사람으로 달라졌습니다. 그리고 이제까지는 자신에 대한 하나님의 생각을 무시하고 자기 마음대로 살았지만, 이제부터는 하나님이 무엇을 원하시는지 그분의 관심에 집중하며 살아갈 것을 다짐하는 사람이 되었습니다.

고통은 어디에서?

많은 사람들이 고통을 경험하는 까닭은 돈이 없거나 부족해서가 아닙니다. 가난하면 가난한 대로, 부하면 부한 대로 돈을 사모하다가 돈의 노예가 되어 혹사당할 뿐 실제로 돈이 없어서 고통스러워하는 것이 아닙니다. 돈이 자신의 생명과 행복의 젖줄이라고 믿어서 돈 앞에만 가면 맥을 못쓰는 것이 자신을 비참하게 만드는 것이지 돈이 많지 않아서 고통스러운 것이 아닙니다. 마음이 돈에 매여 있으면 돈이 있으면 있는 대로, 없으면 없는 대로 염려와 불안이 떠나지 않습니다. 이런 사람은 마음의 자유를 돈에게 다 빼앗겨 버리고 돈이 인생의 행복을 가져다준다고 은근히 믿는 사람입니다.

〈뉴욕타임스〉(The New York Times)에서 돈과 행복의 함수 관계를 연구해 보고한 적이 있습니다. 돈푼이나 잡은 사람들을 광범위하게 조사했습니다. 그런데 일반적으로 생각하고 있는 '돈→재미→행복'의 공식은 성립되지 않았습니다. 이 보고서는 '부자가 되면 입게 되는 치명적인 몇 가지 피해'를 다음과 같이 지적했습니다.

"첫째는 의욕이 약해진다. 둘째는 지루함을 느낀다. 셋째는 땀을 덜 흘리고 번 돈일수록 죄책감과 열등감을 느낀다. 넷째는 감정이 메마른 사람이 된다. 그래서 돈을 좀 벌고 여유가 생기면 자녀들이 가정부에게서 더 따뜻한 모성애를 느낀다."

돈이 장밋빛 거실을 꾸며 줄지는 모르지만 사람에게 진정한 행복은 가져다주지 못한다는 것입니다. 잘 알려진 세계적인 거부 존 록펠러(John Davison Rockefeller, 1839-1937)도 솔직히 고백하기를 "나는 천만 달러를 모아 보았으나 그것이 나에게 행복을 주지 않았다"라고 했습니다. 또 자동차의 왕으로 불리는 헨리 포드(Henry Ford, 1863-1947)도 이와 똑같은 말을 했습니다. "돈과 행복과는 아무런 관계가 없다. 내가 가장 행복했던 시절은 젊어서 자동차 정비공으로 일할 때였다." 이처럼 부의 최정상을 정복했다고 할 수 있는 사람들로부터 '돈이 곧 행복은 아니다'라는 사실이 입증되었음에도 여전히 돈에 병적인 애착을 가지는 자는 어리석은 사람입니다.

모 월간지에서 교통사고로 숨진 홍 씨의 눈물겨운 뒷이야기를 읽은 적이 있습니다. 부모나 친척이 하나 없는 오누이가 결혼도 하지 않고 동냥에서부터 구두닦이, 쌀 배달 등 가리지 않고 일을 하여 돈을 모았습니다. 그래서 홍 씨는 저축왕으로 뽑히기도 했습니다. 그날도 홍 씨는 한 푼이라도 더 벌어 보고자 쌀가마니를 자전거에 싣고 길을 가로질러 달리다가 그만 사고를 당한 것이었습니다. 그 사건이 알려지자 그의 빈소에는 각계에서 많은 사람들이 조의금을 가지고 찾아왔습니다. 그런데 그 돈 봉투를 받아 든 홍 씨의 오빠는 "이놈의 돈 때문에!" 하고 그 자리에서 찢어 버렸다고 합니다. 돈이 전부인 줄 알고 자신을 송두리째 내던져 몸부림쳤는데 그 결과가 이렇습니다.

루터(Martin Luther, 1483-1546)는 "재물은 하나님이 주시는 선물 중 가장 가치 없는 것이다. 하나님은 가끔 돈 외에는 다른 것을 줄 것이 없는 바보들에게나 그것을 주신다"라고 말했습니다. 이 말의 요점은 돈이 행복을 가져다주지 않는다는 것입니다. 그러므로 돈에서 빨리 해방되어야 합니다. 우리 마음속에 있는 돈에 대한 애착을 버려야 합니다. 그러나 사실 이것은 말만큼 쉽지 않습니다. 예수님을 믿고 교회를 다니면서 다른 문제는 다 해결되어도 이 돈 문제만큼은 개운치가 않은 사람들을 많이 봅니다. 특히 부인들의 경우가 더 심각합니다. 부인들이 돈에 너무 집착하다 보면 돈을 적게 들고 들어오는 남편은 무능한 사람으로 판단해 버립니다. 반면, 큰 돈뭉치를 가져다주는 남편에게는 어떻게 벌었는가는 묻지 않고 갖은 애정 표시를 합니다. 무엇인가 잘못되어도 크게 잘못된 것이 틀림없습니다. 이렇게 잘못되었는데 고통이 따르지 않겠습니까? 디모데전서 6장 9-10절 말씀을 주의 깊게 읽고 묵상해 보면 우리의 고통이 어디에서 비롯되는지 금방 알 수 있습니다.

"부하려 하는 자들은 시험과 올무와 여러 가지 어리석고 해로운 욕심에 떨어지나니 곧 사람으로 파멸과 멸망에 빠지게 하는 것이라 돈을 사랑함이 일만 악의 뿌리가 되나니 이것을 탐내는 자들은 미혹을 받아 믿음에서 떠나 많은 근심으로써 자기를 찔렀도다."

우리 주변에도 예수님을 믿고 변화를 받아 삭개오처럼 돈에서 해방된 자매들이 많이 있습니다. 오직 예수 그리스도께서 주시는 자족하는 은혜와 평안과 감사를 가지고 살아가는 자매의 이야기입니다.

남편의 봉급이 적어도 불평하지 않고 항상 남편을 격려하며 10평짜리 아파트에서 살고 있는 그녀의 얼굴에는 건너편 40평짜리 아파트를 보면서도 평안이 있습니다. 뿐만 아니라 조그마한 난간에 아름다운 꽃을 손수 가꾸어 지나가는 사람들에게 기쁨을 나눠 주는 삶의 여유가 있습니다. 이 자매야말로 진정한 행복이 무엇인지 아는 사람입니다.

자본주의 사회에서 사람들이 갈수록 돈의 노예가 되어 갑니다. 그러나 예수님을 믿는 사람들은 돈에서 해방된 초연한 자세를 세상 앞에 보여 주어야 합니다. 그럴 때 돈 때문에 허덕이는 수많은 사람들이 지금까지 가지고 있던 가치관을 바꾸고 예수님 앞으로 나올 것입니다.

진정한 행복

재물욕에서 벗어난 삭개오의 환한 모습을 상상해 보십시오. 예수님 앞에 서서 자신의 결심을 말하는 그의 표정에는 한 점의 티도 없는 이른 아침의 햇살이 비칩니다. 그렇게 아끼고 생명처럼 소중하게 여기던 돈을 들고 가난한 이웃들에게 아낌없이 건네주고, 또 자기가 부당하게 착취했다고 생각하는 집에 찾아가서 겸손하게 용서를 빌고 네 배나 얹어서 갚겠다고 합니다. 이렇게 삭개오가 진정으로 회개했을 때 여리고에는 얼마나 큰 감동의 물결이 일어났겠습니까? 아마 오순절 성령이 임한 뒤 여리고에 교회가 세워졌다면 틀림없이 삭개오가 그 교회의 개척자들 중의 한 사람이 되었을 것입니다.

예수님은 삭개오에게 직장을 그만두라고 하지 않으셨습니다. 많은 사람들은 직장이 구조적으로 잘못되어 있어서 양심적으로 살지 못한다고 핑계합니다. 그러나 그것은 잘못된 생각입니다. 예수님을 믿는 자는 이 세상의 빛이요 소금이라고 했습니다. 소금은 썩는 자리로 들어가야 합니다. 직장을 탓할 것이 아니라 나 자신이 먼저 변화되어야 합니다. 그래서 삭개오처럼 회개하고 봉사하는 사람으로 바뀌면 아무리 구조적으로 어려움이 있다 할지라도 그 가운데서 하나님이 쓰시는 도구가 될 수 있습니다.

삭개오에게 이와 같은 변화가 일어나자 주님이 드디어 중요한 말씀을 하십니다. "오늘 구원이 이 집에 이르렀으니 이 사람도 아브라함의 자손임이로다"(9절). 삭개오 한 사람 때문에 가족 전체가 구원받는 역사가 일어났습니다. 예수님이 보증하신 것이니까 이것은 사실이나 마찬가지였습니다. 세상에 이보다 더 큰 복은 없습니다.

예수님을 믿으려면 바로 믿으십시오. 그리고 삭개오처럼 마음의 자유를 얻으십시오. 돈으로부터 해방되십시오. 그리고 예수님을 모시고 사는 자유인이 되십시오. 재물을 하나님의 나라와 바꾸지 마십시오. 사람의 생명이 그 소유의 넉넉한 데 있지 않습니다. 진정한 행복자는 예수님 안에서 자유를 얻은 사람입니다. 그래서 구원받은 그 감격으로 인하여 자기에게 있는 것으로 하나님께 헌신하고 다른 사람을 위해서 봉사하는 것입니다. 여기에 진정한 행복의 길이 있습니다.

탐욕을 버리십시오. 그것이 모든 고통을 낳는 범인입니다. 예수님을 바로 모셔야 됩니다. 그렇지 못한 것이 마음의 갈등과 불안의 원인입니다. 참된 회개의 생활을 하십시오. 그렇지 않으면 언제, 어디서 다시 옛날의 생활을 반복할지 모릅니다. 삭개오처럼 예수님 앞에 일어서십시오. 그리고 이렇게 고백하십시오.

> 주여 보시옵소서 내 소유의 절반을 가난한 자들에게 주겠사오며 만일 누구의 것을 속여 빼앗은 일이 있으면 네 갑절이나 갚겠나이다 _눅 19:8

그러면 주님께서 기뻐하시면서 이렇게 복 주실 것입니다.

> 오늘 구원이 이 집에 이르렀도다 _눅 19:9

2

용기,
위기 속에서
빛나는 믿음

하나님께 피하는 자를 하나님은 놀랍게 보호하고 인도하십니다.
울음이 변하여 기쁨이 되는 아침을 자주 체험하게 하십니다.
이런 맛에 우리는 더 용기를 가지고 하나님께 피할 수 있습니다.

시편 11편

1 내가 여호와께 피하였거늘 너희가 내 영혼에게 새같이 네 산으로 도망하라 함은 어찌 함인가 2 악인이 활을 당기고 화살을 시위에 먹임이여 마음이 바른 자를 어두운 데서 쏘려 하는도다 3 터가 무너지면 의인이 무엇을 하랴 4 여호와께서는 그의 성전에 계시고 여호와의 보좌는 하늘에 있음이여 그의 눈이 인생을 통촉하시고 그의 안목이 그들을 감찰하시도다 5 여호와는 의인을 감찰하시고 악인과 폭력을 좋아하는 자를 마음에 미워하시도다 6 악인에게 그물을 던지시리니 불과 유황과 태우는 바람이 그들의 잔의 소득이 되리로다 7 여호와는 의로우사 의로운 일을 좋아하시나니 정직한 자는 그의 얼굴을 뵈오리로다

용기,
위기 속에서
빛나는 믿음

오늘 우리가 살고 있는 현대를 가리켜 '용기가 없는 세대'라고 합니다. 심지어 올더스 헉슬리(Aldous Huxley, 1894-1963)는 "현대 인간, 그는 누구인가? 그는 머리를 깎이고 두 눈을 뽑힌 채 노예로 타락한 삼손이다"라는 혹평을 아끼지 않았습니다. 그러나 이러한 인간의 역사 가운데서 그리스도인은 가장 용기 있는 사람이었습니다. 가장 어려운 시련기마다 소망의 횃불을 높이 들었습니다. 그 가운데서 다윗은 가장 두드러진 용기의 사람이라고 말할 수 있습니다.

우리가 시편을 읽을 때는 먼저 그 시를 쓰게 된 배경을 이해하는 것이 중요합니다. 왜냐하면 저자의 감정이 그 배경에서 묻어 나오기 때문입니다. 저자가 어떤 상황에서 기도와 찬양을 드렸는가를 알 때, 자신의 상황에 비추어 보는 지혜와 더불어 성령께서 주시는 놀라운 감동을 받을 수 있습니다.

위기를 만나서

본문 말씀에서 우리는 다윗을 통하여 용기와 믿음이 시사하는 바, 하나님의 음성을 들을 수 있습니다. 본문 말씀 1절부터 3절까지의 대화체 문장에서 다윗과 그 주변 사람들의 의견이 극단적으로 대립하고 있는 상황을 그려 볼 수 있습니다. 생과 사의 갈림길에서 갈등하고 방황하는 무력한 인간의 모습이 전개되고 있는 것입니다.

다윗의 주변 사람들은 위기에 직면하여 다윗에게 초조히 도망갈 것을 종용하고 있습니다 "악인들의 화살이 활시위에 놓여 있는 급박한 순간이 아니냐, 빨리 산으로 도망가자"고 하면서 어떻게 해서라도 위급한 상황에서 벗어나고자 인간적인 몸부림을 치고 있습니다. 그러나 믿음 있는 다윗은 나직이, 또한 용기 있게 이렇게 말합니다. "나는 산으로 도망가기보다는 내가 믿는 하나님께 피하겠노라!"

그러면 다윗이 언제 이처럼 어려운 상황을 만났을까요? 성경에서 분명하게 찾아낼 수는 없지만, 학자들은 다윗의 생애에서 가장 어려웠던 시기를 들고 있습니다. 어떤 이는 사울 왕에게 끈질기게 쫓겨 다니던 시절이라고 하기도 하고, 어떤 학자는 압살롬의 모반으로 왕위가 위험하게 되어 급하게 도망가던 때로 추측하기도 합니다. 어떤 의견이 정확한 것인지 알 수 없지만 우리가 분명히 알 수 있는 것은 다윗이 너무나 절박한 위기에 직면했던 때를 이야기하고 있다는 사실입니다.

본문 말씀에서는 '하나님께로 피할 것인가? 아니면 산으로 피할 것인가?'라는 문제가 제기되고 있습니다. 이 중대한 국면을 앞에 놓고 심각한 결단을 내려야 했던 다윗을 통해 우리 자신의 모습을 발견하길 바랍니다.

'산'으로 피하는 길

사람들은 어려움을 당한 다윗에게 새처럼 산으로 도망하라고 충고하고 있습니다. 누구나 새를 쫓아 본 경험이 있을 것입니다. 우리가 새를 쫓으면 새는 혼비백산하여 산으로 도망갑니다. 그러면 도망가는 '새'대신 '사람'을 대입시키면 어떤 의미가 형성됩니까? 비겁하게 동서남북을 가리지 않고 도망치는 사람을 의미합니다. 이것은 세상과 타협하여 신앙을 포기하는 사람을 말합니다. '하나님이나 믿음이나 의롭게 사는 것이 무슨 소용이 있는가? 일단 쉬운 길을 찾자. 현실적으로 세상 돌아가는 대로 살자'는 의미가 됩니다. 이것이 "산으로 도망가자"는 말과 같은 맥락이라고 할 수 있습니다.

"터가 무너지면 의인이 무엇을 하랴"(3절). 이 말은 산으로 도망갈 것을 종용하는 사람들이 자기들의 충고가 매우 합리적이요, 현실적이라는 점을 설득시키려고 내놓은 말입니다. 어떤 점에서는 우리의 마음을 약하게 만드는 위협일 수 있습니다. 그래서 "터가 무너지면"이란 말은 금방 우리의 마음을 흔들어 놓을 수 있는 실제적인 표현이라고 하겠습니다.

우리 가운데 많은 사람들은 아주 어려운 상황을 만나 마치 터가 무너지는 듯한 암담한 심정을 깊이 경험한 적이 있을 것입니다. 인생을 살다 보면 자신의 판단에 따라 생명도, 지위도, 재산도 물거품이 되어 버릴지도 모를 긴박한 상황을 만날 때가 있습니다. 이러할 때 산으로 도망하는 것은 누구나 생각할 수 있는 인간적인 방법이 될 수 있습니다.

'하나님'께 피하는 길

반면, '하나님께 피한다'는 말은 무엇을 의미합니까? '무슨 일을 당하든지 하나님께 전적으로 자신을 맡기겠다'는 결단입니다. 상황에 관계없이 신앙 양심대로 살겠다는 의지입니다. 내가 망할지라도 세상적인 타협이나 신앙을 포기하지 않겠다는 믿음입니다. 오직 하나님께 자신의 생명이나 가정, 남은 생애 모두를 맡김으로 살든지 죽든지, 흥하든지 망하든지 하나님이 원하시는 길을 가는 것이 '하나님께 피한다'는 뜻입니다. 이것은 인간이 해야 할 책임을 하나님께 전가시킨다는 말은 아닙니다. 다윗도 도망 다닐 때가 많았습니다. 그러나 다윗은 한두 번의 사건 이외에는 하나님의 응답을 기다리며 하나님이 인도하시는 대로 따라 살기를 원했습니다. 겁에 질려 허겁지겁 도망 다니지 않았습니다. 어떤 상황을 만나든지 먼저 하나님의 뜻을 따르겠다는 강한 믿음이 그에게 있었습니다.

'믿음'과 '용기'의 상관관계

다윗의 위급한 상황을 두고 볼 때 가장 절박하게 요구되는 단어는 '용기'입니다. 몹시 어려운 위기를 만나 하나님께 피하려고 할 때 용기가 없다면 감당할 수 없습니다. 혹 용기가 있다고 할지라도 상당한 용기가 필요합니다. 그런데 성경에서는 '믿음'과 '용기'를 특별히 구분하지 않습니다. 믿음이 좋은 사람은 용기 있는 사람으로, 용기 있는 사람은 믿음 있는 사람으로 나타납니다. 그래서 성경에는 '믿음'과 '용기'를 거의 비슷하게 놓고 다룰 때가 많습니다. 예를 들면 신명기 31장 6절 말씀이 그렇습니다.

너희는 강하고 담대하라 두려워하지 말라 그들 앞에서 떨지 말라 이는 네 하나님 여호와 그가 너와 함께 가시며 결코 너를 떠나지 아니하시며 버리지 아니하실 것임이라 하고

이 말씀에서 모세가 그의 후계자인 여호수아에게 "떨지 말라"고 말하고 있습니다. 이 말은 곧 '하나님이 분명히 함께하신다는 확실한 믿음을 가지라'는 말입니다. 그러므로 '떨지 않는 용기'와 '하나님을 분명히 신뢰하는 믿음'이 거의 같은 의미로 사용된 것을 알 수 있습니다.

천만인이 나를 에워싸 진 친다 하여도 나는 두려워하지 아니하리이다_시 3:6

이 말씀에서는 믿음의 사람이 지닌 큰 용기를 볼 수 있습니다. 이 말씀을 의역하면 '아무리 사람이 나를 포위하고 있어도 나는 두려워하지 않는다. 왜냐하면 하나님이 나와 함께 계심을 믿기 때문이다'라고 할 수 있습니다. 이 믿음의 고백은 용기가 부족한 우리들에게 커다란 도전을 던져 주는 말씀이 아닐 수 없습니다. 이처럼 '믿음'과 '용기'는 일치되는 점이 많습니다. 그러나 엄격히 말하면 똑같다고는 할 수 없습니다. 이에 '용기'는 '좋은 믿음의 열매'라고 말씀드리고 싶습니다.

하나님께 피하려고 할 때 자신의 내적 갈등에 앞서, 다른 사람과의 외부적인 갈등에 부딪칠 때가 많습니다. 다윗에게도 이와 같은 예를 찾을 수 있습니다. "내가 여호와께 피하였거늘 너희가 내 영혼에게 새 같이 네 산으로 도망하라 함은 어찌함인가"(1절).

이 말씀에는 다윗의 마음을 강하게 흔들던 갈등이 숨겨져 있습니다. 여기서 "내 영혼에게"라는 말이 의미 없이 사용된 것이 아닙니다.

다윗이 마음 깊이 충격을 받았다는 것을 의미합니다. 주변 사람들의 말에 상당히 설득을 당했다는 말도 됩니다. 다윗도 자칫 중심을 잃어버릴 위험에 직면했었다는 것을 암시하고 있습니다. 이처럼 내부적인 갈등과 외부적인 갈등 모두를 이기는 것이 진정한 용기로 승화된 믿음입니다.

○ ○ ○ ○ ○ ○
왜 갈등이 생기는가?

우리의 주변을 돌아보면 때로 예수님을 믿는 사람보다도 믿지 않는 사람이 더 지혜롭게 보일 때가 있습니다. 그래서 가끔 예수님을 믿지 않는 사람들의 말이 갈등의 응어리로 다가올 때가 있습니다.

세상에서는 어려운 상황을 놓고 매일 울부짖으며 믿음으로 의롭게 살려는 사람보다 현실과 적당히 타협하며 안일하게 쉬운 길로 빠져나가려는 사람이 훨씬 지혜로워 보입니다. 이러한 사람들의 말을 들으면 그것이 우리에게 심각한 갈등을 일으킵니다. 이렇게 갈등을 일으키는 사람들이 우리 주변에 너무나 많습니다. 예수님을 믿는 가정에서 흔히 보게 되는 갈등의 예를 소개합니다.

영세한 가게를 겨우겨우 운영하고 있는 알뜰 부부의 이야기입니다. 조금의 빚을 가진 그들은 명절 대목을 상당히 기대합니다. 왜냐하면 그때의 매상은 그들의 가슴을 부풀리기에 충분하도록 큰 것이니까요. 그런데 문제가 생겼습니다. 달력을 보니 추석이 주일입니다. 부부의 마음은 착잡하기만 합니다. 추석 몇 달 전부터 그 사실을 알고 있었지만 각자 마음으로만 갈등을 일으키다가 드디어 추석 일주일 전에 부부의 표면적인 싸움이 시작되었습니다. 신앙이 비교적 좋은 부인은 아직 신앙이 미성숙한 남편의 눈치를 살피며 이렇게 말합니다. "여보,

우리가 아무리 빚을 지고 있고 또 추석 대목을 본다 할지라도 주일날에 어떻게 문을 열고 장사를 하겠어요? 경제적인 손실이 있더라도 우리 교회에 갑시다. 그날 벌지 못한 것은 언젠가 하나님께서 채워 주실 거예요." 부인은 간절히 남편을 설득했습니다. 그 부인은 남편과 더불어 하나님께 피하려고 했습니다. 부인은 가난을 초월할 수 있는 믿음의 소유자였습니다. 어떤 어려움을 당할지라도 하나님 편에 서서 하나님의 자녀답게 살기를 원했습니다. 그러나 남편은 화가 벌컥 솟구쳐 올랐습니다. "아니, 교회는 일년 내내 다니는 것이고, 추석은 겨우 하루뿐인데 그날 하루쯤 가게문을 연다고 무슨 변고가 생겨? 그날 벌면 우리가 빚을 얼마나 갚는데…. 여보! 당신 혼자 교회에 가구려, 나 혼자 장사하겠소."

남편은 영원한 하늘나라보다 세상을 향하여, 즉 산으로 도망가려는 편을 택했습니다. 그러면 이 남편을 설득하여 끝까지 하나님 편에 서 살기를 원하는 부인의 입장에서 볼 때 무엇이 필요합니까? 바로 '용기'입니다. 부부 사이에 긴장이 고조되고 갈등이 심화될 때라도 오직 하나님 편에 설 수 있는 길은 믿음의 용기뿐입니다. 용기 없이는 도저히 일어설 수 없습니다.

갈등을 이겨 낸 다윗의 믿음

다윗이 사울 왕에게 쫓겨 다니는 위험한 판국입니다. 다윗은 일가친척들과 함께 사울 왕의 미움을 받는 약 6백 명의 사람들과 피신을 다녔습니다. 사울 왕의 군대는 집요하게 추격해 왔습니다. 황급한 나머지 다윗의 무리는 큰 굴속으로 몸을 숨겼습니다. 유대 나라 남부 지역에는 자연 굴이 많이 있습니다. 그런데 사울 왕의 군대가 앞으로 지나가는 모습이 굴속에서 똑똑히 보입니다. 그 순간 누군가가 굴속으로 들어왔습니다. 사울 왕이었습니다.

성경에서는 "뒤를 보러 들어갔다"고 표현하고 있습니다(삼상 24:3 참조). 사울 왕은 혼자 있게 되었습니다. '이때다!' 하고 다윗의 측근들은 이렇게 말했습니다.

"다윗이여, 보시옵소서! 여호와께서 언젠가 당신에게 이런 말씀을 하시지 않았습니까? '내가 네 원수를 네 손에 붙이리니 네 소견에 선한대로 그에게 행하라'고 하셨는데 오늘이야말로 바로 그날이 아닙니까? 왕을 죽이십시다!"

이 말을 들은 다윗은 "사울 왕을 왕으로 세우신 분도 하나님인데 하나님이 필요하지 않다고 하실 때는 어떤 방법으로라도 사울 왕을 폐하실 것이다. 지금 사울 왕은 칼도 없는 무방비 상태인데 비겁하게 뒤에서 치고 싶지 않다. 언젠가 하나님께서 나를 왕으로 세우실 때 나는 왕이 되기를 원하노라"라고 말했습니다.

다윗은 하나님 편으로 피하려는 믿음의 사람이었습니다. 그런데 신하들은 사울 왕을 죽이기 원했습니다. 그것이 끈질긴 죽음의 공포에서 벗어나는 길이라고 생각한 것입니다. 그들은 결국 산으로 도망가자고 합니다. 이 대목은 다윗과 그 무리가 극단적인 심리적 갈등을 일으키는 장면입니다. 그러나 그런 상황에서 다윗은 사울 왕을 죽이지 않고 살금살금 기어가서 그의 옷자락을 조금 잘라 왔습니다. 이러한 다윗의 행동이 사울 왕을 크게 감동시켜 그를 다시 궁으로 돌아가게 했습니다. 다윗이야말로 진정한 용기의 소유자이며 승리자였습니다.

왜 용기가 필요한가?

하나님의 편에 서려면 누구나 고통을 감수해야 합니다. 끝없는 인내로써 그 고통을 이겨야 할 때가 많습니다. 우리가 흔히 생각하기를 하나님의 편에 서기만 하면 금방 화(禍)가 복(福)으로 바뀌어지는 줄 알지만 그렇지 않습니다.

성경의 인물들을 유심히 살펴보면 하나님 편으로 피한 의로운 사람들이 금방 하나님의 복을 받지 않았습니다. 그들은 한동안 무거운 십자가를 지며 많은 고초를 겪었습니다. 우리도 마찬가지로 어려움을 겪어야 합니다. 왜냐하면 우리는 험한 세상에서 살고 있기 때문입니다. 우리가 사는 이 세상은 악이 성행하는 곳이고 어두움의 권세가 지배하는 곳입니다. 그렇기 때문에 믿음대로 살고자 하는 사람이 십자가를 지며 고통을 당할 때가 많습니다. 이러한 고통을 눈앞에서 보며 하나님 편으로 피한다는 것은 용기가 없이는 도저히 불가능한 일입니다.

다윗은 사울 왕을 살려 준 다음, 1년 내지 2년 동안 모질게 고난을 당했습니다. 집요하게 다윗을 죽이려는 사울의 눈초리를 피해 막바지에는 국경을 넘어 타국으로 피신합니다. 그런데 그곳에서도 아말렉이라는 족속들이 습격해 와서 자신들의 처자와 전 재산을 모두 빼앗기는 수난을 당합니다. 이때 다윗의 신하들은 절망과 분노 끝에 돌멩이를 들고 다윗을 치려고 덤벼듭니다. '그때 사울 왕을 죽였더라면 이러한 변은 당하지 않을 것이 아니냐!'는 신하들의 울분이 다윗을 위기로 몰아넣고 있었습니다.

다윗의 경우와 마찬가지로 하나님만을 바라보는 사람에게는 일시적이지만 이와 같은 고난이 올 때가 있습니다. 그러므로 용기 없이 하나님의 편으로 피하려는 것은 달걀을 가지고 바위를 깨려는 것과 같은 이치입니다.

마틴 루터 킹(Martin Luther King, 1929-1968) 목사는 미국이 배출한 위대한 흑인 지도자입니다. 그는 흑인들의 민권을 위해 투쟁한 공을 인정받아 노벨평화상을 수상한 민권운동가이기도 합니다. 그 당시 민권운동이 점차 열기를 띠고 국제적인 문제로 등장했을 때 흑인들은 저마다 밀려드는 희망으로 술렁대기 시작했습니다. '전 흑인을 동원해서 폭력으로 흑인의 권리를 찾자'는 강경파의 세력이 두드러졌습니다. 그러나 킹 목사는 끝까지 폭력을 거부했습니다. 단호하게 거절하자 많은 지도자들이 킹 목사의 곁을 떠났습니다. 그에게 등을 돌렸고, 심지어 죽이려고 협박하는 사람도 있었습니다. 그러나 1968년 4월 3일, 킹 목사는 이렇게 말을 했습니다.

"나에게 무슨 일이 일어날지 모릅니다. 오늘 우리 앞에는 어려움이 놓여 있습니다. 나도 다른 사람처럼 오래 살기를 바라지만 나는 지금 그런 일에 마음을 쓰고 싶지 않습니다. 나는 단지 하나님의 뜻을 이루기를 바랍니다. 하나님이 나에게 산으로 올라오라고 합니다. 나는 다시 오시는 주님의 영광을 보고 있습니다."

이 말을 한 다음 날 킹 목사는 주님의 부름을 받았습니다. 괴한에게 암살을 당한 것입니다. 그러나 그는 오늘날 흑인들뿐 아니라 지구상의 모든 사람들로부터 추앙을 받고 있습니다.

킹 목사는 위기를 당했을 때 하나님께 피한 승리자입니다. 한편 폭력 행사를 하자는 사람들은 진정한 용기를 잃고 산으로 도망가고자 한 사람들인 것입니다. 그런데 용기를 상실한 사람들이 교회 밖에만 존재한다고 생각하십니까? 결코 그렇지 않습니다. 교회 안에도 용기 없는 사람들이 너무나 많습니다. 신앙을 지키기 위해 악과 대결하는 사람, 의롭게 살기 위해 고난을 각오하는 사람이 많지 않습니다. 다시 말하면 십자가를 질 만한 용기가 없다는 것입니다. 대부분의 사람들의 신앙은 '어리광 신앙'으로 보입니다. '절대적인 확신'보다는 마음이 괴롭게 느껴질 때 주님을 찾으려는 '어리광 신앙'이 대부분입니다. 여기에 커다란 문제가 있음을 깨달아야 합니다.

어떻게 용기를 가질 수 있나?

어떻게 해야 용기를 가질 수 있을까요? 본문 말씀 4-6절을 통해 이를 살펴보겠습니다.

먼저 하나님은 어디에나 계시다는 믿음을 가져야 합니다. 본문 4절 상반절을 보겠습니다.

"여호와께서는 그의 성전에 계시고 여호와의 보좌는 하늘에 있음이여." 여기서 "성전에 계신다"는 말은 높은 곳에 계신다는 뜻입니다. 그러므로 하나님이 보시지 않는 곳은 아무 데도 없습니다. 하나님은 어디든지 계시므로 우리는 언제나 안심할 수 있습니다. 어린아이가 부모가 있는 곳이라면 항상 안심하고 용감하게 행동하는 것처럼 하나님이 계신 곳이라는 확신이 있으면 우리는 아무리 악이 들끓는 곳에서라도 용감할 수 있어야 합니다.

둘째로, 하나님의 간섭하심을 믿어야 합니다. 본문 4절 하반절을 보겠습니다.

"그의 눈이 인생을 통촉하시고 그의 안목이 그들을 감찰하시도다." 하나님이 나의 모든 일에 개입하신다는 믿음은 나 자신을 강하게 만드는 요인이 됩니다. 그러므로 하나님의 간섭하심을 믿으면 분명히 용기 있는 사람이 될 수 있습니다.

세 번째로, 하나님의 공의를 믿는 믿음이 있어야 합니다. 본문 말씀 5-6절입니다.

"여호와는 의인을 감찰하시고 악인과 폭력을 좋아하는 자를 마음에 미워하시도다 악인에게 그물을 던지시리니 불과 유황과 태우는 바람이 그들의 잔의 소득이 되리로다."

이 말씀처럼 하나님의 공의를 믿을 때 우리는 용감해질 수 있습니다.

'산'으로 도망간 사람들, 곧 현실적으로 쉬운 길을 택하여 양심과 신앙을 버리고 좋은 길을 택한 사람은 한동안은 굉장히 형통한 것처럼 보입니다. 지혜로운 처세술을 가지고 성공한 사람으로 보입니다. 그러나 우리는 한때의 흥왕이 돌이킬 수 없는 패배와 몰락의 원인이 되고 가정과 사회에서 비극의 씨앗이 된 사람들의 모습을 지난 역사를 통해 자주 목격할 수 있습니다.

하나님의 보호

하나님께 용감하게 피하는 다윗을 하나님은 두 손으로 잘 보호하여 주셨습니다. 그리고 위대한 성군이 되는 복을 주셨습니다. 하나님께 피하는 자가 항상 고난에서 허덕이는 것은 아닙니다. 자기에게 피하는 자들을 하나님이 얼마나 놀랍게 보호하고 인도하시는지 모릅니다. 울음이 변하여 기쁨이 되는 아침을 자주 체험하게 하십니다. 이런 맛에 우리는 더 용기를 가지고 하나님께 피할 수 있습니다.

인도에서 있었던 일입니다. '유니언카바이드'라는 회사에서 유독가스가 유출되어 2천7백 명이 죽고 17만 명이 피해를 당한 사건입니다. 이 가스 회사 건너편에는 2만여 명이 사는 '보팔'이라는 조그마한 마을

이 있습니다. 우리가 아는 것처럼 인도는 힌두교와 이슬람교가 압도적입니다. 그곳에서 용기 없이 믿음으로 의롭게 살고자 하는 것은 불가능합니다. 그러나 보팔 사람들은 예수님을 잘 믿었습니다. 가스가 유출되어 골목마다 스며들고 가스가 지나간 곳마다 사람들이 쓰러집니다. 가스가 건너편에 있는 그 마을로 다가왔습니다. 하나님이 어떻게 보팔 사람들을 보호하셨는지 아십니까? 길 하나만 건너면 가스가 그 마을로 들어가게 될 텐데 이상하게도 가스가 길 앞까지 와서는 왼쪽으로 방향을 틀어 버렸습니다. 고스란히 그 마을의 2만 명의 그리스도인이 구출되었습니다.

이 이야기는 그곳에서 선교사로 활동하는 데일 키츠맨에 의해 세상에 밝혀진 하나님의 기적입니다. 온갖 고난을 무릅쓰고 예수님 품으로 돌아온 그들 앞에 일어난 기적은 오히려 당연한 것인지도 모릅니다.

하나님께 피하려는 사람, 주님의 뜻대로 살려고 하는 사람을 보호하는 하나님의 보호망은 절대 안전합니다. 어떤 곳에서든지 하나님께로 피하면 승리할 수 있습니다. 우리 모두 하나님께 피하는 용기 있는 믿음의 사람이 되어야겠습니다.

3

약속, 모든 것을 주시는 하나님

우리에게는 놀라운 평화가 있습니다. 의아할 정도로 패기 넘칩니다.
하나님이 함께하시면 우리의 마음은 언제나 천국입니다.
왜냐하면 염려는 이미 우리의 영역이 아니기 때문입니다.

마태복음 6:24-34

24 한 사람이 두 주인을 섬기지 못할 것이니 혹 이를 미워하고 저를 사랑하거나 혹 이를 중히 여기고 저를 경히 여김이라 너희가 하나님과 재물을 겸하여 섬기지 못하느니라 25 그러므로 내가 너희에게 이르노니 목숨을 위하여 무엇을 먹을까 무엇을 마실까 몸을 위하여 무엇을 입을까 염려하지 말라 목숨이 음식보다 중하지 아니하며 몸이 의복보다 중하지 아니하냐 26 공중의 새를 보라 심지도 않고 거두지도 않고 창고에 모아들이지도 아니하되 너희 하늘 아버지께서 기르시나니 너희는 이것들보다 귀하지 아니하냐 27 너희 중에 누가 염려함으로 그 키를 한 자라도 더할 수 있겠느냐 28 또 너희가 어찌 의복을 위하여 염려하느냐 들의 백합화가 어떻게 자라는가 생각하여 보라 수고도 아니하고 길쌈도 아니하느니라 29 그러나 내가 너희에게 말하노니 솔로몬의 모든 영광으로도 입은 것이 이 꽃 하나만 같지 못하였느니라 30 오늘 있다가 내일 아궁이에 던져지는 들풀도 하나님이 이렇게 입히시거든 하물며 너희일까 보냐 믿음이 작은 자들아 31 그러므로 염려하여 이르기를 무엇을 먹을까 무엇을 마실까 무엇을 입을까 하지 말라 32 이는 다 이방인들이 구하는 것이라 너희 하늘 아버지께서 이 모든 것이 너희에게 있어야 할 줄을 아시느니라 33 그런즉 너희는 먼저 그의 나라와 그의 의를 구하라 그리하면 이 모든 것을 너희에게 더하시리라 34 그러므로 내일 일을 위하여 염려하지 말라 내일 일은 내일이 염려할 것이요 한날의 괴로움은 그날로 족하니라

약속,
모든 것을 주시는
하나님

염려의 그물에 걸려들지 않는 인생은 없습니다. 현대인은 저마다 염려가 내뿜는 독소에 시달리면서 바삐 세상을 살고 있습니다. 문명이 발달할수록 염려의 비중은 커지고 염려가 남긴 상처는 더욱 심화됩니다.

우리의 주변에서 하나님의 능력을 제한시키며 어리석게 살아가는 많은 이웃을 보게 됩니다. 이 병든 영혼을 일으켜 세우시는 하나님의 음성이 바로 이 본문 말씀입니다.

염려의 두 가지 영역

본문 말씀에서는 '염려'라는 단어가 여섯 번 등장합니다. 그만큼 '염려'라는 말은 우리와 밀접한 관계가 있는 것 같습니다. 그런데 이 염려에는 두 가지로 구분되는 뚜렷한 특성이 있습니다. 그 하나는 '불필요하다'는 것입니다. 전혀 필요 없는 것임에도 불구하고 많은 사람들이 염려의 노예가 되어 기쁨을 잃고 목적 없는 삶을 살고 있습니다.

> 너희 중에 누가 염려함으로 그 키를 한 자라도 더할 수 있겠느냐
> _마 6:27

예수님께서는 우리에게 염려하지 말 것을 당부하시며 이 '키 작은 사람의 비유'를 말씀해 주셨습니다. 불을 보듯 확실하게 실감되는 이 진리 앞에서 고개를 가로저을 사람은 아마 한 사람도 없을 것입니다.

키 작은 것을 탓하고 아무리 고민한들 상황은 조금도 달라지지 않습니다. 사람이 제아무리 염려한다고 해도 우리가 지닌 능력의 한계를 벗어날 수 없음을 분명히 깨달아야 합니다.

수요일 염려 상자

사업가 아서 랭크의 이야기입니다. 아서 랭크는 사업가로서 주야로 사업에 대한 고민과 걱정거리를 가지고 있었습니다. 또 불확실한 미래에 대한 전망 때문에 늘 마음이 불안하고 초조한 가운데 시간에 쫓기는 생활을 했습니다. 그러던 어느 날 아서 랭크에게 문득 떠오르는 지혜가 있었습니다. 매일매일을 염려에 붙잡혀 지내기보다는 차라리 일주일 중 하루만 염려하는 날로 택하여 염려로부터 벗어나고 싶다는 생각이었습니다. 그래서 그는 신중히 생각한 끝에 수요일을 염려하는 날로 정했습니다.

그는 '수요일 염려 상자'를 만들었습니다. 일주일 동안 염려가 생길 때마다 그 내용과 날짜를 써서 '수요일 염려 상자'에 넣어 두었다가 수요일에 한 번 상자를 개봉하는 것입니다. 그러던 중 어느 수요일엔가 아서 랭크가 한참 동안이나 메모지를 뒤적이며 정리를 하다가 참으로 놀라운 사실을 발견하게 되었습니다. 메모지에 써서 상자에 넣을 때

에는 큰 염려거리로 생각되었던 것이 며칠이 지난 수요일에 꺼내어 보았을 때는 별로 대수롭지 않은 문제로 탈바꿈해 있었다는 사실입니다. 그는 '수요일 염려 상자'를 통하여 시간이 지나고 사태가 진전됨에 따라 염려의 내용이 희미해지고 염려할 이유마저 사라진다는 사실을 깨닫게 된 것입니다.

이 예화가 우리에게 분명히 제시해 주는 결론이 있습니다. 그것은 우리가 염려를 해야 할 필요성이 전혀 없다는 것입니다. 그런데 27절의 난외주에는 '키'라는 말 대신에 '목숨'으로 대체할 수 있다고 기록되어 있습니다. 이것은 이 단어가 두 가지 의미로 쓰일 수 있다는 말입니다. 즉, "염려함으로 키를 한 자나 더 키울 수 있느냐?"라고 표현될 수 있고, 또 "염려함으로 네 목숨을 한 시간이나 더 연장할 수 있느냐?"라고도 표현될 수 있다는 말입니다. 따라서 두 문장이 서로 공통적인 의미를 지니고 있습니다. 염려한다고 임의로 키를 키울 수도 없고, 염려한다고 임의로 목숨을 연장할 수도 없는 것입니다.

염려는 우리에게 있어서 전혀 무가치하며 무의미한 개념입니다. 그런데도 이 염려에 사로잡혀 자신을 학대하며 길을 잃고 어둡게 살아가는 사람들이 너무나 많습니다.

염려는 해로운 것

염려의 두 번째 특성은 '해롭다'는 것입니다. 염려는 사람을 무력하게 만듭니다. 이에 어느 심리학자는 그의 논문에서 '염려'를 '느린 형태의 자살'이라고 표현했습니다. 느리게 서서히 사람을 죽인다는 뜻입니다. 우리 주변에는 지나치게 염려하여 자신의 건강을 해치고 수명을 단축당한 사람들이 많습니다. 염려가 얼마나 해로운 것인가는 굳이 임상실험을 통하지 않고서도 의학적으로 발표된 여러 가지 사례를 통해 충분히 증명되었습니다. 신경성 두통이나 신경성 위염 등의 심인성(心因性) 질환이 눈에 띄게 증가한 것도 그 하나의 실례라고 할 수 있습니다.

우리말의 '염려'는 헬라어로 '메림나오'라고 합니다. 그리고 영어로는 'worry'라는 단어를 사용하고 있습니다. 이 '워리'의 어원은 '워겐'(wyrgan)인데 이 단어는 '물어뜯는다'라는 무서운 의미를 지니고 있습니다. 또 '짐승이 이빨로 목을 꽉 물어 질식해 죽인다'라는 가공할 의미도 있습니다. '질식해 죽인다, 숨을 막는다, 목을 물어뜯어 죽인다'라는 끔찍한 의미들이 'worry'라는 단어에서 비롯된 내용이라고 할 수 있습니다.

이와 같이 'worry'라는 단어가 내재하고 있는 뜻들은 불안한 삶을 가까스로 유지하고 있는 현대인들에게 부정적인 면에서 커다란 의미를 부여해 주고 있습니다. 왜냐하면 '염려'라는 것은 사람의 목을 꽉 물어 숨을 틀어막고 힘과 기능을 상실하게 하여 결국 염려하는 사람을 죽음의 골짜기로 밀어 넣는다는 의미를 가지고 있기 때문입니다. 특히 이 염려로 인하여 영적 무력증에 걸리는 예가 많이 있습니다.

> 너희는 스스로 조심하라 그렇지 않으면 방탕함과 술 취함과 생활의 염려로 마음이 둔하여지고 뜻밖에 그날이 덫과 같이 너희에게 임하리라_눅 21:34

"둔하여진다"는 말은 '감각을 잃어버린다'는 뜻입니다. 영적으로 감각을 상실하고 무력하게 되는 것은 너무나 무서운 일입니다.

염려는 영혼의 기능을 마비시키는 역할을 합니다. 염려가 지나치면 영적으로 무력해질 뿐만 아니라 심한 경우에는 치명적인 위험에 빠지게 됩니다. 쥐가 고양이에게 물리면 맥을 쓰지 못하고 한참 물려 있다가 숨이 끊어지는 것처럼 염려에 시달리는 사람도 힘을 잃고 신음함으로 결국 자기 생명을 스스로 끊는 것이나 다름없게 됩니다. 특별히 영적인 경우가 더욱 심각합니다. 신앙 경력이 깊고, 교회에서 봉사를 열심히 한다고 할지라도 늘 염려에 사로잡혀 전전긍긍하는 사람이 있다면 그는 영적 무력증에 걸린 불쌍한 사람이라고 말할 수 있습니다.

왜 염려의 노예가 되는가?

대부분의 사람들이 왜 필요 없는 염려를 하고, 또 염려의 노예 상태에서 벗어나지 못하는지 아십니까? 본문 24절 말씀에 그 답이 있습니다.

"한 사람이 두 주인을 섬기지 못할 것이니 혹 이를 미워하고 저를 사랑하거나 혹 이를 중히 여기고 저를 경히 여김이라 너희가 하나님과 재물을 겸하여 섬기지 못하느니라."

한 사람이 결코 두 주인을 섬길 수 없습니다. "섬긴다"는 단어에 유념하십시오. 어떤 한 사람을 사랑하면 다른 사람에게는 신경이 덜 쓰여지는 것이 인지상정입니다. 이에 두 주인을 똑같은 비중으로 사랑하고 섬길 수 없다는 것은 너무나 당연한 사실입니다. 여기에서 두 주인은 하나님과 재물을 의미하고 있습니다. 주님께서는 이 둘을 동시에 섬길 수 없다고 말씀하셨습니다.

돈은 헬라어로 '마몬'(맘몬)이라고 하는데 이 단어에는 '돈 신'이라는 의미가 있습니다. 그리고 넓은 의미에서 인간의 소유물 전체를 일컬어 '마몬'이라고 합니다. 그런데 사람들은 하나님과 돈을 다 소유하려고 하는 이기적이고 자기중심적인 생각을 가지고 있습니다.

본문의 24절 말씀을 알기 쉽게 의역하면 '너는 너 자신에게 속고 있다. 이 둘을 똑같이 섬길 수 없다. 양자택일 하라!'고 풀이할 수 있습니다. 이것은 우리의 영혼 깊은 곳을 향하여 권고하시는 하나님의 음성입니다.

어떤 사람이 염려에 시달리는 사람일까요? '마몬', 즉 돈 신을 섬기는 사람입니다. '섬긴다'는 의미를 살펴보면 '노예가 되어 매달린다'라는 뜻이 있습니다. 우리 모두의 생명과 행복은 전적으로 만물의 주인 되신 하나님께 달려 있습니다. 그러나 돈 신을 자기의 하나님으로 섬기는 사람은 자기 생명의 원천도, 행복의 향방도 전적으로 세상의 소유물에 달려 있다는 잘못된 신앙에 빠지게 됩니다. 이 순간부터 염려는 돈 신을 섬기는 사람을 향해 어김없이 찾아오는 것입니다.

두 부류의 사람들

어느 때든지 날씨가 가물면 사람들이 무척 걱정을 합니다. 이런 상황에서는 두 부류의 사람을 볼 수 있습니다.

한 부류의 사람은 '아무리 가물어도 때가 되면 어련히 알아서 하나님이 비를 주실까. 땅이 갈라지고 곡식이 타들어 가도 하나님은 오늘밤이라도 당장 비를 주실 수 있다!'고 믿는 사람입니다. 이런 사람은 염려하는 대신 하나님을 바라보고 기도하면서 마음의 평안을 유지하는 사람입니다.

또 다른 부류의 사람은 저수지의 물을 바라보면서 밤낮없이 걱정하는 사람입니다. '자꾸 물이 줄어들어 수위가 낮아지니 이거 야단났구나, 큰일났구나!' 하며 날마다 저수지의 물만 쳐다보며 걱정합니다.

이 예화에서 후자는 염려에서 해방되지 못한 사람입니다. 이 예화를 당신 내면의 거울에 비추어 보십시오. '과연 나는 어디에 해당되는가?'라는 자기 성찰의 시간을 갖는 것은 영적 성장을 위해 아주 유익한 일입니다.

> 그들에게 이르시되 삼가 모든 탐심을 물리치라 사람의 생명이 그 소유의 넉넉한 데 있지 아니하니라 하시고_눅 12:15

주님께서는 이처럼 사람이 죽고 사는 문제, 행복과 불행의 문제는 그 소유의 많고 적음에 있지 않다고 말씀하셨습니다. 그러나 사람들은 이 말씀을 거역하고 대적합니다. 그 결과, 영적으로 황폐한 삶을 살며 염려의 종이 되어 신음하고 있습니다.

하나님께서는 그의 자녀들이 염려의 노예가 되는 것을 결코 원하지 않으십니다. 하나님이 원하시는 자녀의 모습은 염려를 믿음으로 다스리고 모든 염려에서 해방된 사람입니다.

우리가 세상에서 살 때에 미래에 대한 불안감은 떨쳐 버릴 수 없습니다. 그러나 주님은 우리를 염려에서 해방시키기 위해 십자가를 지셨습니다. 우리가 이 사실을 때때로 망각하기 때문에 염려의 노예가 되는 것입니다.

신자와 불신자의 구별

세상 사람들이 기독교인을 볼 때 자기들과 별로 차이가 없다고 생각할지 모릅니다. 그러나 실제로는 굉장한 차이가 있습니다. 예를 들어 두 사람을 따라가는 개가 있다고 할 때, 두 사람이 나란히 걸어갈 경우에는 누구의 개인지 분간하기가 어렵습니다. 두 갈래 길로 들어설 때까지는 그 개가 누구의 소유인지 분간하기란 쉽지 않습니다. 두 사람이 헤어지는 지점에서야 비로소 누구의 개인지 식별이 가능합니다. 왜냐하면 개는 분명히 주인의 뒤를 따라가기 때문에 '어떤 사람을 따라가느냐?'에 따라 누구의 개인지 금방 구분할 수 있습니다.

사람을 동물에 비유하여 썩 유쾌하지는 않지만 그리스도인의 경우도 이와 마찬가지라고 생각합니다. 세상이 평안하고 염려가 없을 때는 신자와 불신자를 구별하기가 쉽지 않습니다. 그러나 사회적으로 불안한 일이 속출하고 정치적, 경제적으로 위기에 몰릴 때, 비로소 신자가 구별됩니다.

하나님만을 섬기는 사람은 위기를 당해도 동요하거나 의기소침하지 않습니다. 진실한 그리스도인은 위기 앞에서도, 불안하여 갈팡질팡하는 세상 사람들을 오히려 위로해 주며 의연하게 위기에 대처하는 지혜로운 모습을 세상에 드러냅니다.

'그러므로'의 의미

"그러므로 내가 너희에게 이르노니 목숨을 위하여 무엇을 먹을까 무엇을 마실까 몸을 위하여 무엇을 입을까 염려하지 말라…"(25절).

이 말씀에서 "그러므로"라는 접속사를 신중히 살펴볼 필요가 있습니다. 24절의 '한 사람이 두 주인을 섬기지 못한다. 그렇기 때문에 하나님과 재물을 겸하여 섬길 수 없다'라는 내용 다음에 '그러므로 너희는 염려하지 말라'는 말씀이 이어지고 있습니다. 따라서 이 문장의 "그러므로"는 문맥의 앞뒤가 맞지 않게 잘못 사용된 것처럼 보입니다. 그러나 여기에는 놀라운 진리가 숨어 있습니다. 그 당시 이 말씀을 직접

받은 사람은 예수님의 제자들이었습니다. 예수님이 그들에게 하신 말씀을 의역하면 다음과 같습니다.

'사람이 두 주인을 섬기지 못해. 미워하지 않으면 사랑해야지. 하나님과 돈을 같이 섬길 수는 없어. 너희들은 나의 제자가 아니냐? 그러므로 이제 너희들은 하나님을 생명과 행복의 원천으로 믿고 사는 자들이야. 염려는 너희의 신분에 어울리지 않아!'

예수님은 제자들이 벌써 하나님의 자녀가 되었다는 것을 기정사실로 하고 "그러므로"란 접속사를 사용하신 것입니다. 이 "그러므로"의 의미를 우리에게도 똑같이 적용할 수 있습니다.

"나는 이제 예수님을 믿고 하나님이 나의 생명과 행복의 원천이라고 믿습니다. 이제부터는 염려하지 않겠습니다"라고 고백할 수 있도록 만드는 것이 바로 이 '그러므로'의 의미입니다. '그러므로'의 신앙은 하나님을 구름 위에 앉아 계시는 막연한 분으로 보지 않게 만듭니다. 염려하지 않는 뿌리가 하나님께 있기 때문에, 그 하나님은 언제나 나와 가장 가까이 계시는 '나 자신의 하나님'이 되십니다.

사도 바울은 "나의 하나님이 그리스도 예수 안에서 영광 가운데 그 풍성한 대로 너희 모든 쓸 것을 채우시리라"(빌 4:19)고 고백했습니다. 이때 바울은 '우리 하나님'이라고 하지 않고 "나의 하나님"이라는 표현을 합니다. 이와 같은 고백은 그가 험난한 인생을 살아오면서 하나님이 얼마나 놀랍고도 세밀하게 염려에서 지켜 주셨는지를 직접 체험한 증거라고 할 수 있습니다. 하나님의 사랑은 풍성하고 그 능력과 지혜는 끝이 없습니다. 온 우주의 모든 것이 그분의 소유입니다. 그러므로 하나님을 의지하고 섬기려는 사람에게 풍성히 베푸십니다. 이러한 자비의 하나님이심을 분명히 믿으시길 바랍니다. 하나님을 제한하지 마십시오. 하나님은 무한하시며 끝이 없이 너그러우십니다.

"자기 아들을 아끼지 아니하시고 우리 모든 사람을 위하여 내주신 이가 어찌 그 아들과 함께 모든 것을 우리에게 주시지 아니하겠느냐"(롬 8:32). 이런 하나님을 선택하기만 하면 염려에서 해방되는 열쇠를 손에 쥘 수 있습니다.

월 버시 채프맨이 쓴 글에 있는 감동적인 이야기 하나를 소개합니다. 사실인지 허구인지 알 수 없지만 많이 들어왔던 예화입니다.

어떤 거지가 길을 가다가 노신사 한 분을 붙들고 구걸을 했습니다. "선생님, 10센트만 동냥해 주세요." 이렇게 말한 거지는 왠지 느낌이 이상하여 그 노신사의 얼굴을 쳐다봤습니다. 그러고는 그만 깜짝 놀랐습니다. 그 노신사는 바로 자기의 아버지였습니다. 거지는 너무 놀라서 뒷걸음질을 쳤습니다. 그제서야 노신사도 거지가 자기 아들인 것을 알아보았습니다. "아니, 네가 여기에 있었구나! 나는 너를 18년 동안이나 찾아다녔는데 오늘 드디어 발견했구나! 뭐, 나에게 10센트를 달라고? 아니다, 아들아! 내가 가진 모든 것은 전부 네 것이야!" 아버지는 아들의 목에 팔을 걸고는 감격에 겨워 다시 찾은 아들을 집으로 데리고 갔습니다.

우리 하나님은 이 예화의 노신사보다도 더 자비와 긍휼이 풍성하신 분입니다. "10센트? 천만에, 나는 온 우주를 가진 창조자야. 10센트만 주겠느냐? 내가 가진 모든 것은 다 네 것이야!"라고 하십니다. 이 부요하신 하나님을 전적으로 신뢰하시길 바랍니다.

새에게서 배우는 지혜

하나님만을 자신의 생명과 행복의 원천으로 믿는 자에게는 두 가지 확고한 지식이 있습니다. 첫 번째는 '창주조 하나님께서 창조하신 생명체를 하나님이 책임지고 기르신다'는 지식입니다. "공중의 새를 보라 심지도 않고 거두지도 않고 창고에 모아들이지도 아니하되 너희 하늘 아버지께서 기르시나니 너희는 이것들보다 귀하지 아니하냐"(26절).

하나님은 참새 한 마리, 한 송이의 백합화도 키우시며 온 우주에 존재하는 생명체 전부를 기르십니다. 우리도 하나님께서 창조하신 생명체이기 때문에 하나님이 책임지고 돌보아 주십니다.

종교개혁자 루터는 거실의 새장 속에 갇혀 있는 로빈새를 자신에게 가장 위대한 설교를 하는 설교자로 소개합니다. 저녁 식사 후 로빈새에게 먹이를 주는 습관이 있었던 루터는 그 시간만 되면 루터를 기다리고 있는 로빈새를 보았습니다. 루터가 다가오면 새는 좋아서 퍼드득거리며 장대 위로 날아 앉습니다. 루터가 먹이를 던져 주면 정신없이 먹다가 배가 부르면 다시 제자리로 돌아갑니다. 루터는 로빈새의 하는 모양을 바라보고 있습니다. 새는 많이 먹고 마시고 배가 불러 아름다운 목소리로 조물주를 찬양합니다. "하나님, 먹을 것 주셔서 감사합니다." 한참 지저귀고 노래하다가 어느새 머리를 날개죽지에 처박고는 새근새근 잠이 듭니다. 이 모습을 보고 있던 루터는 '그렇다! 하나님은 모든 피조물을 먹이고 입히신다. 내 앞에 염려와 걱정거리가 많지만 나보다 못한 저 새도 염려하지 않고 깊이 잠이 드는데 내가 왜 잠을 못 자고 방황하는가? 나는 저 새보다 훨씬 귀한 존재가 아닌가!'라는 생각에 이르게 되었습니다. 그러자 루터는 비로소 모든 근심에서 벗어나 깊이 잠들 수 있었다고 고백했습니다.

하나님께서 이 세상의 모든 생물체를 책임지고 기르신다면, 하나님의 형상대로 창조하신 인간은 얼마나 잘 보살펴 주시겠습니까? 이것이 우리가 하나님을 전적으로 신뢰할 때 갖는 두 번째 지식입니다. 하나님께서는 이 세상에서 그 어떤 것보다도 사람이 가장 귀한 존재라고 말씀하십니다. 그러므로 들에 있는 생물들을 먹이시는 하나님께서는 우리를 더 잘 먹이시고 우리를 더 알뜰하게 살피시며 부족한 모든 것을 채워 주십니다.

'그리하면'의 위대한 신앙

> 그런즉 너희는 먼저 그의 나라와 그의 의를 구하라 그리하면 이 모든 것을 너희에게 더하시리라_마 6:33

본문 33절 가운데 "그리하면"은 일종의 신앙이라고 할 수 있습니다. 이 신앙은 하나님의 나라와 그의 의를 먼저 구하는 자에게 생겨납니다. 그러면 "그의 나라와 그의 의를 구한다"는 것은 무슨 뜻입니까? 본문 24절에 그 답이 있습니다. 즉 '하나님만을 섬기고 그 하나님만이 자신의 생명과 행복의 원천'이라고 믿는 것입니다. 이것이 "그의 나라와 그의 의를 구하는 것"과 맥락을 같이합니다.

하나님의 자녀는 염려대신 오직 기도와 간구를 감사함으로 아뢰는 자세를 취해야 합니다. 모든 것을 하나님께 의탁하고 그분만 바라볼 때 하나님께서는 우리에게 필요한 모든 것을 다 주신다고 약속하셨습니다. '그리하면의 신앙'은 이처럼 위대한 신앙입니다.

주님 안에 있는 성도의 평안

우리는 하나님의 자녀입니다. 굉장한 부자를 아버지로 모시고 사는 복받은 사람입니다. 하나님의 자녀는 싱그러운 수목처럼 세상에서 빛이 납니다. 의아할 정도로 패기 넘칩니다. 우리에게는 놀라운 평화가 있습니다. 하나님이 함께하시면 우리의 마음은 언제나 천국입니다. 왜냐하면 염려는 이미 우리의 영역이 아니기 때문입니다.

혈연단신으로 미국에 공부하러 떠날 때에도 가장인 저는 염려하지 않았습니다. 하나님이 채워 주실 것을 분명히 알았기 때문입니다. 오랜 경험을 통해서 하나님이 우리의 삶에 어떻게 역사하시는지 잘 알고 있었기 때문입니다.

사랑의교회를 처음 시작할 때에 매달 20만 원도 안 되는 돈으로 가족이 살아야 했지만 전혀 걱정하지 않았습니다. 필요할 때마다 풍성히 채워 주시는 하나님을 경험했기 때문입니다. 개척 교회를 하면서 빈번히 어려운 문제에 봉착했지만 한 번도 심각하게 고민하지 않았습니다. 하나님이 하시는 일이기 때문에 인간적인 염려는 필요 없었습니다.

우리가 지금까지 살아온 것은 우리의 소유물 때문이 아닙니다. 메마른 땅에 비를 주시는 자비로우시고 긍휼이 풍성하신 하나님께서 우리를 붙들어 도와주시고 은혜롭고 건강한 삶을 살도록 인도해 주셨기 때문입니다.

맑고 밝게 하나님을 찬양합시다. 그리스도 안에 있는 성도의 평안이 얼마나 놀라운 것인가를 염려와 불안에 떠는 이 세상 사람들에게 환히 보여 줍시다. 우리의 이러한 모습이 하나님께 영광이 될 것입니다.

4

훈련, 하나님은 당신을 이렇게 다루신다

차원 높은 믿음의 사람이 되기까지 겪어야 하는 훈련 과정이 있다면
우리는 그것을 감사하면서 잘 견뎌야 합니다.
힘찬 믿음의 날개를 펄럭이며 파란 하늘을 나는 신앙인이 되기까지
인내하면서 소망을 버리지 말아야 합니다.

신명기 32:9-14

9 여호와의 분깃은 자기 백성이라 야곱은 그가 택하신 기업이로다 10 여호와께서 그를 황무지에서, 짐승이 부르짖는 광야에서 만나시고 호위하시며 보호하시며 자기의 눈동자 같이 지키셨도다 11 마치 독수리가 자기의 보금자리를 어지럽게 하며 자기의 새끼 위에 너풀거리며 그의 날개를 펴서 새끼를 받으며 그의 날개 위에 그것을 업는 것같이 12 여호와께서 홀로 그를 인도하셨고 그와 함께한 다른 신이 없었도다 13 여호와께서 그가 땅의 높은 곳을 타고 다니게 하시며 밭의 소산을 먹게 하시며 반석에서 꿀을, 굳은 반석에서 기름을 빨게 하시며 14 소의 엉긴 젖과 양의 젖과 어린양의 기름과 바산에서 난 숫양과 염소와 지극히 아름다운 밀을 먹이시며 또 포도즙의 붉은 술을 마시게 하셨도다

훈련, 하나님은 당신을 이렇게 다루신다

누군가 당신을 향하여 "하나님을 얼마나 잘 알고 있습니까?"라고 묻는다면 어떤 대답을 할 수 있습니까? 아마 자신 있게 대답하지 못할 것입니다. 하나님은 너무나 광대하신 분입니다. 우리의 마음에 담을 수도 없고 우리의 생각에도 품을 수 없습니다. 우리는 성경을 통해서 나타나신 하나님마저 다 이해하지 못합니다.

구약성경에는 하나님을 가장 잘 알고 이해한 사람이 등장합니다. 바로 모세입니다. 모세는 하나님을 직접 대면하여 알았고, 그분의 음성을 들었습니다. 그리고 그는 40년 동안 이스라엘 백성들을 광야에서 인도하면서 하나님이 자신의 백성인 이스라엘을 어떻게 다루시는지 실제로 체험했습니다.

본문 말씀은 이렇게 하나님을 가장 잘 알고 있던 모세가 임종을 앞두고 남긴 마지막 교훈입니다. 모세는 이 짧은 본문을 통해 지금까지 자신이 알고 신뢰했던 하나님을 소개합니다. 우리는 본문을 통해 모세가 소개한 하나님의 어떠하심을 세 가지로 요약할 수 있습니다.

첫째는, 우리를 눈동자같이 지키시는 하나님(9-10절). 둘째는, 우리를 독수리같이 훈련시켜 주시는 하나님(11-12절)입니다. 마지막으로는, 우리를 만족하게 먹여 주시는 하나님(13-14절)입니다. 첫째, 둘째 하나님에 관해 자세히 살펴보겠습니다.

ㅇㅇㅇㅇㅇ
보호자 하나님

모세는 하나님이 우리의 보호자가 되신다는 것을 알려 주기 위해 기가 막힌 표현을 쓰고 있습니다. '자기 눈동자같이 지키시는' 하나님이라고 합니다. 하나님께서 우리처럼 눈동자를 가지고 계시는지는 모르겠습니다. 아마 이 표현은 우리가 쉽게 이해할 수 있게 배려하신 데서 나온 것 같습니다.

하나님은 자기 눈동자를 지키듯이 우리를 보호하십니다. 이런 하나님은 백 번 들어도, 천 번 들어도 참 좋은 하나님입니다.

사실 우리에게 눈이 얼마나 중요합니까? 하나님께서는 사람을 창조하실 때 이토록 중요한 눈을 특별한 자리에 두셨습니다. 웬만한 충격으로는 잘 부서지지 않는 두개골에 큰 굴을 두 개 파서 그 속에 안전하게 간직해 두셨습니다.

하나님은 두개골 속 가장 안전한 곳에 눈을 두셨을 뿐 아니라 그 위에 눈꺼풀을 덮어 항상 이물질이 들어오지 못하도록 설계하셨습니다. 또한 눈물샘을 설계하시어 늘 소독하여 깨끗하고 윤기나는 눈동자를 유지하도록 하셨습니다. 그리고 보이지 않는 곳에 하수도를 연결시켜 세척된 오물들이 코로 빠지게 해 놓으셨습니다. 하나님이 얼마나 눈을 묘하게 만드셨고 소중히 다루시는지 모릅니다. 그러므로 그가 우리를 '자기의 눈동자같이' 지키신다는 말씀은 우리를 완전무결하게 보호할 것을 보장하신다는 의미로 보아야 합니다. 하나님은 자기가 택해서 예수님을 믿게 하시고 죄를 용서받게 하셨으며 성령을 그 마음에 모시게 한 그의 자녀를 완벽하게 보호하십니다. 자기 눈을 지키듯 보호하신다는 데는 다른 말이 더 필요하지 않습니다. 이 사실을 믿을 때 우리의 마음이 얼마나 든든해지는지 모릅니다. 어떤 상황에서도 불안해하지 않고 살 수 있습니다. 믿음이 없으면 불안합니다. 그러나 하나님의 약속을 믿는 믿음만 있으면 찬송가의 가사처럼 "내 영혼 평안해"라고 고백할 수 있습니다. 이렇게 자비로우신 하나님을 우리 아버지로 모시고 사는 것을 날마다 감사해야 할 것입니다.

훈련하시는 하나님

두 번째로, 모세는 전혀 다른 이미지를 가진 하나님을 이야기하고 있습니다. 하나님을 어미 독수리에 비유하고 있습니다. 자녀를 키우는 사람은 자녀를 향한 부모의 사랑이 여러 가지 다양한 성격을 띠고 있다는 사실을 알고 있습니다. 회초리를 든 아버지의 손길로 나타나기도 하고 어떤 때는 상처를 어루만져 주는 부드러운 어머니의 손길로도 나타납니다. 자녀에게 나타나는 부모의 사랑처럼 하나님이 우리를 마음에 두시고 세심하게 생각하시는 그 깊은 애정은 여러 가지 형태로 표현될 수 있습니다. 날마다 눈동자같이 지켜 주시는 것만으로 우리에 대한 책임을 다 하시는 하나님이 아닙니다. 하나님은 그렇게 어리석은 하나님이 아니십니다.

11-12절에 독수리가 자기 새끼를 다루듯이 우리를 다루시는 하나님이라고 말씀합니다. 여기에는 대단히 값진 진리가 담겨 있습니다. 솔직히 말해서 독수리의 이미지를 가진 하나님은 우리 모두가 별로

좋아하지 않습니다. 저는 학교에 다니면서 교련 선생님을 제일 싫어했습니다. 왜냐하면 훈련받기가 싫었기 때문입니다. 어느 누구도 훈련을 좋아하지 않습니다.

우리가 이렇게 달가워하지 않는데도 하나님은 그의 자녀를 엄하게 훈련시키시는 분입니다. 이 사실을 실감 있게 이야기하기 위해 모세는 하나님을 독수리에 비유한 것입니다. 어떻게 보면 신성모독이라는 느낌마저 듭니다. 그런데 우리가 워낙 어리석고 깨닫지 못하는 존재이기 때문에 어떤 경우에는 하나님이 자신을 짐승에 비유하시면서 우리를 깨닫게 하실 때가 있습니다. 예수님은 하나님을 암탉에 비유하신 적도 있습니다. 하나님은 우리를 너무 사랑하셔서 우리가 깨달을 수만 있다면 자신의 이미지가 조금 상하는 것은 크게 우려하지 않으시는 것 같습니다. 사실 독수리는 성경적으로 보면 부정한 짐승입니다. 만지거나 먹어서는 안 되는 짐승입니다. 그럼에도 하나님은 자기를 독수리에 비유해서 우리를 가르치십니다. 너무 좋으신 하나님이심을 다시 한번 느낄 수 있습니다.

보금자리를 어지럽히고

우리는 생태학적으로 독수리에 대해 약간의 상식을 가지고 있습니다. 독수리는 보금자리를 높은 절벽이나 벼랑 위에 만듭니다. 아무나 함부로 접근하지 못할 곳에 둥지를 틀고 거기에 자기의 털이나 다른 부드러운 물질로 폭신한 침대를 마련합니다. 그런 후에야 거기에 알을 낳고 새끼를 기르는 것입니다. 독수리의 집은 매우 튼튼합니다. 새끼들은 안심하고 거기서 어미가 물어다 주는 것을 받아먹으면서 하루 종일 기분 좋게 지낼 수 있습니다. 눈만 뜨면 파란 창공이 올려다 보이고 둥지 아래에는 광활한 벌판이 펼쳐집니다. 난공불락의 요새 같은 둥지에서 새끼들은 날마다 아무 걱정 없이 행복한 나날을 보내는 것입니다.

그런데 어느 날 갑자기 어미 독수리가 날개를 펄럭이며 보금자리에 있는 새끼들을 못살게 굴기 시작합니다. 이러한 사실을 바탕으로 11절에서는 독수리가 그 "보금자리를 어지럽게 한다"고 했습니다. 새끼들은 갑자기 변한 어미를 보고 어리둥절합니다. 어미 독수리는 아랑곳하지 않고 날개를 계속 펄럭이기도 하고 입으로 새끼들을 둥지 가장자리로 마구 밀어내기도 합니다. 새끼들은 어미가 왜 그렇게 하는지 모릅니다. 어떻게 해서라도 보금자리에서 빠져나오지 않으려고 기를 쓰며 소리를 지릅니다.

어느 조류 학자의 말에 의하면 어미 독수리는 새끼들을 끌어내기 위해 폭신폭신한 깃털 침대를 전부 밖으로 물어 던져 버린다고 합니다. 그러면 바닥이 딱딱하니까 새끼들이 견디다 못해 기어 나온다는 것입니다. 또 다른 학설에 의하면 어미 독수리는 가시나무 가지를 그 보금자리에 집어넣어 새끼들이 찔리도록 한다고 합니다. 그러면 결국 새끼들은 따뜻한 보금자리를 단념하고 불평을 늘어 놓으면서 기어 나오고 맙니다. 하나님께서도 우리를 이렇게 다루시는 경우가 있습니다.

나에게 왜 이런 일이?

사람들은 본능적으로 변화를 두려워합니다. 대부분이 보금자리 속에서 '이대로 살았으면 좋겠다. 이 정도면 행복해. 나는 더 이상 바라지도 않아. 나는 만족해'라고 하며 꿈같은 세월을 보낼 것을 바라고 있습니다. 이것이 인간입니다.

그런데 어느 날 갑자기 건강에 이상이 생기는 것을 봅니다. 어떤 경우에는 마음속에 몹시 불안한 감정이 일어나서 잠을 이루지 못할 수도 있습니다. 사업이 무너질 때도 있습니다. 부부간에 심각한 문제가 개입될 때도 있습니다. 자녀들에게 부모가 원하지도 않던 불상사가 일어날 수도 있습니다. 이것이 무엇입니까? 하나님이 날개로 그 보금자리를 어지럽히신다고 판단해도 됩니다. 하나님이 몹시 가까이 와 계시는 것입니다. 그리고 그동안 몸을 묻고 있던 자리에서 우리를 끌어내시려는 것입니다.

아마 우리 중에는 이와 비슷한 경험을 하신 분들이 많이 계실 것입니다. 하나님이 창세전부터 자기 자녀로 선택해 놓은 사람에게는 하나님이 둥지를 어지럽히는 일이 자주 일어납니다. 세상의 잠에 취해 깊이 잠들어 있는 사람을 끌어내어 생명의 길로 인도하기 위해서는 그렇게 하지 않을 수 없기 때문입니다.

만약 당신이 원하는 대로 모든 것이 잘 되었다면 두 손 들고 예수님을 찾아 나왔겠습니까? 천만의 말씀입니다. 당신의 가정을 어지럽히는 하나님의 손길이 있었기 때문에 회개하고 돌아왔다고 봅니다.

이미 예수님을 믿는 사람들에게도 똑같은 원칙이 적용되는 것을 자주 봅니다. 우리는 신앙생활을 잘하다가 가끔 잠을 잘 때가 있습니다. 독수리 새끼가 둥지 속에서 태평스럽게 잠만 자듯이 우리가 육신의 잠에 깊이 취할 때가 있습니다. 대개가 세상적으로 형통하면 이런 시험이 옵니다. 주님은 육신의 생각은 사망이며, 육신의 생각은 하나님을 기쁘시게 하지 못하며, 육신의 생각은 하나님의 법에 절대로 굴복하지 못한다고 하셨습니다(롬 8:7-8 참조).

가끔 우리는 이러한 사람으로 돌아가는 영적 위기를 맞게 됩니다. 이때에 하나님은 우리를 깨우십니다. 우리의 보금자리를 어지럽히는 날입니다. 흔히 이것을 '징계'라고 부릅니다.

　이것은 우리가 몹시 싫어하는 어려운 시련입니다. 그러나 하나님은 이런 과정을 통해서 우리를 정신 차리게 하십니다. 그래서 빠져 있던 자리에서 빨리 나오라고 깨우십니다. 아마 우리 중에는 이 말이 무엇을 의미하는지 이해하는 분들이 많을 것입니다. 적어도 한두 번은 모두 체험했기 때문입니다. '왜 나는 이렇게 마음이 불안할까? 왜 하는 일마다 잘 풀리지 않을까? 왜 우리 집에 이런 일들이 계속될까?' 여기에 대한 해답은 이것입니다. 하나님이 여러분의 보금자리를 어지럽히고 계십니다. 그 이유는 하나님께 나오라는 것입니다. 지금까지의 생각과 생활 방식을 떨쳐 버리고 하나님께로 나오라는 것입니다. 잠에서 깨라는 것입니다.

　저는 우리나라의 여러 가지 형편을 다른 나라와 비교하면서 이런저런 생각을 많이 합니다. 우리나라가 경제적으로 늘 불안한 것도 사실이고 정치적으로 안정이 안 된 것도 사실이며 신문을 펼 때마다 우울한 기삿거리가 많은 것도 사실입니다. 그러나 한 가지 감사한 것이 있습니다. 우리 모두가 안고 있는 불안 요인이나 가슴 아픈 사건을 통해서 하나님이 많은 사람들을 보금자리에서 불러내셨다는 것입니다.

　우리나라에 교회가 많은 것은 우연한 일이 아닙니다. 늘 편안하고, 분단이라는 특수한 상황으로 경제적으로 불안하지 않았다면, 우리나라에도 예수님을 믿고 돌아오는 사람, 타락했다가 회개하고 돌아오는 사람들이 지금처럼 많지 않을 것입니다. 하나님께서는 이상하게도 우리나라를 자주 흔들어 놓으셨습니다. '내 힘으로 살 수 없구나. 예수님을 믿자! 교회에 나가자!' 하는 마음이 자연스럽게 우러나오도록 만드셨습니다. 얼마나 큰 복입니까?

반복되는 시련

독수리 새끼들이 이제 둥지에서 기어 나오면 어미 독수리는 약 3m나 되는 긴 날개 위에 새끼를 얹고 높은 하늘로 올라갑니다. 새끼는 잔뜩 겁에 질려 웅크리고 있습니다. 그런데 갑자기 어미가 새끼를 사정없이 떨어뜨립니다. 그러면 새끼는 '나 죽는다!' 하고 비명을 지르면서 땅으로 떨어집니다. 어미는 공중에서 새끼가 떨어지는 모습을 한참 지켜보기만 합니다. 조금만 지체하면 새끼가 당장 땅바닥에 부딪칠 것 같습니다. 그러면 어느새 어미는 쏜살같이 내려가서 힘 있는 날개로 안전하게 새끼를 받아 다시금 높은 하늘로 솟아오릅니다. 얼마 후 새끼를 다시 떨어뜨립니다. 어미가 몇 번이나 이 훈련을 반복하는지는 잘 모릅니다. 그러나 한 가지 분명한 사실은 새끼가 자기 힘으로 날 수 있을 때까지 계속한다는 것입니다.

하나님께서 종종 이것과 흡사한 방법으로 우리를 다루시는 경우가 있습니다. 어떻게 보면 좀 잔인해 보이기까지 합니다. 예수님을 믿고 교회에 나왔음에도 불구하고 가정에는 어려운 문제가 끊이지 않을 때가 있습니다. 기도를 열심히 하여도 어떤 것은 절대 들어주시지 않고 1년, 2년을 끄는 경우가 있습니다. 하나님이 즉시 고쳐 주실 것 같은 질병이 오랫동안 고통을 줄 때가 있습니다. 하나님이 왜 이러실까요? 능력이 없어서 그러실까요? 그것은 우리에게 특정한 목적을 두신 하나님께서 우리를 공중에서 반복해서 떨어뜨리시는 것입니다. 이것이 우리에게는 대단히 견디기 어려운 시련의 연속일 수 있습니다. 인간적으로 생각하면 회의에 빠질 수도 있고 지쳐 버릴 수도 있습니다. 그러나 우리가 정신을 똑바로 차려야 할 때가 바로 이럴 때입니다. 바로 이때가 하나님이 나를 다루고 계시는 시간임을 알아야 합니다. 언제까지 이렇게 다루십니까? 높은 하늘을 힘 있게 날 수 있는 믿음의 날개가 생길 때까지 그렇게 하십니다. 그러므로 누구든지 생활이 힘들고 고된 일이 자꾸 반복되면 하나님이 공중에서 떨어뜨리는 것으로 보아야 합니다. 우리가 정신없이 추락할 동안 하나님께서는 우리를 꼭 지켜보고 계십니다.

분명한 두 가지 사실

우리가 절대 잊어서는 안 될 두 가지 진리를 살펴보겠습니다.

첫째는, 독수리가 그 새끼를 땅에 부딪치게 하여 죽도록 내버려 두지 않듯이 하나님께서는 우리가 망하도록 방관하지 않으신다는 사실입니다. '큰일 났구나!' 하는 절박한 순간에 하나님은 반드시 우리를 구해 주십니다. 하나님께서는 우리를 어려운 고난을 통해 계속 연단시키시지만 절대로 망하게 하지는 않으십니다. 당신은 이 사실을 믿습니까?

코우만이라고 하는 신앙인이 이런 말을 했습니다. "가장 큰 어려움 속에서, 가장 큰 시련 속에서, 가장 심한 가난 속에서도 하나님은 나를 망하게 내버려 두지는 않으신다. 내가 하나님을 믿는데도 그때그때 필요한 은혜를 받지 못하면 언제나 그가 직접 나타나셔서 도움을 주셨다." 어떻습니까? 어느 정도 신앙생활을 경험한 사람이면 코우만의 간증이 옳다고 수긍할 수 있을 것입니다.

겉으로는 전혀 소망이 없어 보이는 환경이지만 이상하게 하루하루를 넘길 수 있다는 것은 기적이 아닐 수 없습니다. 틀림없이 하나님께서 날개로 받아 주시는 것입니다. 우리는 하나님의 자녀입니다. 한 번 가정해 보십시오. 하나님의 자녀가 세상 사람 앞에서 망했다고 합시다. 마치 하나님이 계시지 않는 것처럼 완전히 끝장이 났다고 합시다. 그러면 하나님의 입장이 어떻게 되겠습니까? 만일 독수리 새끼가 땅에 머리를 부딪쳐 즉사했다면 그 어미의 체면이 무엇이 되겠습니까? 우리를 독수리처럼 다루신다고 하면서 독수리 같은 하찮은 날짐승도 하지 않는 실수를 하나님이 하실 수는 없습니다.

둘째는, 독수리 새끼가 여러 번 떨어지는 훈련을 통해서 결국은 스스로 날 수 있게 되듯이 우리 역시 어려운 고통과 역경을 수없이 거치는 과정을 통하여 스스로 날 수 있는 믿음의 날개가 생긴다는 것입니다. 다시 말해서 믿음으로 사는 사람으로 바뀐다는 것입니다. 이것은 분명한 사실입니다.

우리가 잘 아는 바와 같이 믿음이라는 것은 한순간에 금방 자라거나 완성되는 것이 아닙니다. 갑자기 철야 기도를 이틀이나 사흘 동안 했다고 해서 믿음이 금방 완성 단계로 발전하는 것이 아닙니다. 믿음이란 어떻게 보면 독수리 새끼의 날개와 비슷합니다. 날개에 힘이 생기려면 시간이 필요하고 연단이 필요하듯이 믿음 역시 강한 힘을 가지려면 시간과 연단이 필요합니다. 그러므로 인생의 험한 경로를 많이 겪은 사람일수록 그가 가진 신앙의 날개는 더 튼튼합니다.

당신에게 어려움이 별로 없습니까? 너무 행복한가요? 그렇다면 한 가지 염려스러운 것이 있습니다. 당신의 믿음은 아직도 둥지 안에 있는 새끼 독수리의 날개와 비슷할지도 모릅니다. 스스로 날지 못하는 어린 믿음일 수 있다는 말입니다. 하나님이 공중에서 던지는 훈련을 통해서 자라지 못한 믿음은, 나는 흉내는 낼지 모르지만 실은 한 마장도 날지 못합니다. 고작해야 땅에서만 버둥대고 맙니다. 행복이 믿음을 약하게 만들고 있습니까? 그것은 절대로 추천할 만한 것이 못됩니다. 불행이 강한 믿음을 만들어 주었습니까? 절대로 후회할 필요가 없습니다.

하나님은 어려운 시련을 통해 우리 믿음의 날개가 힘을 얻어서 스스로 날 수 있도록 만들어 주십니다. 이 사실을 꼭 믿어야 합니다. 우리에게 어려운 문제가 반복된다고 실망하지 말아야 합니다. 그 모든 문제는 결국 우리에게 힘 있는 날개를 달아 주시는 하나의 과정이라는 사실을 잊지 말아야 합니다.

높이 나는 믿음

독수리 새끼는 반복되는 훈련을 통해서 드디어 날개에 힘이 생깁니다. 날기 시작합니다. 새끼가 날기 시작하면서 그는 어미가 날아가는 데로 따라갑니다. 높은 창공을 향해 힘차게 솟구칩니다. 얼마나 멋있습니까? 비로소 독수리다운 새가 된 것입니다. 하나님은 우리가 바로 이런 신앙인이 되기를 원하십니다. 믿음의 날개를 달고 높이높이 나는 사람이 되기를 원하십니다. 날마다 두더지처럼 땅만 파는 사람을 원하시지 않습니다. 무엇이 고공을 나는 믿음의 생활입니까? 바로 말씀대로 사는 것입니다.

"그러므로 너희가 그리스도와 함께 다시 살리심을 받았으면 위의 것을 찾으라 거기는 그리스도께서 하나님 우편에 앉아 계시느니라 위의 것을 생각하고 땅의 것을 생각하지 말라"(골 3:1-2).

독수리는 멀리서 폭풍이 접근하면 본능적으로 금방 알아챈다고 합니다. 그리고 즉시 폭풍이 몰려오는 방향을 향해 날개의 각도 조정을 하고 기다립니다. 세찬 바람이 지나갑니다. 그 바람은 독수리를 떨어뜨리거나 쓸어 버리는 것이 아니라 높은 창공으로 치솟게 만듭니다. 알맞은 각도로 조정을 하고 있었기 때문에 힘들이지 않고 바람의 힘을 역이용하여 더 높은 곳으로 오를 수 있는 것입니다. 그가 오른 높은 창공에는 폭풍이 미치지 못합니다. 아래에는 폭풍우가 마구 스쳐 지나가지만 그는 유유히 그 전경을 내려다보면서 여유 있게 하늘의 그 광대함과 찬란함을 즐길 수 있습니다. 이런 의미에서 힘 있게 날 수 있는 날개를 준비한 독수리에게는 폭풍우란 전화위복을 가져오는 한낱 심부름꾼에 지나지 않습니다.

우리도 마찬가지입니다. 믿음의 강한 날개를 준비하고 있으면 생의 어떤 폭풍우도 큰 위협이 될 수 없습니다. 오히려 더 큰 복을 얻는 호기를 안겨 줄 수 있습니다. 그러나 믿음의 날개가 없는 사람은 폭풍우가 몰려오면 이리 얻어맞고 저리 얻어맞다가 나중에는 만신창이가 됩니다. 생의 폭풍우를 감당할 만한 믿음이 없으니까 매일 얻어맞다가 맙니다. 이런 사람은 믿음으로 사는 즐거움을 잘 모르고 교회에 다닐 가능성이 큽니다.

그러나 당신에게 믿음의 날개가 있는데 경제적인 어려움이 몰려온다면 어떻게 하겠습니까? 30° 각도로 믿음의 날개를 조정할 것입니다. 육체의 질병이 엄습한다면 틀림없이 60° 각도로 조정하고 기다릴 것입니다. 드디어 바람이 몰려옵니다. 어떻게 됩니까? 놀랍게도 그 바람이 더 높은 경지로 우리를 밀어 올려 주는 것을 볼 수 있습니다. 그곳에는 기이한 평강이 깃들어 있습니다. 하나님의 넘치는 위로가 기다립니다. 자신도 모르게 찬송과 감사가 입에서 흘러나오기 시작합니다. 하나님이 우리가 두려워하는 방법을 사용하여 연단하시는 이유가 여기에 있습니다.

감사와 찬양의 경지

성경에는 우리가 잘 아는 하박국 선지자가 나옵니다. 하박국은 대단한 회의론자였습니다. 그는 왜 선한 사람은 날마다 고통을 당하고 악한 사람은 저렇게 만 가지가 형통한지 대답 좀 해 달라며 하나님께 대들었던 사람입니다. 그런 그에게 주신 하나님의 대답은 이것이었습니다.

"의인은 그의 믿음으로 말미암아 살리라"(합 2:4).

'하나님을 믿으라! 세상이 아무리 요지경 같지만 하나님을 믿으라!'라는 말씀입니다. 믿는 자는 아무리 어려운 문제 속에서도 나중에는 살아남는다는 것입니다. 하박국은 하나님으로부터 받은 그 귀한 진리를 가슴에 소중히 담았습니다. 그 결과, 하박국이 나중에 어떤 사람이 되었는지 아십니까?

당시 유대 나라는 갈대처럼 흔들리고 있었습니다. 무서운 적군이 진격해 오고 있다는 불길한 소문이 파다하여 듣는 이마다 간장이 녹았습니다. 경제적으로 쑥밭이 되었습니다. 남아 있는 것은 두려움뿐이었습니다. 이런 와중에서 그는 "나는 여호와로 말미암아 즐거워하며 나의 구원의 하나님으로 말미암아 기뻐하리로다 주 여호와는 나의 힘이시라 나의 발을 사슴과 같게 하사 나를 나의 높은 곳으로 다니게 하시리로다"(합 3:18-19)라고 고백했습니다.

우리들은 아무리 세상이 힘들고 고통스러워도 절망하지 말아야 합니다. 믿음의 날개만 있으면 이 세상에서도 천국의 생활을 맛볼 수 있습니다. 문제는 우리의 날개에 힘이 없어서 창공을 높이 날지 못하는 것입니다. 우리가 강한 믿음의 날개를 달고 높이 솟을 수만 있다면 언제나 때를 따라 주시는 하나님의 은혜를 누릴 수 있습니다. 홍해가 갈라지는 기적을 볼 수 있습니다. 바위에서 샘이 터지는 응답을 볼 수 있습니다. 죽은 자가 살아나는 능력을 체험할 수 있습니다. 아무것도 없는 가운데서 풍성함을 맛보는 위로를 받을 수 있습니다.

우리는 죠지 뮬러(George Müller, 1805-1898)에 관해 잘 알고 있습니다. 그가 80대 노구를 이끌고 신학교 학생들의 모임에 참석하여 의자에 앉은 채 강의를 한 일이 있었습니다. 강의가 끝날 즈음에 한 학생이 다음과 같은 질문을 했습니다. "죠지 뮬러 선생님, 일평생 동안 선생님은 만 명이나 되는 고아들을 먹여 살리고 십만 명의 주일학교 학생들을 도와주고 허드슨 테일러를 위시해서 많은 선교사들에게 2만 권 이상의 성경을 보내신 것으로 알고 있습니다. 액수로 따져서 총 8백만 불 이상의 돈을 쓰셨습니다. 빈손으로 그렇게 엄청난 일을 하실 수 있었던 비결이 무엇인지 말씀해 주시면 감사하겠습니다."

이 질문을 받은 죠지 뮬러는 의자에서 몸에 힘을 주어 겨우 일어나더니 의자를 마주 보고 돌아서서 바닥에 무릎을 꿇고 앉았습니다. 그러고는 의자 위에 두 팔을 얹고 손을 깍지 끼고 고개를 숙였습니다. 그렇게 가만히 있다가 일어나더니 "이게 비결이요. 나의 비결은 이것뿐이었소"라고 말했답니다.

죠지 뮬러야말로 강한 믿음의 날개를 단 사람이었습니다. 어떤 상황 속에서도 흔들림이 없는 믿음으로 기도하면서 모든 문제를 다루어 나가는 차원 높은 그리스도인의 한 면모를 보여 주었다고 할 수 있습니다.

세상은 갈수록 점점 더 어려워질 것입니다. 정신적으로, 육체적으로 점점 힘들어질 것입니다. 우리가 세상에서 승리하기 위해서는 높이 날 수 있는 사람이 되어야 합니다. 믿음의 날개를 가지고 더 높이 날아야 합니다. 이와 같은 차원 높은 믿음의 사람이 되기까지 겪어야 하는 어려운 훈련의 과정이 있다면 우리는 그것을 감사하면서 잘 견뎌야 합니다. 힘찬 믿음의 날개를 펄럭이며 파란 하늘을 나는 신앙인이 되기까지 인내하면서 소망을 버리지 말아야 합니다.

　종종 당신의 보금자리를 어지럽히고 높은 하늘에서 떨어뜨리고 다시 받아 올라가서 당신이 힘찬 믿음의 날개를 유유히 펴고 스스로 높이 날 수 있기까지 당신을 훈련하시는 하나님 아버지께 감사해야 합니다.

5

쉼,
흔들림 없는
영혼의 안식

주님에게 우리 자신을 연결시켜야 다시 새 힘을 공급받을 수 있습니다.
예수님은 지상에 계실 동안 자신을 하나님과 한순간도 떼어 놓으려 하지 않았습니다.
그것이 예수님의 쉼과 평안의 비결이었습니다.

마태복음 11:28-30

28 수고하고 무거운 짐 진 자들아 다 내게로 오라 내가 너희를 쉬게 하리라 29 나는 마음이 온유하고 겸손하니 나의 멍에를 메고 내게 배우라 그리하면 너희 마음이 쉼을 얻으리니 30 이는 내 멍에는 쉽고 내 짐은 가벼움이라 하시니라

쉼,
흔들림 없는
영혼의 안식

마음에 안식이 없이 날마다 무거운 짐에 억눌려 고통하는 분이 있습니까? 솔로몬이 말한 것처럼 밤에도 쉬지 못하는 착잡한 마음에 이리저리 뒹굴며 갈등하는 분이 있습니까? 편안한 육신을 가지고 호화롭게 이 세상에서 산다고 해도 이미 마음의 안식을 잃어버린 사람은 더없이 불행한 사람입니다. 인생을 인생답게 하는 활력소는 육신의 건강과 평안함보다 마음의 건강과 평안함에 기인합니다. 그러므로 마음의 쉼은 인생의 활력이요, 창조적인 능력이며, 삶을 승리로 이끄는 가장 중요한 열쇠입니다.

요즘 레저 붐을 타고 많은 사람들이 휴가를 떠납니다. 그만큼 삶이 각박하고 피곤하다는 증거라고 할 수 있습니다. 시간과 돈이 있어서 갖는 여가가 아니라 어지러운 환경에서 벗어나고자 일부러 시간을 만들어 떠나는 것 같습니다. 그래서 골치 아프고 복잡한 일들을 그 시간만이라도 잊어버리려고 하는 것입니다. 이렇게 잊어버리는 것을 여가와 쉼이라고 합니다. 이 말은 육체적인 쉼보다는 정신적인 안식이 훨씬 중요함을 의미한다고 할 수 있습니다.

○ ○ ○ ○ ○
내게로 오라

주님은 우리에게 "내게로 오라"고 말씀하고 계십니다. 자기 앞으로 나오면 우리를 "쉬게 하리라"고 약속하고 계십니다. "내게로 오라"는 말씀은 곧 '주께로 나오라'는 말씀입니다. 이 말씀은 예수님을 전적으로 신뢰하고 의지하는 마음의 결단을 말합니다. 다시 말하면 주님을 위하여 자기 자신을 포기하는 것을 의미합니다.

누구든지 예수님 앞으로 나아가면 놀라운 사실을 발견하게 됩니다. 주께서 우리의 마음에서 지금까지 쉼을 방해하고 있던 모든 요소를 제거해 주시는 것을 볼 수 있습니다. 그래서 하나님과 원수 되었던 관계가 화목해지고 죄악의 가책에서 항상 번민하던 마음에 평화가 찾아오게 됩니다. 또한 죽음의 공포에서 자유함을 얻으며 영원한 삶을 바라보고 걸어가는 새로운 삶을 시작하게 됩니다. 그리하여 지금까지 고통스럽던 모든 여건으로부터 진정한 해방을 맛보게 됩니다. 주께로 나가면 이런 모든 일들을 주님이 베풀어 주십니다.

어떤 사람들은 예수님을 믿어서 마음이 평안해지고 걱정과 근심으로부터 해방되는 것을 일종의 심리적인 효과에 지나지 않는다고 생각합니다. 이것은 대단히 좋지 않은 견해입니다. 물론 심리적인 효과를 전적으로 부인할 수는 없습니다.

어려운 처지에 있거나 집에 환자가 있을 때, 목회자를 초청하는 예가 많이 있습니다. 당사자가 예수님을 모르는 사람이라고 할지라도 가족이나 이웃의 요청으로 심방을 가서 기도를 하게 됩니다. 그리하여 어려운 일을 당한 사람을 위해 목회자가 기도해 주면 그들의 마음이 평안해진다고 말합니다. 기도를 받은 사람이 그리스도인이 아닌데도 마음의 평안을 고백하며 감사를 표시합니다. 이것은 그들에게 나타나는 일시적인 심리적 효과라고 말할 수 있습니다. 그러나 예수님이 주시는 안식은 이러한 일시적인 효과가 아닙니다. 이러한 심리적 효능은 여느 종교 모임에서도 쉽게 찾아볼 수 있습니다. 불교나 기타 종교에서도 그 분위기가 사람의 번민을 가라앉게 하는 효력을 나타낼 수 있습니다. 예수님의 안식은 보다 근본적인 것입니다. 결코 일시적인 진통제가 아닙니다. 살아 계신 그리스도가 자신을 지배하신다는 사실이 믿어지는 순간에 체험되는 독특한 영적 깊이를 가진 내적 평안이라고 할 수 있습니다.

처음 예수님을 영접하고 기뻐했던 때와는 달리 첫 믿음과 첫사랑이 식어 버려서 마음의 평안을 상실하고 불안한 분이 계십니까? 우리는 이미 주님의 품 안에 들어온 사람입니다. 우리가 입술로 주님을 시인한 이상 예수님께서 초청하신 자리에 응한 사람입니다. 수고하고 무거운 짐을 주님께 다 내려놓은 사람들입니다. 그러므로 우리가 주님 앞에 나왔을 때 주님이 우리에게 분명히 안식을 주셨음을 믿어야 합니다. 그런데 한때 있었던 마음의 평안이 왜 사라졌습니까? 한때 자신을 사로잡았던 하나님의 영원한 안식이 지금은 왜 사라진 것처럼 번민이 계속됩니까?

"수고하고 무거운 짐 진 자들아 다 내게로 오라 내가 너희를 쉬게 하리라"(28절). 이 말씀대로 예수님을 믿고 주 앞에 나오는 자는 영원히 안식할 수 있는 복을 받게 됩니다. 그런데도 마음의 평안이 계속되지 않는 이유는 무엇입니까? 본문 말씀 29절과 30절에서 그 이유를 말씀하고 있습니다.

안식을 유지하는 비결

> 나는 마음이 온유하고 겸손하니 나의 멍에를 메고 내게 배우라 그리하면 너희 마음이 쉼을 얻으리니_마 11:29

"마음의 쉼", 즉 안식을 유지하는 비결은 우선 예수님의 멍에를 메어야 합니다. 그다음에 그 멍에를 메고 예수님을 배워야 한다는 것입니다.

이 두 가지 사실이 바로 되면 주님이 우리에게 주신 마음의 안식은 절대로 우리에게서 떠나지 않을 것입니다. 주님이 주시는 마음의 쉼은 결코 아무것도 하지 않는 것을 의미하지 않습니다. 오히려 많은 일을 하는 가운데서 체험하는 안식입니다. 세상의 나쁜 것, 악한 것 등과 격리된 상태의 안식을 말하는 것이 아니라 어떤 환경 가운데서도 능동적으로 대처하며 마음에 깊이 체험되는 천상의 안식을 말합니다. 이런 안식이야말로 세상을 사는 우리들이 참으로 매일같이 느껴야 할 중요한 마음의 쉼이 아닐 수 없습니다. 그러므로 이 축복을 누리기 위해서는 예수님의 멍에를 메고 예수님을 배워야 합니다. 이 말은 예수님 안으로 깊이 들어간다는 말입니다. 예수님이 계시는 은혜의 깊은 바다로 들어간다는 말입니다.

멍에를 멘다는 것

예수님이 비유의 말씀으로 우리에게 "멍에를 메라"고 하셨습니다. 이때, 이 멍에는 주님이 원하시는 뜻을 준행하는 것을 말합니다. 즉, 주님이 좁은 길을 걸어가라고 하면 좁은 길을 가고, 주님이 죽도록 충성하라고 하면 충성하고, 죄와 세상을 멀리하고 살라고 하면 경건한 삶을 살도록 힘쓰는 것입니다. 우리가 예수님을 믿고 교회에 들어오면 세상에서 어떻게 살아야 한다는 삶의 지침이 주어집니다. 주님이 원하시는 이 지침을 따라 생활하는 것을 주님이 주신 멍에를 멘다고 말하는 것입니다.

저는 꿈 많은 어린 시절을 바닷가에서 보낸 것을 늘 감사하고 있습니다. 어린 소년·소녀들에게 자연 환경이 주는 영향은 참으로 큽니다. 감수성이 예민하던 그 시절에 바닷가에 살면서 퍽 의미 깊은 진리를 깨달은 적이 있었습니다.

선창가에 저녁노을이 찾아들면 어부들은 자기의 배를 물이 얕은 곳에다 대고 밧줄을 육지에 있는 기둥에 묶어 놓습니다. 바다가 잔잔할 때에는 그냥 그렇게 밤을 지나지만, 태풍의 조짐이 보이거나 파도가 거세게 몰아칠 때 선주는 밤중이라도 일어나 자기의 배를 안전한 곳으로 옮깁니다. 우리 생각에는 배를 파도가 미치지 않는 안전한 육지로 끌어올릴 것 같지만 사실은 그 반대로 배를 몰고 더 깊은 바다로 들어갑니다. 배가 깊은 바다 위에 떠 있기에 충분할 만큼 밧줄을 길게 늘리고 닻을 내려놓습니다. 그러면 파도가 아무리 거세게 몰려와도 배가 물가로 밀려오지 않습니다. 태풍이 지나간 다음 바닷가에 나가 보면 깊은 바다에 띄워 놓은 배는 피해가 없습니다. 그러나 미처 손을 쓰지 못하고 얕은 바다에 그대로 내버려 둔 배는 파도에 의해 박살이 나 있는 경우를 봅니다. 깊은 바다에 띄워 놓은 배는 산더미 같은 파도가 밀려와도 유유히 파도를 타고 온전한 모습으로 그 자리를 지키고 있습니다.

여기에서 우리는 중요한 진리를 발견하게 됩니다. 안식은 깊이 들어가는 데 있다는 사실입니다. 예수님 안으로 깊이 들어가면 거기에는 깊은 바다와 같은 안식이 기다리고 있습니다. 그 안식에 일단 몸을 맡기면 세상의 어떤 풍파가 몰려와도 그 풍파를 넘실넘실 넘으면서 유유자적한 마음의 평안이 유지됩니다. 주님이 이 평안을 주시고 마음의 쉼을 주신다고 약속하셨습니다. 이러한 마음의 쉼을 얻고 살려면 주님의 멍에를 메어야 합니다. 주님이 우리에게 메어 주신 멍에를 메어야 합니다. 다시 말하면 주님의 모범대로 살아야 한다는 것입니다. 그런데 멍에를 멘다는 것은 쉰다는 것과는 반대의 개념이라는 생각이 들기도 합니다. 멍에를 메고 쉬라는 말은 이율배반으로 보입니다. 그러나 여기에는 위대한 진리가 내포되어 있습니다. 주님의 뜻대로 살지 않는 사람에게는 주님이 주시는 마음의 평안이 없습니다. 우리 마음에 평안이 없는 이유는 주님의 뜻을 따르지 않는 데에 있습니다. 즉, 즐거이 주님의 멍에를 메지 않기 때문입니다.

예수님의 멍에는 쉽다

> 이는 내 멍에는 쉽고 내 짐은 가벼움이라 하시니라_마 11:30

주님의 멍에는 쉽다고 말씀하십니다. 멍에가 가볍지는 않습니다. 그런데 쉬울 수가 있을까요?

전설에 의하면, 예수님은 멍에를 잘 만드는 목수였다고 합니다. 그래서 이스라엘 각처에 있는 사람들이 좋은 멍에를 사려면 나사렛으로 찾아와 주님이 경영하는 목공소에서 사 갔다고 합니다. 전설이기 때문에 신빙성은 희박합니다만 그런 까닭으로 예수님이 멍에를 잘 아시는지도 모를 일입니다. 멍에가 쉬우려면 소의 목에 잘 맞아야 합니다. 잘 다듬어진 멍에가 목에 맞기만 하면 그 소는 어지간히 힘든 일도 그런대로 잘해 냅니다. 그러나 멍에가 목에 맞지 않으면 소가 조금만 짐을 지어도 목에서 피가 납니다. 조금만 밭을 갈아도 소가 힘들어서 견디지 못합니다.

주님이 우리에게 주신 멍에가 쉬운 데는 다음과 같은 세 가지 이유가 있습니다.

첫째는, 그 멍에에 맞게 우리가 태어났기 때문입니다. 천성적으로 태어나면 쉬운 법입니다.

언젠가 김성준 선교사가 남미 원주민들의 슬라이드를 보여 준 적이 있는데 재미있는 장면이 있었습니다. 그곳의 사람들은 나체족입니다. 선교사의 이야기인즉, 그들에게 옷을 한 번 입히려면 매우 힘이 든다고 합니다. 몹시 옷 입기를 귀찮아하기 때문입니다. 그들은 나체로 있는 것이 몸에 밴 습성이라 어찌할 수 없는가 봅니다. 그러나 현대 문명에서 태어난 사람들은 몸을 씻고 새 옷을 갈아입는 일 정도는 오히려 즐기면서 합니다. 원주민들이 생각하기에는 너무나 벅차고 힘든 일을 우리는 즐기면서 합니다. 그만큼 우리는 원주민들과 다른 천성을 가지고 있는 것입니다.

세상 사람들에게 예수님의 멍에를 메고 살라고 하면 단 하루도 견디지 못할 것입니다. 마치 노예가 되는 것으로 착각하고 한시바삐 벗어나려고 아우성을 칠 것입니다. 그러나 주님을 바로 믿는 사람은 이미 중생을 받은 하나님의 자녀이기 때문에 주님의 뜻대로 사는 것이 몸에 배어 있는 사람입니다. 이미 그렇게 태어난 사람이기 때문에 주님의 멍에를 메는 것이 자연스럽고 사는 맛이 납니다. 선하게 살고 자기를 부인하고 주님께 복종하는 삶을 살아야 살맛이 납니다. 성경을 가까이 두고 항상 그 말씀을 음미하며 하나님의 나라를 위해 충성하고 살아야 살맛이 납니다. 아무리 돈을 많이 벌고 세상의 향락을 즐기며 살았다고 해도 그것이 도무지 체질에 맞지 않습니다. 그렇게 태어났기 때문입니다. 주님이 그걸 아시고 자기의 멍에를 메라고 하십니다.

멍에가 쉬운 두 번째 이유는 '주인이 좋기 때문'입니다. 주인이 좋으면 멍에는 가벼운 법입니다.

군대 생활을 할 때의 일입니다. 중요한 부대였기 때문에 여러 가지로 신경 쓸 일이 많았습니다. 제가 처음 모셨던 상관은 교역자의 자제 분이라 그런지 퍽이나 상냥하고 친절했습니다. 주말이 되면 부하들에게 책을 사 보라고 잡비도 주는 아주 생각이 깊은 사람이었습니다. 그래서 상관에 대해 무거운 감정이 없으니까, 산더미처럼 많은 업무량을 놓고도 자진해서 아침부터 저녁까지 찬송을 부르며 즐기면서 일을 했습니다. 일이 밀리면 밤중까지 하면서도 마음은 즐거웠습니다. 그런데 6개월이 지나고 새로운 상관이 오게 되었는데 전임자와는 너무나 대조적으로 거만하고 난폭한 사람이었습니다. 그러니 마음의 짐이 얼마나 무거운지, 조그마한 일을 해도 힘들고 두 시간 일하는 것이 전에 서너 시간 일하는 것보다 더 힘들었던 경험이 있습니다.

예수님은 온유하고 겸손한 분으로서 참 좋은 우리의 주인이십니다. 결코 난폭하거나 교만하신 분이 아닙니다. 꺼져 가는 등불도 끄지 않으시고 상한 갈대도 꺾지 않으시는 자비로운 분입니다. 주인이 좋으니 멍에가 힘들지 않고 마음이 기쁘니 멍에가 가벼울 수밖에 없습니다. 이 예수님을 알고 계십니까? 만약 예수님을 믿는 생활이 힘들다고 느껴진다면 아직 주님을 잘 모르고 있는 것입니다. 주인을 잘 모르기 때문에 겁이 나고 주저하게 됩니다. 그러나 예수님을 깊이 알게 되면 그렇게 마음이 편할 수가 없습니다.

셋째로, 멍에가 쉬운 이유는 '사랑' 때문입니다. 뜨겁게 사랑한 두 사람이 주고받은 결혼반지는 아무리 커도 무겁지 않습니다. 신랑이 해 준 반지가 무겁다고 투덜대는 신부는 없습니다. 아무리 크고 무거워도 기쁨으로 끼고 다니는 이유는 남편에 대한 사랑 때문입니다.

바울을 향한 주님의 사랑이 너무나 크고, 주님을 향한 바울의 사랑이 너무나 커서, 바울은 환난이나 기근이나 적신이나 위험이나 칼이나 어떤 것이 와도 그것이 무겁게 느껴지지 않았다고 고백했습니다(롬 8:35 참조). 이렇게 사랑은 모든 것을 이깁니다.

예전에 중요한 수송 수단으로 사용되던 것 중에 '지게'라는 것이 있습니다. 이 지게에는 짚으로 엮어서 만든 멜끈이 있는데 좀처럼 편하지 않으면 부드러운 천으로 푹신하게 감습니다. 그래서 멜끈이 어깨에 닿는 감촉이 좋으면 쌀 한두 가마는 거뜬하게 지고 일어납니다. 우리가 주님을 사랑하고 그 주님의 사랑이 우리의 마음에 항상 뜨겁게 와닿기만 하면 멍에는 무겁지 않습니다. 주님이 메어 주신 멍에는 사랑의 천으로 푹신하게 감겨 있습니다. 얼마나 편하고 좋은지 말로 할 수 없습니다. 주님의 멍에를 두려워하지 마십시오. 얼마나 좋은지 모릅니다. 주님의 멍에를 메고 사는 것을 무척이나 부담으로 여기는 사람이 있습니다. 그렇다면 반드시 그 생각을 고쳐야 합니다. 그렇지 않으면 마음의 부담을 덜려는 얄팍한 생각 때문에 정말 더 크고 소중한 마음의 평안을 잃어버릴 수 있습니다.

쉼의 원천, 주님을 배워라

예수님은 자기 멍에를 메는 우리를 향해 자기를 배우라고 하십니다. 주님을 배운다는 것은 주님을 그대로 따르며 주님이 하신 그대로 본

받는다는 말입니다.

우리 주님도 세상에서 멍에를 지고 사셨습니다. 주님은 세상에 계실 때 날마다 환자들에게 시달리고 피곤한 대인 관계 속에서 하나님의 복음을 증거하셨습니다. 주님은 그때마다 피곤을 극복하는 방법으로 하나님을 만나러 가셨습니다. 한적한 곳으로, 밤에 산속으로, 바닷가로, 그리고 사람이 없는 빈 들판으로 가서 시간 가는 줄 모르고 하나님과 깊이 만나셨습니다. 그리하여 새로운 힘을 얻어 피곤을 씻고 생기를 회복한 다음 돌아오셨습니다.

예수님을 배운다는 것은 이런 방법을 내 것으로 만든다는 것입니다. 그뿐만 아니라 예수님은 하나님이 지워 주신 멍에, 즉 인류를 위하여 십자가에 못 박혀 돌아가실 무거운 짐을 지고 계셨습니다. 그는 죄인들의 친구였습니다. 모든 사람에게 조롱과 비웃음을 당하면서도 그 멍에를 기쁨으로 지고 시종일관 골고다 언덕까지 십자가를 지고 가신 분입니다. 그럼에도 불구하고 그는 마음의 평안을 잃지 않고 오히려 자기의 평안을 제자들에게 나누어 주려고 하였습니다. 그만큼 그의 마음은 신비스러운 쉼을 맛보고 있었습니다.

> 평안을 너희에게 끼치노니 곧 나의 평안을 너희에게 주노라 내가 너희에게 주는 것은 세상이 주는 것과 같지 아니하니라 너희는 마음에 근심하지도 말고 두려워하지도 말라_요 14:27

우리 모두 평안을 주시는 주님을 바라보면 말할 수 없는 천상의 평안이 가슴에 사무쳐 올 것입니다. 몸이 피곤하다는 것은 우리 힘의 원천이 소모되었다는 말입니다. 충전지가 다 소모되어 버렸을 때 그 충전지를 잠시 쉬게 한다고 해서 충전되는 것이 아닙니다. 전원에 연결시켜 충전을 해야만 제 기능을 발휘하게 됩니다. 우리가 피곤할 때 가만히 육체만 쉬고 있다고 해서 마음이 다시 새로운 힘을 얻는 것은 아닙니다. 새 힘을 주시는 원천이며 우리에게 평안을 주시는 주님에게 우리 자신을 연결시켜야 다시 새 힘을 공급받을 수 있습니다. 예수님은 지상에 계실 동안 자신을 하나님과 한순간도 떼어 놓으려 하지 않았습니다. 그것이 예수님의 쉼과 평안의 비결이었습니다.

> 오직 여호와를 앙망하는 자는 새 힘을 얻으리니 독수리가 날개치며 올라감 같을 것이요 달음박질하여도 곤비하지 아니하겠고 걸어가도 피곤하지 아니하리로다_사 40:31

만일 우리가 주님의 생활을 본받지 못하면 우리 마음의 쉼이 사라지고 말 것입니다.

책상을 옮겨 앉아라

제임스 모팻(James Moffatt, 1870-1944)이라는 신약학자는 이 세상에 태어나서 가장 많은 일을 한 사람이라는 평을 듣습니다. 그의 서재에 들어가 보면 책상이 3개가 있었다고 합니다. 한 책상 위에는 자신이 지금 번역하고 있는 신약성경의 원고가 있고, 또 하나의 책상 위에는 집필 중에 있는 터툴리안(Tertulian, 155-240)의 논문이 있고, 세 번째 책상 위에는 취미 삼아 쓰고 있는 탐정소설의 원고가 있었다고 합니다. 그러면 정신없이 3개의 책상을 놓고 매일 일하는 모팻이 어떻게 심신의 피로를 해소했을까요? 그 방법은 책상을 옮겨 앉는 것이었다고 합니다. 굉장히 지혜로운 방법이 아닐 수 없습니다. 우리가 몸을 쉰다고 해서 마음이 편한 것은 아닙니다. 일과 대상을 바꿈으로써 마음의 평안을 얻고 힘을 얻을 때가 많습니다. 여기에 대단한 진리가 있습니다. 예수님도 그러하셨습니다.

우리가 날마다 세상일만 가지고 정신없이 내 모든 정력을 소모해 버리면 나중에는 허탈감에 빠져 마음의 피곤을 가누지 못합니다. 책상 하나에만 앉아 있으니 그럴 수밖에 없습니다. 그러나 지혜로운 사람은 예수님처럼 힘들고 피곤할 때마다 자리를 옮겨 앉습니다. 하나님과 마주 앉는 자리로 옮기는 것입니다. 그래서 하나님과 만나는 것입니다. 이때 마음의 피곤이 풀리는 것은 말할 것도 없습니다

예수님을 믿고 주님 앞에 나온 사람에게는 "내가 너를 쉬게 하리라"는 이 약속의 말씀이 이미 성취되었습니다. 주님이 우리에게 마음의 안식과 평안을 주셨고 그 안식을 가질 수 있을 만한 모든 조건을 구비해 주셨기 때문입니다. 그런데 왜 그 평안과 마음의 쉼이 생활에서 유지되지 못하고 때때로 단절되는 것입니까? 그 이유는 주님이 주시는 멍에를 기피하기 때문입니다. 그리고 예수님을 배우지 않으려고 하기 때문입니다. 우리는 여기서 다시 한번 주님을 향해 마음을 가다듬어야 합니다.

우리 앞에 너무나 복잡한 일이 산더미처럼 쌓여 있습니다. 이 세계가 앞으로 어떻게 변하게 될지 아무도 모릅니다. 나날이 변하고 있는 역사는 그 추세가 불투명하고 불확실한 것뿐입니다. 국제 정세를 보아도 오늘의 원수가 내일의 친구가 되며, 오늘의 친구가 내일의 원수가 되는 비정함을 여실히 드러냅니다.

오직 우리의 미래는 성경을 통해서 진단할 수 있습니다. '이 세상이 앞으로 순탄하지는 않겠구나.' '이 세상은 이미 종말에 들어와 있구나.' 이렇게 진단하다 보면 지진과 기근, 기상 변화와 전쟁 등이 이 땅

위에 닥칠 것을 예상할 수 있습니다. 그럴 때 우리에게 가장 중요한 것은 산더미 같은 생의 파도가 밀려와도 추호도 흔들리지 않는 영혼의 안식입니다. 죽음을 눈앞에 두고도 흔들리지 않는 만세 반석과 같은 마음의 평안입니다. 이것이야말로 천하를 주고도 바꿀 수 없는 우리의 생명이요, 귀중한 삶의 요소입니다. 주님이 이것을 주겠다고 약속하셨고 우리에게 누리게 하셨습니다. 우리 모두 이 주님의 멍에를 멥시다. 그리고 그를 배웁시다. 그러면 그분 안에서 영원한 안식과 평안을 계속 유지할 수 있습니다.

6

빈손,
하나님 은혜를
담는 그릇

손에 남은 것이 아무것도 없어질 때 채워지는 것이 있습니다.
그것은 하나님이 주시는 깨끗한 믿음, 새롭게 용솟음치는 용기입니다.
그리고 하나님의 응답입니다.

사무엘상 30:1-10

1 다윗과 그의 사람들이 사흘 만에 시글락에 이른 때에 아말렉 사람들이 이미 네겝과 시글락을 침노하였는데 그들이 시글락을 쳐서 불사르고 2 거기에 있는 젊거나 늙은 여인들은 한 사람도 죽이지 아니하고 다 사로잡아 끌고 자기 길을 갔더라 3 다윗과 그의 사람들이 성읍에 이르러 본즉 성읍이 불탔고 자기들의 아내와 자녀들이 사로잡혔는지라 4 다윗과 그와 함께한 백성이 울 기력이 없도록 소리를 높여 울었더라 5 (다윗의 두 아내 이스르엘 여인 아히노암과 갈멜 사람 나발의 아내였던 아비가일도 사로잡혔더라 6 백성들이 자녀들 때문에 마음이 슬퍼서 다윗을 돌로 치자 하니 다윗이 크게 다급하였으나 그의 하나님 여호와를 힘입고 용기를 얻었더라 7 다윗이 아히멜렉의 아들 제사장 아비아달에게 이르되 원하건대 에봇을 내게로 가져오라 아비아달이 에봇을 다윗에게로 가져가매 8 다윗이 여호와께 묻자와 이르되 내가 이 군대를 추격하면 따라잡겠나이까 하니 여호와께서 그에게 대답하시되 그를 쫓아가라 네가 반드시 따라잡고 도로 찾으리라 9 이에 다윗과 또 그와 함께한 육백 명이 가서 브솔 시내에 이르러 뒤떨어진 자를 거기 머물게 했으되 10 곧 피곤하여 브솔 시내를 건너지 못하는 이백 명을 머물게 했고 다윗은 사백 명을 거느리고 쫓아가니라

빈손,
하나님 은혜를
담는 그릇

우리는 성경 말씀을 통해서 한때 영웅적인 믿음을 가지고 활동하던 훌륭한 인물들을 많이 접할 수 있습니다. 성령께서 조용히 그들의 삶의 발자취를 조명(照明)해 주시면 그들의 일거일동 속에 바로 우리 자신을 비춰 보게 됩니다.

다윗

우리는 그들 가운데서 다윗이라는 인물을 만나면 금방 그에게 매료되어 가슴 가득히 애정을 느끼게 됩니다. 그 이유는 다윗은 결코 완벽한 사람이 아니라 오히려 우리와 대동소이한 결점 투성이 인간이라는 점에서 우리의 마음에 쉽게 와닿는 사람이기 때문입니다.

사무엘상 30장에서는 그의 파란만장한 생애 가운데서 가장 암담했던 한순간을 이야기하고 있습니다. 현대를 사는 우리에게 대단히 중요한 진리를 가르쳐 주는 사건이라고 할 수 있습니다.

다윗은 한때 사울 왕의 눈을 피하여 블레셋으로 정치적 망명을 한

적이 있습니다. 그리고 블레셋 왕의 호의로 시글락이라고 하는 자그마한 성을 주거지로 허락받았습니다. 그 후 블레셋 군대가 사울 왕이 집권하고 있던 유대를 공격하기 위해 원정을 떠날 때 다윗도 어쩔 수 없이 연합군이 되어 출전하게 됩니다.

시글락의 비극

다윗과 그의 부하들은 연합군으로 출전한 지 3일 만에 블레셋 사령관들에게 미움을 사서 중도에 되돌아오게 되었습니다. 그런데 그들이 시글락으로 돌아오자마자 기가 막힌 광경을 목격하게 되었습니다. 온 성은 불타서 잿더미가 되고 처자들은 전부 다 사로잡혀 갔습니다. 그들을 맞는 것은 이곳저곳에서 피어오르는 연기뿐이었습니다. 그 상황이 얼마나 비참했던지 "다윗과 그와 함께한 백성이 울 기력이 없도록 소리를 높여 울었더라"(4절)고 했습니다.

　형편이 이 지경에까지 이르자 다윗에게 생명을 걸고 충성을 맹세했던 부하들이 돌을 들고 그를 치려고 했습니다. 이처럼 궁지에 몰린 다윗은 "크게 군급(窘急)하였다"고 했습니다(6절, 개역한글). 이 말은 요즘에는 잘 쓰지 않는 말로 '몹시 궁색하게 되었다'는 의미입니다. 더 이상 손을 쓸 수 없는 진퇴양난을 맞은 것입니다. 그를 돌로 쳐 죽여야 한다는 소리가 여기저기에서 들렸습니다. 그가 쓴 시편의 한 구절에서 당시 그의 심정을 잘 읽을 수 있습니다.

> 나는 광야의 올빼미 같고 황폐한 곳의 부엉이같이 되었사오며 내가 밤을 새우니 지붕 위의 외로운 참새 같으니이다_시 102:6-7

광야의 올빼미, 황폐한 곳의 부엉이, 밤새도록 외롭게 앉아 떨고 있는 지붕 위의 참새가 어떤 것인지 생물학적으로는 잘 모릅니다. 그러나 다윗이 얼마나 고독하고 처절하였는가를 쉽게 느낄 수 있는 표현입니다.

너무 오래 지속된 시련

다윗에게 왜 이런 비극이 덮쳤을까요? 믿음이 좋은 사람에게 왜 이런 끔찍한 일이 일어납니까? 하나님의 자녀에게 일어나는 일은 그 어떤 것도 의미 없는 것이 없습니다. 그렇다면 잿더미 위에 올라앉은 다윗에게도 그럴 만한 이유가 있었을 것입니다.

다윗은 아직도 20대입니다. 그는 어린 소년일 때에 하나님으로부터 이스라엘의 '왕이 되리라'는 약속을 받았습니다. 머리에 기름 부음을 받은 사람입니다. 싸움터에서 그가 세운 전공으로 모든 이스라엘 앞에 추앙을 받던 영웅이었습니다. 그러나 너무 특출해 왕으로부터 질투를 받고 이제는 쫓겨 다니는 신세가 되었습니다. 하나님이 다윗을 연단하기 위해서 주신 한때의 괴로움이었는데, 그 한때라는 것이 수십 년처럼 길어 보였습니다.

우리는 반체제 인사들이 얼마나 외롭고 견디기 어려운 삶을 사는지 잘 알고 있습니다. 현대 용어로 다윗은 반체제 인사가 된 것입니다. 그리고 그를 중심으로 정부에 불만을 가지고 있던 사람이나 억울한 일을 당해 한을 품고 살던 사람들이 여기저기에서 약 6백여 명이나 모여들었습니다. 그들은 이 산, 저 산으로 도망 다녔습니다. 사울 왕은 사방에 정보원을 풀어놓고 정보가 들어오는 대로 군대를 동원하여 그들의 뒤를 쫓아다녔습니다.

다윗의 입장이 얼마나 난처하였는지 가히 짐작할 수 있습니다. 그는 오직 믿음 하나만 가지고 견디는 생활을 했습니다. '하나님이 나를 사랑하신다. 하나님이 내 아버지 되신다. 그는 반드시 나를 왕으로 세우실 것이다.' 이 믿음 하나만 가지고 다윗은 여러 해 동안 갖은 고초를 이겨 내고 있었습니다.

누구나 짧은 고통에는 강하지만 긴 고통에는 약합니다. 다윗 역시 우리와 똑같은 인간이었습니다. 그는 지치고 회의에 빠지기 시작했습니다. 사울 왕은 아직도 건강하고 젊어 보이니 그 왕이 죽기를 기다린다는 것은 막연해 보입니다. 현실은 어디를 가나 쫓겨 다니는 사람에게는 냉정합니다. 하나님은 여전히 침묵하고 계십니다. 그래서 자기도 모르게 이상한 생각을 하기 시작한 것입니다.

> 다윗이 그 마음에 생각하기를 내가 후일에는 사울의 손에 붙잡히리니 블레셋 사람들의 땅으로 피하여 들어가는 것이 좋으리로다
> _삼상 27:1

사실은 다윗이 블레셋 땅으로 들어가지 말아야 했습니다. 유대 나라 땅 안에 머물러 있어야 했습니다. 아무리 고난과 핍박을 받아도 그는 유대 나라 땅에 머물러 있어야 했습니다. 이것이 하나님의 명령이요, 하나님의 뜻이었습니다. 그러나 고통 때문에 그의 생각이 조금씩 달라지기 시작하더니 마침내 생각대로 행동했습니다.

마음의 생각을 주의하라

우리는 다윗의 내면에서 일어난 생각의 흐름에 주목해 볼 필요가 있

습니다. 왜냐하면 다윗에게는 사울의 손에 망할지도 모른다고 생각한 그 사고 자체가 문제가 되었기 때문입니다. 하나님이 다윗에게 "왕이 되리라"고 약속을 주신 것이 사실이라면 다윗은 그 약속을 끝까지 믿어야 했습니다. 그럼에도 불구하고 사울의 손에 망하겠다고 생각한 것은 그의 믿음이 크게 흔들린 것을 드러냅니다.

왕이 될 사람이 사울 왕에게 망할 리는 없지 않습니까? 하나님이 장차 이스라엘의 큰 지도자로 삼을 사람을 죽일 리가 있겠습니까? 그러나 믿음이 약해지니까 하나님의 약속도 마음을 붙들지 못했습니다. 그래서 가지 말라고 하는 국경을 넘어서 블레셋에 정치적인 망명을 요청했던 것입니다.

마음의 생각을 조심해야 합니다. 예수님을 믿고 나서 '별 재미 못 본다'고 자주 생각하는 사람이 있을 것입니다. 또 신앙생활을 하는 것이 참 힘들다는 생각을 마음에 담고 다니는 사람도 있을 것입니다. '차라리 좀 안 믿고 세상 사람처럼 살다가 말년에 가서 믿든지 해야지, 너무 힘들어서 견디겠나….' 사람이 살아가려면 세상하고 좀 어떻게 조화를 이루어야지, 이래 가지고 피곤해서 살 수가 있나? 눈감고 밀어붙일 수 있는 것도 죄냐, 아니냐 따져야 하고 양심의 가책을 받으면 괴롭고, 정말 어떻게 좀 할 수 없을까?'

추호라도 이런 생각을 한다면 벌써 믿음이 흔들리고 있는 것입니다. 이렇게 피어오르는 생각! 이것을 주의해야 합니다. 하나님의 자녀는 이런 조그마한 바늘구멍과 같은 생각 때문에 다윗처럼 망하는 수가 있습니다. 지혜자의 말씀을 들어야 합니다.

> 모든 지킬 만한 것 중에 더욱 네 마음을 지키라 생명의 근원이 이에서 남이니라_잠 4:23

사람이 죽고 사는 모든 기본이 마음에서부터 출발한다는 의미입니다. 그러므로 마음의 생각을 잘 지키라는 것입니다. 마음을 잘못 지키면 아무것도 아닌 생각이 그만 큰 실수로 이어집니다.

세 가지 증세

하나님 중심으로 살아야 할 사람이 블레셋으로 들어가자 그에게는 이전에 보지 못한 세 가지 이상한 증세가 나타나기 시작했습니다.

첫째는, 무신론적인 사고방식을 용납한 것입니다. 다윗은 블레셋으로 넘어가면서 하나님께 매달리는 생활보다 자기의 지혜로 현실을 좀 극복해 보아야겠다고 마음먹은 것이 틀림없습니다. 그러니까 머리에서 하나님에 대한 의식이 점점 희박해진 것입니다. 이것은 무신론적인 사고방식으로 기울어지는 증세로 보아야 합니다. 신앙생활을 하다가 약간 타락한다거나 약간 세상 쪽으로 기울어지는 사람을 보면 예수님을 안 믿는 사람보다도 어떤 면에서 더 무신론적인 사고를 가지고 사는 것을 봅니다. 하나님 중심의 생활에서 자기중심의 생활로 바뀐 것입니다. 어딘지 우리 자신을 보는 것 같지 않습니까?

둘째는, 불의한 자들과 어울리는 생활이었습니다. 선택받은 유대 나라의 사람이 블레셋 사람과 나란히 동행할 수는 없습니다. 함께 멍에를 멜 수 없습니다.

> 너희는 믿지 않는 자와 멍에를 함께 메지 말라 의와 불법이 어찌 함께 하며 빛과 어둠이 어찌 사귀며 그리스도와 벨리알이 어찌 조화되며 믿는 자와 믿지 않는 자가 어찌 상관하며 하나님의 성전과 우상이 어찌 일치가 되리요 우리는 살아 계신 하나님의 성전이라_고후 6:14-16

블레셋의 생활이 다윗에게는 신앙 양심에 어긋나고 도덕적으로 더러워진 생활이었는지 모릅니다. 예수님을 믿다가 하나님의 손에서 풀려나오고 싶은 유혹을 받는 사람들은 꼭 세상적으로 기울어집니다. 그래서 세상 사람과 결탁하기 시작합니다. 그들이 가는 대로 따라가고 그들이 좋아하는 유행이면 비슷하게 흉내 내는 사람이 되기 쉽습니다. 그러나 이것이 얼마나 어울리지 않는 생활입니까? 카나리아와 까마귀가 한 둥지에서 살면 까마귀가 카나리아의 아름다운 노래를 배우는 것이 아니라 카나리아가 까마귀의 "까옥까옥" 하는 소리를 먼저 배운다는 것처럼 세상 사람과 구별하지 않고 사는 그리스도인은 쉽게 세상에 물들어 버립니다.

셋째는, 이중적인 생활을 하는 것입니다. 블레셋에 들어가서 다윗이 산 기간은 그리 길지 않았지만 거짓말투성이의 생활이었다는 사실을 금방 알 수 있습니다. 비밀리에 어떤 일을 저질러 놓고 정책상 블레셋 왕 앞에 가서는 거짓말을 합니다. 그리고 나중에는 그것을 합리화시키기 위해서 또 둘러대는 식이었습니다. 이것이야말로 과거의 다윗에게서는 도무지 볼 수 없었던 일입니다. 표리가 전혀 다른 이중인격자가 된 것입니다. 누구든지 신앙에서 조금만 떨어지면 이와 같은 시험에 빠지기 쉽습니다. 교회에 와서는 신앙인처럼 행동하고 사회에 나가서는 자기 마음대로 합니다. 다윗에게서 우리 자신을 보는 것 같습니다. 지금까지 이스라엘 국경을 넘어간 다윗이 어떤 사람으로 변모했는가를 보았습니다.

너는 마음을 다하여 여호와를 신뢰하고 네 명철을 의지하지 말라 너는 범사에 그를 인정하라 그리하면 네 길을 지도하시리라_잠 3:5-6

블레셋의 생활은 정도(正道)에서 멀리 빗나간 것이었습니다. 은근히 기대고 있던 재산이 한순간에 잿더미로 변해 버렸습니다. 자기가 그렇게 사랑하고 아끼던 처자들은 남의 나라의 포로가 되어 어디로 끌려갔는지 그 행방조차 묘연했습니다. 생명을 걸고 맹세했던 동지들, 마지막까지 생사고락을 함께하리라 생각했던 동지들조차 등을 돌렸으니 마치 흔들리는 울타리에 몸을 기댔다가 같이 쓰러지는 꼴이 되었습니다. 시글락의 잿더미 위에서 다윗에게 남은 것이 무엇입니까? 하나님을 떠나서 잠깐 동안 자기 명철을 의지하고 자기의 판단을 앞세우고 갔지만 남은 것은 아무것도 없습니다.

엄숙한 경고

우리 모두는 다윗의 경험을 통해 엄숙한 경고를 받아야 합니다. 우리는 영원한 하나님의 나라에 가서 살 하나님의 백성들입니다. 좀 쓰다가 다 내버리고 갈 세상의 것 때문에 우리의 귀한 영혼을 망치는 일을 하나님이 허용하지 않으십니다. 아무리 좋은 집을 지어 놓고 살고 명예로운 위치에 올라있다고 할지라도 그것을 얼마 동안 즐길 수 있을지 전혀 예측할 수 없는 것입니다. 아무리 우리가 젊고 건강하다고 큰소리쳐도 그것이 얼마나 지탱될지 보장하지 못하는 것입니다. 이런 것들로 인해 우리의 영혼을 망쳐서는 안 됩니다. 다윗은 사울에게 오랫동안 쫓겨 다녀도 그 믿음의 생활을 끝까지 견지해야 했습니다.

우리가 전적으로 하나님을 의지한다는 것은 마치 물에 빠진 사람의 형편과 같습니다. 일단 물에 빠지면 우리는 헤엄을 쳐야 합니다. 헤엄치는 일이 귀찮다고 가만히 있으면 가라앉아 버립니다. 신앙생활도 마찬가지입니다. 아무리 힘이 들어도 세상에 빠지지 않으려고 애를 써야 합니다. 하나님 나라를 상속받기 위해서 우리는 값을 지불해야 합니다. 괴로움을 당할 수도 있습니다. 어떤 경우에는 세상 사람들보다 더 행복하지 못한 인상을 받을 수도 있습니다. 어떤 때는 자신의 꿈을 포기해야 될 때도 있습니다. 어떤 때는 손해를 볼 때도 있습니다. 어떤 때는 즐기지 못할 때도 있습니다. 그러나 우리는 다윗이 유대 나라에 남아 있어야 했던 것처럼 예수님 안에서 떠나지 말아야 합니다.

가끔 기도원에 가 보면 그곳에 처음 온 듯한 점잖은 분들이 일주일간 금식을 하면서 기가 죽어 기도하고 있는 모습들을 봅니다. 그들의 대부분은 예수님을 믿는 집안에서 자랐다가 중도에 다윗처럼 빗나갔든지, 신앙에서 눈을 돌리면 무엇인가 신기루를 잡을 것처럼 보이니까 슬그머니 블레셋 국경으로 넘어갔던 자들입니다. 그렇지만 하나님이 사랑하는 자들이라 얼마 지나지 않아서 그들은 잿더미 위에 올라앉게 되었습니다. 망하고 나서야 정신을 차리고 기도원에 올라와서 하나님 앞에 눈물로 자복하고 있는 것입니다.

노벨문학상을 받았던 헤밍웨이(Ernest Miller Hemingway, 1899-1961)를 우리는 잘 알고 있습니다. 《누구를 위하여 종을 울리나》(For whom the bell tolls)는 우리가 지금까지 기억하는 우수한 작품입니다. 그는 인생을 자기 기분대로 살다 간 사람으로 권총으로 자기 머리를 쏘아 자살하여 세계 지성인들에게 큰 충격을 안겨 주었습니다. 우리는 그가 예수님을 믿었더라면 좋았을 것이라며 아쉬워했습니다. 그런데 그의 모든 배경을 스케치한 어떤 글을 읽을 기회가 있었습니다.

헤밍웨이는 참 좋은 그리스도인 가정의 출신입니다. 그의 할아버지는 세기적인 부흥사였던 무디(Dwight Lyman Moody, 1837-1899) 선생과 아주 친분이 가까웠고 그의 아버지는 의사 선교사가 되겠다는 꿈을 일생 동안 버리지 않은 경건한 사람이었습니다. 그리고 그의 어머니는 아주 엄격한 신앙인으로 자녀들에게 신앙 교육을 철저하게 시켰습니다. 헤밍웨이는 주일학교 때 성가대 가운을 입고 노래를 부르는 아주 똑똑한 소년이었습니다. 그러나 나중에 어른이 되어서 점점 신앙에서 이탈하기 시작했고 제멋대로 사는 사람으로 바뀌었습니다.

그가 위대한 문학가로서는 세상 역사에 그 이름이 남을지 모르지만 하늘나라 역사에는 아무것도 남길 만한 것이 없을 만큼 타락했습니다. 어머니가 자주 타이르고 경고했으나 듣지 않으니까 한번은 생일 케이크를 보내면서 거기에 헤밍웨이의 아버지가 사용하던 권총을 같이 넣어 보냈습니다. 신앙생활을 그런 식으로 하느니 죽는 것만 못하다는 암시를 주기 위해서였습니다.

또 한번은 어머니가 너무 화를 내니까 헤밍웨이가 이런 편지를 했습니다. "어머니, 나는 예수도 믿고 하나님도 믿어요. 그러나 남부끄러우니까 이 편지, 누구한테도 보이지 말아요." 헤밍웨이의 경우에는 이미 블레셋 나라로 들어간 상태입니다.

그에게 남은 것이 무엇입니까? 아무것도 없습니다. 그가 쓴 글에 이런 말이 있습니다. "나는 건전지가 다 소모되고 코드를 꽂으려 하지만 전원이 없어서 불이 들어오지 않는 라디오의 진공관처럼 외로운 공허 가운데서 살고 있다." 결국은 자기의 생명을 자신이 끊지 않으면 사는 의미조차 발견할 수 없는 잿더미 위의 인간이 되었던 것입니다.

우리는 하나님의 아들딸입니다. 영원한 나라의 백성입니다. 왕 같은 제사장이요, 거룩한 성자들이요, 예수의 피로 깨끗함을 받은 의인들입니다. 이와 같은 고귀한 신분을 팥죽 한 그릇에 장자의 권리를 팔아먹은 에서처럼 함부로 취급하면 남는 것은 아무것도 없습니다. 나중에는 다 털리고 잿더미 위에 앉게 됩니다. 만약 우리 중에 '나는 블레셋에 들어와서 사는 사람은 아닌지 모르겠다. 아! 나는 지금 시글락에서 살고 있는지도 모르겠다' 하는 가책이 마음속에 일어나는 자가 있으면 하루빨리 생활 태도를 바꾸어야 합니다.

잿더미 위에서 다윗은 큰 변화를 맛보기 시작했습니다. "백성들이 자녀들 때문에 마음이 슬퍼서 다윗을 돌로 치자 하니 다윗이 크게 다급하였으나 그의 하나님 여호와를 힘입고 용기를 얻었더라"(6절).

다윗은 신앙의 뿌리가 있는 사람입니다. 궁지에 몰리자 즉시 하나님께로 얼굴을 돌렸습니다. 우리가 경험으로 잘 아는 사실입니다만 본래 믿음을 가졌던 사람은 좀 잘못되어 왔다 갔다 해도 완전히 코너에 몰리면 결국 하나님을 다시 찾습니다. 세상 사람은 급하면 지푸라기를 잡는다지만, 예수님을 믿는 사람은 급하면 하나님을 잡아야 합니다. 좀 염치가 없어 보이지만 죽게 되었는데 염치 찾을 겨를이 어디에 있습니까?

시편을 보면 다윗처럼 "나의 하나님! 나의 하나님!" 하고 자주 부른 사람이 없습니다. 그는 하나님을 공중에 떠 있는 구름처럼 막연하게 부른 것이 아닙니다. "나의 하나님!"이라고 고백했습니다. 그는 다음과 같은 하나님의 약속을 알고 있었습니다.

> 환난 날에 나를 부르라 내가 너를 건지리니 네가 나를 영화롭게 하리로다_시 50:15

아직 무엇인가 기댈 만한 것이 우리에게 남아 있으면 하나님이 나에게 힘으로 체험되지 못합니다. 잿더미 위의 다윗처럼 남은 것이 하나도 없이 텅 비어 버려야 드디어 하나님은 나에게 능력으로 체험됩니다. 다윗은 잿더미 위에서 기도하는 사람으로 바뀌었고, 드디어 그의 하나님을 문제를 해결하는 능력으로 체험할 수 있었습니다.

> 나의 힘이신 여호와여 내가 주를 사랑하나이다 여호와는 나의 반석
> 이시요 나의 요새시요 나를 건지시는 이시요 나의 하나님이시요 내
> 가 그 안에 피할 나의 바위시요 나의 방패시요 나의 구원의 뿔이시
> 요 나의 산성이시로다_시 18:1-2

프로이트(Sigmund Freud, 1856-1939)는 "대신 채우는 것 없이 잃어버리는 것은 없다"라고 했는데 이 말은 진리라고 생각합니다. 더운 공기가 나갈 때는 반드시 찬 공기가 들어와 그 자리를 채웁니다. 우리가 빈손이 될 때는 반드시 그 빈손에 무엇인가 채워지고 있다는 사실을 기억해야 합니다. 하나님의 자녀에게는 빈손 그대로 남아 있는 법이 없습니다.

다윗을 보십시오. 처자를 다 잃어버렸습니다. 재산도 다 잃어버렸습니다. 동지들이 변심한 위기를 맞았습니다. 이렇게 자기 손에 남은 것이 아무것도 없어지자 그 대신 채워지는 것이 있었습니다. 그것은 하나님이 주시는 깨끗한 믿음, 새롭게 용솟음치는 용기였습니다. 그리고 하나님의 응답이었습니다. "다윗이 여호와께 묻자와 이르되 내가 이 군대를 추격하면 따라잡겠나이까 하니 여호와께서 그에게 대답하시되 그를 쫓아가라 네가 반드시 따라잡고 도로 찾으리라"(8절).

얼마 후 그는 잃은 것을 다시 찾았고 더 많은 재산을 얻을 수 있었습니다.

캐서린 마셜(Catherine Marshall, 1914-1983)의 남편은 미국 의회에서 사역을 하던 목사였습니다. 그가 47세의 나이로 갑자기 세상을 떠났습니다. 그 후 캐서린은 이런 말을 했습니다.

"한때 나는 남편이 없는 삶은 살아갈 가치가 없다고 생각했다. 그러나 나는 오늘에 와서는 깊은 만족과 더불어 참으로 행복하다는 것을

증명할 수 있다. 왜냐하면 가장 고통스러울 때에 하나님을 대신할 수 있는 것은 이 세상에 아무것도 없다는 것을 발견했기 때문이다."

남편이 세상을 떠났습니다. 마음에 고통만 남았습니다. 그러나 그 자리를 채우시는 분이 하나님이라는 것을 발견한 것입니다.

세계적인 상담자 폴 투르니에(Paul Tournier, 1898-1986)도 아내와 사별한 후에 이렇게 고백했습니다.

"나는 슬픕니다. 그러나 나는 아주 행복합니다. 아내가 있을 때 나는 날마다 기도하고 하나님의 말씀을 묵상하는 생활을 거르는 때도 있었지만 아내가 떠난 다음 내 마음에 빈 공간이 생기자 나는 매일같이 하나님과 깊은 교제를 나눕니다. 그래서 내 마음은 행복합니다."

이 말은 곧, 아내의 빈 공간을 하나님의 은혜가 대신 채워 준다는 체험적인 말이라고 할 수 있습니다. 우리 중에 비록 이유는 서로 다르다 할지라도 자신이 지금 잿더미 위에 앉아 있다고 생각하는 분들이 있다면 바로 이 순간이야말로 하나님의 은혜와 새로운 능력을 생의 빈 공간에 채울 수 있는 기회라는 사실을 믿으시기 바랍니다. 다윗처럼 "나의 하나님!" 하고 힘 있게 부르면 우리의 눈을 가리고 있던 비늘이 다 벗겨져 내리고 희미하지만 다시 한번 하나님을 올려다볼 수 있는 사람으로 바뀝니다.

지금 자신의 위치가 블레셋에 와 있는지 아니면 유대 나라에 그대로 있는지 스스로 점검해 보시기 바랍니다. 그리고 지금 잿더미에 주저앉아 있는지 아니면 잿더미로 올라앉을 가능성을 가지고 있지는 않은지 냉정하게 판단해 보십시오. 그리하여 지금 이 자리에서 무엇을 어떻게 해야 할 것인가를 질문하십시오. 다윗을 가까이 놓고 그 해답을 얻으십시오. 빠르면 빠를수록 좋습니다.

7

기도,
상처투성이
세상에서의
성공 전략

'무엇이든지'의 자유와 '아이테오'의 자유로 마음껏 주님 앞에 아뢸 수 있는
이 귀하고 놀라운 특권을 마음껏 향유하면서
상처투성이의 이 세상에서 승리하도록 기도의 골방에 자주 들어갑시다.

요한복음 16:23-24

23 그날에는 너희가 아무것도 내게 묻지 아니하리라 내가 진실로 진실로 너희에게 이르노니 너희가 무엇이든지 아버지께 구하는 것을 내 이름으로 주시리라 24 지금까지는 너희가 내 이름으로 아무것도 구하지 아니하였으나 구하라 그리하면 받으리니 너희 기쁨이 충만하리라

기도,
상처투성이
세상에서의
성공 전략

　　　　　　　　　　　　　　이 세상에 살면서 마음에 깊은 상처를 당해 보지 않은 사람은 아무도 없습니다. 그 누구라도 고통을 반복하며 살아야 하는 인생의 소용돌이 속에서 찢기고 할퀸 마음의 상처를 가지고 있습니다. 또한 어떠한 형태의 상처로 남든지 한 번 새겨진 상처의 흔적은 좀처럼 지워지지 않습니다.

　우리를 대신해서 십자가에 달리신 주님께도 인간의 언어로는 온전히 표현할 수 없는 어떤 '상처'가 있습니다. 주님이 당하신 십자가의 상처를 바라볼 때 우리는 끝없이 악한 인간의 죄성을 통감하게 됩니다. 결국 주님 앞에 무릎을 꿇지 않으면 견딜 수 없는 심정이 되고 맙니다. 이처럼 어떤 면에서든지 '상처'가 주는 의미는 크다고 할 수 있습니다.

　미국 서북 쪽에 있는 국립공원에 가면 해묵은 아름다운 삼나무를 많이 볼 수 있습니다. 그 삼나무를 베면 나무의 연령과 성장 과정을 알 수 있게 하는 동그란 나이테가 드러납니다. 나이테는 가물었을 때나 비가 많이 왔을 때, 번개에 맞았을 때마다 각기 다르게 나타납니다.

정상적인 조건일 때와는 다른 모양을 드러냅니다. 그런데 특이한 형태의 나이테가 있는 삼나무를 발견한 방문객이 그 까닭을 식물학자에게 물었습니다. 이때 식물학자는 "이 이상한 모양의 나이테는 예전에 숲속에 불이 났을 때 나무가 타서 거의 죽다시피 했던 당시에 생긴 나이테입니다"라고 답변했습니다. 이처럼 나무의 아픈 역사를 나이테가 다 간직하고 있습니다. 나무가 평생 동안 겪은 희로애락이 나무의 내면 깊은 곳에 새겨져 살아 있는 나무의 자서전을 엮게 된 것입니다.

우리의 인생도 이 나이테에 비유될 수 있다고 생각합니다. 탈을 쓴 것처럼 위장된 우리의 외면적인 모습 이면에는 상처로 얼룩진 내면의 정직한 나이테가 숨어 있습니다. 그곳에는 오래된 아픔의 나이테가 새겨져 있습니다. 반면 앞으로 세상을 살아가며 겪게 될 새로운 상처의 나이테도 기록될 것입니다.

○ ○ ○ ○ ○ ○
상처 입은 제자들

본문의 분위기를 미루어 짐작해 볼 때 예수님의 제자들이 수심에 가득 찬 얼굴로 예수님의 발 앞에 앉아 있는 모습을 연상할 수 있습니다. 예수님 앞에서 제자들은 침묵하며 심정을 표현하지 않았지만 예수님께서는 그들의 깊은 근심을 손바닥 들여다보듯 너무나 잘 알고 계셨습니다. 그래서 다음과 같은 말씀이 성경에 기록되어 있습니다.

> 너희는 마음에 근심하지 말라_요 14:1

> 너희는 마음에 근심하지도 말고 두려워하지도 말라_요 14:27

> 도리어 내가 이 말을 하므로 너희 마음에 근심이 가득하였도다
> _요 16:6

예수님의 모습을 마지막으로 대하는 제자들은 착잡한 심정을 가눌 수 없었을 것입니다. 사랑하는 스승을 죽음의 자리에 내주어야 하는 슬픔과 3년 동안 예수님을 따라다니며 키워 온 모든 기대가 처참하게 무너지는 허탈감은 말할 수 없이 컸을 것입니다. 또한 그들을 향해 적의에 불타는 핍박의 세력이 커다란 공포의 대상으로 다가오는 시점에서 제자들은 형언할 수 없는 마음의 깊은 상처를 받았을 것입니다.

예수님의 위로

예수님은 상심한 제자들을 위로하십니다. 그 위로의 고별 설교에는 우리의 관심을 끄는 주제가 있습니다. 그것은 "무엇이든지 구하라"는 권면의 말씀입니다. 이 권면의 말씀은 고별 설교 중에 여섯 번이나 반복됩니다. 이것은 마치 자취를 감추었던 별이 금방 구름을 헤치고 신비스럽게 형체를 드러내는 것처럼 간헐적으로 말씀 가운데 나타나는 반짝반짝 빛나는 귀중한 말씀인 것입니다. 그리고 그 내용이 거의 같은 말로 반복되어 "무엇이든지", "구하라", "이루리라"는 세 마디로 요약되어 있음을 볼 수 있습니다.

그런데 고별 설교 전체의 흐름을 유의해 볼 때 "무엇이든지 구하라"는 기도는 마음이 슬플 때 드리는 기도라기보다는 마음이 기쁠 때 드리는 기도로 보입니다. 본문 23절의 첫마디인 "그날에는"이라는 말에 주목해 보십시오. 그날은 부활하여 예수님을 다시 만나는 날이며 성령이 강림하여 임하는 영광의 날입니다. 이런 각도에서 볼 때 "무엇이

든지 구하라"는 기도는 마음에 상처를 안고 슬픔에 빠져 있을 때 드리는 기도가 아니라 근심이 기쁨으로 변한 축제의 날에 드리는 기도임에 틀림없습니다. 예수님을 다시 만나는 그날, 성령의 능력을 덧입는 그날에 제자들이 큰소리로 드릴 기도라면 그것은 결코 슬픔을 이기지 못해 통곡하는 자가 드리는 기도라고 볼 수 없기 때문입니다.

그렇다면 "무엇이든지 구하라"는 기도는 마음의 상처를 가진 신자들과는 무관한 말씀입니까? 결코 그렇지 않습니다. 그 이유는 이 말씀이 예수님께서 기쁨에 들떠 있는 제자들에게 권면하신 말씀이 아니기 때문입니다. 슬픔과 근심에 사로잡혀 있는 제자들을 위하여 하신 말씀이었기에 그렇습니다. 그러므로 이 말씀은 마음의 상처를 입고 있는 사람들, 즉 인생의 온갖 쓴잔을 마시고 고통과 좌절 속에 있는 사람들을 향한 하나님의 위로의 선물인 것입니다. 원하지 않았던 죄를 범하고 전전긍긍하며 영혼 깊은 곳에 아픈 상처를 숨기려는 연약한 인간을 불쌍히 여기시는 하나님의 특별하신 은총인 것입니다.

"무엇이든지 원하는 대로 구하라."

꽉 막힌 곳이 시원스럽게 뚫리는 것처럼 답답하던 영혼이 생수로 말미암아 소생함을 얻는 하나님의 절대적인 약속의 말씀입니다. 무엇이든지 구하는 기도는 마음에 깊은 상처를 안고 있는 자에게 더없이 좋은 최상의 기도입니다. 이제 몇 가지 사실을 통해 그 까닭을 살펴보고자 합니다.

'무엇이든지'에 담긴 놀라운 위로

엄밀하게 따져서 "무엇이든지"라는 말에는 기도의 원칙을 깨뜨리는 요소가 내포되어 있습니다. 왜냐하면 하나님을 기쁘시게 하는 기도는 하나님의 뜻에 일치하는 내용과 형식을 겸비해야 하는 것으로 알고 있기 때문입니다. 무엇이나 마음 내키는 대로 구하는 것은 바람직하지 않은 것으로 생각하는 경향이 있습니다. 자칫하면 그런 기도는 정욕으로 잘못 구하는 기도가 될 위험이 있는 것으로 보입니다. 야고보는 그런 위험에 대해 분명한 충고를 하고 있습니다.

> 구하여도 받지 못함은 정욕으로 쓰려고 잘못 구하기 때문이라
> _약 4:3

그렇다면 무엇이든지 구하는 기도는 이 기도의 원칙을 무시하고 있다고 할 수 있습니다. 무엇이든지 구하는 기도 가운데는 정욕적으로 구하는 내용도 있을 수 있기 때문입니다. 이런 점에서 미루어 볼 때 무엇이든지 구하는 기도는 결코 좋은 기도의 표본처럼 보이지는 않습니다.

그렇다면 예수님은 왜 이런 기도를 권하시는 걸까요? 자칫 잘못 하면 오해를 불러일으킬 수 있는 이 말씀을 왜 하셨을까요? 그것은 마음의 상처를 입고 있는 자를 위한 하나님의 놀라운 위로가 "무엇이든지"라는 말씀 속에 담겨 있기 때문입니다. 마음에 깊은 상처를 받은 사람이 참담한 심정으로 드리는 기도에 무슨 논리나 질서를 기대할 수 있겠습니까? 하나님의 선하신 뜻을 헤아리며 기도해야 한다는 원칙을 몰라서 그런 것이 아닙니다. 찬양과 감사를 먼저 드려야 한다는 기도의 황금률을 무시해서도 아닙니다. 기도의 절차를 지키기에는 찢긴 가슴의 상처가 너무 크고 깊은 사람들이 많습니다. 그러한 사람에게 기도의 원칙을 준수해야 한다고 강요해 보십시오. 그들은 기도는 고사하고 아예 입을 다물고 조용히 침묵을 지키려고 할 것입니다.

본의 아니게 어떤 심각한 사건에 휘말려 내면의 깊은 곳에 말할 수 없는 상처를 받아 본 적이 있습니까? 사람들로부터 돌이킬 수 없는 충격을 받고 삶의 지표마저 흔들리는 위험에 닥쳐 본 일이 있습니까? 이런 상처를 입은 사람들은 누구라도 예외 없이 한동안 정서적인 혼란은 물론 신앙적인 갈등마저 겪게 됩니다. 믿음마저 몹시 허약한 상태로 밑바닥을 헤매게 됩니다. 이런 약한 믿음을 가지고서는 도저히 '기도'라는 지하수를 끌어올릴 힘이 없습니다. 이런 사람에게 어떻게 논리 정연한 기도를 기대할 수 있을까요. 세리의 기도를 들어 보십시오. 가슴을 치면서 한 시간 동안 그가 드린 기도의 내용은 "주여! 나는 죄인이로소이다"라는 한마디 말뿐이었습니다.

자식을 낳지 못해 멸시와 천대를 견디지 못한 한나의 애끓는 기도를 들어 보십시오. 엘리 제사장의 귀에는 한나의 기도 소리가 입안에 넣고 우물거리는 황망한 여인의 넋두리처럼 들렸나 봅니다. 엘리 제사장이 그녀를 술 취한 여자로 볼 만큼 한나는 전형적으로 기도하는 여인의 모습과는 너무나 거리가 멀었습니다.

사랑의교회에서 일어났던 안타까운 이야기입니다. 아까운 형제 한 사람을 교통사고로 먼저 하늘나라로 보냈습니다. 제자훈련반에서 저와 친숙했던 집사님은 믿음직한 신앙인이며 유망한 교수이자 예술인이었습니다. 여름 휴가 동안 시골의 한 모퉁이에서 불행한 소식을 접하고 달려가지 못하는 죄책감으로 떨리는 손으로 장거리 전화를 신청했습니다. 거의 70분 동안 그의 부인은 피보다 더 진한 눈물을 쏟으며 가슴에 맺힌 응어리를 수화기를 통해 털어놓았습니다. 제가 해 줄 수 있는 일은 눈물을 흘리며 조용히 그 말을 들어주는 것뿐이었습니다. 지금도 저의 뇌리에 남아 있는 가슴 저미는 말을 다시 상기해 봅니다.

"목사님, 그렇게도 신앙생활을 바로 해 보겠다던 그 사람을, 2학기부터는 순장까지 하겠다던 그 사람을 왜 하나님이…. 이제 좀 말씀의 맛을 알고 바로 살아 보려고 하는데 왜 하나님이….”

그 부인의 하소연은 슬픔을 이기지 못하는 하나님의 자녀가 두서없이 막무가내로 하나님께 매달리는 기도라고 할 수 있습니다. 그 부인은 그런 방식으로 수없이 하나님의 옷자락을 붙잡고 안타깝게 자신의 슬픔을 내놓으며 매달렸을 것입니다. 그에게 어떤 기도의 원칙이나 표현 방법 따위는 안중에 없습니다. 오직 절박한 심정을 마음 깊은 곳에서 밀려 터져 나오는 대로 하나님께 쏟아 놓을 뿐입니다.

상처 입은 자가 가장 원하는 기도는 무엇일까요? 구애 없이 하고 싶은 말을 마음껏 다 털어놓을 수 있는 한없는 자유를 가진 기도입니다. 예수님이 상심한 제자들에게 “무엇이든지 구하라”고 말씀하신 의도는 하고 싶은 말을 모두 하는 이 ‘자유를 가진 기도’에 함축되어 있습니다. 이것은 어떤 논리도 없이 마음속에 있는 것을 쏟아 놓지 않을 수 없는 절박한 사람을 향한 하나님의 자비로우심을 알 수 있는 일면이라고 할 수 있습니다.

상처 입은 사람의 기도는 무엇이든지 원하는 대로 구하는 것이어야 합니다. 그래야만 주저하지 않고 직접적으로 하나님께 나아가 어린아이처럼 진실하고 순수한 간구를 아뢸 수 있습니다.

우리는 가끔 기도의 무게를 달아 보려는 어리석은 습성을 가지고 있습니다. ‘존귀하신 하나님께 이런 시시한 문제를 가지고 기도할 수 있나! 이것은 아직 내 믿음이 유치하다는 증거야.’ 이렇게 생각하는 사람은 주님의 의중을 잘못 짚은 사람입니다. 주님은 우리의 문제가 크고 작은 것을 따지지 않으시며 어떠한 경우를 불문하고 우리의 기도를 들으시겠다고 약속하신 분입니다 더욱이 하나님은 상처 입은 자의 기도를 절대 외면하지 않으십니다. “무엇이든지 원하는 대로 구하라”

는 하나님의 말씀은 모든 사람에게 위로와 감동을 주는 너무나 놀라운 은혜의 말씀입니다.

'구하라'에 담긴 놀라운 위로

신약성경에는 '구하다'라는 의미를 가진 동사가 무려 열한 가지가 등장합니다. 우리말 성경에는 어휘 부족으로 이 열한 가지 동사를 전부 '구하다'라는 한 가지 어휘로 동일하게 표현하고 있습니다. 헬라어에는 그 열한 가지 동사가 모두 독특한 성격과 의미를 지니고 제각기 사용되고 있습니다. 마지막 고별 설교에서 예수님이 상심한 제자들에게 "구하라"고 위로하실 때 사용하신 용어는 '아이테오'라는 헬라어입니다. 요한복음 14장부터 16장까지 일곱 번 등장하는 '구하라'라는 말은 전부 '아이테오'를 지칭하고 있습니다. 그 이유는 이 '아이테오'라는 용어만이 갖고 있는 고유한 개념이 따로 있기 때문입니다.

'아이테오'라는 용어는 '어떤 것을 간청하는 행위'를 표현하는 데에 적합한 말입니다. 좀 더 피부에 닿게 표현한다면 '떼를 쓰는 행동'이라고 할 수 있습니다. 그러므로 예수님께서 자신을 위해서는 이 용어를 사용하시지 않습니다. 요한복음 16장 26절을 보면 "그날에 너희가 내 이름으로 구할 것이요"라는 상반절의 말씀에서 우리가 하나님께 구하는 것은 '아이테오'입니다. 그러나 "내가 너희를 위하여 아버지께 구하겠다 하는 말이 아니니"라는 하반절의 말씀에서 예수님 자신이 구하는 것은 '아이테오'라고 하지 않고 '에로타오'라는 용어를 사용합니다.

예수님은 왜 '아이테오' 대신에 '에로타오'라는 용어를 쓰셨을까요? 예수님께서는 하나님께 떼를 쓰면서 간청해야 할 이유가 전혀 없는 분이기 때문입니다. 하나님으로부터 모든 권세를 위임받은 분이 떼를 쓰면서 간청해야 할 필요가 없다는 것은 너무나 당연한 사실입니다. 그러나 우리의 입장은 어떠합니까? 어린 자녀가 아버지께 떼를 쓰듯이 간청할 수밖에 없는 것이 우리의 처지입니다. 더욱이 기도의 절차를 따지지 못하고 하나님께 매달릴 수밖에 없는 곤경을 자주 체험하는 현대인입니다. 절박할 때는 염치 불구하고 하나님 앞에 매달려 기도해야 하는 약한 존재일 뿐입니다. 그러므로 '아이테오'라는 용어는 하나님 앞에 설 때마다 우리가 처하는 입장과 형편을 가장 잘 반영하며 대변해 주는 말이라고 할 수 있습니다. 우리를 너무나 잘 아시는 하나님께서는 상처 입은 우리에게 놀라운 자유를 주셨습니다.

"무엇이든지"라는 말은 기도 내용의 자유를 의미하고 '구하라-아이테오'라는 말은 기도하는 행동의 자유를 의미하고 있습니다. 그래서 하나님께서는 마음이 상한 자에게 내용의 제재를 가하거나 행동의 속박을 원하지 않으신다는 그분의 놀라운 자비하심을 보여 주고 있습니다.

위대한 신앙의 선배인 다윗도 그가 고통스럽고 괴로울 때는 어린아이와 같이 순전한 마음으로 하나님께 매달리며 기도한 모습을 성경을 통해 자주 볼 수 있습니다.

> 내가 부르짖음으로 피곤하여 나의 목이 마르며 나의 하나님을 바라서 나의 눈이 쇠하였나이다_시 69:3

이미 응답받은 기도

어느 날인가 막내아들이 자전거를 사 달라고 저에게 몹시 칭얼대며 보챈 적이 있었습니다. 다른 친구들처럼 속력을 낼 수 없는 자신의 고

물 자전거에 심히 속이 상한 듯했습니다. 몇 번이나 조르는 아들의 일 그러진 얼굴을 보는 순간 '사 주지 않을 수 없는 상황이구나'라는 생각이 들었습니다. 하지만 교육상 즉시 사 주어서는 안 되는 것을 알고 있었기 때문에 짐짓 모른 척, 사 주겠다는 대답을 하지 않았습니다. 간절히 기다리다가 얻어야만 더욱 값지다는 것을 깨닫게 될 것이라는 아버지 된 저의 생각이었습니다. 아들은 며칠 동안 새 자전거를 사 달라고 울기도 하고 미소 작전으로 애교를 부리기도 했습니다. 이제 이 삼일 안으로 사 주겠노라고 속으로 결정을 내렸습니다. 아버지는 아들을 위해 이런 생각을 하고 있는데 정작 아들은 지쳐서 그만 포기한 것인지 그다음 날부터 조르지도 않고 잠잠히 말이 없었습니다. 그래서 두 달이라는 시간이 지나도록 아버지는 아들에게 새 자전거를 사 주지 않았습니다.

평범한 이야기처럼 들리지만 이 예화에는 커다란 진리가 내포되어 있습니다. 마음이 상해 떼를 쓰며 매달리는 기도는 비록 그 구하는 내용이 하찮은 것이라 할지라도 하나님 아버지의 마음을 쉽게 움직일 수 있다는 놀라운 진리입니다. 그리고 지속적으로 인내를 가지고 매달려야 한다는 진리도 내포되어 있습니다. 다만 적절한 시간을 계산하고 계실 뿐이지 하나님 마음의 중심에는 이미 응답을 허락하셨다는 놀라운 사실을 확신하시기 바랍니다. 상처 입은 우리들을 위해 주께서 열어 놓으신 위로의 문이 얼마나 넓고 높은지…. 정말 주님을 찬양하지 않을 수 없습니다.

현대인의 초상

우리는 구원받은 성도지만 날마다 웃으며 살 수만은 없는 상처투성이 인생임을 부정할 수 없습니다.

　정든 부모 형제를 질병이나 사고로 잃어버릴 때의 슬픈 심정을 어떻게 위로받을 수 있습니까? 믿었던 친지에게 송두리째 배신당하고 기만당했을 때의 울분을 무슨 방법으로 보상받을 수 있습니까? 영적으로 타락하고 범죄했을 때의 괴로움과 곤혹감 또한 어떻게 싸맬 수 있습니까? 우리의 인생 항로를 갑자기 바꾸어 놓는 예기치 못한 불상사는 얼마나 잔혹하며 끔찍한 것입니까? 폭력배들의 살인 사건과 같은 흉악한 사회악을 대할 때 공포와 전율, 경악을 금치 못하여 몸서리치며 터져 나오는 우리의 비명과 한숨 소리는 언제까지 계속되어야 하는 것입니까? 인생의 살벌한 경쟁 대열에서 낙오자가 되어 이리저리 밀리고 있다고 느껴질 때 겪어야 하는 수치감과 패배감은 또 어떻게 치유할 수 있습니까?

　우리 모두는 상처를 안고 사는 현대인들입니다. 기도의 골방을 찾아 하나님께 떼를 쓰지 않으면 숨이 막혀 견딜 수 없는 상처 입은 사람들입니다. '나는 어떠한 경우에든지 상처를 받지 않는다'면서 마치 현실을 초월한 듯 초연하려는 사람이 있다면 그 사람은 위선의 가면을 벗어야 합니다. 현대인의 상처를 모르는 것은 안심할 일이 아니라 오히려 크게 염려되는 일입니다. 그러한 사람은 지나치게 현실에 무디어 감각을 잃고 있거나 영계나 시대를 읽을 만한 촉각을 상실한 기형적인 사람일 가능성이 높기 때문입니다.

어떻게 살 것인가?

　우리는 한가롭고 태평스러운 시대에 살고 있지 않습니다. 지금이야말로 개인적으로나 국가적으로, 또한 영적으로 상한 마음을 가지고 하나님께 매달려 구하지 않으면 안 될 중요한 시점입니다. 답답할 때 "무엇이든지 구하라"고 하신 하나님을 외면하는 것은 죄 중의 죄이며 교만 중의 교만이라고 할 수 있습니다. 다음의 성경 말씀이 보여 주는 주님의 엄숙한 경고를 마음 판에 새기고 우리 모두 기도의 골방문을 열어야 합니다.

> 시험에 들지 않게 깨어 기도하라 마음에는 원이로되 육신이 약하도다 하시고_마 26:41

'무엇이든지'의 자유와 '아이테오'의 자유로 마음껏 주님 앞에 아뢸 수 있는 이 귀하고 놀라운 특권을 마음껏 향유하면서 상처투성이의 이 세상에서 승리하도록 기도의 골방에 자주 들어갑시다. 우리의 불안한 사회와 국가를 위하여, 병들고 상처 입은 영혼들을 위하여, 미성숙한 나 자신을 위하여 이미 응답받은 것이나 다름없다는 확신 속에서 순진한 어린아이처럼 하나님께 매달려 기도해야 합니다.

> 하나님이여 상하고 통회하는 마음을 주께서 멸시하지 아니하시리이다_시 51:17

8

소망,
홀로 걷는
절망은 없다

절망하는 신자에게 있어서 전환점은
고난의 자리에서도 동행하시는 예수 그리스도가 던져 주시는 빛이요,
언약의 열쇠입니다. 우리 주님은 우리를 혼자 내버려 두지 않습니다.

예레미야애가 3:17-33

17 주께서 내 심령이 평강에서 멀리 떠나게 하시니 내가 복을 내어버렸음이여 18 스스로 이르기를 나의 힘과 여호와께 대한 내 소망이 끊어졌다 하였도다 19 내 고초와 재난 곧 쑥과 담즙을 기억하소서 20 내 마음이 그것을 기억하고 내가 낙심이 되오나 21 이것을 내가 내 마음에 담아 두었더니 그것이 오히려 나의 소망이 되었사옴은 22 여호와의 인자와 긍휼이 무궁하시므로 우리가 진멸되지 아니함이니이다 23 이것들이 아침마다 새로우니 주의 성실하심이 크시도소이다 24 내 심령에 이르기를 여호와는 나의 기업이시니 그러므로 내가 그를 바라리라 하도다 25 기다리는 자들에게나 구하는 영혼들에게 여호와는 선하시도다 26 사람이 여호와의 구원을 바라고 잠잠히 기다림이 좋도다 27 사람은 젊었을 때에 멍에를 메는 것이 좋으니 28 혼자 앉아서 잠잠할 것은 주께서 그것을 그에게 메우셨음이라 29 그대의 입을 땅의 티끌에 댈지어다 혹시 소망이 있을지로다 30 자기를 치는 자에게 뺨을 돌려대어 치욕으로 배불릴지어다 31 이는 주께서 영원하도록 버리지 아니하실 것임이며 32 그가 비록 근심하게 하시나 그의 풍부한 인자하심에 따라 긍휼히 여기실 것임이라 33 주께서 인생으로 고생하게 하시며 근심하게 하심은 본심이 아니시로다

소망,
홀로 걷는
절망은 없다

　　　　　　　　　　　　　이 세상에서 그 누구라도 슬픔을 겪어 보지 않은 사람은 없을 것입니다. 지금까지 살아오면서 한 번도 고난이나 불행을 당한 적이 없노라고 자신 있게 말할 수 있는 사람은 없습니다. 만일 있다고 한다면 그는 틀림없이 위선을 하거나 아직 인생을 모르는 풋내기일 것입니다. 우리는 예외 없이 인생고를 맛보며 살고 있습니다.

　예수님을 믿는 신자라고 해서 이 세상에서 당하는 고통과 좌절을 피할 수는 없습니다. 그러므로 우리에게 중요한 것은 고난을 어떻게 다루며 극복하느냐에 있습니다. 신앙의 사람이 고난을 이겨 내는 방법은 세상 사람들의 방법과 뚜렷이 구별됩니다. 예레미야 선지자는 이 점에 있어서 우리에게 좋은 모범을 보여 줍니다.

　예레미야애가 3장을 보면 예레미야 선지자는 믿음이 무섭게 동요되는 시험을 당합니다. 그리고 얼마 안 되어 그는 절망의 밑바닥까지 떨어집니다. 그런데 여기에서 우리는 놀라운 사실을 발견하게 됩니다. 그가 절망의 늪에서 하나의 신비스러운 전환점을 맞아 다시 믿음의 자리로 돌아오고 있는 것입니다. 예레미야애가 3장 1절부터 17절까지는 예레미야의 믿음이 뿌리째 흔들리는 과정을 보여주고 있습니다. 그리고 18절부터 20절까지는 절망의 늪에 빠져 있는 상황을 나타내고 있습니다. 그러나 21절에서 드디어 하나의 전환점을 발견하고, 22절부터 33절에서는 믿음을 되찾아 하나님을 찬양하는 자리로 올라오는 모습을 볼 수 있습니다.

누구나 잘 아는 사실입니다만 생각과 현실이 반드시 일치하는 것은 아닙니다. 어떤 어려운 문제를 앞두고 '때가 되면 그럭저럭 넘어가겠지. 아마 견딜 수 있을거야'라고 생각합니다. 그러나 막상 문제가 현실로 다가오면 걷잡을 수 없이 어려운 상황에 휘말려 결국은 기력을 잃고 곤경에 빠질 때가 적지 않습니다.

예레미야의 경우도 예외는 아니었습니다. 예레미야는 위대한 선지자로서 하나님을 통해서 계시를 받고 예언을 하던 사람이었습니다. 그는 장차 유대 나라에 임할 하나님의 진노와 종국의 극심한 비참함을 그림 보듯이 환하게 예견하고 있었습니다. 그래서 그는 마음속으로 '막상 그날이 오면 얼마나 비참할까? 과연 내가 견딜 수 있을까? 그러나 믿음을 가지고 이겨야 해. 백성들과 함께 쓴잔을 마시며 끝까지 인내할 수 있을거야'라고 생각했을 것입니다.

뿌리째 흔들리는 예레미야의 믿음

예레미야에게 그 비극의 순간이 다가왔습니다. 그런데 예레미야는 본인이 예견했던 그 비극 앞에서 너무나 달라졌습니다. 3년이 넘도록 계속된 기근으로 마른 막대기처럼 비틀어져 여기저기 쓰러져 있는 시체들을 볼 때, 잔인무도한 군인들이 임신한 여인의 배를 칼로 쪼개는 끔찍한 장면을 목격했을 때, 어린아이들을 돌담에 매어 쳐 죽이는 것을 보았을 때, 그리고 하나님의 거룩한 성전이 불길에 휩싸이고 성전의 기구들이 전부 약탈당하는 사건을 보았을 때 예레미야는 그의 몸이 마치 눈물의 저수지가 된 것처럼 하염없이 흘러내리는 눈물 속에서 헤어날 기력을 완전히 잃고 말았습니다.

예레미야가 과거에 생각하던 것과는 다르게 실제로 엄청난 일을 직접 당하게 되자 그렇게 좋던 그의 믿음이 뿌리째 흔들렸습니다. 예레미야는 소위 선지자였습니다. 하나님과 직접 이야기하는 선지자였지만 어려운 문제를 앞에 놓고는 그의 믿음이 심하게 흔들렸습니다.

누구에게나 믿음이 흔들릴 때 나타나는 증세가 있습니다. 그 증세란 바로 마음 가득히 불평을 달고 하나님을 향해 쏟아 놓는 것입니다. 예레미야와 같은 선지자는 하나님을 향해 절대로 불평하지 않을 것 같지만 결코 그렇지 않았습니다. 그도 역시 고난을 당하면 약해지는 한 인간으로서 불평의 서사시를 기록하고 말았습니다.

본문을 주목해 보십시오. 주어가 잘 나타나지 않는 우리말의 특성 때문에 우리말 성경으로는 그 해석에 있어 다소 어려움이 있습니다. 그러나 몇 가지 권위 있는 번역 성경들을 보면 예레미야가 '그'라는 주어를 17회 이상 사용하고 있는 것을 알 수 있습니다. 여기서 '그'는 누구를 가리키는 것일까요? 바로 하나님을 지칭합니다. 이것은 그의 믿음이 약해지면서 나타난 원망과 불평의 화살이 전부 하나님을 향해 있다는 것을 의미합니다. 그 내용을 의역하면 다음과 같습니다.

'하루 종일 나를 매로 때리는 자도 하나님이요, 나를 어둠에 가두어 둔 자도 하나님이요, 마치 곰처럼 엎드려 기다렸다가 나를 사정없이 찢어 놓은 자도 하나님이야. 그가 나에게 쑥을 짠 쓴잔을 마시게 하였고 그가 내 마음의 평강을 다 앗아가 버렸으며 그가 나의 영광을 전부 약탈해 갔고 그가 내 앞길을 다듬은 돌로 단단히 막아 놓으셨으며 그가 활을 당겨 마치 과녁을 맞추듯이 내 허리를 맞췄어. 이 모든 일들을 하나님이 한거야!'

예레미야 선지자의 입에서 이런 불평이 나오리라고 상상할 수 있습니까? 그처럼 믿음 좋은 사람의 입에서 하나님을 원망하는 소리가 시냇물처럼 쏟아져 나오리라고는 아무도 상상할 수 없었을 것입니다. 그런데 예레미야에게도 이런 일이 일어났던 것입니다. 이런 점에서 예레미야는 우리의 거울이라고 생각합니다. 마치 약한 우리의 모습을 비춰 보는 것 같습니다.

우리도 큰 문제를 만나면 결코 흔들리지 않을 것 같았던 믿음이 사정없이 흔들리면서 하나님을 원망할 때가 있습니다. "예수를 믿어도 별수 없구나. 오늘까지 기도를 많이 했는데도 하나님이 안 들어주시는 거야. 내가 이렇게 당하는 것은 하나님이 아직도 내 죄를 용서하지 않고 저주하시는 까닭이야. 차라리 안 믿었으면 좋았을 뻔했어!"라고 거침없이 독기서린 불평을 내뱉을 때가 있습니다.

절망의 늪에 빠진 예레미야

불평을 시작한 사람이 가는 곳이 있습니다. '절망의 늪'이라는 곳입니다. 예레미야도 이 늪에 빠질 수밖에 없었습니다. 본문 18절이 그의 심정을 잘 대변해 주고 있습니다.

"스스로 이르기를 '나의 힘과 여호와께 대한 내 소망이 끊어졌다' 하였도다." 그런데 이 절망의 순간에 반드시 찾아오는 반갑지 않은 손님이 있습니다. "하나님도 필요 없고 신앙도 필요 없고 이젠 다 소용없어"라고 중얼거릴 때, 꼭 찾아오는 불청객이 있습니다. 그것은 예레미야가 그의 체험을 통해 우리에게 잘 가르쳐 주고 있습니다.

"내 고초와 재난 곧 쑥과 담즙을 기억하소서"(19절)라는 말씀 중에 "기억하소서"라는 말을 권위 있는 현대 성경에는 "기억합니다"라고 번역되어 있는 것을 봅니다. 다시 말하면 '내 고초와 재난 곧, 쑥과 담즙을 기억합니다'라는 의미입니다. 이것은 예레미야가 과거에 당한 갖가지 고초와 재난을 새삼스레 기억하고 낙심이 된다고 하는 말입니다. 여기에서 절망하는 자에게 찾아오는 불청객이 바로 '기억'이라는 것을 알 수 있습니다. 절망의 늪에 빠지면 이상하게도 기억나는 일들이 많아집니다. 예레미야의 경우도 절망에 빠지니까 생각하지 않아도 될 것들이 자꾸 떠올랐던 것입니다. 괴롭고 고통스러운 일들이 자꾸 눈앞에 떠오르고 그것들이 쉴 새 없이 자신을 괴롭히는 것입니다.

희망을 잃은 사람에게 기억하고 싶지 않은 일들이 떠오르는 것은 지독한 고문입니다. 이런 경우에는 기억이라는 것이 마귀의 하수인 역할을 감당합니다. '기억'이라는 탈을 쓴 마귀의 하수인은 다시는 생각하고 싶지 않은 사람들의 이름과 사건들을 빽빽하게 적은 앞치마를 두르고 등장합니다. 자신이 범했던 죄악들, 용서하지 못하고 있는 원한 맺힌 사람들의 이름들, 기억이 날 때마다 허탈감에 빠지게 하는 실패했던 사건들을 조목조목 나열한 추잡한 앞치마를 두르고 손에는 쑥을 짜서 만든 즙을 담은 잔을 들고 찾아오는 것입니다. 이것이 기억이라는 존재입니다.

마귀의 하수인은 사나운 얼굴로 잔을 내밀면서 빨리 마시고 죽으라고 충동을 합니다. "너는 이제 희망이 없어! 이거나 마시고 죽어! 너는 죄인이야! 네가 과거에 범한 죄를 생각해 봐. 어찌 복을 받겠니? 너는 죽어야 마땅해. 죽어! 죽어." 이것이 '기억'이 주는 잔인한 고문입니다. 이렇게 되면 지금 처해 있는 상황에서 좋은 모습은 눈에 들어오지 않고 나쁜 상황만 계속해서 생각납니다. 그동안 하나님의 은혜로 용서할 수 있었던 사람들을 향해 다시금 원한에 사무치는 생각을 하는 것입니다. 정말 몸서리쳐지는 순간이 아닐 수 없습니다.

여기에서 우리는 큰 교훈을 하나 얻습니다. 그것은 우리 모두 겸손해야 한다는 것입니다. 예레미야와 같은 탁월한 믿음의 사람도 절망하며 불평했습니다. 하물며 우리 같은 신앙인은 말할 필요도 없습니다. 우리 모두가 예레미야의 약점을 다 가지고 있다는 사실을 긍정하고 결코 교만해서는 안 됩니다.

우리도 절망을 하게 되면 예레미야처럼 정신적인 고문을 피할 수 없습니다. 그것은 우리의 믿음이 흔들릴 때 마귀가 사용하는 도구입니다. 우리의 믿음은 종종 나뭇가지에 달려 바람에 흔들리는 꽃송이와 흡사한 것을 볼 수 있습니다. 하루에도 몇 번씩 흔들립니다. 그러므로 우리는 겸손해야 합니다. 자기의 신앙 경력이나 풍부한 성경 지식, 교회 안에서 가지고 있는 어떤 직분이나 많은 사람들이 보내는 칭찬에 현혹되어서는 안 됩니다. 어떤 것으로도 우리의 신앙이 흔들리지 않는다는 보장을 하지 못합니다. 오직 하나님의 은혜만이 우리를 마지막까지 지탱할 수 있게 하는 힘이 됩니다.

돌변하는 전환점에 서서

우리는 대단히 중요한 사실을 예레미야로부터 발견하게 됩니다. 절망의 상황에서 갑자기 돌변하는 하나의 전환점을 발견한 것입니다.

> 내 심령이 그것을 기억하고 낙심이 되오나 중심에 회상한즉 오히려 소망이 있사옴은_애 3:20-21, 개역한글

그가 "중심에 회상한즉"이라고 했는데 무엇을 회상했는가에 관해서는 밝히고 있지 않습니다. 더욱이 원문이나 권위 있는 현대 번역을 보면 "중심에 회상한즉"이라고 한 문장 사이에 '이것을'이라는 말이 들어가 있습니다. 그리고 성경 해석 학자들 간에는 '이것'이 무엇을 가리키느냐에 대해 다소 견해 차이가 있습니다. 일반적으로 '이것'은 본문 22절의 내용을 말하고 있다고 보는 학자들이 많습니다. 그래서 이 견해대로 의역을 해 보면 앞뒤가 자연스럽게 연결이 됩니다.

'오, 하나님이여! 갑자기 내 중심에 생각나는 것이 있는데 그것은 하나님의 자비와 긍휼입니다. 그리고 그 자비와 긍휼 때문에 아직도 우리가 완전히 망한 것이 아니라는 사실입니다. 이 사실을 회상한즉 오히려 소망이 있습니다.'

아무튼 절망 가운데서 몸부림치고 있는 순간에 갑자기 예레미야에게 큰 전환점이 하나 생겼습니다. '이것' 즉, 하나님의 자비와 긍휼이 무궁하시다는 사실을 마음 중심에 회상하는 사건이 일어난 것입니다. 이것은 참으로 놀라운 은혜의 빛입니다. 이 빛이 어둠을 밝히기 시작하면서 그의 생각도 점차 바뀌고 있는 것을 알 수 있습니다.

'아니, 내가 이렇게 절망만 하다니…. 아직 내가 죽지 않고 살아 있는데…. 아직도 내가 건재하고 있는데…. 우리나라 백성들이 다 망한 것은 아니야. 몇 년 전에 바벨론으로 잡혀간 친구들이 거기에 그대로 살고 있고 또 하나님이 나에게 분명히 약속한 것이 있지. 70년만 지나면 하나님께서 다시 우리 민족을 고국으로 돌아오게 하시고 불타 버린 저 예루살렘 성전을 재건하고 국가를 회복할 수 있다고 약속하셨어. 그런데 왜 내가 이렇게 절망하고 있지?'

갑자기 예레미야에게 소망스러운 생각이 떠오른 것입니다. 캄캄한 곳에서 한 가닥의 빛을 발견한 것입니다. 그의 내면 깊은 곳을 꿰뚫은 이 빛으로 말미암아 하나님이 던져 주시는 소망의 닻줄을 잡은 것입니다.

그리스도의 언약의 열쇠

존 번연(John Bunyan, 1628-1688)의 《천로역정》(Pilgrim's Progress)에는 이 내용과 흡사한 장면이 나옵니다. 번연은 16세기에 영국에서 가장 위대한 종교 지도자였고 소설가였습니다. 그는 영국 국교회가 너무 비성경적이고 잘못된 방향으로 기울자 국교회를 떠나 복음을 외치다가 12년 이상 감옥살이를 했습니다. 그가 옥중에 하나님 말씀 한 권만 가지고 들어가 깊이 묵상하는 가운데 저술한 책이 바로《천로역정》입니다. 영국이 자랑하는 불후의 걸작《천로역정》은 한 사람이 예수님을 믿고 난 다음에 하나님 나라에 들어가기까지 겪게 되는 신앙생활의 과정을 꿈의 이야기에 비유하여 기록한 서사시입니다. 이 작품에 나오는 '크리스천'이라는 주인공은 모든 신앙인을 통칭하는 인물로 그려져 있습니다. 그래서 그 책을 보면 우리가 하나님 나라에 들어가는 그 순간까지 신앙생활을 제대로 하려면 얼마나 많은 어려움을 겪으면서 전진해야 하는가를 마치 그림을 보듯이 실감나게 깨달을 수 있습니다. 그 책의 내용 가운데 다음과 같은 이야기가 있습니다.

'크리스천'이 '소망'이라는 친구와 함께 천성을 향하여 열심히 걸어가고 있었습니다. 그런데 길이 너무 험하고 힘들어서 조금 수월한 길을 찾다가 샛길을 발견하게 되었습니다. 그래서 '크리스천'이 '소망'을 유혹하여 그 샛길로 들어섰습니다. 처음 볼 때는 아주 좋아 보이던 길이었지만 얼마 안 가서 험준한 골짜기로 통하는 좁은 길이 나왔습니다. 그래서 간신히 골짜기에 다다르니 갑자기 폭우가 쏟아지며 홍수가 일어나서 길이 막혀 버렸습니다. 돌아설 수도 없고 앞으로 나갈 수도 없는 딱한 처지가 되었습니다. 날은 어둑어둑 저물어 갑니다. 할 수 없이 두 사람은 손을 잡고 웅크리고 앉아 날이 새기를 기다리기로 했습니다. 그러나 피곤을 이기지 못해 자신도 모르게 잠에 곯아떨어지고 말았습니다. 아침에 눈을 뜨자 무서운 거인이 '크리스천'과 '소망' 옆에 서 있었습니다. 그 거인의 이름은 '절망'이었습니다.

"너희들은 내 영지로 무단 침입한 녀석들이야. 오늘 내가 너희들을 가두어 버리겠어!"라고 하면서 '절망'은 두 사람을 끌고 가 지하실 감옥에 가두어 버렸습니다. 그리고 일주일 동안 무섭게 매질을 하여 '크리스천'과 '소망'은 초주검이 되었습니다.

그다음, '절망'은 독약이 든 잔을 내밀면서 두 사람에게 마시고 자살하라고 명령했습니다. 그러나 두 사람은 그 말을 듣지 않고 버텼습니다. 하루는 '절망'이 찾아와서 날이 밝으면 뒷마당에 끌어내어 갈기갈기 찢어 죽이겠다고 협박을 했습니다. 그 말을 들은 '크리스천'과 '소망'은 마지막 밤일지도 모른다는 생각을 하며 힘없이 감옥 바닥에 쓰러져 있다가 어느 순간 벌떡 일어나 무릎을 꿇고 기도하기 시작했습니다. 새벽이 다가올 즈음 '크리스천'이 갑자기 자리를 박차고 일어나면서 이렇게 외쳤습니다.

"지금쯤 자유로이 걸어 다닐 수도 있었을 내가 이런 악취 풍기는 지하실에 갇혀 있다니, 이게 무슨 꼴인가! 얼마나 어리석은 일이냐? 이 의혹의 성안에 있는 자물쇠는 어느 것이나 열 수 있는 언약의 열쇠가 내 품속에 있는데, 그것이 나에게 있는 줄도 모르고 이처럼 고생을 하다니…."

'크리스천'은 급히 '소망'을 깨웠습니다. 그리고 자기의 품속을 더듬어 언약의 열쇠를 꺼냈습니다. 이 열쇠를 감옥 문의 자물쇠통에 슬그머니 넣어 돌려 보았습니다. 소리 없이 감옥 문이 열렸습니다! 그곳을 빠져나간 그들은 대문도 쉽게 열 수 있었습니다. 그래서 날이 새기 전에 '크리스천'과 '소망'은 절망의 성으로부터 도망칠 수 있었습니다.

이 이야기가 우리에게 시사하고 있는 것이 무엇일까요? 신앙생활을 하다 보면 절망이라는 무서운 함정 속에 빠져 기억의 회초리로 사정없이 맞아 만신창이가 될 때가 있습니다. 이때 '크리스천'이 갑자기 생각해 냈던 것처럼 우리에게도 언약의 열쇠가 있다는 사실을 명심하십시오. 이 언약의 열쇠는 하나님의 말씀을 의미합니다. 그래서 절망 중에 있을 때 갑자기 하나님의 말씀이 기억날 때가 있습니다. 그것은 하나님이 던져 주시는 한줄기 빛입니다. 이 빛으로 말미암아 보장받은 언약의 열쇠를 사용하기만 하면 반드시 고통스러운 절망의 문은 열립니다.

절망을 이기는 전환점

절망의 모퉁이는 소망의 길로 통하는 전환점이 됩니다. 왜냐하면 절망의 그 자리에 주님이 함께하셔서 종국에는 소망의 길로 인도하시기 때문입니다.

우리 주님은 불가사의한 분입니다. 우리가 불평하고 괴로워할 때는 가만히 계시는 것처럼 보입니다. 절망 속에서 어찌할 바를 모르고 헤맬 때에도 침묵을 지키십니다. 그 침묵이 얼마나 무서운지 주님이 우리를 내버리신 것처럼 느껴질 때도 있습니다. 그러다가 우리의 힘이 탈진하고 더 이상 소망이 없다고 생각되는 가장 마지막 순간에 이르게 되면 우리에게 갑자기 어떤 생각을 불러일으켜 주십니다. 영혼을 깨우는 하나님의 말씀이나 우리를 소생시키는 어떤 동기를 심어 주십니다. 바로 이 순간, 절망이 찬송으로 바뀝니다. 전환점이 되는 것입니다.

어떤 형제의 경험담입니다. 사업을 하는 그 형제는 불경기로 인하여 고전을 면치 못했습니다. 아무리 노력해도 더 이상 희망이 보이지 않았습니다. 기진맥진하여 밤에 돌아온 남편을 유심히 살피던 아내가 잠을 이루지 못하고 한숨을 내쉬고 있는 남편에게 이런 말을 했다고 합니다.

"여보, 당분간은 고생할 수밖에 없겠지요. 그렇지만 우린 건강이 있잖아요? 당신이나 나나 아이들 모두 건강하잖아요?" 캄캄한 밤에 반짝 빛나는 불빛 같은 부인의 말 한마디에 남편은 어려운 위기를 극복할 수 있는 힘을 얻었다고 합니다. 이러한 전환점은 참으로 중요합니다.

절망하는 신자에게 있어서 전환점은 고난의 자리에서도 동행하시는 예수 그리스도가 던져 주시는 빛이요, 언약의 열쇠입니다. 우리 주님은 우리를 혼자 내버려 두지 않습니다. 더욱이 믿음이 흔들리는 절망의 골짜기를 혼자서 걸어가도록 내버려 두지 않으십니다.

○ ○ ○ ○ ○
나를 따르라

제리 파웰(Jerry Falwell, 1933-2007)은 미국의 '도덕적 다수'(Moral Majority)라는 유명한 보수주의 정치 운동을 하는 목사인데 메나헴 베긴(Menachem Wolfovitch Begin, 1913-1992) 전 이스라엘 수상과 친분이 두터운 사이였습니다. 그래서 두 사람이 사석에서 만나 담소를 나누는 자리에서 파웰 목사가 베긴 수상에게 "이스라엘이 중동전에서 기막힌 승리를 거두었는데 그 비결이 어디에 있습니까?"라는 질문을 던졌다고 합니다. 잠깐 동안 생각을 하던 베긴 수상은 "그것은 우리 이스라엘 군대의 용기, 특별히 지휘관의 용기 때문입니다"라고 대답하면서 의미 있는 말 한마디를 들려주었습니다.

"우리 이스라엘 지휘관들이 전선에 나갈 때 부하들에게 절대로 사용해서는 안 되는 말이 있습니다. 그것은 '앞으로 전진!'이라는 명령입니다. 그 대신 '나를 따르라!'는 명령을 사용합니다. 이것이 우리 이스라엘을 승리하게 만든 비결입니다."

예수님을 이스라엘 군대의 지휘관에 비유할 수 있습니다. 예수님은 우리를 앞서 보내시며 뒤에서 "앞으로 전진!" 하고 외치기만 하는 분이 아닙니다. 예수님은 앞장을 서시며 "나를 따르라!"고 하는 분입니다. 세상을 살아갈 힘을 잃어버린 곳에서도 문득 소망의 말씀이 떠오르는 것은 예수님이 앞장서서 우리를 인도하시기 때문입니다. 우리는 야곱을 잘 알고 있습니다. 그는 죄를 범하고 도망가는 사람이었습니다. 그런데 꿈을 통하여 하나님께서 "내가 너와 함께하고 네가 어디를 가든지 너와 함께하겠다"라고 말씀하시는 음성을 들었습니다(창 28:15 참조). 야곱이 잠에서 깨어나서는 하나님이 그 자리에 함께 계시는 것을 전혀 몰랐다고 고백했습니다. 하나님은 야곱처럼 죄짓고 도망가는 사람과도 함께하시는 분입니다.

다시 믿음의 사람으로

마음의 중심에 하나님의 자비와 긍휼의 무궁함을 회상하고 절망의 자리에서 다시 일어나게 되자 예레미야의 영적 상태가 얼마나 급변하고 있는지 본문 말씀을 통해 잘 알 수 있습니다.

"이것들이 아침마다 새로우니 주의 성실하심이 크시도소이다"(23절). 아침마다 새로운 하나님의 은혜로 인하여 어두운 절망의 골짜기에서 빠져나오는 것입니다. 드디어 그는 다시 신앙의 사람으로 회복되었습니다.

"내 심령에 이르기를 여호와는 나의 기업이시니 그러므로 내가 그를 바라리라 하도다"(24절). 여호와가 자기 기업의 일부분이라고 하지 않고 자기 기업의 전부라고 고백하고 있습니다. 이로써 흔들리던 믿음이 확고해진 것을 알 수 있습니다.

"그가 비록 근심하게 하시나 그의 풍부한 인자하심에 따라 긍휼히 여기실 것임이라 주께서 인생으로 고생하게 하시며 근심하게 하심은 본심이 아니시로다"(32-33절). 이 말씀을 의역하면 '하나님은 내가 고생하는 것을 좋아하시는 분이 아니시다. 잠깐 선한 뜻이 있어서 허용하신 것뿐이다. 그러므로 얼마 지나지 않아서 나를 평안하고 형통한 자리로 다시 회복시켜 주실 것이다'라고 할 수 있습니다. 예레미야는 참으로 믿음이 강한 새사람으로 회복되어 하나님의 마음을 읽을 수 있는 놀라운 수준에까지 도달한 것입니다. 우리도 예레미야와 다름없는 약한 사람들입니다. 앞으로 우리의 남은 생애에 어떤 일이 일어날지 아무도 예측하지 못합니다. 하나님은 우리를 고난의 길에서 완전히 제외시켜 주신다는 보장을 하신 적이 없습니다. 그러나 분명한 보장이 있습니다. 우리가 어디를 가든지 함께하시겠다는 약속의 말씀입니다. 우리의 힘으로 일어설 수 없는 순간, 우리의 중심에 갑자기 생각나는 놀라운 말씀을 주셔서 그 어려운 절망에서 일어설 수 있도록 붙들어 일으켜 세우시는 하나님을 전적으로 신뢰하십시오. 우리 모두 하나님의 이 놀라운 은혜를 인생의 순간순간마다 체험하며 살아가는 믿음의 성도들이 되어야 합니다.

9

믿음,
불가능은 없다

불가능이 없는 전능하신 하나님을 믿을 때에
비로소 우리는 모든 것이 가능한 기적의 삶을 체험할 수 있습니다.
우리가 정말 전능하신 하나님을 믿는다면,
그 믿음은 곧 모든 것을 가능하게 하는 생각과 행동으로 나타날 것입니다.

마가복음 9:21-29

21 예수께서 그 아버지에게 물으시되 언제부터 이렇게 되었느냐 하시니 이르되 어릴 때부터니이다 22 귀신이 그를 죽이려고 불과 물에 자주 던졌나이다 그러나 무엇을 하실 수 있거든 우리를 불쌍히 여기사 도와주옵소서 23 예수께서 이르시되 할 수 있거든이 무슨 말이냐 믿는 자에게는 능히 하지 못할 일이 없느니라 하시니 24 곧 그 아이의 아버지가 소리를 질러 이르되 내가 믿나이다 나의 믿음 없는 것을 도와주소서 하더라 25 예수께서 무리가 달려와 모이는 것을 보시고 그 더러운 귀신을 꾸짖어 이르시되 말 못하고 못 듣는 귀신아 내가 네게 명하노니 그 아이에게서 나오고 다시 들어가지 말라 하시매 26 귀신이 소리 지르며 아이로 심히 경련을 일으키게 하고 나가니 그 아이가 죽은 것 같이 되어 많은 사람이 말하기를 죽었다 하나 27 예수께서 그 손을 잡아 일으키시니 이에 일어서니라 28 집에 들어가시매 제자들이 조용히 묻자오되 우리는 어찌하여 능히 그 귀신을 쫓아내지 못하였나이까 29 이르시되 기도 외에 다른 것으로는 이런 종류가 나갈 수 없느니라 하시니라

믿음,
불가능은 없다

　　본문 말씀에서는 귀신 들린 어떤 아이를 앞에 놓고 무력한 제자들이 깊은 번민에 빠져 있는 모습을 볼 수 있습니다. 예수님이 계시지 않을 때 생긴 일이므로 제자들은 자신들의 능력 없음을 절실히 느꼈을 것입니다.
　　예수님이 친히 찾아오셔서 그 귀신 들린 아이를 고쳐 주셨을 때 답답한 마음에서 제자들이 이렇게 질문했습니다. "주님, 우리는 왜 불가능이 없는 삶을 살 수 없습니까?" 이 질문에 예수님께서는 첫째는 믿음이 작은 연고요, 둘째는 기도하지 않는 까닭이라고 말씀하셨습니다. 이 사건을 통하여 주님이 가르쳐 주신 교훈은 하나님을 믿는 자는 불가능이 없다는 것입니다. 어떻게 보면 현대를 사는 우리들도 제자들이 체험한 좌절과 고통을 겪고 있는지 모릅니다. 우리를 불안하게 한다든가 삶의 의욕을 상실하게 만드는 문제가 우리 주변에 너무나 많기 때문입니다. 우리에게 있어서는 문제를 일으키는 대상이 귀신 들린 자가 아니고 우리가 추구하는 어떤 일이 될 수도 있습니다. 또 생업에 관계되는 직업일 수도 있습니다. 아니면 건강의 문제일 수도 있습니다. 이렇게 많은 위협 속에 살고 있는 우리들에게 불가능이 없다고 가르쳐 주신 예수님의 말씀은 진정 위로가 되는 말씀이 아닐 수 없습니다.

요즘 시대 조류를 볼 때 '불가능은 없다'는 말은 너무나 흔하게 남용되는 말이기도 합니다. 서점에 가 보면 '불가능이 없다'라는 내용을 주제로 다루고 있는 책들이 너무나 많습니다. 《적극적인 사고방식》《불가능은 없다》《성공의 비결》《자기자신을 발견하는 책》등 이와 같은 류의 제목을 가진 많은 책자가 현대인들의 눈길을 끌고 있습니다.

세속적인 방법의 '불가능은 없다'

우리가 혼동해서는 안 되는 분명한 사실이 있습니다. 세속적인 사람들이 사용하는 '불가능은 없다'라는 말과 예수님을 믿는 사람들이 사용하는 '불가능은 없다'는 말에는 뚜렷한 차이가 있다는 점입니다. 예수님을 믿지 않는 사람들은 예수님과는 전혀 관계없는 옛 자아를 가지고 있습니다. 그들은 자기 자신의 잠재력을 계발하여 능력을 십분 발휘함으로써 불가능을 가능하게 한다고 믿습니다. 이것은 세속적이고 인간적인 방법입니다.

미국의 Look이라는 잡지에 실려서 화제가 되었던 실화를 소개합니다. 베트남 전쟁 당시의 일입니다. 미국 병사 네 명이 지프차를 타고 정글 속을 달렸습니다. 길이 너무 좁아서 고전을 하며 전진하는데 갑자기 베트콩의 기습을 받았습니다. 병사들은 황급히 정글에 몸을 숨겼습니다. 그러다가 잠깐 사격이 주춤한 사이에 나와 보니 너무나 기가 막혔습니다. 전진을 하자니 생명이 위험하고, 차를 돌리자니 길이 좁아 돌릴 수 없는 상황에 빠진 것입니다. 이때 그들이 어떻게 했는지 아십니까? 병사 네 사람이 지프차의 바퀴 하나씩을 붙잡고 차를 번쩍 들어 올렸습니다 그리고 차를 가던 길의 반대 방향으로 돌린 다음 그 차를 타고 급히 도망을 쳤습니다. 그리하여 부대에 돌아와서 안도의 한숨을 내쉰 그들이 시험 삼아 다시 지프차를 들어 보려고 했으나 꼼짝하지 않았다고 합니다.

부대에서는 꼼짝도 않는 지프차를 어떻게 정글에서는 번쩍 들어 올릴 수 있었을까요? 사람이 가지고 있는 잠재력을 발휘했기 때문입니다. 그래서 '사람에게는 아직도 계발하지 못한 굉장한 저력을 지닌 힘이 있다. 이것을 계발하면 사람이 못할 일이 없다'는 이론이 성립되는 것입니다. 이것이 세속적으로 말하는 '불가능은 없다'는 사고방식입니다.

예수님을 믿는 사람의 '불가능은 없다'

예수님을 믿는 하나님의 자녀는 '불가능'에 관한 관점이 다릅니다. 새로운 자아가 되었기 때문에 자신에게 불가능이 없다고 믿습니다. 하나님께서 모든 전능의 원천이기 때문에 불가능이 없다고 믿는 것입니다. 우리 자신을 믿는 믿음에서 나오는 '불가능은 없다'가 아니라 하나님을 믿는 믿음에서 '불가능은 없다'고 믿는 것입니다. 이것이 그리스도인의 '불가능은 없다'는 사고방식입니다. 사실 '불가능'이란 말만큼 신자에게 어울리지 않는 옷이 없습니다. 그것은 도무지 어울리지 않습니다. 그리스도인의 본래의 삶은 불가능이 없는 삶입니다.

초대 교회 신자들은 가난한 자요, 노예 신분이요, 세상에서는 아무 것도 아닌 존재였지만 로마를 정복하겠다는 꿈을 안고 있었습니다. 결국 그들은 그 꿈을 실현시켰습니다. 불가능이 없다는 사실을 실제로 보여 준 사람들이었습니다.

성경에 나오는 갈릴리 어부들도 예수님으로부터 삼 년 동안 가르침을 받은 후 "너희는 땅끝까지 하나님 나라를 전파하고 하나님 나라를 세워야 된다"라는 원대한 비전을 받았습니다. 그들이 그 당시에는 도저히 불가능한 망상으로 여겼을지 모르지만 20세기에 들어온 지금, 그 꿈은 이루어지고 있습니다.

우리 역시 불가능을 몰랐던 믿음의 선배들이 가졌던 자아상을 다시 한번 회복해야 합니다. 그러기 위해서는 하나님과 믿음과 기도에 대한 우리의 지식과 생각을 성경 말씀에 비추어 점검해 볼 필요가 있습니다.

어떤 하나님을 알고 있습니까?

불가능이 없는 삶을 살기 위해서는 전능하신 하나님을 확고하게 알아야 합니다. 이것은 대단히 중요한 사실입니다.

A. W. 토저(Aiden Wilson Tozer, 1897-1963)라는 유명한 목사님이 계십니다. 그의 저서는 널리 읽히고 있는데 그가 쓴 책에 이러한 말이 있습니다.

> "'하나님이 어떤 분인가?'라는 생각을 했을 때에 자신의 마음에 나타나는 하나님에 대한 생각은 대단히 중요하다. 역사적으로 볼 때 어떤 사람도 자기가 믿는 이상의 신관을 가질 수 없고, 어떤 종교도 그 종교가 내세우는 신보다 위대할 수는 없었다. 그러므로 내가 어떤 하나님을 믿느냐에 따라 곧 나 자신의 신앙 수준이 결정되며 어떤 신을 섬기느냐에 따라 종교의 수준이 결정되는 것이다."

당신은 어떤 하나님을 알고 있습니까? 백지에 자신이 하나님에 대해 알고 있는 대로 써 보십시오. 제한된 한계선 안에서, 혹은 어떤 범위 안에서만 움직이는 하나님을 알고 있습니까? 아니면 무한하고 전능하신 하나님을 알고 있습니까? 하나님을 어떻게, 얼마나 알고 있는가에 따라 그 사람의 미래를 예측할 수 있다는 말은 참으로 의미 깊습니다.

대니엘 웹스터는 미국의 유명한 학자입니다. 어느 날 그가 이런 질문을 받았습니다. "당신의 마음에 받아들인 많은 사고 중에서 가장 중요한 생각은 어떤 것이었다고 봅니까?" 이 질문에 웹스터는 "예, 바로 하나님에 대한 생각이었습니다"라고 답변했습니다.

우리 주변에는 막연하고 통속적인 신에 대한 개념을 가지고 신앙생활을 하는 사람이 있습니다. 그런 사람에게는 하나님을 아는 믿음에 뿌리를 둔 불가능이 없는 삶이라고 하는 말은 잠꼬대와 같이 허황하게 들릴 것입니다. 왜냐하면 통속적으로 사람들이 아는 신이란 겉으로는 인간보다 능하게 보일 수 있으나 실제로는 아무것도 할 수 없는 존재에 지나지 않기 때문입니다. 어쩌면 신은 인간이 답답하면 나아가서 복을 빌 수 있고 인간이 잘못하면 벌을 준다고 보는 막연한 존재에 지나지 않습니다. 결국 따지고 보면 자기 생각의 테두리를 벗어나지 못하는 보잘것없는 거짓 신일뿐입니다. 이런 신에 대한 관념은 우리에게 어떤 의미도 주지 못합니다. 그러나 우리가 아는 하나님은 그런 존재가 아닙니다.

우리는 흔히 이런 생각을 할 때가 있습니다. 하나님은 우리 자신을 죄에서 구원하시는 문제에 대해서는 전적으로 전능하신 분이지만, 우리 자신이 지금 당하고 있는 현실적인 문제 앞에서는 때로 전능하신 분이 아니라는 생각 말입니다. 이는 하나님께서 지금 당장 우리가 직면한 어려움을 해결해 주지 않는 데서 고개를 든 일종의 회의론이라고 할 수 있습니다. 우리에게는 한 가지 습관이 있습니다. 하나님께서 우리의 절실한 요구에 타이밍을 맞춰서 도움을 주지 않으신다면 하나님을 은근히 불신하는 습관입니다. 우리는 하나님에 대한 지식을 다시 정립해야 합니다.

우리는 어떤 하나님을 알고 있습니까? 바로 그 지식이 우리 자신의 생각과 행동을 결정합니다. 온 우주를 창조하신 하나님을 알고 있습니까? 그러면 온 우주가 우리의 소유로 보일 것입니다. 시편 저자가 말한 것처럼 이 세계가 포용할 수 없는 광대한 하나님을 알고 있습니까? 그 지식이 우리의 것이라고 한다면 우리의 마음은 절대로 협소하고 옹졸하지 않을 것입니다.

우리가 '아버지'라고 부르는 하나님에 대해 스펄전(Charles Haddon Spurgeon, 1834-1892)은 다음과 같이 말하고 있습니다.

"하나님은 너무나 광대한 주제이다. 그러므로 우리가 아무리 하나님을 깊이 생각한다고 해도 하나님의 광대함 속에서 우리의 생각은 길을 잃어버리게 된다. 또 그 주제가 너무 깊은 것이기 때문에 우리의 자랑거리가 하나님의 무한함 속에 파묻혀 버린다. 우리가 이 주제를 연구할 때 우리의 다림줄로는 밑바닥에 도달할 수 없고 아무리 눈을 치켜뜬다 해도 정상을 볼 수 없다는 것을 발견하게 된다. 그래서 '나는 다만 과거의 나일뿐 나는 아무것도 모른다'고 엄숙하게 외치게 되는 것이다. 어떤 주제를 명상하더라도 하나님을 생각하는 것만큼 마음을 더 겸허하게 할 만한 것은 아무것도 없다."

우리는 하나님처럼 광대하고 바다처럼 넓은 마음을 가질 필요가 있습니다. 하나님을 자비로우시고 사랑이 풍성한 분으로 알고 있습니까? 그런 하나님을 알고 있다면 타인을 사랑하는 것이 어렵지 않을 것입니다.

'하나님이 자기를 어떻게 나타내셨는가'를 아는 것은 상당히 중요합니다. 구약시대의 하나님은 전 우주를 창조하셨으며 인류의 역사를 주장하시고 선과 악을 지배하는 전능하신 하나님으로 나타나셨습니다. 그러나 신약시대에는 예수 그리스도를 통하여 죄인을 사랑하시며 인류를 구원하는 데 능하신 하나님으로 나타나셨습니다. 즉 모든 사람을 죄악의 속박과 죽음의 공포에서 건지시는 전능한 하나님으로 나타나십니다. 그러므로 우리가 성경을 읽을 때 전능하신 하나님의 모습을 얼마든지 볼 수 있습니다.

> 사람으로는 할 수 없으나 하나님으로서는 다 하실 수 있느니라
> _마 19:26

> 사람으로는 할 수 없으되 하나님으로는 그렇지 아니하니 하나님으로서는 다 하실 수 있느니라_막 10:27

> 아빠 아버지여 아버지께는 모든 것이 가능하오니_막 14:36

이 말씀의 능력을 믿는 사람은 능히 하지 못할 것이 없습니다. 하나님에 대한 지식을 바로 정립하십시오. 하나님을 단적으로 표현한다면 '불가능을 가능하게 만드시는 분'이라고 할 수 있습니다.

모든 것이 가능하다고 믿는 믿음

모든 것을 가능하게 하시는 하나님을 신뢰하는 믿음이 중요합니다.

'의인은 믿음으로 산다'고 했습니다. 이것은 '영적으로 산다는 것'만 말씀하는 것이 아닙니다. 세상을 살아갈 때에도 믿음으로 사는 것이 신자의 본분입니다. 믿음이 없이는 하나님을 기쁘시게 못합니다(히 11:6 참조). 불가능이 없는 전능하신 하나님을 믿을 때에 비로소 우리는 모든 것이 가능한 기적의 삶을 체험할 수 있습니다. 우리가 정말 전능하신 하나님을 믿는다면 그 믿음은 곧 모든 것을 가능하게 하는 생각과 행동으로 나타날 것입니다.

> 대저 그 마음의 생각이 어떠하면 그 위인도 그러한즉_잠 23:7

이 말씀은 사람의 생각은 곧 그 사람 자체라는 의미를 내포하고 있습니다. 어떤 생각을 하느냐에 따라 그 사람이 결정됩니다. 좋은 생각을 합니까? 그 사람은 좋은 사람입니다. 나쁜 생각을 합니까? 그 사람은 나쁜 사람입니다. 항상 소극적인 생각을 합니까? 그 사람은 소극적인 사람입니다. 항상 적극적인 생각을 합니까? 그 사람은 적극적인 사람입니다.

로마의 시인 버질(Vergilius, B.C. 70-B.C. 19)은 "할 수 있다고 생각하기 때문에 할 수 있는 것이다"라고 말했습니다. 이처럼 '생각하는 것'은 참 중요합니다. 어떻게 하면 좌절과 불안으로 가득 찬 이 세상에서 모든 것이 가능하다는 믿음의 생각을 하며 살 수 있을까요? 방법이 없는 것이 아닙니다. 어느 모범적인 성도의 이야기를 들어 보십시오.

그는 30년 동안이나 믿음으로 모든 것이 가능하다고 하는 긍정적인 삶을 산 후에 이렇게 간증하고 고백했습니다.

"제가 갖가지 인생의 어려움 가운데서도 모든 것이 가능하다는 생각을 한 번도 떨쳐 버리지 않고 살 수 있었던 비결은 바로 이것입니다.

아침에 일어나면 저는 성경을 펴 놓고 말씀을 통해서 하나님이 누구 신가를 깊이 배웠습니다. 그리고 배운 말씀을 통해 하나님을 깊이 생각해 보았습니다. '아, 하나님은 과연 이런 분이구나. 그렇다면 나도 이렇게 생각해야겠구나' 하고는 성경 말씀 중 저에게 힘이 되는 한 구절을 선택하여 다섯 번, 열 번, 계속적으로 반복하면서 그것이 제 것이 되도록 외웠습니다. 그리고 기도하고 일어나면 성령께서 그 생각대로 하루 종일 생각하게 하십니다. 하나님에 관하여 그분은 전능하신 하나님이고, 불가능을 가능하게 만드시는 하나님이라고 하루 종일 생각하도록 만듭니다. 그러므로 웬만한 일이 제 앞에 나타나도 한 번도 안 된다는 생각을 해 본 적이 없습니다."

당신의 생각은 어떻습니까? '아이구, 불경기이니, 틀렸어. 안돼, 안돼.' 이것은 망할 징조입니다. '이것이 벌써 두 번째 실패인데, 이제는 다시 시작해 볼 필요조차 없어….' 이것은 죽은 사람의 생각입니다.

아침에 일찍 일어나서 하나님과 만나십시오. 말씀을 통해 하나님이 어떤 분인가를 잘 살펴보고 깊이 생각해 보십시오. 거기에는 불가능이라는 생각이 비집고 들어갈 틈바구니가 없습니다. 불가능하다는 생각을 뜯어 고치세요. 조금이라도 부정적인 생각이 있으면 바꾸세요. 신자에게는 도무지 어울리지 않는 생각입니다.

예수님께서는 누구든지 그 마음에 가득한 것을 말로 표현한다고 하셨습니다. 말이 부정적이면 생각도 부정적인 사람입니다. 말이 긍정적이면 생각도 긍정적인 사람입니다. "죽겠다. 싹이 노랗다. 나 같은 것이 뭘…. 이제는 틀렸어." 이런 말을 버릇처럼 하는 사람은 생각이 근본적으로 잘못되어 있는 사람입니다.

본문 22절을 보면 귀신 들린 아이의 아버지가 너무 다급해서 "무엇을 하실 수 있거든 우리를 불쌍히 여기사 도와주옵소서"라고 말했습니다. 그러자 예수님께서 "할 수 있거든이 무슨 말이냐 믿는 자에게는 능히 하지 못할 일이 없느니라"(23절)고 말씀하셨습니다. "할 수 있거든"은 "만일 하실 수 있거든"과 그 의미가 동일합니다. 다시 말하면 '만일'이라는 말을 왜 쓰느냐는 것입니다. 믿음의 세계에서는 '만일'이라는 말조차 용납이 안 된다는 것입니다. 믿는 자에게는 생각과 말이 그만큼 완벽하고 철두철미하게 연관되어 있습니다.

'만일'이라는 말이 무엇을 뜻한다고 생각하십니까? 빈센트 필 (Norman Vincent Peale, 1898-1993) 박사의 책에서 다음과 같은 내용을 본 적이 있습니다.

그는 '인생(life)-생명, 생활'이라는 단어 안에 만일(if)이 들어 있다고 했습니다. 인생(life)에서 양쪽 알파벳을 떼어 버리면 만일(if)만 남는다는 말입니다. '만일'이 가득한 것이 인생입니다.

불확실한 것, 이루어지지 않은 것에 대한 기대감, 또한 어떤 후회로 가득한 것이 인생입니다. 그러므로 '만일'이라는 생각이 가득한 사람은 한 번도 적극적인 사고를 해 본 적이 없는 사람일 것입니다. 이것은 실패의 인생입니다. 그러나 예수님은 '만일'이라는 말을 용납하지 않으셨습니다. 하나님의 세계에는 불확실한 것이 없습니다. '만일'이라는 것이 없습니다. 머리로만 이해하지 말고 실제로 계획을 구상하십시오. 기적을 체험할 수 있는 구체적인 계획을 전개하십시오.

> 내가 진실로 진실로 너희에게 이르노니 나를 믿는 자는 내가 하는 일을 그도 할 것이요 또한 그보다 큰일도 하리니 이는 내가 아버지께로 감이라_요 14:12

주님께서 약속하신 말씀입니다. 그러므로 이 말씀을 믿고 계획을 짤 때도 정말로 기적이 아니면 안 될 만한 큼직한 계획을 세워 보십시오. 아무리 큰 비전을 가진다고 해도 하나님이 보실 때 허황하고 정욕적인 비전을 갖지 못하게 하십니다. 우리 안에 계시는 성령이 허락하지 않기 때문입니다. 그러니 안심하십시오. 정말 주님을 사랑하는 동기가 있다면 큰 계획을 세우십시오.

우리가 주님을 사랑하면 하나님이 큰 계획을 가지고 우리 안에서 일하십니다. 그러므로 우리의 소원은 곧 하나님의 소원일 수 있습니다. 바울은 이렇게 말했습니다.

> 너희 안에서 행하시는 이는 하나님이시니 자기의 기쁘신 뜻을 위하여 너희에게 소원을 두고 행하게 하시나니_ 빌 2:13

존 윌턴이라는 사람의 이야기를 들어 보신 적이 있습니까? 그는 스물일곱 살 때까지 되는 대로 인생을 산 사람이었습니다. 물결치는 대로, 바람 부는 대로 인생을 살았습니다. 한 가지에 오랫동안 애정을 쏟지 못하고 여기저기 기웃거리며 방랑 생활을 하다시피 살았습니다. 그러다가 후에 자신을 돌이켜 보고 크게 반성을 했다고 합니다. 깨달은 바가 있어서 술과 담배를 끊고 일주일에 1실링씩을 받는 점원 생활을 시작했습니다. 그런데 하루는 그가 교회에 나가서 설교를 듣는데 "겨자씨만 한 믿음이 있으면 산을 옮기라고 하여도 옮길 것이요" 하는 말씀을 듣고 큰 깨달음을 얻게 되었습니다. '그렇다. 아주 작은 겨자씨만 한 믿음만 있다면 불가능이 없는 삶을 살 수 있다고 하지 않는가? 그렇다면 나에게도 얼마든지 성공할 수 있는 기회는 주어져 있다.' 이와 같은 믿음을 가지고 다음 날부터는 겨자씨를 날마다 주머니에 넣어 가지고 다녔습니다. 평생 동안 겨자씨를 넣어 다녔다고 합니다.

그는 후에 유명한 실업가로 크게 성공을 했습니다. 그리고 71세의 나이로 은퇴할 때 엘리자베스 2세로부터 작위를 받기도 했습니다. 사람들이 그에게 "당신은 왜 항상 겨자씨를 주머니에 넣어 가지고 다닙니까?" 하고 물었습니다. 월턴은 "내가 좌절할 때마다 이 겨자씨를 꺼내 보며, 하나님이 겨자씨만 한 믿음이 있다면 못하는 것이 없다고 말씀하셨는데 '과연 나에게 겨자씨만 한 믿음이 있는가?' 이렇게 나를 돌이켜 보고 다시 용기를 얻었습니다"라고 대답했습니다.

세상에서 무언가 한 가지를 해낸 사람은 어딘가 좀 괴팍한 면이 있습니다. 큰 믿음은 모든 사람의 것이 아닙니다. 그래서 보통 사람이 모르는 큰 믿음을 가지고 행동하는 사람은 이상하게 보일 수 있습니다. 우리에게는 왜 이와 같은 믿음이 없습니까? 우리 자신을 바로 정립합시다.

기적을 가져오는 기도

평범하고 시시한 기도보다는 큼직한 기도를 가지고 씨름할 필요가 있습니다. 기도가 큰 것일수록 우리는 적극적으로 매달려 기도하게 됩니다.

> 너희가 내 이름으로 무엇을 구하든지 내가 행하리니_요 14:13

어떤 저명한 목사님이 이러한 말을 한 적이 있습니다. "간구는 믿음을 가지고 한 번만 하고, 기도는 계속하라." 성경적으로 완전히 맞는 말은 아니지만 일리가 있다고 생각합니다. 이 말의 의미를 살펴봅시다. "하나님, 이것을 주십시오. 반드시 주셔야만 내가 인생을 살아

나갈 때 하나님께 영광을 돌릴 수 있습니다. 그러니까 꼭 주세요"라고 하는 '간구'는 한 번만 하라는 것입니다. 다음에 "하나님, 제 기도를 들어주심을 감사합니다. 오늘도 제 기도를 들어주실 것을 믿고 최선을 다할 것입니다. 할렐루야!" 하는 기도는 날마다 하라는 것입니다. 참 멋있는 이야기입니다.

다음에 나오는 빌 브라이트(William R. Bill Bright, 1921-2003) 박사의 간증을 들으면 더욱 공감이 갈 것입니다.

빌 브라이트 박사가 대학생선교회(C.C.C.)를 시작하기 전에 경험한 것입니다. 그는 자기 회사 상무 한 사람을 구원해 달라고 기도했다고 합니다. 그런데 그 사람이 며칠 안에 구원받았다고 합니다. 그것이 재미나서 자기 아버지를 구원해 달라고 기도했는데 아버지가 얼마 지나지 않아 예수님을 믿게 되었답니다. 또 재미나서 그다음에는 여러 사람들을 모아서 구원해 달라고 기도했더니 그들이 전부 예수님을 믿게 되었다고 합니다. 나중에는 수백만 명을 놓고 기도했는데 그 응답으로 지금은 대학생선교회를 통하여 수백만 명이 주님께 돌아오고 있습니다. 이제는 그것도 크게 보이지 않아 수억 명의 구원을 놓고 기도하고 있다고 합니다.

돈에 대해서도 그분은 마찬가지입니다. 처음 일을 시작할 때 487달러를 놓고 기도하고 있었습니다. 어느 날 본인의 사무실에서 전도를 한 사람이 예수님을 믿게 되었습니다. 그런데 그 사람이 자신의 고향인 스위스에서 5백 달러짜리 수표를 부쳤다고 합니다. 빌 브라이트 박사는 너무나 재미있어서 하나님께 만 달러를 놓고 기도했다고 합니다. 그러자 하루는 어떤 사람이 찾아와서 "하나님이 오늘 하루 종일 이상하게 목사님 생각을 하게 하셔서 '웬일일까?'싶어 사무실에 왔어요. 무슨 일이 있습니까?"라고 물었습니다. 빌 브라이트 박사의 설명을 들은 그는 "나는 사업을 합니다만 만 달러는 좀 벅찬 돈입니다. 한 시간만 여유를 주시면 기도해 보고 결정하겠습니다"라고 하더니 한 시간 후에 돌아와 "내가 사정이 좀 어려워 만 달러를 그냥 드릴 수는 없고요, 이자 없이 빌려 드리겠습니다. 그러나 그동안 하나님으로부터 사업에 복을 받으면 이 돈을 그대로 헌금하겠습니다"라며 돈을 놓고 갔습니다. 후에 하나님이 그의 사업에 복을 주셔서 그 돈은 그대로 헌금으로 돌아왔습니다.

빌 브라이트 박사는 너무 재미있어서 110만 달러를 놓고 기도했다고 합니다. 큰 전도 계획을 세워 놓고 기도하는데 모든 스태프들이 암담해 했으나 그는 확신을 가지고 기도했습니다. 그러자 버드 밀러라는 사람이 갑자기 사무실을 방문해서 "이 일에 내가 도움을 주고 싶은데 나에게 간청할 것이 없습니까?"라고 물어 왔습니다. 빌 브라이트 박사는 사정 이야기를 했습니다. 가만히 듣고 있던 그는 "하나님은 참 이상하신 분입니다. 최근에 내가 사업체를 정리했는데 그 정도는 도와드릴 수 있습니다"라고 말했습니다.

빌 브라이트 박사는 자신의 경험에 비추어 이렇게 말하고 있습니다. "믿음을 가지고 구하면 하나님으로부터 얻고, 한 번 얻으면 재미나서 좀 더 큰 것을 얻고, 그다음에는 또 재미나서 기도하여 더 큰 것을 얻는다. 그래서 그런 경험을 자꾸 쌓게 되면 신앙생활만큼 재미있고, 기쁘고, 감사가 넘치는 것이 없다."

믿음으로 기도하십니까? 우리는 이스라엘 백성처럼 앞에는 홍해가 가로막고 뒤에는 적군이 쫓아오는 절망적인 상황을 체험한 일은 거의 없습니다. 우리는 백 살 된 아브라함이 자식이 없을 때 느꼈던 허탈감을 체험해 본 적이 없습니다. 십 년 동안 노예 생활을 하던 요셉이 풀릴 줄 알았으나 오히려 감옥에 갇히는 좌절을 우리는 경험해 본

적이 없습니다. 그러나 아브라함과 모세와 요셉은 모든 것이 불가능하게만 보이는 상황 속에서도 더욱 하나님을 바라보고 믿었기 때문에 자신의 역사를 통해서 세계의 판도를 바꾸어 놓을 수 있었습니다.

당신은 실패했습니까? 혹은 실직을 당했습니까? 아니면 하고자 하는 모든 일들이 잘 안되어 어려움에 빠져 있습니까? 여기에는 당신을 하나님이 원하시는 이상적인 인간, 즉 불가능을 모르는 신앙의 사람으로 바꾸고자 하는 뜻이 숨어 있다고 해석할 수 있습니다. 그리고 하나님이 당신에게 더 좋은 것을 주시기 위해 준비하는 과정으로 받아들이는 것이 좋습니다. 실패를 자인하지 마십시오. 당신이 전능하신 하나님을 힘의 원천으로 믿는 신자라면 실패라는 것이 있을 수 없습니다. 뿐만 아니라 당신이 겪는 고통의 이유를 다른 곳으로 돌리지 마십시오. 불경기나 돈을 떼먹은 사람의 탓으로 돌리지 마십시오. 하나님은 잠자는 분이 아닙니다. 하나님의 뜻이 있어서 자신에게 이러한 일이 닥쳤다고 생각하십시오. 하나님은 불경기 앞에서 속수무책인 분이 아닙니다. 손이 짧아 돈을 떼먹은 사람을 잡지 못하는 분이 아닙니다. 하나님께서 우리를 사랑하고 도우시는 이상, 그까짓 것은 스쳐 지나가는 안개일 수 있습니다.

덧붙여 말씀드리고 싶은 것은 꿈을 버리지 말라는 것입니다. 비록 시도했다가 실패했다고 할지라도 방법은 바꿀 수 있을지 모르지만 꿈을 버리지는 말아야 합니다. 계속 전진하십시오. 그럴 때 하나님께서 당신의 믿음을 보시고 복 주실 것입니다.

매일매일 가정에서 하나님의 말씀을 통해 하나님이 어떤 분인가를 깊이 배우십시오. 믿음을 가지고 그분을 생각하고 그분을 믿는 마음에서 나오는 말을 하십시오. 성령께서 마음에 주시는 말을 가지고 하루 종일 최선을 다하고 무릎을 꿇을 때마다 기도하십시오. 이런 신앙인의 자세 앞에 어떻게 불가능이라는 것이 있을 수 있습니까?

　온 천지 만물을 창조하신 하나님을 마음에 모시고 사는 사람에게는 '불가능'이란 없습니다. 우리의 미래에 어떤 일이 닥칠지 아무도 모릅니다. 그러나 하나님을 믿는 성도들에게는 분명한 확신이 있습니다. 믿는 자에게는 능치 못하심이 없다는 진리입니다.

10

말씀,
행복한 인생을
만드는 지혜

하나님의 말씀은 우리 발의 등입니다. 우리 인생길의 등불입니다.
등불이 된다는 의미는 우리에게 지혜를 주신다는 말입니다.
하나님의 말씀은 우리에게 필요한 모든 지혜를 주십니다.

시편 119:97-105

97 내가 주의 법을 어찌 그리 사랑하는지요 내가 그것을 종일 작은 소리로 읊조리나이다 98 주의 계명들이 항상 나와 함께하므로 그것들이 나를 원수보다 지혜롭게 하나이다 99 내가 주의 증거들을 늘 읊조리므로 나의 명철함이 나의 모든 스승보다 나으며 100 주의 법도들을 지키므로 나의 명철함이 노인보다 나으니이다 101 내가 주의 말씀을 지키려고 발을 금하여 모든 악한 길로 가지 아니하였사오며 102 주께서 나를 가르치셨으므로 내가 주의 규례들에서 떠나지 아니하였나이다 103 주의 말씀의 맛이 내게 어찌 그리 단지요 내 입에 꿀보다 더 다니이다 104 주의 법도들로 말미암아 내가 명철하게 되었으므로 모든 거짓 행위를 미워하나이다 105 주의 말씀은 내 발에 등이요 내 길에 빛이니이다

말씀,
행복한 인생을
만드는 지혜

우리는 흔히 세상살이를 어두운 밤길을 걷는 것에 비유할 때가 많습니다. 성경에서도 세상에 살고 있는 인간을 가리켜 '어두움과 죽음의 그늘에 앉아 있는 존재'라고 표현합니다. 이렇듯 우리가 살고 있는 이 세상은 어두움에 싸여 있는 것이 분명합니다. 하나님께서 왜 세상을 어둡다고 말씀하실까요? 성경은 크게 두 가지로 그 이유를 가르쳐 줍니다.

그 첫 번째 이유는 이 세상이 죄로 인하여 하나님의 심판을 받고 있기 때문입니다. 주님을 만나기 이전의 사람이라면 영원한 멸망과 심판, 그리고 무서운 지옥을 향해서 걸어가는 인생을 살 수밖에 없습니다. 그 길은 사형장을 향해 걸어가는 길처럼 어둡고 비참한 길입니다. 그렇기 때문에 하나님이 사람의 운명을 꿰뚫어 보시고 어두운 길, 어두움과 죽음의 그늘에서 행진하는 죽음의 길이라고 말씀하신 것입니다. 사회적으로 아무리 훌륭한 지위에 있는 사람도 하나님의 관점에서는 비참한 죽음의 행진을 하고 있는 사람입니다. 그러므로 하나님의 심판을 피할 준비를 하지 못하고 사는 사람은 어두운 삶을 헤매는 불행한 사람입니다.

> 한 번 죽는 것은 사람에게 정해진 것이요 그 후에는 심판이 있으리
> 니_히 9:27

세상살이가 어두운 두 번째 이유는 인생살이가 완전히 불투명한 것이기 때문입니다. 시간과 공간의 제약을 받는 우리들은 현재 눈앞에 벌어지는 일도 잘 모릅니다. 그 의미도, 까닭도 모른 채 캄캄한 밤을 더듬는 것과 같습니다. 자신의 미래에 일어날 한 시간 후의 사건에 대해서도 잘 모릅니다. 우리가 걷는 걸음걸음은 알고 걸어가는 것이 아니라 그저 한발 한발 어쩔 수 없이 내딛는 것입니다. 무슨 일이 일어날지 전혀 예측하지 못한 채 걸어가는 것입니다. 이런 의미에서 성경은 우리 인생을 어두움의 길이라고 말하고 있습니다. 이 어두운 길을 걸어가는 사람들에게 꼭 필요한 것이 있다면 그것은 어두움을 밝히는 등불입니다. 어두움을 물리치는 빛이 필요합니다.

세속적인 등불

어두움 속에서 살고 있는 세상 사람들이라고 해서 전혀 등불이 없는 것은 아닙니다. 자기 나름대로의 등불은 다 가지고 있습니다. 우리 주변에는 전문적인 지식으로 잘 만들어진 지식의 등을 들고 다니는 사람이 있습니다. 노련한 경험을 자기의 등불로 들고 다니는 사람도 있습니다. 어떤 사람은 초자연적인 직감을 가지고 모든 것을 분별하는 직감의 등불을 가지고 있습니다. 또 어떤 사람은 매스컴을 통해서 그때그때 주어지는 가장 현실적인 감각의 정보라는 등불을 들고 다니는

경우도 있습니다. 이처럼 모든 사람이 제 나름대로의 등불을 들고 다닙니다. 그것은 잘못된 것도 아니고 나쁜 것도 아닙니다. 그러나 하나님의 입장에서 보면 그것은 진정한 등불이 아닙니다. 그러한 등불들은 급할 때 잠시 잠깐 피어올랐다가 꺼지는 성냥불과 같습니다. 그래서 우리의 짙은 인생의 밤을 도저히 밝힐 수 없습니다. 그 까닭은 세상 사람들이 들고 다니는 등불의 심지가 모두 '나'에게서부터 비롯하기 때문입니다. 자기 스스로를 지혜롭게 생각하는 교만의 심지가 담겨 있습니다. 그러므로 허물 많고 허세가 심한 교만의 기름으로 타오르는 불은 겉으로는 등불처럼 보일지 모르나 실은 그 불 자체도 빛을 내지 못하는 일종의 어두움이라고 해야 할 것입니다.

하나님이 보실 때는 대수롭지 않은 것을 우리는 스스로를 지혜롭게 여기며 대단한 것처럼 그 등불을 가지고 다닙니다. 그리고 그 등불에 비추어 주관적인 인생을 이야기합니다. 자기 나름대로는 남보다 더 멀리 미래를 내다보고 있다는 자부심을 가지고 살아가고 있습니다. 우리가 세상을 살아갈 때 등불이 전혀 필요 없다고 할 수는 없습니다. 작은 등불이라도 꼭 필요합니다. 그러나 여기서 말씀드리고자 하는 사실은 이보다 더 중요한 등불이 있다는 것입니다. 그 등불은 성경에서 말해 주고 있는 등불입니다. 우리는 이 등불을 들어야 합니다. 그것은 바로 하나님께서 우리에게 추천하시는 '말씀의 등불'입니다.

○ ○ ○ ○ ○
말씀의 등불

주의 말씀은 내 발에 등이요 내 길에 빛이니이다_시 119:105

본문 말씀의 이 시는 다윗이 썼을 것이라고 후대 사람들이 추측하고 있습니다. 다윗은 모험과 흥분이 점철된 파란만장한 인생을 살다 간 위대한 믿음의 선배입니다. 우리보다 삼천 년 전에 살았던 인물이지만 그의 풍부한 인생 경험을 통해서 하나님의 말씀만이 인생을 밝히는 등불이었다는 것을 자신 있게 간증해 주고 있습니다. 그는 하나님의 말씀 이외에는 인생의 밤을 밝힐 만한 또 다른 등불은 없다고 합니다. 우리가 어두운 밤을 넘어지지 않고 바로 걸어가려면 반드시 하나님의 말씀의 등불을 들어야 한다고 다윗은 힘 있게 말하고 있습니다.

"주의 말씀은 내 발에 등이요 내 길에 빛이니이다"(105절)라는 이 말씀을 읽으면 항상 생각나는 것이 있습니다. 미국 국회 의사당 별실에 귀중하게 보존되어 있는 성경이 떠오릅니다. 그곳에는 촛불 곁에 성조기와 함께 돌로 조각한 성경이 펼쳐져 있습니다. 그 성경 위에 기록되어 있는 성구가 바로 이 말씀입니다. 이런 점으로 미루어 미국이라는 나라를 세울 때 근본 바탕이 된 건국 사상과 제도가 모두 이 말씀에 기인했다는 사실을 짐작할 수 있습니다. 참으로 가슴 뭉클하고 부럽기까지 한 교훈적인 사실입니다.

미국의 조상들이 미대륙을 처음 찾아와서 발을 내딛었을 때 그들에게 그 대륙은 캄캄한 암흑이었습니다. 설상가상으로 배를 타고 온 사람의 반 이상이 굶어 죽고 병들어 죽었습니다. 흉년은 겹치고 비참한 수난을 당했습니다. 그들은 너무나 기가 막힌 고난 속에서 어두움을 헤치기 위해 하나님의 말씀을 등불로 들었습니다. 그 위대한 조상들은 말씀의 등불을 들고 후손이 잘살 수 있는 나라를 꿈꾸며 가장 모범적인 나라, 가장 부유한 나라를 만들기 위한 모든 기초를 닦았습니다. 그들이 생명처럼 아끼는 자유와 평등과 근면의 정신이 이 말씀의 등불로부터 나왔습니다. 민주주의의 이상적인 형태, 자유 경쟁의 정신,

교육 사상 등이 이 말씀의 등불로 말미암아 생성된 것입니다. 이 등불이 오늘의 부강한 미국을 만들게 된 진리의 빛이 되었던 것입니다.

당신의 등불은?

이 시간, 당신의 마음 깊은 곳에서부터 우러나오는 양심의 소리에 귀를 기울여 보시기 바랍니다. 당신의 등불은 어떤 등불입니까? 지금까지 들고 다녔던 등불이 하나님 말씀의 등불이 아니었습니까? 그렇다면 말씀의 등불로 바꾸십시오. 우리 앞에는 몹시 어둡고 험한 길이 놓여 있습니다. 좀 더 멀리 밝힐 수 있는 새 등불이 필요합니다. 생의 의미를 바로 파악하고 역사를 바로 해석하며 우리가 발을 들여놓아야 할 자리를 바로 밝혀 주는 새로운 등불이 필요합니다. 우리 주변에서는 등불을 잘못 들고 다니다가 돌이킬 수 없는 길로 빠지는 아까운 사람들을 종종 보게 됩니다. 이것은 정말 불행한 일입니다.

우리가 반드시 알아야 할 것은 하나님의 말씀만이 우리의 길을 바르게 제시하고 앞길을 환히 밝혀 주는 진정한 등불이라는 사실입니다. 그러면 왜 하나님의 말씀을 '등불'이라고 말하는지 그 구체적인 내용을 살펴보겠습니다. 이 등불의 비유를 더 잘 이해하기 위해서는 '내 길을 비춰 준다'는 의미에 주목해야 합니다.

지혜의 등불

무엇으로 하나님의 말씀이 빛이 됩니까? 어떻게 하면 하나님의 말씀이 등불이 됩니까? 다윗의 경우를 보면 잘 알 수 있습니다. "주의 계명들이 항상 나와 함께하므로 그것들이 나를 원수보다 지혜롭게 하나이다"(98절).

다윗은 그 지혜가 얼마나 놀라운지 원수보다도, 노인보다도, 스승보다도 더 지혜롭게 만든다고 했습니다(98-100절). 하나님의 말씀이 우리에게 등불이 된다는 의미는 인생을 살아가는 데 있어서 우리에게 꼭 필요한 지혜를 주신다는 뜻과 같습니다. 그래서 하나님의 말씀을 다른 말로 바꾸면 '지혜의 등불'이라고 할 수 있습니다.

다윗이 성경을 통해서 얼마나 기가 막힌 지혜를 얻었는지 그는 전쟁에서 한 번도 패한 역사가 없습니다. 그는 손에서 피가 떠나지 않을 정도로 수많은 전쟁을 겪었지만 한 번도 패한 일이 없을 정도로 지혜로웠습니다.

다윗은 자기보다 훨씬 연장자인 사울 왕보다도 더 지혜로웠습니다. 그는 자기보다 인생의 경험이 더 많은 선배들보다도 훨씬 더 지혜로웠습니다. 어디서 그 지혜가 나왔습니까? 다윗은 하나님의 말씀에서 나왔다고 고백하고 있습니다.

지혜가 얼마나 중요한지 하나님은 우리에게 무엇보다도 지혜를 가지라고 자주 권면하십니다.

> 지혜를 얻은 자와 명철을 얻은 자는 복이 있나니 이는 지혜를 얻는 것이 은을 얻는 것보다 낫고 그 이익이 정금보다 나음이니라 지혜는 진주보다 귀하니 네가 사모하는 모든 것으로도 이에 비교할 수 없도다 그의 오른손에는 장수가 있고 그의 왼손에는 부귀가 있나니 그 길은 즐거운 길이요 그의 지름길은 다 평강이니라_잠 3:13-17

이것이 하나님께서 말씀하시는 지혜의 가치입니다. 그런데 우리는 얼마나 인생을 거꾸로 생각하며 살아가고 있는지 모릅니다. "지혜를 가져라", "지혜로운 사람이 되라"고 하면 '그 까짓 것이 무슨 문제냐? 돈이나 벌자. 수단과 방법을 가리지 말고 어떻게 해서든지 남보다 좀 앞서 보자!' 이런 조잡한 생각으로 가득 차 있습니다. 그리고 인생을 사는 데 있어서 가장 중요한 것이 지혜라는 하나님의 말씀에는 귀를 기울이지 않습니다.

지금까지 살아온 우리의 인생을 돌아보며 솔직하게 반성해야 합니다. 우리는 왜 잠을 자다가 한숨을 쉽니까? 왜 자기도 모르게 자기 자신을 나무랍니까? '다시 태어난다면…' 하는 후회를 왜 합니까? 이것은 우리의 마음 어디엔가 무엇이 잘못되어 있다는 증거입니다. 이러한 후회를 하지 않고 사는 사람은 드물 것입니다. 그러나 성경에서 말하는 지혜를 가지고 바로 살았더라면 지금에 와서 후회하고 양심에 아픔을 느끼는 삶은 결코 살지 않았을 것입니다.

두 가지 지혜

하나님의 말씀이 우리에게 가르쳐 주는 지혜는 크게 두 가지로 볼 수 있습니다.

첫째는, 우리의 영혼이 구원받는 영생의 길을 가르쳐 줍니다. 이 지혜를 한마디로 요약하면 '예수 그리스도'입니다. 다른 말로는 '십자가의 도'라고 합니다.

> 십자가의 도가 멸망하는 자들에게는 미련한 것이요 구원을 받는 우리에게는 하나님의 능력이라_고전 1:18

세상적으로 볼 때 저는 대단한 사람이 아닙니다. 그러나 참 감사한 것은 성경을 통해서 예수님을 발견하고 예수님 때문에 영원히 사는 영생을 얻을 수 있는 지혜자가 되었다는 것입니다. 하나님께서 저에게 어린 시절부터 구원의 말씀에 눈을 열어 주셨습니다.

하나님의 말씀의 빛 아래서 구원의 진리를 발견하지 못했다면 어떻게 영생을 얻을 수 있습니까? 하나님의 말씀을 가지고 교훈을 받지 않았더라면 어떻게 천국 가는 길에 들어설 수 있었을까요? 우리 모두 마찬가지입니다. 하나님의 말씀을 가지고 영원한 것을 살펴보지 않았더라면 어떻게 우리에게 영생이 기다리고 있다는 사실을 알 수 있습니까? 우리의 구원자가 예수 그리스도시며 그가 우리를 위해 십자가에 못 박혀 죽으시고 삼일 만에 살아나셨다는 지혜를 어떻게 우리가 발견할 수 있습니까? 하나님이 구원의 길을 밝히는 말씀의 등불, 다시 말해서 구원의 지혜를 알려 주셨기 때문에 우리 모두가 영생의 길을 택하는 지혜를 얻게 된 것입니다. 이와 같이 성경은 하늘나라로 가는 지혜를 가르쳐 줍니다.

둘째로, 성경은 이 세상을 바르게 사는 지혜를 가르쳐 줍니다. 다윗은 시편 119편을 통해서 그가 세상을 살면서 하나님의 말씀으로부터 어떠한 지혜를 얻었는가를 자주 언급하고 있습니다.

우리는 이 119편 말씀에서 다윗이 어떤 지혜를 얻게 되었는지 말씀 가운데서 간간이 찾아볼 수 있습니다. 11절을 보면 하나님의 말씀은 죄를 짓지 않도록 방지하는 지혜가 되었다고 말합니다. 24절에는 난처한 일을 만났을 때 모략을 가르쳐 주는 충고자가 되었다고 합니다. 42절은 비방하는 자들에게 둘러싸였을 때 그들에게 대답할 수 있는 말을 주는 지혜가 되었다고 합니다. 49절에는 곤란 중에 빠졌을 때 소망을 가지고 다시 일어날 수 있는 지혜가 되었다고 합니다. 50절에는 고난을 당할 때 자기에게 위로를 주는 지혜가 되었다고 합니다. 59절에서는 그가 잘못된 길에 들어섰을 때 거기에서 돌아서도록 하는 지혜가 되었다고 했습니다. 92절에는 고난 중에서도 즐거워할 수 있는 지혜가 되었다고 했습니다.

말씀의 능력

다윗의 경우만이 아니라 우리 개인은 물론 가정의 행복을 위한 모든 지혜도 이 말씀 안에 있습니다. 당신에게 부부의 문제, 부모 자식 간의 문제, 고부간의 문제, 형제 간의 문제가 있습니까? 하나님의 말씀 앞으로 나오십시오. 말씀은 캄캄한 당신의 마음에 무엇이 잘못되어 있으며 무엇이 어떻게 되어야 한다는 것을 가르쳐 줍니다. 어떻게 치료받아야 되고 어떻게 해야 가정의 행복을 다시 찾을 수 있는가를 이야기해 줍니다. 모든 해답이 말씀 안에 있습니다.

하나님의 말씀은 어리석은 자를 지혜롭게 하는 하나의 빛입니다. 자녀를 바로 교육하는 지혜가 이 가운데 있습니다. 또 학문을 하는 사람은 올바른 학문의 자세를 말씀에서 터득할 수 있습니다. 사업을 잘할 수 있는 모든 지혜가 이 가운데 있습니다. 세상이 아무리 요지경 같아도 하나님의 말씀대로 살면 그가 복을 주신다고 하셨습니다. 다시 말해서 무궁무진한 복이 말씀 안에 들어 있습니다.

건강을 유지하는 비결도 하나님의 말씀 안에 있습니다. 위기를 모면하는 지혜도 이 말씀 가운데 있습니다. 현실을 극복할 수 있는 용기와 지혜도 이 말씀 속에 다 포함되어 있습니다.

예를 들어 건강 상태가 나빠서 병원에서 여러 가지 검사를 해 본 결과, 의사가 간이 나쁘다는 진단을 내렸다고 합시다. 간이 나쁘니까 약을 좀 쓰고 치료를 받아야 한다고 의사가 가르쳐 줍니다. 그러나 간이 왜 나빠졌는지 그 까닭을 알 수 있습니까? 성경을 들고 골방에 들어가서 하나님께 물어보아야 합니다. 간이 왜 나빠졌는지, 왜 불면증으로 시달리다가 몸이 쇠약해졌는지, 왜 신경쇠약에 걸리고 소화불량에 걸렸는지 하나님께 물어보아야 합니다. 그러면 하나님께서 우리 마음속에 있는 숨은 죄를 하나하나 말씀을 통해서 깨우쳐 주십니다. 비로소 해답을 주시는 것입니다.

사람들이 잠을 못 자고 소화불량에 걸리며 신경쇠약 때문에 몸이 마르는 여러 제반 문제를 폴 투르니에 박사는 임상실험과 상담을 통해 이렇게 결론을 내립니다. '사랑하지 못하는 죄, 남이 모르는 탈선, 남이 모르는 마음속의 욕심과 욕망, 이 모든 것들이 마음속에 꽉 들어차 있기 때문'이라고 말입니다. 마음에 범죄한 것이 있으면 누구나 다 가책을 받기 마련입니다. 말은 못하면서도 계속 가책을 받게 됩니다. 그래서 고민하다 보면 마음이 병들게 됩니다. 마음이 병들면 급기야 육체가 병들게 됩니다. 이것은 하나님의 말씀이 우리에게 가르쳐 주는 교훈입니다. 투르니에 박사만이 가르쳐 주는 것이 아닙니다.

투르니에 박사의 말 중에 중요한 것이 있습니다. 환자들이 그를 찾아와서 각자 자기의 마음속에 있는 과거의 죄나 고민을 후련하게 고백하면 투르니에 박사는 그들을 위해 기도하고 말씀으로 권면해서 돌려보낸다고 합니다. 그런데 이상하게도 다음날 아침에는 거짓말같이 오랫동안 시달리던 여러 가지 병적 증세가 사라지는 것을 여러 환자를 통해 발견할 수 있었다고 합니다. 우리의 육체를 지어 주신 자가 하나님입니다. 그러므로 우리의 육체를 잘 관리할 수 있는 지혜를 가르쳐 주시는 분도 하나님입니다.

스스로 지혜롭게 여기지 말지어다 여호와를 경외하며 악을 떠날지어

다 이것이 네 몸에 양약이 되어 네 골수를 윤택하게 하리라_잠 3:7-8

많은 사람이 죄의 문제 때문에 건강을 해치고 있습니다. 하나님의 말씀에서 금하시는 것을 공공연히 자행하다가 건강을 해치는 것입니다. 이것이 바로 많은 고통의 원인이 아닙니까? 하나님의 말씀대로 준행하면 건강을 유지하는 지혜와 비결을 가질 수 있습니다. 비단 건강 비결뿐 아니라 학문에서 대성할 수 있는 지혜도 성경 말씀의 등불을 들면 얻을 수 있습니다.

세계적인 흑인 농학자 조지 카버 박사(George Washington Carver, 1860년대-1943)는 수백 종의 농작물의 씨와 농작물에서 얻는 기름을 개발하는 데 탁월한 공로를 세운 사람입니다. 그래서 미 상원에서 그를 초청해서 그의 공로를 기리고 치하하기 위하여 조그마한 모임을 가졌다고 합니다. 그 자리에서 사회자가 카버 박사에게 이렇게 질문을 했습니다. "박사님, 당신은 어떻게 해서 그렇게 초인간적인 발명과 개발을 하는 대단한 업적을 세울 수 있었습니까?" 그 말을 들은 카버 박사는 손에 들고 있던 성경을 높이 들면서 "모든 조화는 여기에서 나옵니다"라고 답변했습니다. 이때 어떤 상원 의원이 약간 비웃는 듯한 말투로 "아니, 박사님, 낙화생기름 짜는 법도 그 책에서 배웠나요?"라고 물었습니다. 그러자 카버 박사는 "낙화생기름 짜는 법은 성경에 구체적으로 나와 있지 않습니다. 그러나 모든 것을 창조하시고 인간과 이 세계를 더 행복하게 만드시려는 하나님께서 이 책을 통하여 나에게 자기와 함께 일하자고 말씀해 주셨습니다"라고 대답했습니다.

이 이야기에는 참으로 깊은 진리가 담겨 있습니다. 카버 박사가 왜 학문을 하게 되었습니까? 하나님이 일하자고 하셨기 때문에 학문을 했다는 것입니다. 어디에서 하나님의 음성을 들었다고 합니까? 성경을 통해서 들었다고 카버 박사는 말합니다. 그러므로 그는 하나님과 동사(同事)하며 연구를 했기 때문에 하나님이 계속 연구하는 분야에 지혜를 주셨다는 말입니다.

하나님의 말씀의 능력을 아십니까? 좀 더 밝고 멀리 볼 수 있는 등불을 들려면 말씀을 귀하게 여겨야 합니다. 우리가 말씀이 귀한 줄 알면 이것을 손에서 떠나게 해서는 안 됩니다. 성경이 우리 인생의 길을 밝히는 등불입니다. 건강의 비결, 사업의 비결, 행복의 비결, 어려운 문제를 다루는 모든 지혜가 이 책에서 나오는데 왜 그렇게 성경을 등한시합니까?

말씀을 활용하는 지혜

어떻게 하면 하나님의 말씀을 등불로 활용할 수 있을까요? 그 방법이 아주 중요합니다. 본문 97절을 보십시오.

> 내가 주의 법을 어찌 그리 사랑하는지요 내가 그것을 종일 작은 소리로 읊조리나이다_시편 119:97

첫째로, 하나님의 말씀을 사랑해야 합니다. 하나님의 말씀을 사랑하면 성경을 읽을 때 까다롭다는 생각이 들지 않습니다. 사랑하는 대상을 항상 너그럽게 대하는 것처럼 성경을 사랑하면 이해하지 못하는 것이나 어려운 것, 경우에 따라 모순이라고 생각되는 것이 있더라도 별로 문제가 되지 않습니다. 기쁨으로 읽고 감사함으로 넘어가게 됩니다. 그런데 성경을 사랑하지 않으면 까다로워집니다. 그래서 성경을 펴기만 하면 이리저리 마음이 혼란해지고 나중에는 책을 던져 버리게 됩니다. 그것은 결국 성경을 사랑하지 않기 때문입니다. 성경을 사랑하십시오. 하나님의 말씀은 그것을 사랑하지 않는 자에게 문을 열지 않습니다. 사랑하지 않는 자에게 문을 여는 자는 어리석은 사람입니다. 성경은 가장 지혜로운 책이라서 그것을 사랑하는 자에게만 문을 엽니다. 순진무구한 어린아이처럼 성경을 사랑하시기 바랍니다.

모펫(Robert Moffat, 1795-1883) 박사는 아프리카에서 선교사로 일하던 훌륭한 분입니다. 그가 남겨 놓은 글 중에 짧은 예화 한 토막이 생각납니다.

모펫 박사가 선교사로 활동하던 당시의 일입니다. 하루는 어떤 소년이 뛰어와서 그의 옷자락을 잡고 울음을 터뜨렸습니다. 그러고는 "목사님, 동네 개가 내 성경을 찢어서 먹었어요. 어떻게 하면 좋아요?" 하며 안타깝게 웁니다. 그래서 모펫 선교사가 소년에게 "그럼 내가 새 성경을 줄 테니 울지마라. 응?" 하고 달랬습니다. 그런데도 계속 소년은 울음을 그치지 않았습니다. 그러다가 하는 말이 "목사님, 저는 원래 참 나쁜 아이였어요. 그러나 성경책을 읽고 착하게 되었어요. 이 성경은 나에게는 보물이예요"라고 했습니다.

선교사가 소년의 말을 듣고 반가워하다가 문득 대답할 말이 하나 떠올랐습니다. "얘야, 참 착하구나. 성경이 너를 좋은 사람으로 만든 것처럼 그 나쁜 개도 성경을 찢어서 먹었으니 틀림없이 좋은 개가 될 거야!" 선교사의 이 말에 소년은 울음을 뚝 그쳤다고 합니다.

소년이 무엇인가 크게 깨달은 것입니다. 사나운 개도 성경을 먹으면 좋은 개가 된다고 믿는 그 순수한 믿음을 당신은 가지고 있습니까? 우리도 성경을 사랑하는 마음이 순진한 이 소년과 같아야 합니다. 성경의 능력을 믿는 확신이 이 소년처럼 강해야 합니다. 그렇게 해야만 성경이 우리를 향해 팔을 활짝 벌리고 "내가 가진 모든 지혜를 네게 주마!"라고 말할 것입니다.

둘째로, 종일 묵상하라는 것입니다. 칼뱅은 "그리스도인들은 항상 성경을 들고 다니는 사람들이다. 설령 그 성경이 손에 없을 때에는 머리에 있든지 아니면 마음에 있다"라고 말했습니다. 우리는 항상 성경을 가지고 다닙니다. 그러나 루터는 더 멋있는 말을 했습니다. "여러분, 성경을 읽을 때 매절마다 그 나무 밑에 가서 잠깐씩 기다리세요. 그리고 그 나무를 한 번 힘차게 흔들어 보세요. 그러면 잘 익은 과실이 한두 개는 떨어질 것입니다."

하나님의 말씀을 읽다가 한두 장 읽고 무의미하게 닫아 버리지 말고 어떤 성구에 가서는 서서 기다리라는 말입니다. 그러고는 잡고 흔들어 보라는 것입니다. 그러면 잘 익은 과실이 떨어진다고 했습니다. 이 비유는 묵상하는 사람의 태도를 말합니다. 우리는 성경 말씀을 너무 성급하게 읽습니다. 잘 익은 지혜의 사과가 떨어지기까지 기다리지 못합니다. 그러니 얼마나 자주 하나님 앞에 나갔다가 빈손으로 돌아 나오는지 모릅니다. 모든 것을 가지신 하나님은 빈손으로 보내는 것을 싫어하시는데 말입니다. 그 잘못은 우리에게 있습니다.

셋째로, 우리는 말씀의 진리를 배워야 합니다. 하나님의 말씀이 우리에게 가르쳐 주는 것을 똑바로 깨닫고 배워야 합니다. 배우지 않으면 말씀을 잘 알 수 없습니다. 배우지 않는 사람은 얻는 것이 없습니다.

"주께서 나를 가르치셨으므로 내가 주의 규례들에서 떠나지 아니하였나이다"(102절).

넷째로, 순종해야 합니다.

"주의 법도들을 지키므로 나의 명철함이 노인보다 나으니이다 내가 주의 말씀을 지키려고 발을 금하여 모든 악한 길로 가지 아니하였사오며"(100-101절).

하나님의 말씀은 우리 발의 등입니다. 우리 인생길의 등불입니다. 등불이 된다는 의미는 우리에게 지혜를 주신다는 말로 해석할 수 있습니다. 하나님의 말씀은 우리에게 필요한 모든 지혜를 주십니다. 인생을 얻는 지혜도 주십니다. 세상을 행복하게, 바르게 사는 지혜도 주십니다. 고통을 예방하는 지혜도 주십니다. 고통을 극복하고 그것을 선으로 바꾸는 지혜도 주십니다. 이처럼 하나님의 말씀이 우리에게 지혜의 등불이 되도록 하려면 성경을 사랑하고 묵상하며, 배우고 깨달으며, 순종해야 합니다. 그러면 원수보다도 더 나은 지혜, 스승보다도 더 나은 지혜, 노인보다도 더 탁월한 지혜를 가지고 우리 인생을 보다 풍요롭게 살 수 있을 것입니다.

당신의 길이 어둡습니까? 등불을 잘못 선택하지 않았습니까? 당신이 들고 있는 등불이 희미하지 않습니까? 지금 당장 하나님이 주신 밝은 등불로 바꾸십시오. 그 등불을 높이 들고 영생을 얻는 지혜와 인생을 행복하게 사는 지혜를 얻으십시오. 그리하면 하나님이 함께하시는 지혜자의 모습을 세상 사람들에게 보여 줄 수 있을 것입니다.

II

감사,
하늘은혜로
사는비결

환경이 변하는 것이 아니라 자신이 변해야 되고 여건이 달라지는 것을 바라기보다는
범사에 감사할 수 있는 능력을 소유해야 합니다.

에베소서 5:20-21
20 범사에 우리 주 예수 그리스도의 이름으로 항상 아버지 하나님께 감사하며 21 그리스도를 경외함으로 피차 복종하라

감사,
하늘 은혜로
사는 비결

하나님께 감사하는 마음은 참으로 귀하고 아름답습니다. 감사하는 행동 또한 마찬가지입니다. 그래서 어떤 사람은 "감사는 영혼의 찬양"이라고 말한 적이 있습니다. 하나님이 받으시는 찬양 중 가장 귀하다는 뜻입니다. 이처럼 하나님은 '감사'를 중요하게 말씀하십니다.

감사의 표(標)를 붙이라

> 범사에 우리 주 예수 그리스도의 이름으로 항상 아버지 하나님께 감사하며_엡 5:20

이 본문 말씀은 우리가 생각하고 말하는 일체의 모든 일에 감사의 표를 하라는 뜻입니다. 마치 KS마크를 붙이듯이 감사의 표를 붙이라는 것입니다. 특별한 기간이나 좋다고 생각되는 무엇이 있을 때만 감사하지 말라고 합니다. 지구상에 시간이 존재하는 한, 잠시도 그 감사를 잊지 말라고 합니다. 이 말을 돌려서 생각하면 우리가 이 세상에 살 동안, 어떤 순간에도 불평과 불만의 여지를 남겨서는 안 된다는 뜻입니다. 이것이 범사에 감사하는 것입니다.

저는 이런 감사를 '초자연적인 감사'라고 생각합니다. 왜냐하면 우리 생각에는 도무지 실현 가능성이 없어 보이기 때문입니다. 그럼에도 불구하고 위대한 믿음의 선배들은 범사에 감사, 항상 감사를 실천하려고 무척 애를 썼습니다. 기독교 역사를 보면 청교도들은 이 점에서 쉽게 지울 수 없는 강한 인상을 남겨 놓았습니다.

오늘날 우리가 지키는 추수감사절은 감사할 만한 여건 속에서 생긴 것이 아닙니다. 벤자민 프랭클린(Benjamin Franklin, 1706-1790)의 기록을 보아도 추수감사절이 시작된 동기는 아주 어려운 상황에서부터 비롯된 것으로 전해지고 있습니다.

청교도들이 '메이 플라워호'를 타고 미국에 도착했으나 얼마 지나지 않아 그들 중 반 이상이 굶어 죽고 병들어 죽었습니다. 게다가 남아 있는 사람들마저 해마다 겹치는 흉년으로 엄청난 고통을 당했습니다. 도무지 밝은 전망이 보이지 않았습니다. 그래서 전국적으로 금식 기도를 선포하고 경건한 신앙인들이 하나님께 매달렸습니다. "하나님, 이 상황을 돌보아 주십시오. 우리를 도와주시옵소서." 이렇게 금식을 선포하고 기도한 것이 한두 번이 아니었습니다. 그런데 어느 때인가 또 한 번 대단히 어려운 형편에 놓이게 되자 그들은 다시 금식 기도를 해야 한다고 생각했습니다. 금식 기도를 놓고 의논하는 자리에서 어떤 농부 한 사람이 이렇게 제의했습니다.

"지금까지 우리는 금식하면서 하나님께서 도와주시기를 간절히 기도했습니다. 그러나 이제 달리 생각하기를 원합니다. 비록 농사가 흉년이 들고 형제·자매들이 병으로 쓰러지는 어려움을 겪지만 이 가운데서도 우리가 감사할 것이 있다고 생각합니다. 한 번 생각해 보십시오. 우리는 유럽에서 신앙의 자유를 잃고 얼마나 쫓겨 다녔습니까? 그러나 여기는 신앙의 자유가 있습니다. 식량이 풍족하지 않고 유럽보다 여건이 편안하지는 않지만 신앙의 자유가 있고 정치적 자유가 있습니다. 그리고 우리 앞에는 광대한 대지가 열려 있습니다. 이것들을 가지고 금식 대신에 감사 기간을 정하고 하나님께 감사를 드리는 것이 어떻습니까?"

농부의 그 말은 참석한 사람들에게 깊은 감화를 주었습니다. 그래서 금식 기도 주간을 선포하는 대신 감사 주간을 선포하고 하나님 앞에 감사한 것이 감사 주일의 기본 동기인 것입니다.

추수감사 주일이나 맥추감사 주일은 어디까지나 구약적인 개념입니다. 신약에는 추수감사절도 없고 맥추감사절도 없습니다. 신약에는 '범사에 감사'가 추수감사 주일이요, '항상 감사'가 맥추감사 주일입니다. 그러므로 범사에 항상 감사하는 것이 성령의 은혜를 받고 사는 오늘날 신약시대 성도들의 생활이고 태도이며 삶의 철학이 되어야 합니다.

'항상 감사'의 어려움

항상 감사하는 생활을 실천하기란 참으로 쉽지 않습니다. 범사에 감사하는 것은 구름 위의 어떤 세계에서나 가능한 것으로 느껴질 정도로 요원한 일처럼 생각되기도 합니다. 저도 범사에 감사하고자 하면 가책부터 먼저 받고 마음이 고통스럽습니다. 실천하기가 어렵기 때문입니다. 아마 우리 모두가 똑같이 그렇게 느낄 것입니다. 세계적인 설교가 스펄전도 '범사의 감사'는 힘들었다고 실토한 것을 그의 책에서 읽은 적이 있습니다. 스펄전이 강단에서는 항상 범사에 감사하라고 가르쳤지만 사실은 자신이 실천하지 못했다고 고백한 이야기를 소개합니다.

스펄전은 40세 이후부터 관절염의 일종인 통풍에 몹시 시달렸습니다. 지금같이 진통제나 마취제가 발달한 시대가 아니었기 때문에 증세가 나타나기 시작하면 그 통증을 고스란히 참고 견뎌야 했습니다. 한 번은 그가 통풍 때문에 거동을 못하고 고통을 겪고 있는데 믿음 좋은 그의 교회 신자 한 사람이 찾아왔습니다. 그리고 목사님께 이렇게 물었습니다.

"스펄전 목사님, 통풍으로 몹시 아픈 이 순간에도 하나님 앞에 감사할 수 있습니까?" 이에 스펄전은 "예, 감사하려고 무척 애를 씁니다. 이 병이 나은 후에 하나님 앞에 참으로 감사하고 싶습니다"라고 대답했습니다. 그 신자는 조용하지만 무게 있는 말로 스펄전 목사에게 이렇게 충고했습니다. "목사님, 지금 몸이 아플 때 하나님 앞에 감사할 수 있어야 합니다. 오히려 그 아픈 것을 가지고 하나님께 감사하십시오. 범사에 감사하라고 하지 않았습니까? 그러면 하나님이 분명히 그 병을 고쳐 주실 것입니다." 그 말에 스펄전은 참으로 강한 충격을 받았습니다. 그래서 범사에 감사하지 못하는 자신을 깊이 깨닫고 하나님 앞에 회개했다는 기록을 보았습니다.

우리는 "범사에 감사하라"는 말씀을 쉽게 받아들이지만 실상 어려운 상황에 부딪치면 범사에 감사하지 못합니다. 위협적인 가난에 시달리면서 그 가난에 감사하는 것이 쉽지 않습니다. 부부 가운데 한 사람이 병으로 오랫동안 고생하는 입장에서 병을 앓고 있는 남편이나 아내에 대해 하나님 앞에 감사할 수 있는 사람이 많지 않습니다. 먼저 세상을 떠나는 배우자의 주검 앞에서 그 죽음을 하나님께 감사할 수 있는 사람은 없습니다. 가장 중요한 3, 40대의 나이에 본의 아니게 좌절과 실패를 당할 경우, 하나님께 감사하고 싶은 사람이 몇 사람이나 되겠습니까? 큰 꿈을 가지고 키운 자녀가 불량배처럼 말을 안 듣고 부모를 거역할 때, 그 자녀로 인하여 하나님께 감사할 수 있습니까? 몸에 지병을 안고 밤낮없이 시달리며 고통에 빠지는 사람이 진정으로 하나님께 감사할 수 있겠습니까? 이러한 감사는 초자연적인 세계에 속하는 감사라고 할 수 있습니다. 그러므로 우리 힘으로 도무지 할 수 없는 것처럼 어렵게 보입니다.

우리는 불평과 불만이 한순간도 떠날 날이 없는 삶을 살고 있습니다. 얻으면 얻은 대로, 쌓으면 쌓은 대로, 성취하면 성취한 대로 또 다른 불만이 줄을 잇고 다가오는 것이 우리들의 처지 아닙니까? "하나님, 범사에 감사하라고요? 우리에게 어울리지 않는 명령을 왜 하십니까? 우리에게 실천 가능한 것을 명령하십시오"라고 하소연하고 싶을 정도로 어려운 말씀입니다. 그래서 많은 그리스도인들이 사실상 순종하려는 마음마저 아예 단념하고 있다고 해도 지나친 말이 아닐 것입니다. 그러면 이것으로 단념해 버려야 합니까? 지킬 수 없는 것이니까 하나의 이상론으로 덮어 놓고 넘어가야 합니까? 만약 그렇게 한다면 우리는 하나님의 말씀을 우리 입장에 맞춰 놓고 왜곡하는 경솔하고 교만한 사람이 될 것입니다.

초자연적인 감사의 가능성

초자연적인 감사의 모습을 보여 준 경건한 부자(父子)의 이야기를 소개합니다.

어떤 부자가 말을 타고 숲속의 길을 가고 있었습니다. 아버지는 아들을, 아들은 아버지를 찾으러 가는 길입니다. 몇십 마일을 간 다음에 드디어 어느 지점에서 부자가 만났습니다. 서로 반가워하며 좋아했습니다. 그때 아들이 아버지께 이런 말을 했습니다. "아버지, 우리 하나님의 은혜에 참 감사하지요. 하나님의 섭리가 놀라워요. 정말 감사하지 않을 수가 없어요." 이 말에 아버지가 궁금해서 까닭을 물었습니다. 아들은 "제가 지금 아버지를 찾으러 오는 도중에 나무뿌리에 걸려 말이 세 번이나 쓰러졌어요. 그런데 저는 아무 곳도 다친 데가 없어요. 얼마나 하나님 앞에 감사한지 몰라요"라고 말했습니다. 그 말을 들은 아버지도 "그래, 참 감사할 일이구나. 그러면 나도 하나 감사하자. 내가 너를 찾아오는 도중에 내 말은 한 번도 나무뿌리에 걸려서 쓰러진 적이 없으니 얼마나 감사하냐? 우리 하나님, 참 감사하구나"라고 말했다고 합니다. 우리는 이 부자의 대화에서 큰 감동을 받습니다.

성경을 앞에 놓고 생각해 보았습니다. 범사에 감사한 사람을 성경 안에서 찾으라면 신구약을 통해 다윗과 바울을 들 수 있을 것입니다. 이 두 사람에게는 공통점이 있습니다. 그것은 두 사람 모두 다른 사람이 겪지 못한 수많은 고난과 역경을 오랫동안 체험했다는 것입니다. 또 하나 중요한 공통점은 그 고난 속에서도 항상 감사와 찬양으로 충만했던 사람들이라는 것입니다.

다윗은 곤핍한 땅에서도 평생 주를 찬송하며(시편 63편), 곤고한 중에서도 항상 주를 송축하기를(시편 34편) 갈망했던 사람이었습니다.

바울은 피투성이가 되어 지하 감옥에 갇힌 몸으로 밤에 여호와를 찬양하며 "할렐루야!"를 외치느라 온 감옥을 떠들썩하게 만든 사람입니다. 그는 로마의 감옥에서 언제 석방이 될지 알 수 없는 영어(囹圄)의 몸이었지만 "항상 기뻐하라. 항상 기뻐하라. 또다시 말하노니 기뻐하라"고 차가운 돌바닥 위에서 편지를 쓰면서 기뻐했습니다.

그들은 어딘가 정상이 아닌 사람들처럼 보입니다. 그러나 결코 잘못된 사람이 아닙니다. 하나님은 우리에게 불가능한 명령을 하시고 지키지 않는다고 나무라고 벌하시는 잔인한 분이 아닙니다. 다윗과 바울은 범사에 감사할 수 있었습니다. 우리도 할 수 있습니다.

하늘의 신령한 축복

바울은 범사에 감사하라고 본문 20절에서 말하고 있습니다. 이렇게 말하는 것으로 보아 바울은 분명히 감사할 수 있는 이유를 에베소서에 기록해 놓았을 것입니다. 어떻게 해서 그의 마음에 감사의 원천이 자리 잡게 되었는지 말씀 가운데서 두 곳을 발견할 수 있었습니다.

마치 터진 낡은 가죽 부대 사이로 향기로운 포도주가 흘러나오는 것처럼, 두 군데에서 바울의 감사가 툭 터진 벽 사이로 콸콸 넘치는 것이 보입니다. 지금 바울이 감옥에 있다는 것을 염두에 두고 보아야 합니다.

먼저 에베소서 1장 3절을 보면 "찬송하리로다"라는 찬양으로 시작합니다. 그것은 "찬송합시다. 할렐루야!" 하는 말입니다. 바울의 충만한 감사의 심정이 여기에서 그대로 노출됩니다. "찬송하리로다 하나님 곧 우리 주 예수 그리스도의 아버지께서 그리스도 안에서 하늘에 속한 모든 신령한 복을 우리에게 주시되."

이 놀라운 감사와 찬양이 에베소서 전체를 통해서 흐르고 있습니다. 그는 하나님이 주신 신령한 복을 보고 감사하는 것입니다. 그러면 어떤 복이 신령한 복입니까? "곧 창세전에 그리스도 안에서 우리를 택하사"(엡 1:4)라고 말씀하십니다. 바울은 이 말씀을 생각할 때마다 가슴이 터질 것같이 기뻤던 것입니다.

또 에베소서 1장 7절 이하에서는 "성자 하나님이 우리를 위하여 십자가에 못 박혀 돌아가시고 거기서 흘린 보혈로 우리의 죄를 다 사하여 주셨다"라는 내용의 말씀이 나옵니다. 바울은 이 말씀을 생각할 때마다 넘치는 기쁨으로 충만했습니다. 10절 이하에서는 성령 하나님께서 "우리를 위해 준비하신 영원한 구원의 축복, 영광의 기업을 보장해 주셨다"고 말씀하십니다. 바울은 이렇게 성부, 성자, 성령이 자기에게 주신 모든 복을 일컬어서 '하늘의 모든 신령한 복'이라고 요약했습니다.

그는 하늘의 신령한 복을 에베소서 3장에서 여러 가지 다른 말로 표현하기도 했습니다. 하늘의 신령한 복을 그리스도의 비밀(3-4절), 은혜의 선물(7절), 측량할 수 없는 그리스도의 풍성함(8절), 비밀의 경륜(9절), 그리스도의 사랑(18절)이라는 말로 표현하고 있습니다. 이것이 무슨 의미를 지니고 있다고 생각합니까? 바울의 이와 같은 입장을 우리는 로마서 8장 18절과 비교해 보아야 합니다.

바울의 '비교의 은혜'

"생각하건대 현재의 고난은 장차 우리에게 나타날 영광과 비교할 수 없도다"(롬 8:18).

이 말씀에서는 '생각하라, 비교하라'는 말이 아주 중요합니다. 바울이 범사에 항상 감사할 수 있었던 것은 그의 눈이 변함없이 하나님을 향해 열려 있었기 때문입니다. 우리를 예정하사 택하시고 그의 자녀로 삼아 주시고, 모든 죄를 다 씻어 깨끗하게 용서해 주시고, 성령 안에서 영원토록 하늘의 복을 누릴 수 있도록 만들어 주신 그 큰 복을 내다보는 눈이 열려 있었습니다. 바울은 믿음으로 항상 하늘을 올려다 보고 살았습니다.

비록 바울은 감옥 속에 있었지만 그 마음에는 이미 하늘의 복을 가득히 담은 사람이었습니다. 그 마음에 천국이 있었습니다. 장차 나타날 영광과 현재의 고난을 비교할 때 받은 은혜가 너무나 커서 현재의 고통이 아무 문제가 되지 않았습니다. 우리에게도 이 비교의 은혜가 있어야 합니다.

바울이 에베소 교인들을 위하여 하나님께 드리는 기도가 에베소서 1장 15절 이하에 나옵니다. 그는 "오! 하나님 아버지여, 에베소 교인들에게 범사에 감사할 수 있는 여건을 허락해 주옵소서. 그들의 마음의 소원이 다 이루어져서 하나님 앞에 항상 감사하게 하옵소서"라는 기도를 하지 않습니다.

바울은 무릎을 꿇고 "하나님 아버지! 진리와 계시의 영을 우리 사랑하는 에베소 교인들에게 주셔서 그 마음의 문을 열어 주옵소서. 그리하여 그의 부르심의 소망이 무엇이며 하나님이 왜 그를 불러서 선택하시고 예수를 믿게 하셨는지 그 큰 복을 보게 해 주옵소서. 성도 안에서 그 기업의 영광의 풍성함이 무엇인지 보게 하옵소서"라고 기도했습니다. 이것은 그들이 눈을 뜨고 천상의 복이 현실의 것과 비교할 때 얼마나 큰 차이가 있는가를 알게 해 달라는 기도입니다.

우리는 천상의 복과 현실을 비교할 수 있는 능력을 잃어버렸습니다. 왜냐하면 우리의 눈이 영원한 하나님 나라의 복에 대해서 활짝 열려 있지 않기 때문입니다. 혼탁하게 흐려져 있습니다. 이것은 우리가 진실로 깊이 생각해 보아야 할 문제입니다. 일반적으로 우리는 환경이 변해야만 감사할 수 있다고 생각합니다. 그러나 하나님은 환경보다 우리가 변해야 감사할 수 있다고 하십니다. 환경이 변하는 것이 아니라 자신이 변해야 되고 여건이 달라지는 것을 바라기보다는 범사에 감사할 수 있는 능력을 소유해야 된다고 말씀하시는 것입니다. 이것은 하나님으로부터 거저 받은 큰 복에 자신의 마음이 활짝 열려야만 비로소 가능한 것입니다.

평소에 "방이 좁으니, 옷이 없으니" 하며 날이면 날마다 불평 투성이던 딸애가 어느 날 갑자기 얼굴이 환해지고 노래를 부르며 고분고분 상냥하고 감사하다고 합니다. 아이가 이렇게 변하는 것을 본 일이 있습니까? 아마 그녀는 어느 남자와 사랑에 빠졌음에 틀림없습니다. 자신의 여러 가지 불편한 조건과 비교할 수 없는 큰 가치를 그 사랑에서 찾은 것입니다. 우리가 다른 것과 비교가 안 되는 큰 것을 마음에 담으면 나머지 것은 있어도 그만, 없어도 그만입니다. 모두 감사할 수 있는 여유가 생깁니다. 불평하던 것이 하나하나 감사할 수 있는 조건으로 바뀝니다. 하나님께서 우리 영의 눈을 밝혀 주셔서 영원한 곳을 항상 보게 하는 이유가 여기에 있습니다. 그래서 세상의 어떤 고난이 닥쳐와도 항상 감사할 수 있는 능력자로 우리를 다시 만드는 것이 그의 변함없는 뜻입니다.

믿음의 선배들이 남긴 교훈

사도행전의 초대 교인들이나, 기독교의 기초를 닦던 시대인 주후 1세기에서 3세기에 살았던 위대한 믿음의 선배들을 보십시오. 어거스틴(Augustine, 354-430)의 말에 의하면 그들은 너무나 어려운 삶을 살았다고 합니다. 그들은 역사에서 그 유래를 찾을 수 없는 잔혹한 박해를 3백 년 이상 받으면서 믿음을 지켜야 했습니다. 게다가 그 가운데 70%가 아무것도 가진 것이 없는 절대 빈자인 노예들이었습니다. 그런데 그들의 불타는 신앙심을 입증이라도 하듯 그들끼리 만날 때마다 나누었던 그들 특유의 작별 인사가 있었습니다. 두 사람이 만났을 때든지, 열 사람이 만났을 때든지, 혹 교회 안에서 모두가 함께 만났을 때에 그들은 뜨거운 사랑의 교제를 나눕니다. 그다음, 헤어지면서 그들은 "데오 그라티아스!"라고 속삭였다고 합니다. 이 말은 라틴어인데, '하나님께 감사합시다'라는 뜻입니다.

그 당시의 상황으로 보아 그들이 모이기만 하면 아마 이런 이야기를 나누었을 것입니다. "아, 저쪽 소아시아 어느 마을에는 핍박이 일어나서 교회가 전부 문을 닫고 교인들이 끌려가서 말할 수 없는 고문을 당했대." 그런 이야기를 하면서 그들은 긴장으로 차가워진 손을 서로 마주 잡고 이렇게 기도를 했을 것입니다. "주여! 우리에게도 핍박이 오면 이길 수 있게 해 주시옵소서!" 기도를 마친 후 서로 헤어지면서 "데오 그라티아스!"라고 했던 것입니다.

주일날 교인들이 모이면, 잡혀간 성도들이 곧 로마 경기장에서 짐승들의 먹이가 될 것이라는 정보를 나누며 소름 끼치는 공포를 안고 하나님께 매달려 합심 기도를 했을 것입니다. 그 예배가 끝난 후 돌아가면서 서로 입을 맞추고 뺨에 입을 맞추며 "데오 그라티아스!"라고 속삭였던 것입니다.

그와 같은 악조건 속에서 어떻게 그들이 범사에 감사할 수 있었을까요? 영원한 곳을 향하는 눈이 열려 있었기 때문입니다. 그 큰 복, 그 큰 영광, 영원히 누릴 그 행복을 생각만 해도 너무나 벅차 현실의 고통과 불만마저도 다 감사할 수 있었던 것입니다.

오늘날의 성도들은 과거의 성도들에 비해 너무나 감사의 능력을 잃어버렸다고 생각합니다. 삼사십 년 전의 우리 선배들에 비해서 풍요롭게 잘살고 있고, 모든 여건이 그 당시의 사람들 눈에 기적같이 보일 정도로 좋아졌지만 웬일인지 우리의 입에서 진정한 감사가 나오지 않는 것을 봅니다.

현대인들은 철저하게 현실적인 이해관계에서만 성경을 해석하려고 합니다. 너무나 자기중심적이어서 영적인 것을 세속적인 것으로 각색해서 받아들입니다. 그러다 보니 자기도 모르게 하나님이 그리스도 안에서 주신 영원한 하늘의 축복을 보는 눈이 가리워졌습니다. 철저하게 세속화되고 있는 것입니다.

진정한 가치를 보는 눈이 닫혀 버리면 왜 감사를 해야 하는지 알지 못하게 됩니다. 그런 사람에게는 하나가 해결되면 또 다른 근심이 생기고 하나에 만족하면 또 다른 불평이 생깁니다. 걷잡을 수 없는 불만의 도가니로 빠지기 쉽습니다.

그렇다면 어떻게 범사에 감사할 수 있습니까? 현실의 것과 비교할 때 상대가 안 되는 큰 복을 소유하고 있다는 믿음과 소망이 있을 때만 이 모든 것에 감사할 수 있는 사람이 됩니다. 이 능력을 현대 교회가 다시 회복해야 합니다.

우리의 기도가 응답받고 마음의 소원이 이 세상에서 다 이루어져야만 진정한 감사가 나올 수 있다고 생각할지 모르지만 하나님은 절대로 그렇게 가르치시지 않습니다. 이 세상에서는 우리의 요구를 무엇이나 충족시킬 수 없습니다. 우리의 부패한 옛사람의 마음을 만족시킬 만한 경지는 영원히 찾아오지 않습니다. 설령 모든 것에 만족하는 경지에 도달한다 해도 범사에 감사하지는 못할 것입니다. 부패한 옛사람은 그만한 능력이 없습니다. 그러나 성도는 범사에 감사할 수 있습니다. 항상 기뻐할 수 있습니다. 그는 새로운 피조물로서 영원한 복을 소유하고 날마다 세상과 비교하며 살고 있기 때문입니다. "데오 그라티아스!"

오늘 밤이라도 하나님이 우리의 영혼을 부르시면 그때부터 우리 앞에 열리는 그 복, 절대로 변하지 않는 완전무결한 그 행복을 누릴 수 있게 될 것입니다. 그것은 멀리 있는 것이 아닙니다. 그러니 세상에서 좀 실패하면 어떻습니까? 세상에서 내 욕구대로 좀 안 되면 어떻습니까? "주여, 감사합니다. 이것이 잘 안 되면 다른 것으로 만족시켜 주실 줄 믿고 감사합니다." 이렇게 고백하는 우리가 되어야 합니다.

남편이 병들어도 감사한 것이 많습니다. 돈을 벌지 못해 가난해도 감사한 것이 많습니다. 부도가 나더라도 오히려 감사한 일이 많습니다. 하나님의 나라를 바라볼 때 이것은 잠깐이기 때문입니다.

"하나님 오히려 감사합니다" 하고 진정으로 고백할 때 "오냐, 너 그것도 감사할 줄 아는구나. 그래, 됐어. 내가 이제 너를 책임져 주마"라고 하시는 하나님입니다.

당신에게 감사할 수 있는 능력이 있습니까? 초자연적인 감사의 가능성이 당신에게 있습니까? 눈이 열려야 합니다. 하나님께 속한 신령한 복, 찬란한 영광을 보는 눈이 열려야 합니다.

아직도 예수님을 믿지 않는 분이 계십니까? 진정 범사에 감사하는 그리스도인이 되기를 원한다면 예수님을 믿고 중생을 받는 하나님의 자녀가 되시길 바랍니다. 비록 교회는 다니지만 아직도 뭔가 세상에 마음이 쏠리고 욕구불만 때문에 그날그날을 마지 못해 살아가는 사람이 있습니까? 그렇다면 이 시간에 하나님 앞에 무릎을 꿇고 "주여! 나에게 영원한 나라를 바라보는 눈을 열어 주시옵소서" 하고 기도하십시오. 그러면 지금 당장 당신의 마음에 영원한 나라의 행복이 자리 잡게 될 것입니다.

12

지혜,
비교할수없는
하나님의 경륜

하나님의 생각과 싸워서 이기겠다는 어리석은 망상을 버리십시오. 이것이 지혜입니다.
하나님의 생각은 우리와 다르며 우리가 미칠 수 없는 '지고성'(至高性)을 가지고 있습니다.

이사야 55:6-11

6 너희는 여호와를 만날 만한 때에 찾으라 가까이 계실 때에 그를 부르라 7 악인은 그의 길을, 불의한 자는 그의 생각을 버리고 여호와께로 돌아오라 그리하면 그가 긍휼히 여기시리라 우리 하나님께로 돌아오라 그가 너그럽게 용서하시리라 8 이는 내 생각이 너희의 생각과 다르며 내 길은 너희의 길과 다름이니라 여호와의 말씀이니라 9 이는 하늘이 땅보다 높음같이 내 길은 너희의 길보다 높으며 내 생각은 너희의 생각보다 높음이니라 10 이는 비와 눈이 하늘로부터 내려서 그리로 되돌아가지 아니하고 땅을 적셔서 소출이 나게 하며 싹이 나게 하여 파종하는 자에게는 종자를 주며 먹는 자에게는 양식을 줌과 같이 11 내 입에서 나가는 말도 이와 같이 헛되이 내게로 되돌아오지 아니하고 나의 기뻐하는 뜻을 이루며 내가 보낸 일에 형통함이니라

지혜,
비교할 수 없는
하나님의 경륜

우리가 세상을 사노라면 가끔 세월의 마루턱에 올라서서 깊은 회포에 잠길 때가 있습니다. 가령 생일이나 새해를 맞이하는 특별한 날이거나 아니면 오랫동안 정들었던 직장을 떠날 때와 같이 만감이 교차하는 감회를 맛볼 때가 있습니다. 더구나 요즈음에는 시대 상황적인 불안 요인으로 인하여 우리의 마음이 더욱 착잡해지는 것을 숨길 수가 없습니다.

절대화시키는 인간의 생각

가끔 젊은이들을 만나서 거리낌 없이 대화를 나눌 때가 있습니다. 그때마다 그들이 상투적으로 쓴다고 해도 과언이 아닌 말 한마디를 듣게 됩니다. "우리 생각을 알아주는 사람이 없어요"라는 말입니다. 젊은이들은 스스로가 고독하다고 느끼는 것 같습니다. 현실에 욕구불만을 가지고 있습니다. 그래서 그들의 생각을 표현하는 방법으로 시위를 하기도 하고 심리적으로 부모와 충돌하기도 합니다. 기성세대를 부패했다고 매도하며 불신하기도 합니다. 젊은 사람들의 기질을 우리가 이해 못하는 것은 아닙니다. 그러나 염려스러운 것은 그들이 자기들의 생각을 너무 절대화시킨다는 것입니다.

젊은이들만 이와 같이 자기 생각을 절대화하고 있는 것은 아닙니다. 가정을 책임지고 국가를 책임진 기성세대도 쉽게 내뱉는 말이 있습니다. "요사이 내 생각대로 되는 것이 하나도 없어"라는 말입니다. 기성세대도 젊은이들과 마찬가지로 자기의 생각을 절대화시키고 있습니다.

사실 냄비 경제라는 별명을 가진 우리나라의 경제 구조 속에서 매일매일을 순조롭게 살아간다는 것이 얼마나 어렵습니까? 대단한 것이 못된다고 할지라도 우리의 뜻을 이 복잡한 사회 속에서 이루려고 할 때 얼마나 자주 좌절해야 합니까? 그러므로 기성세대에서 "내 뜻대로 되는 것이 하나도 없다. 내 생각대로 되는 것이 요즈음 거의 없어"라고 말하는 것은 조금도 이상할 것이 없고 잘못되어 보이지도 않습니다.

그러나 기성세대의 생각에는 기본적으로 잘못된 뿌리가 있습니다. "내 뜻대로, 내 생각대로 되는 것이 없다"는 말속에 잠재하고 있는 생각의 바탕에 문제가 있다는 것입니다. 즉, '모든 것은 내 생각대로 되어야 정상이다'라고 생각하는 점입니다. 자기 생각은 태양이고 온 우주는 그 주변을 공전해야만 정상이라고 생각하는 사고방식이 우리 마음속에 깔려 있다는 사실입니다. 이런 사람들은 무의식적으로 젊은이들과 같이 자기 생각을 절대화시키는 방향으로 많이 기울어집니다. 그래서 자기 생각대로 되는 것이 정상이고 자기 생각대로 안 되는 것은 정상이 아니라고 속단을 내립니다.

이러한 논리에 입각하여 자기 계획의 어떤 부분이 잘 풀리지 않을 때는 사회를 원망하기도 하고 국가의 지도자들을 탓하기도 합니다. 또 겸손한 사람들은 자기 자신의 무능함과 실책을 깊이 반성하며 고민하는 것을 볼 수 있습니다. 이러한 자세가 크게 빗나갔다고 생각하지 않습니다. 솔직히 말해서 우리의 특수한 사회적 여건 때문에 능력이 계발되지 못할 때도 있을 것입니다. 또 시기를 잘못 만나서 인생을 꽃피우지 못하고 꺾이는 때도 많이 있습니다. 그러므로 환경을 원망하거나 자기의 책임을 회피하는 일은 자연스럽게 보일 수 있습니다.

그러나 제가 말씀드리고 싶은 것은 차원을 좀 높여서 생각해 보자는 것입니다. "내 뜻대로 잘되지 않는다"라는 말의 배후를 살펴볼 필요가 있다는 것입니다. 무엇이나 뜻대로 잘 안 되는 배후에는 반드시 사회적 요인이나 개인적 요인만 작용하고 있는 것이 아니라는 사실을 염두에 두어야 합니다. 거기에는 보이지 않는 어떤 생각이 은밀히 간섭하고 있다는 사실을 알아야 합니다. 우리도 모르게 우리의 생을 지배하고 있는 이 절대적인 생각을

우리는 깊이 묵상하고 유념해야 합니다. 이것은 개인의 계획은 물론, 사회의 어떤 요인이나 시대적인 상황을 초월해서 엄연히 존재하는 창조자의 생각이요, 인류를 주관하시는 섭리자의 생각입니다. 그 생각을 일컬어서 '하나님의 생각' 또는 '절대자의 생각'이라고 합니다.

이 하나님의 생각이 배후에서 자신의 생각을 주관하고 있다는 점을 많은 사람들이 잊고 있습니다. 하나님의 생각은 가끔 우리의 생각에서 부족한 점을 보완하여 우리가 펼치고자 하는 계획을 활짝 펴도록 도와주시기도 합니다. 하지만 우리의 생각을 제지하는 편으로 작용할 때가 더 많습니다. 그리고 어떤 때는 우리의 생각과 충돌하기도 합니다. 하나님의 생각이 우리의 생각을 완전히 꺾어 놓습니다. 그러므로 하나님의 생각이 자기 자신의 생각 배후에 존재하고 있다는 진리를

믿게 되면, 누구나 사고의 방법이 근본적으로 바뀌게 됩니다.

하나님의 생각은 다르다

본문 말씀은 '하나님의 생각'의 두 가지 특징을 가르쳐 줍니다.

첫째로, 하나님의 생각과 우리의 생각은 같지 않습니다. "이는 내 생각이 너희의 생각과 다르며 내 길은 너희의 길과 다름이니라"(8절).

가끔 믿음이 좋다는 사람도 다음과 같은 오류를 범할 때가 있습니다. '내 마음의 소원은 주님의 소원이요, 내 생각은 주의 생각이요, 내가 바라는 것은 주님이 바라는 것이요, 내 기도 제목은 주님이 주신 것이다.' 이런 생각으로 '나의 생각 전부는 꼭 하나님의 생각이요, 하나님의 뜻이다'라고 해석하는 사람들이 있다는 것입니다. 모두가 틀린 것은 아니지만 대단히 경계해야 할 사고방식입니다.

우리는 하나님의 형상을 본받아서 창조된 고귀한 피조물이지만 죄로 인하여 하나님의 형상을 많이 잃어버렸습니다. 그러므로 아무리 우리 지성이 하나님을 따라가려고 몸부림을 쳐도 따라갈 수 없고 우리가 아무리 고상한 생각을 많이 한다고 해도 하나님의 고상한 생각에 미칠 수 없습니다. 아무리 우리가 거룩한 생활을 하면서 거룩하게 생각한다고 해도 하나님의 거룩한 생각은 읽을 수 없습니다.

우리가 가끔 빠지는 함정이 있다면 '하나님의 생각은 나의 생각과 같아야 한다'는 사고방식입니다. 또한 '나의 생각은 곧 하나님의 생각'이라는 속단입니다. 이런 생각이 지나치면 영적으로 유익보다는 손해를 더 많이 보게 됩니다. '하나님의 생각은 나의 생각과 다를 수가 있다'고 긍정하는 편이 오히려 더 건전합니다. 이것은 매우 중요합니다. 그렇게 긍정할 때, 하나님의 생각에 대한 깊은 사려를 우리 마음속에

담을 수 있습니다.

'하나님은 내 뜻을 보시고 어떻게 생각하실까?' 우리는 이러한 관점에서 기도해야 합니다. 하나님의 생각이 항상 자신의 뜻과 같다고 생각하는 사람은 사실 기도가 필요 없는 사람입니다. 자신의 생각이 절대적이라면 하나님에게 간구할 이유가 어디에 있습니까?

타이밍의 차이

하나님의 뜻이 우리의 뜻과 어느 정도로 다를 수 있을까요? 본문 말씀을 주의해서 살펴봅시다.

"너희는 여호와를 만날 만한 때에 찾으라 가까이 계실 때에 그를 부르라 악인은 그의 길을, 불의한 자는 그의 생각을 버리고 여호와께로 돌아오라 그리하면 그가 긍휼히 여기시리라 우리 하나님께로 돌아오라 그가 너그럽게 용서하시리라"(6-7절).

이 말씀에서 하나님의 생각을 읽을 수 있습니다. 여기에서 "때"라는 말은 소위 '타이밍'을 의미합니다. 하나님이 읽고 계시는 타이밍과 우리가 읽고 있는 타이밍에는 굉장한 차이가 생기는 것을 봅니다.

하나님은 '지금'을 어떻게 해석하십니까? 예수님을 믿지 않는 사람이 돌아와야 할 때라고 말씀하십니다. 하나님은 지금이야말로 자기를 만날 적기라고 해석합니다. 이것이 하나님의 생각이기 때문에 여러 가지 방법을 통해서 믿지 않는 사람들을 부르십니다. 이 부름에 응답하여 많은 형제·자매들이 예수님을 믿고 돌아왔습니다. 하나님의 생각에 일단 순종한 것입니다.

그런데 일반적으로 하나님은 '지금'이라고 말씀하시는데 우리는 '나는 아직 이르다'라고 반응합니다. 하나님께서 "지금 믿으라"고 하시는데 사람은 "좀 더 있다가요"라고 대답합니다. 하나님은 지금이 기회라고 생각하시는데 사람은 '좀 더 있어도 된다'고 생각합니다. 이것이 바로 창조주 하나님과 피조물인 인간 사이에 드러난 생각의 차이라고 할 수 있습니다.

어느 친구의 변

문득 제 친구 생각이 납니다. 매우 오래 사귄 친구인데 30년이 지나도록 그를 전도하지 못하고 있습니다. 얼마나 똑똑하고 신념이 강한지 목사인 저도 그 신념을 꺾을 수가 없습니다. 그를 얼마 전에 또 만났습니다. "반갑구나. 이제는 예수 믿고 돌아와야지. 강남으로 이사했으니까 기회가 좋지 않니? 우리 교회로 나와" 하며 복음을 가지고 전도했습니다. 친구는 저의 말을 다소곳이 잘 들어주는 것 같았습니다. 그래서 저는 "하나님께서 너에게 향한 뜻은 지금 돌아오라는 거야"라고 말했습니다. 그래도 친구는 계속해서 묵묵히 듣고만 있더니 마침내 이렇게 대답하는 것이었습니다. "나는 예순이 지나야 돼…."

참으로 엄청난 격차입니다. 하나님은 '지금'이라고 하시는데 제 친구는 "예순이 지나서"라고 말합니다. 얼마나 생각의 차이가 큽니까? 도저히 매울 수 없는 깊은 골짜기가 둘 사이에 놓여 있습니다.

그 친구의 말을 들어 보면 그런대로 일리가 있습니다. 그는 아주 좋은 대학을 졸업하고 고시에 세 번 응시했으나 실패를 했기 때문에 가슴에 한이 맺힌 친구입니다. 그에게는 중·고등학교에 재학중인 아들 둘이 있습니다. 그 두 아들은 전교에서 1, 2등을 다툴 정도로 월등합니다. 그래서 제 친구는 자기의 맺힌 한을 자식을 통해서 풀어야겠다는 강한 집념을 가지고 있었습니다. 자기 나이가 60세가 될 때쯤 두

아들이 법관이 되어 자기의 소원 풀이를 하게 될 것으로 기대하고 있는 것입니다.

그때가 되면 친구는 교회를 열심히 다니면서 저와 같은 목사는 못 될지라도 신앙생활을 잘해 보겠다는 생각입니다. 그래서 그는 술과 담배를 일체 하지 않습니다. 직장에서 퇴근하면 두 아들의 공부 방에 들어가서 아들들이 잠들 때까지 같이 앉아서 공부를 하다시피 합니다. 대단한 집념입니다. 그 고집을 아무도 꺾을 수가 없을 것 같습니다. 그래서 나중에는 제가 "이 미련한 사람아, 네가 예순까지 산다고 누가 보장할 수 있어?"라고 내뱉으며 자리를 차고 일어서 버렸습니다.

인간의 생각이 얼마나 얕고 어리석습니까? 하나님은 '지금'이라고 하시는데 사람은 '예순'이라고 대답합니다. 우리 가운데서 예수님을 믿고 돌아온 지 얼마 안 되는 사람들도 예수님을 믿기 전에는 똑같은 생각을 했을 것입니다. "좀 더 벌고, 아직은 즐겨야 돼, 더 늙은 다음에, 자식들 좀 더 키워 놓고…." 이런 말을 하면서 우리는 계속 시간을 미뤄 왔습니다. 이것이 그만큼 하나님의 생각과 사람의 생각 사이에 거리가 멀다는 증거입니다. 인간은 하나님의 생각을 정확히 읽을 수 없는 어리석은 존재라는 것을 인정해야 합니다.

미칠 수 없는 지고성(至高性)

> 하늘이 땅보다 높음같이 내 길은 너희의 길보다 높으며 내 생각은 너희의 생각보다 높음이니라_사 55:9

하나님의 생각이 갖는 또 하나의 본질이 본문 9절에 나타나 있습니다. 하나님의 생각은 우리가 미칠 수 없는 '지고성'을 가지고 있습니다. 이것이 하나님의 생각의 두 번째 특성입니다. '지고성'은 굉장히 높고 위대하며 완전하다는 뜻입니다. 하나님의 생각은 마치 하늘이 땅보다 높은 것처럼 우리가 도저히 미칠 수 없는 경지를 가지고 있습니다.

예수님의 친구 나사로가 세상을 떠났을 때 그 누이 동생들은 예수님이 지금 즉시 오셔야 한다고 전갈을 보냈습니다. 사랑하는 사람이 죽었으니까 지금 즉시 와야 한다고 생각한 것입니다. 그리고 예수님이 자기 오빠와 함께 있었으면 그의 병이 더 악화되지 않았을 것이라고 판단했습니다. 이것이 인간의 생각입니다. 그러나 그 소식을 들은 예수님의 생각은 어떠했습니까? 지금 곧장 갈 필요가 없다고 하셨습니다. 마리아와 마르다가 슬픔에 잠겨 있지만 여러 날 더 있다가 가시겠다는 것이 예수님의 생각이었습니다. 왜냐하면 나사로의 죽음이 하나님의 영광을 위한 것이라는 것을 알고 계셨기 때문입니다.

여기서 우리는 매우 낮은 사람의 생각과 매우 높은 주님의 생각을 조금이나마 비교할 수 있습니다. 마리아는 예수님의 생각을 따라갈 수 없었습니다. 그녀에게는 이해할 수도 없었고 설명할 수도 없는 것이었습니다. 그렇다고 비판이나 항의를 할 수 있는 것도 아니었습니다. 결국 주님은 나흘이나 더 지체하다가 돌아오셔서 자기의 생각대로 나사로를 일으키셨습니다. 하나님의 생각의 위대성과 지고성, 초월성과 절대성, 그리고 완전성을 우리가 어떻게 다 읽을 수 있겠습니까?

우리가 성경을 펴고 있을 때는 모두가 고개를 끄덕이며 긍정합니다. 그러나 막상 성경을 덮고 현실을 바라볼 때면 생각이 바뀌는 경우가 한두 번이 아닙니다. '현실적으로 봐서는 하나님의 생각이 내 생각보다 나은 것 같지 않아.' 이렇게 자기중심적으로 판단하는 것입니다. 하나님의 생각이 높은 것을 긍정하는 듯하면서도 현실적으로는 하나님의 생각을 우리의 생각 밑으로 끌어내리고 맙니다. 우리가 당하는 모든 고통이 여기에서부터 시작한다고 생각하지 않으십니까? 하나님의 생각이 하늘처럼 높다는 것을 잊어버리는 데서부터 말입니다.

하나님이 중요하게 생각하시는 것들

성경을 보면 '하나님의 생각'을 대략 네 가지로 분류할 수 있습니다. 대체로 성경 전체가 이 네 가지 범주 속에 포함된다고 생각합니다. 하나님은 우리를 향해 어떤 생각을 하고 계실까요?

첫째는, 우리를 구원하시겠다는 생각입니다. 지옥과 심판에서, 또한 무서운 죄의 형벌에서 우리를 구원하시겠다는 것이 하나님의 생각입니다.

둘째는, 우리를 하나님의 자녀답게 만들어 보겠다는 생각입니다.

셋째는, 하나님의 일을 우리에게 좀 시키고 싶다는 생각입니다.

넷째는, 모든 것이 합력하여 선을 이루도록 해 주시겠다는 자비로우신 아버지의 생각입니다.

우리가 성경을 관심 있게 읽으면 '하나님이 나를 향해 무슨 생각을 하고 계실까?'라는 문제의 답을 깨닫는 것이 그렇게 어렵지 않습니다. '아! 하나님은 나를 구원하기를 원하시는구나. 자기 자녀답게 살기를 원하시는구나. 하나님은 자기의 일을 좀 해 주기를 원하시는구나. 하나님은 나에게 일어나는 모든 것을 나중에 그의 전지전능하신 능력으로 합력하여 선을 이루시고 나에게 유익이 되게 하시며 나에게 복이 되게 하시겠다는 마음을 갖고 계시는구나!'라고 우리는 쉽게 하나님의 생각을 읽을 수가 있습니다. 그런데 불행하게도 우리는 하나님의 이런 고귀한 생각과 자주 충돌합니다.

경건생활의 훈련

하나님의 생각과 자주 충돌하는 우리의 생각에 관한 예를 봅시다. 어떤 형제가 하나님의 강권적인 역사로 예수님을 믿고 돌아왔다고 합시다. 하나님께로 돌아오긴 했습니다만 자기 자녀답게 만들겠다는 하나님의 두 번째 생각과는 충돌할 때가 많을 것입니다. 자식을 낳은 부모가 자기 자녀를 부모의 명예가 되도록 잘 키우고 싶은 것은 어떤 부모라도 다 가지고 있는 공통된 욕망입니다.

하나님도 마찬가지입니다. 우리를 그의 자녀로 낳으셨기 때문에 우리가 이 세상에서 제멋대로 사는 것을 원하지 않으십니다. 자기가 원하는 수준의 자녀로 만들고 싶은 것이 하나님의 강력한 의지입니다. 그러기 위해서 하나님께서는 우리에게 많은 것을 명령하십니다. 세상 사람들과 같이 속되게 살아서는 안 된다고 가르치십니다. 세상을 제멋대로 사랑하고 돈을 탐닉해서도 안 된다고 말씀하십니다. 쾌락을 추구하지 말고 경건하게 살라고 하십니다. 이러한 삶을 살기 위해서는 비록 고난을 당하는 일이 있더라도 그것을 감수하라고 하십니다. 하나님의 자녀답게 되기 위해서 어떤 때는 손해를 보는 것도 사양하지 말라고 말씀하십니다. 이것이 하나님의 생각입니다.

그러나 우리는 이것을 부담스럽게 생각하고 불평합니다. 자주 하나님의 생각에 부딪치며 내심으로 저항합니다. 경건하게 사는 것보다 우리의 실리를 더 찾고 영혼의 유익을 찾기보다는 우리 육신의 쾌락을 찾는 일에 더 몰입합니다. 제가 신앙생활과 목회 생활을 통해서 발견한 것은 예수님을 믿으면서도 많은 사람들이 하나님의 생각을 즐거이 따르지 않는다는 사실입니다.

하나님이 우리를 자기 자녀답게 만들려는 데에 있어서도 우리가 얼마나 거부반응을 보이는지 모릅니다. 양심적으로 조용히 생각해 보십시오. 경건생활을 훈련시키려는 하나님의 생각에 우리가 얼마나 큰 부담감을 느끼고 있습니까? 우리가 과연 즐겁게 순종하는 때가 열 가지 중에 한 가지라도 된다고 생각합니까? 이 불순종이 우리를 불행하게 만드는 것입니다. 이것이 우리로 하여금 깊은 번민에 빠지게 합니다.

아버지의 생각과 마찰을 일으키면서 사는 자녀의 마음에는 평안이 없습니다. 당연한 일입니다. 우리가 하나님의 마음을 성경을 통해 읽으면서도 우리 자신의 생각을 그대로 고집하면 우리의 마음은 언제나 전쟁 마당처럼 될 것입니다. 우리 마음에 갈등이 왜 일어납니까? 왜 우리의 생애에 가시밭길이 계속됩니까? 그것은 자기 자식답게 만들어 보려는 하나님의 생각을 전적으로 따르지 않는 우리의 불순종 때문입니다.

헌신의 요구

하나님께서는 우리에게 그분의 일을 시키고 싶은 간절한 마음이 있습니다. 우리를 통해서 이 땅에 펴고 싶은 그분의 포부가 있습니다. 그러나 우리는 이 요구에 대해 얼마나 거부반응을 보입니까? 사회에서나 가정에서, 혹은 직장에서 하나님의 일을 시키기 위해 주님은 우리 마음속에 말씀하십니다. "너, 사랑으로 봉사 좀 해!", "네 맘에 들지 않는 동료라도 좀 헌신적인 사랑으로 섬겨 줘! 그래야 그 불행한 영혼을 구할 수 있지 않겠니?" 하지만 우리는 쉽사리 순종하려 하지 않습니다. 이것 때문에 우리에게 커다란 고통의 문제가 발생하는 것입니다.

반드시 성취되는 하나님의 뜻

본문 10절과 11절 말씀에는 중요한 진리가 담겨 있습니다.

"이는 비와 눈이 하늘로부터 내려서 그리로 되돌아가지 아니하고 땅을 적셔서 소출이 나게 하며 싹이 나게 하여 파종하는 자에게는 종자를 주며 먹는 자에게는 양식을 줌과 같이 내 입에서 나가는 말도 이와 같이 헛되이 내게로 되돌아오지 아니하고 나의 기뻐하는 뜻을 이루며 내가 보낸 일에 형통함이니라."

이 말씀을 간단하게 요약하면 비가 내림으로 열매를 맺고 곡식을 우리에게 주는 그 목적을 달성하는 것처럼, 하나님의 말씀을 통해 나타나는 하나님의 생각은 절대로 되돌아오는 법이 없다는 것입니다. 하나님께서는 반드시 자기 생각대로 하신다는 것입니다. 일단 뜻을 정하시면 절대로 바꾸거나 양보하지 않으십니다. 물론 성경에는 그가 뜻을 바꾸시는 예가 몇 곳에 있습니다. 그러나 그것을 단순히 조령모개(朝令暮改)식으로 해석하면 매우 어리석은 일이 될 것입니다. 원칙상 그는 자신의 뜻을 바꾸지 않습니다. 반드시 이루시고 맙니다. 이와 같은 이유 때문에 우리가 하나님의 생각을 따르지 않으면 그는 자기 방법대로 자기 생각을 이루십니다. 본문 8절 말씀을 주신 이유가 여기에 있습니다. "내 생각이 너희의 생각과 다르다.", "내 길은 너희의 길과 다르다."

여기에서 "길"은 하나님이 자기 생각을 실천하시는 방법이라고 할 수 있습니다. 그래서 하나님의 생각에 '이것은 꼭 옥 목사를 위해서 해야 되겠다'고 하시면 제가 아무리 싫어할지라도 그는 자기의 생각대로 하십니다. 이렇게 자기 생각대로 해 버리는 것이 하나님의 방법입니다. 이것을 "길"이라고 표현한 것입니다. 이 길은 우리의 길과 다를 경우가 많습니다. 우리가 원하고 우리가 예상하던 길과는 일치하지 않는 경우를 자주 봅니다. 하나님의 생각이 우리 생각에 비해 높듯이 그의 길 역시 매우 높을 때가 많이 있습니다. 그렇기 때문에 그것이 하나님의 길이라고 할 수 있습니다.

하나님이 자기 생각을 이루시는 길은 반드시 우리가 생각한 좋은 길과 일치하지 않습니다. 우리가 잘 알듯이 대부분의 사람들은 하나님의 말씀에 불순종합니다. 그래서 하나님은 가시밭길, 고통스러운 길, 십자가의 길과 같은 어려운 길을 통하여 우리를 자기 생각대로 다루시는 경우가 많습니다. 하나님의 생각과 충돌하려 들지 마십시오. 또한 하나님의 생각과 싸워서 이기겠다는 어리석은 망상을 버리십시오. 이것이 지혜입니다. 우리가 자진해서 순종하기 어려우면 "마음대로 하옵소서" 하고 가만히 있는 편이 훨씬 지혜로운 처신입니다. 반항하거나 불평을 늘어놓는 것은 결코 도움이 되지 못합니다.

차라리 눈을 감겨서라도

헬렌 켈러(Helen Adams Keller, 1880-1968)의 말에서 하나님의 길을 읽는 지혜를 발견할 수 있었습니다. 눈이 멀고 듣지 못하고 말 못하는 삼중고의 불구였지만 그 누구보다도 보람된 삶을 살았던 헬렌 켈러가 다음과 같은 말을 남겼습니다.

> "우리 모두가 성인이 된 다음에 잠깐이나마 눈이 어두워져서 보지 못하고 귀가 멀어져서 듣지 못한다면 영적으로는 오히려 퍽 유익이 될 것이다. 왜냐하면 눈이 얼마나 귀한 것인가를, 귀로 듣는 것이 얼마나 감사한 것인가를 깨닫게 될 것이기 때문이다."

하나님께서 사용하시는 방법이 헬렌 켈러의 이 말과 상통할 때가 많습니다. 하나님께서는 그의 생각과 우리의 생각이 너무 다르면 우리의 귀를 멀게 하고 눈을 닫아 버림으로써 자기의 뜻을 성취시킬 때가 있습니다. 다시 말해서 하나님은 눈앞이 캄캄한 것처럼 암담한 상황 속에 우리를 빠뜨리시는가 하면 세상의 말이 하나도 들리지 않는 고독 속에 우리를 가둠으로써 자기의 뜻을 차근차근 이루어 가십니다.

무슨 말인지 잘 모르겠다고요? 천만의 말씀입니다. 이미 당신은 경험하고 있습니다. 한 번 자문자답해 보십시오. 지나간 세월 동안 당신의 뜻대로 된 것이 몇 가지나 됩니까? 오히려 바라지도 않은 방향으로 생의 수레바퀴가 굴러 왔다고 시인하는 편이 더 쉬울지 모릅니다. 그 동안 당신은 여러 번 눈이 안 보이고 귀가 안 들리는 암담한 생의 고통을 맛보았을 것입니다. 운수가 나빠서 그랬던가요? 아닙니다. 당신이 순종하지 않고 고집하니까 하나님께서 잠깐 자신의 선하신 생각을 펴시느라 당신의 눈과 귀를 멀게 하신 것뿐입니다.

개울물 소리는 대단히 아름답고 감미롭게 들립니다. 저는 이 개울물 소리를 퍽이나 좋아합니다. 그래서 산에 가면 먼저 계곡을 찾는 버릇이 있습니다. 그 노랫소리는 단조롭지만 그렇게 아름다울 수 없습니다. 그러나 그 개울에서 돌멩이를 다 건져내고 날카로운 바위나 절벽을 다 깎아서 평평하게 만들어 버린다면 어떻게 될까요? 그 아름답던 개울물 소리도 사라지고 말 것입니다.

하나님은 우리의 입에서 그의 영광을 찬송하고 감사하기를 원하십니다. 어떤 형편에 처하든지 하나님 중심으로 사는 고귀한 자녀의 모습을 보여 주기를 원하십니다. 어디를 가나 무엇을 하든지 우리 입에서 아름다운 찬송이 끊어지지 않기를 바라고 계십니다. 그래서 그는 우리의 인생길을 가로막는 바위를 치우지 않으시고 높은 절벽을 낮추지 않으시는 경우가 많이 있습니다. 자기 마음이 몹시 아플지라도 그렇게 하실 때가 있습니다.

폐허 위에 세운 하나님의 집

때때로 교우들을 대하면서 깊은 감회를 느낄 때가 있습니다. 고난을 당해 보았기 때문에 감사할 줄 아는 귀한 형제·자매들을 봅니다. 너무나 돈이 궁색해서 나중에는 불과 단돈 몇 천 원을 들고도 눈물로 감사하는 아름다운 사람이 된 모습을 봅니다.

하늘처럼 보이던 남편이 졸지에 몰락하여 낭떠러지 아래로 처참하게 떨어진 모습을 보자마자 비로소 남편에 대한 진한 애정을 깨닫게 되었다고 고백하는 부인을 알고 있습니다. 세상에서 실패를 모르고 승승장구하던 형제가 난관에 부딪쳐 좌초했을 때 비로소 하나님을 인정하는 겸손한 사람으로 바뀌는 모습을 봅니다. 이 세상의 것보다 영원한 것을 더 관심 있게 생각하는 하나님의 자녀로 변모된 모습을 봅니다.

"하나님, 제 생각이 무너진 그 폐허에 당신의 집을 잘 세우심을 찬양합니다." 이렇게 고백할 수만 있다면 우리의 삶에 손해란 절대로 있을 수 없을 것입니다. 지나온 삶에서 눈물을 흘리며 좌절을 맛보며 깊은 탄식도 자주했지만 그것은 모두 손해가 아닙니다. 그 모두가 부정적으로 보아야 할 실패작이 아닙니다. 당신이 울고 있는 그 자리에 하나님이 자기 생각대로 지어 놓은 멋진 맨션을 보십시오. 당신이 지으려던 집보다 훨씬 아름답습니다. 그런데 왜 절망을 해야 합니까?

"나의 생각은 끝없이 어리석었지만 하나님의 생각은 지혜로웠습니다. 주님의 생각대로 된 것을 감사합니다. 내 생각대로 되지 않은 것을 감사합니다." 어려운 고통 속에서라도 이렇게 감사하며 주님 앞에 회개의 눈물을 흘릴 수만 있다면 하나님께서는 합력하여 선을 이루시는 크신 복을 우리 모두에게 안겨 주실 것입니다.

국제제자훈련원은 건강한 교회를 꿈꾸는 목회의 동반자로서 제자 삼는 사역을 중심으로
성경적 목회 모델을 제시함으로 세계 교회를 섬기는 전문 사역 기관입니다.

옥한흠 전집 주제 05
고통에는 뜻이 있다 | 고통을 다루시는 하나님의 손길

초 판 1쇄 인쇄 2021년 9월 10일
초 판 1쇄 발행 2021년 9월 20일

지은이 옥한흠
디자인 참디자인 (02.3216.1085)

펴낸이 오정현
펴낸곳 국제제자훈련원
등 록 제2013-000170호 (2013년 9월 25일)
주 소 서울시 서초구 효령로68길 98 (서초동)
전 화 02.3489.4300
팩 스 02.3489.4329
이메일 dmipress@sarang.org

저작권자 ⓒ 옥한흠, 1983(고통에는 뜻이 있다), 1987(고통을 다루시는 하나님의 손길), Printed in Korea.
이 책은 신저작권법에 의해 보호를 받는 저작물이므로 저자와 출판사의 허락 없이
내용의 일부를 인용하거나 발췌하는 것을 금합니다.

ISBN 978-89-5731-840-9 04230
978-89-5731-835-5 04230(세트)

* 책값은 뒷 표지에 있습니다. 잘못된 책은 구입하신 곳에서 교환해드립니다.